葛兆光

著

再增订本
中国
禅思想史

从6世纪到10世纪

北京大学出版社
PEKING UNIVERSITY PRESS

图书在版编目（CIP）数据

再增订本中国禅思想史：从6世纪到10世纪/葛兆光著. —北京：北京大学出版社，2022.1

ISBN 978-7-301-32723-4

Ⅰ.①再… Ⅱ.①葛… Ⅲ.①禅宗–佛教史–中国–6-10世纪 Ⅳ.① B946.5

中国版本图书馆CIP数据核字（2021）第238654号

书　　　名	再增订本中国禅思想史：从6世纪到10世纪 ZAI ZENGDINGBEN ZHONGGUO CHANSIXIANGSHI: CONG LIU SHIJI DAO SHI SHIJI
著作责任者	葛兆光 著
责 任 编 辑	张 晗
标 准 书 号	ISBN 978-7-301-32723-4
出 版 发 行	北京大学出版社
地　　　址	北京市海淀区成府路205号　100871
网　　　址	http://www.pup.cn　新浪微博 @ 北京大学出版社
电 子 邮 箱	编辑部 wsz@pup.cn　总编室 zpup@pup.cn
电　　　话	邮购部 010-62752015　发行部 010-62750672 编辑部 010-62750577
印 刷 者	北京中科印刷有限公司
经 销 者	新华书店 650毫米×980毫米　16开本　34.5印张　412千字 2022年1月第1版　2023年10月第3次印刷
定　　　价	128.00元

未经许可，不得以任何方式复制或抄袭本书之部分或全部内容。

版权所有，侵权必究

举报电话: 010-62752024　电子邮箱: fd@pup.cn

图书如有印装质量问题，请与出版部联系，电话: 010-62756370

目　次

仍在胡适的延长线上（代新版序）
——有关中古禅史研究之反思　　1

导　论　关于中国禅思想史的研究　　1
　　引　言　20世纪学术史中的禅思想史研究　　1
　　第一节　禅思想史研究中的文献考证及评估　　4
　　第二节　禅思想史的内在理路与外在走向　　21
　　第三节　禅思想的历史阐释　　40

第一章　从达摩到弘忍的时代　　57
　　引　言　　57
　　第一节　6—7世纪的禅史考察　　59
　　　　一、6世纪北方的禅师与禅学　　61
　　　　二、南方禅学的东西两支及其特点　　75
　　　　三、达摩一系的自北而南　　80
　　　　四、7世纪的东山法门与禅宗的崛起　　87
　　第二节　南北文化交融与禅思想的成立　　92
　　　　一、从"婆罗门外道"到"大乘佛法"　　93

二、道信、弘忍时代的禅方法　　102
　　三、从方法到思想　　108

第三节　从印度禅到中国禅　　119
　　一、宗教救赎的生活化与心灵化　　122
　　二、宗教救赎与心灵超越　　129
　　三、前期禅思想的未完成使命　　134

第二章　7世纪末8世纪初禅宗的分化　　143

引　言　　143

第一节　7世纪末8世纪初禅门的分布　　144
　　一、东山门下十大弟子　　145
　　二、法如、老安、玄赜、神秀及其周边禅门　　151
　　三、西蜀与东吴　　159
　　四、惠能及其在大梵寺的开法　　167

第二节　禅思想的分化与转型　　174
　　一、念佛禅法　　177
　　二、心为根本　　184
　　三、本来无事　　190

第三节　惠能禅思想的成立及其意味　　198
　　一、《坛经》的问题　　199
　　二、惠能禅思想的内在理路　　203
　　三、终极境界与宗教生活　　209

第三章　北宗禅再认识　217

第一节　北宗禅史实的重新梳理　218
一、盛、中唐之间南、北之争的延续　220
二、北宗禅的全盛期　226
三、北宗禅的逐渐衰退　231

第二节　北宗禅思想的重新审视　236
一、佛性与人心的悬隔　237
二、渐修与顿悟　247
三、清净与自然　255

第三节　北宗禅意义的重新评价　263
一、从禅思想的历史脉络中看北宗禅　264
二、从中国思想史中看北宗禅　272
三、北宗禅思想的重新阐释　278

第四章　重估荷泽宗　285

引　言　285

第一节　神会与荷泽宗的史实疏证　287
一、关于滑台大会　289
二、洛阳之行及天宝十二载的被逐　293
三、"香水钱"的问题　297
四、荷泽门下的地理分布及其影响的评估　301
五、荷泽宗的盛衰　307

第二节　荷泽宗思想理路中的新与旧　312
　　一、依何经典？　313
　　二、"知之一字，众妙之门"　318
　　三、立无念为宗　323
　　四、顿、渐之间　328
第三节　荷泽宗在禅思想史转型期中的意义　336
　　一、昭示丕变　337
　　二、禅宗士大夫化的肇始　343
　　三、从清净无垢的禅到自然适意的禅　351

第五章　禅思想史的大变局　359

引　言　359

第一节　中唐南宗禅史实考辨　360
　　一、灯史马祖、石头两系分派之辩证　363
　　二、洪州门下各弟子的地位问题　372
　　三、洪州宗与荷泽宗关系试测　380
　　四、洪州宗与牛头宗　385

第二节　从"即心即佛"到"非心非佛"　388
　　一、"即心即佛"说的渊源与传承　390
　　二、"即心即佛"说在理路上的缺陷　396
　　三、"非心非佛"说与中唐禅风巨变　402

第三节　南宗禅的最后胜利及其他　410
　　一、南宗禅与文人士大夫生活情趣　411

二、文人士大夫对禅思想的选择　　　　　　　419
　　三、南宗禅的非宗教化　　　　　　　　　　　430

第六章　9—10世纪禅思想史的转型　　　　　　　437
　　引　言　进入所谓"五宗"时代　　　　　　　437
　　第一节　经典与真理："不立文字"的传统如何坚持　440
　　第二节　不落空与不渗漏的"活句"：
　　　　　　禅宗借语言表现真理的新策略　　　　446
　　第三节　是公案、是机锋也是诗歌：
　　　　　　当宗教信仰成为艺术游戏　　　　　　455
　　结　语　晚唐五代禅宗的文人化和禅思想的文学化　461

附录　从《祖堂集》看8—10世纪初南宗禅的东传　463
主要征引文献　　　　　　　　　　　　　　　　478
重要僧名及生卒年索引　　　　　　　　　　　　489
1995年北京大学出版社初版后记　　　　　　　　495
2008年版序　　　　　　　　　　　　　　　　　500
《再增订本中国禅思想史：从6世纪到10世纪》后记　503

仍在胡适的延长线上（代新版序）
——有关中古禅史研究之反思

中国学界重新开始研究禅宗史，一个新起点是在1980年代。那个时代中国不少学者，也包括作家，都相信禅宗史和禅文化，在某种意义上可以冲击中国历史上主流政治文化的一统天下，不仅瓦解传统儒家思想的固执，还能改变中国人的实用性格，这也许是在那个时代背景中，才会出现的一种特别的文化想象。那么，那个时代背景是什么呢？为什么那个时代会对禅宗产生异常兴趣呢？这要回头说到当时中国出现的"文化热"[1]。

一 1980年代中国禅宗研究的政治与文化背景

简单地说，中国1980年代的"文化热"，是在一种矛盾心态中形成的。**一方面**，当时的人们在理智上大都向往现代化，因为人们还相信这样一些格言："落后是要挨打的"，是要被"开除球籍"的。因此，刚刚改革开放的中国，思想世界基本上仍在五四甚至晚清以来的脉络之中。在这种被史华兹（Benjamin Schwartz, 1916—1999）

---

[1] 关于文化热，可参考林同奇《文化热的历史含义及其多元思想流向》（上）（下），连载于《当代》（台北，1993年6—7月）八十六辑、八十七辑。亦可以参考陈奎德编《中国大陆当代文化变迁（1978~1989）》（台北：桂冠图书公司，1991）。

称为"寻求富强"（In Search of Wealth and Power），也就是奔向现代化的心情中[2]，科学、民主、自由等价值，在经历过"文革"的人看来，仍然是追求的理想和目标。因此，鲁迅的"批判国民性"是那个时代的主旋律，批判传统的声音还很强。特别是，由于不好直接批判政治的弊病和追究政党的责任，就让文化传统为我们"还债"，所以就像"伍子胥鞭尸"一样，当时很多研究历史和文化的人，会发掘传统文化中间那些导致中国封闭、落后、蒙昧的因素，这个时候，儒家、佛教、道教就统统被翻出来，重新放在聚光灯下和手术台上。

可是还有**另一方面**。毕竟都是中国的知识人，对于自身的传统和历史，本来就多少有一些依恋的感情，而且传统的天朝大国心态，也让中国人不那么甘心或者不那么服帖于西方文化，总觉得中国传统还是有现代资源的。所以，对于那种符合士大夫口味的禅宗，包括那些自由的思想、反叛的行为、怪异的公案，都很有兴趣。所以，在批判的同时也不免有点儿留情，对它的好感从前门被赶出去又从后门溜进来。像我自己写《禅宗与中国文化》那本书，在谈到它造成文人士大夫心理内向封闭的时候，可能批判的意味很重，但谈到它追求"幽深清远"的审美情趣时，又往往不自觉地称赞。特别是，当时中国一批"寻根"小说家，他们在发掘中国文化资源的时候，觉得历来占据正统的儒家很保守，古代主流的政治意识形态很没有意思，中原的、汉族的、秩序感和道德感都很强的文化也很乏味，因此，文学家们常常去发掘那些怪异、反叛和边缘的

---

[2] 这是史华兹一部有关中国近代思想文化史著作的书名，即《寻求富强：严复与西方》（叶风美译，南京：江苏人民出版社，1990）。

东西。因而佛教禅宗、道家道教、巫觋之风、西南或西北少数民族，就开始被浓墨重彩地想象和渲染。像当时韩少功《爸爸爸》、王安忆《小鲍庄》、贾平凹《腊月·正月》等等，其中多多少少都有这方面的趋向。

1980年代的政治、文化和思想背景刺激了"禅宗热"。不过这个"禅宗热"，本质上并不是历史学或文献学意义上的学术研究，而是现实的社会关怀与文化反思下的政治批判。在这个时代，禅宗只是一个箭垛，就像"草船借箭"似的让批判和反思的箭都射到这上头来。可需要追问的是，为什么偏偏是禅宗当了这个箭垛呢？所以我们还应当注意，"禅宗热"背后还有一些"洋背景"。

很多人都知道，那个时候中国有一套丛书非常流行，这套丛书叫作"走向未来丛书"，听这套丛书的名字就知道，那个时代的人对于"走出中世纪"的心情多迫切。在丛书里有一本小书，是一个叫卡普拉（Fritjof Capra，1939— ）的西方人写的，书名叫《现代物理学与东方神秘主义》，这个卡普拉是一个很有挑战性的物理学家，他大概学过一些东方思想，对西方科学有很多质疑[3]。除了这本书外，他还写过一本叫《转折点——科学、社会和正在兴起的文化》，两本书里面都引用了不少中国的道家和禅宗的说法——当时被称为"非理性主义"或"东方神秘主义"——对西方惯常的理性思维和科学主义进行抨击。《物理学之"道"》这部书当时被译成中文，就好像俗话说的"歪打正着"，也就像古话说的"郢书燕说"。他的这些

---

[3] 这部书流行非常广，后来又在中央编译出版社以《物理学之"道"：近代物理学与东方神秘主义》为题重新出版，在2012年第四次印刷，并且增加了新的内容。在卡普拉看来，道家、禅宗及东方的其他神秘主义学派如印度教、佛教等等之所以能像现代量子物理学一样，对宇宙的基本统一性有深刻的认识，其原因就在于其思维形式是浑然不分的直觉思维，而不是门类分裂的理性思维。

很"后现代"的批判性想法，对当时正在热心追求科学的中国人没有形成太大的影响，但对仍然依恋传统文化的中国人，却给了一个有趣的启发：原来，我们这里的禅宗、道家，还是比西方哲学和科学更时髦更先进的思想呢！就像禅宗语录讲的，"自家宝藏不肯信，整日四处寻觅"，这下可好，我们有自豪的本钱了。所以很多人对禅宗开始另眼相看起来。

其实，卡普拉有关"东方神秘主义"的想法（包括西方人对于禅宗的理解），一方面来自欧洲哲学家或东方学家对于印度的研究，一方面来自日本铃木大拙（1870—1966）的影响。这里没有篇幅仔细展开讨论，只是要说明，西方人在19世纪末、20世纪初，已经有一些对于现代性的反思，他们在反思中发现了可以用来自我批判的东方资源，比如叔本华（Arthur Schopenhauer，1788—1860）、尼采（Friedrich Wilhelm Nietzsche，1844—1900），一直到海德格尔（Martin Heidegger，1889—1976）、雅斯贝斯（Karl Theodor Jaspers，1883—1969）等，都有这样的思想。因此，这个时候欧洲哲学家或东方学家关于吠陀、佛教以及道家的研究，日本学者对于佛教、禅宗的哲学诠释，就都会成为批判资源，进入他们的思想视野。另外，我们也应当承认，日本学界在哲学和思想的反思性批判和自主性追求上，比中国学界要早得多，这也许是由于日本较早进入现代国家行列，又割不断东方文化传统的缘故。它很早就有所谓"近代超克"的意识，因而总是试图从西方思想和观念笼罩下挣脱出来。所以，有一批如铃木大拙、西田几多郎（1870—1945）、久松真一（1889—1980）、西谷启治（1900—1990）、阿部正雄（1915—2006）这样的学者，一直在努力发掘和宣传自己的思想文化，其中很重要的就是"禅"。因为禅对于宇宙本质的理解，对于语言和理性的怀疑，对于社会生活的理解，对于心灵自由的另类尊重，似乎都和西方人不同。所以，从20世纪初期起，铃木大拙就用英文在西方传播禅思想和禅文化，后来他甚至被西方人称为"世界禅者"。连"禅"这个词，现在西方人都习惯用日文的发音叫作"Zen"而不是中文的"Chan"[4]。

这些传统的佛教思想，在日本学者中用现代概念重新包装出口到西方，可是，又从西方的接受者那里穿上了洋外衣，回到了1980年代的中国[5]。这种西方人都承认的东方智慧，给当时强调中西思想文化差异的中国学者很多启发，也给暗中留恋本土传统的中国知识分子，提供了一个重建传统思想和本土文化的新契机。我记得那时对海德格尔曾经请台湾学者萧师毅给他读《老子》这一传闻，大家都津津乐道，觉得其中深意令人遐想。而佛教与禅宗，就是在前面所说的那种"批判"和后面所说的这种"留恋"中，被1980年代的中国学界重新发现的。坦率地说，包括我自己那部《禅宗与中国文化》，现在回想起来，渐渐察觉这部书中一些思路、方法和评价的问题所在，可是，当时我却并没有这么明确和自觉的意识。身处一个时代潮流中，往往身不由己地被裹进去，要到很晚才能自我反思。后来，我在翻译铃木大拙《禅への道》那部书时写的"译者序"中，对这个学术史过程有一些检讨，当然这可以叫

---

[4] 当然，现在欧美学界研究禅宗的学者，倒是有意识地用"Chan"来标示禅宗，特别是中国禅宗。而用"Son"来标示朝鲜禅宗，而用"Zen"来标示日本禅宗。在有的著作中，还会特别采用"Chan/Zen"或"Zen/Chan"这样的方式。

[5] 例如，阿部正雄《禅与西方思想》（王雷泉、张汝伦译，上海：上海译文出版社，1989；Masao Abe: *Zen and Western Thought*, London: MacMillan, 1985）。此书中译本曾经在1980年代末出版，并且发行一万多册。

"后见之明"[6]。

我的《禅宗与中国文化》,也许是当代中国大陆学界出版的第一部专门讨论禅宗的著作,此后,中国陆续出现了不少有关禅宗的论著。可是应该指出,在整个1980年代,中国的禅宗历史和文化研究,严格地检讨起来,并不能算很学术或学院式的。如果允许我简单地说,禅宗研究大致可以分三个领域,一是作为历史和文献学研究领域的禅史研究,在这个领域中,研究者得先去收集史料、考察历史、还原语境、排列时序,那是很严格的学院式研究。二是作为哲学、心理学解释领域的禅思想研究,在这个领域你得说明,在人的思想和智慧上,禅宗是怎样超越传统,给中国思想世界提供新思路、新认识,从而改变了中国人的习惯的;也得说明作为一个以救赎为目标的宗教,它通过什么方式使信仰者的心灵和感情得到解脱?三是作为历史和现实批判资源的禅文化研究,这当然是根据当下的需要,借助历史和文化,来进行现实批判,这需要的不是历史和文献、哲学和心理的严格、细致,而是激情和感受,应该说就比较容易。但是,对禅宗研究的这三种研究进路,在1980年代是被混淆的,特别是最后一个进路也就是现实批判,在那个时代是最受关注,也是最能够引起共鸣的。应当承认,我写《禅宗与中国文化》,就是在这个角度和立场上建立论述策略和思考基础的,所以,严格说来它并不能算"学术的"或者"学院的"研究。可是,偏偏这一非学术或非学院式的禅宗研究,对1980年代学术界文化界的"禅宗热",起了最大的作用。

---

[6] 铃木大拙《通向禅学之路》(葛兆光译,上海:上海古籍出版社,1989)"译者序",1—30页。

二 胡适的意义：
中国禅的基本问题与近百年来中国的禅宗史研究之状况

现在，让我们从禅宗的基本常识开始，重新讨论中国在禅宗研究领域的一些学术史问题。通常，在有关中国的禅宗与禅宗史研究里，需要重点讨论的是以下几个方面：

第一，静坐的方法。在汉魏六朝时期，佛教有重视义学（就是依据经典讲明道理）的一个方向，也有重视实践（包括坐禅、苦行、造寺）的一个方向，后面这个方向中，特别以小乘禅学的影响最大。在小乘禅学中，静坐的方法是很重要的，来源也很古老[7]。可是，为什么后来有了"律师""禅师"和"法师"的分工？为什么里面的"定"会逐渐独立起来，并且在唐代中叶以后成为佛教的大宗？换句话说，就是禅如何由实践方法变成了整体理论，并且涵盖了整个佛教关于人生和宇宙的理解和认识？——这一方面的问题，涉及在中国，"禅"如何成为"宗"的大关节问题，这是属于禅思想史必须讨论的话题。

第二，关于"空"和"无"。什么是禅宗对于"空"的理解？它如何与道家的"无"区别和联系？佛教中的这一支，其核心观念和

---

[7] 古代印度本来就有瑜伽派，它有八个重要的方法：一是禁制（特别要谨记五戒：戒杀、戒盗、戒淫、戒妄语、戒贪欲），二是劝制（勤修五法：清净、满足、苦行、学诵、念神），三是坐法（有各种坐法，包括莲坐、勇士坐、贤坐、幸坐、杖坐、狮子坐、牛口坐、龟坐、弓坐、孔雀坐、自在坐等等），四是调息（即呼吸法，吸入时为满相，呼出时为虚相，在三时调节气息，气满时人在气中为瓶相，就进入了所谓三昧状态），五是制感（控制自己的感觉器官，使眼耳鼻舌身意与外部世界分离），六是执持（指精神与心灵凝聚于一境），七是禅那（包括四禅阶段），八是三昧（这是瑜伽修炼最高级最纯真的解脱境界）。可是，小乘的禅，作为瑜伽八支实修法之一，"禅那"是如何被放大并凸显成实践的关键的？本来，戒、定、慧三学，都是佛教追求解脱和超越的整体方法。参看后藤大用《禅の近代认识》（东京：山喜房佛书林，1935年第三版）第七章《坐法について》。

终极追求，如何从《楞伽》的"心"转向《般若》的"空"？所谓"佛性常清净"，又怎样逐渐偏向"本来无一物"，甚至"平常心是佛"？这种理论如何被诠释和实践为自然主义的生活？——这一方面的问题，涉及禅思想如何"中国化"，就是它怎样和中国原有思想相结合，以及中国禅宗最终为何有这样的理论和实践走向的问题。

第三，什么是"顿悟"？如何才能"顿悟"？所谓"无念、无住、无相"究竟怎样转向了"平常心是道"？所谓"即心即佛"如何转向"非心非佛"？在这些变化中，牛头、荷泽、洪州各自起了什么作用？这种逐渐趋向轻松修行和自我超越的思想，对于禅宗和佛教本身的宗教性，以及对于禅宗信仰者的成分，会有什么影响？形成这种轻松修行的历史和文化语境是什么？——这个问题，涉及禅宗如何，以及为什么能够进入上层社会，并成为文人士大夫的精英文化。

第四，什么是"不立文字"？其实，佛教本来是很相信文字和经典的，"如是我闻"，记录下来的佛陀说法成千上万，有经典，有戒律，有解说的论。可是，什么时候产生对于文字的这种不信任？它的理论基础是什么？它如何通过回到生活世界来实现终极境界的感悟？然后，到了禅宗的手里，它如何经由矛盾、诗歌、误读、模糊表达等等方式，瓦解人们对语言的信任？它是一种所谓的"反智论"吗？如果不是，那么，它是否像现代西方哲学一样，是让人回到"原初之思"呢？这关系到我们如何来理解各种看上去奇奇怪怪的禅宗文献，也涉及我们今天如何来理解禅宗的现代意味。——这一方面，则关系到禅如何成为文学趣味、生活方式和艺术资源，从而成为文化，渐渐淡化了原来的宗教性。

以上这四方面，表面看都是禅宗理论和实践的问题，但是，实际上它们涉及的，恰恰也是禅宗历史研究的几个重点：第一是它在中古中国，如何以及为何从实践方法转化为理论体系，涵盖了对人生和宇宙的理解？第二是它在中古中国，如何以及为何从修行倾向变成了佛教派别，使得禅师变成禅宗？第三是它在中古中国，如何以及为何从草根阶层转向精英阶层，从而使它的影响从南方到北方、从山林到庙堂？这些在"中古中国"发生的"如何以及为何"，恰恰就是禅宗史研究的关节点。在这些问题里，既涉及历史，也涉及思想，还涉及知识和信仰，甚至还要涉及整个中古中国思想、宗教和文化的转型问题。在这样的观察角度下，禅宗研究就首先是禅宗史研究的问题。

可是，正如前面所说，1980年代中国大陆的禅宗研究，主要聚焦点却在禅宗对于中国尤其是上层知识人文化心理的影响，以及它如何影响到今天中国知识人的政治态度和社会取向。不过，从1980年代"文化热"以来，经历了1990年代的"学术热"，中国的禅宗研究已经有了很大变化，逐渐有了新的视野、思路和方法[8]。关于这一方面，近年来有龚隽、陈继东两位合作的《中国禅学研究入门》，这是我主持编写的"研究生学术入门系列"丛书中的一种，这部书对于目前禅宗研究的状况，已经写得很全面了[9]。我这里想要重点讨论的，是胡适开创的有关禅宗史研究方向和研究方法，在当下中国是否仍然有意义的问题。所以，我应当先回顾一下现代中国有关禅宗史研究的百年学术史。

---

[8] 有关中国学术界的这一转变，请看葛兆光《文化史、学术史、そして思想史へ——中国学術界における最近三十年の変化の一側面》（土屋太祐译），载《中国—社会と文化》（东京大学：中国社会文化学会）第二十五号（2010），100—126页。

[9] 龚隽、陈继东《中国禅学研究入门》（上海：复旦大学出版社，2009）。

在我个人视野中所见，沈曾植（1850—1922）应当算是现代意义上中国禅宗史研究的开创者。他死于1920年代，生前并没有专门写过关于禅宗的著作或文章，但是，他去世后由门人后学整理出来的札记，也就是《海日楼札丛》中有好几篇关于禅宗的短文[10]，既具有现代意味，又富于开拓意义。比如，关于早期禅宗是"楞伽宗"的说法，就比胡适早很多年，他看到了早期禅宗奉《楞伽经》的历史；比如，像禅宗传法系统最重要的金石资料之一《法如行状》，他就最先注意到了，并指出禅宗传续过程中，并不像禅宗后来说的是东土六祖即从达摩到弘忍到惠能，甚至也不像北宗禅说的，从弘忍直接到了神秀，而是中间有一个法如；又比如从《禅门师资承袭图》论神会的部分，他也注意到了神会的意义，这比日本的忽滑谷快天和中国的胡适更早，他说"南宗之克胜北宗，为人王崇重，实赖（神）会力"[11]。特别应当指出的是，沈曾植是当时学界领袖式人物，民国初年在上海寓居，俨然就是旧学世界的领袖，此后开一代新风的罗振玉、王国维、陈寅恪，都很受他的影响，他对古代中国和突厥之关系、西北历史地理、蒙元史的研究，都有深刻见解，这在当时都是很前沿的学问，因此当他以学界领袖的地位来关心佛教和道

---

[10]　沈曾植《海日楼札丛》（沈阳：辽宁教育出版社"新世纪万有文库"本，1998）卷五、卷六，特别是有关禅宗的185页、188页、195—197页。

[11]　他的精悍短小的研究，已经很有现代意味。比如在道教方面，像关于道教五斗米教是"拜五斗"即五方星辰，就使我们联想到道教关于五方的崇拜，这是一直到后来还有人做的课题。在佛教方面，像关于早期佛教部派问题的讨论，他就已经脱离了汉传佛教的老说法。那时候，沈曾植可能已经接触了欧洲的印度学，而且还有所批评，比如他讨论吠陀的时候，就批评欧洲人关于佛教否定吠陀，受自由思想影响的说法，指出佛教只是"反外道"；又比如他讨论《舍利弗问经》和《宗轮论》关于十八部分离的记载为何不同，讨论了大众部、上座部的分裂的三种说法，并且考证了大众部中的大乘思想和马鸣与婆须密迦旃延子的关系，显然已经超越了传统汉传佛教的范围。

教的研究，就会产生不小反响[12]。

　　沈曾植身前身后，像太虚和欧阳竟无领导的僧侣佛学和居士佛学中，也都有一些有关禅宗史的研究，学者中间也有像梁启超、蒙文通等人的零星论述。但是，真正现代学术意义上的禅宗研究，还是要到1920年代中期的胡适才开始。所以现在我就转入正题，讲讲胡适的禅宗史研究[13]。

　　我一直认为，真正使得中国禅宗史研究有根本性变化，使它变成现代学术研究的奠基人，当然是胡适[14]。胡适对禅宗史的兴趣和动力，或许来自两方面，一方面是由于欧洲"文艺复兴"的刺激，他对现代国家语言和白话文学传统的关注[15]，因为禅宗语录在他

---

[12]　晚清民初是居士佛学兴起的时代，沈曾植的佛教论述，也是这个时代居士佛学论述的代表。不过，佛学对他而言毕竟还是博学之士的业余兴趣，又是用传统札记的形式记录和表达，所以，这些研究和论述只是偶然的成就，没有在立场和方法上形成重要影响。

[13]　在中国大陆，1980年代有关胡适禅宗研究的评论中有两篇论文最有代表性。第一篇是楼宇烈《胡适禅宗史研究平议》（《北京大学学报》1987年3期），指出"（胡适是）以非信仰者的立场，用思想史的眼光，历史学的态度和方法研究禅宗史的人"，代表了1980年代改革开放之后的新评价；59—67页；第二篇是潘桂明《评胡适的禅宗史研究》（《安徽大学学报》[哲学社会科学版]1988年1期）。他特别讨论了胡适对于禅宗史文献的发掘和考证，一方面批评胡适方法论上的根本错误是主观唯心主义，说"（胡适）从'怀疑'出发，以'考证'为手段，提出了一些难以为人所接受的'武断的结论'（柳田圣山语）"；但是，另一方面也承认"在这些著述中，胡适的某些考证还是具有一定学术价值"，说明1980年代政治批判的痕迹仍然存在。54—59页。

[14]　关于胡适在现代中国思想史和学术史上的意义，参看余英时先生《中国近代思想史上的胡适》（原为1984年为胡颂平《胡适之先生年谱长编初稿》所写的序言）以及《〈中国哲学史大纲〉与史学革命》，均载《重寻胡适历程：胡适生平与思想再认识》（台北：联经出版事业公司，2004）。

[15]　1917年，胡适（1891—1962）在美国留学回国途中，曾仔细阅读薛谢尔（Edith Helen Sichel）的著作 The Renaissance。从胡适日记中可以看到，他极为关注欧洲文艺复兴的成果，是在各国"俗语"基础上形成"国语"，而形成"国语"则对这些现代"国家"的形成非常重要。因此，胡适把意大利语、法语等现代国家语言（国语）和中国宋代的语录、元代的小说以及民众口语相提并论，他认为，这就是普及国民文化，提升国民意识，形成现代国家的重要途径。而"白话犹未成为国语"，正是他努力在中国推动"白话文学"以及"建设国语"最重要的思想来源。禅宗研究在胡适学术世界中占有重要位置，在很大程度上来自他的这一思想。

看来是最好的白话文学；另一方面来自他重新撰写中国哲学或思想史的抱负。他觉得，写中国思想史绕不开佛教，研究中国白话文学也离不开禅语录。所以从1924年起，他下定决心研究禅宗史，现在还保存了当时他试着写禅宗史的手稿[16]。胡适对敦煌卷子的注意更早，1914年在美国留学的时候他就给英国刊物写文章，指出大英博物馆敦煌文书目录的问题[17]。到了1926年，他恰好有机会到欧洲去看敦煌卷子，带着自己的关注，便发现了禅宗史上前人很少接触的新资料，并且使他重新恢复禅宗史的研究。据新近发现1926年10月胡适致顾颉刚信，他说由于"发见了不少的禅宗重要史料，使我数年搁笔的《禅宗史长编》又有中兴的希望了"[18]。1927年夏天，他在上海美国学校"中国学暑期讲习会"讲了四次《中国禅宗小史》[19]，1928年，他写了《禅学古史考》，同年又与汤用彤讨论

---

[16] 见胡颂平《胡适之先生年谱长编初稿》（台北：联经出版事业公司，1984）第二册。胡适在1924年7—11月间开始写《中国禅学史稿》，他说，"写到了慧能，我已很怀疑了；写到了神会，我不能不搁笔了。我在《高僧传》里发现了神会和北宗奋斗的记载，又在宗密的书里发现了贞元十二年敕立神会为第七祖的记载，便决心要搜求关于神会的史料"（570页）。又，胡适《禅宗史草稿》有关神会一段，写于1925年3月4日，批评《宋僧传》"这书颇能征集原料，原料虽未必都可靠，总比后人杜撰的假史料好的多多"。又说"禅宗书往往把后世机缘话头倒装到古先师传记里去……我们所以借神会一传，给读禅宗史者下一种警告"。见《胡适全集》（合肥：安徽教育出版社，2006）第九卷，56—57页；按：手稿在耿云志编《胡适遗稿及秘藏书信》（合肥：黄山书社，1994）第八册中。

[17] 胡适为英国《皇家亚细亚学会会刊》（*Journal of the Royal Asiatic Society*）撰文，批评1914年卷第3期上翟理斯（Herbert Allen Giles）编撰的《敦煌录：关于敦煌地区的记录》（703—728页），指出其错误。见王冀青《胡适与〈敦煌录〉》，载《文史知识》（北京：中华书局）2010年第7期。

[18] 《胡适致顾颉刚书》（一），原载《国立中山大学语言历史学研究所周刊》1928年2月7日，《胡适书信集》（北京：北京大学出版社，1995）未收。此据蔡渊迪《跋胡适致顾颉刚书信两通》，载《敦煌学辑刊》2014年第1期，159页。

[19] 1931年，他给朝鲜人金九经写信，提到他有一篇英文的《禅宗小史》，曾请Saunsers带给铃木大拙看，但此文我没有看到。见耿云志等编《胡适书信集》（北京：北京大学出版社，1996）上册，528页。

禅宗史[20]，可以看出，这个时候他的禅宗史基本脉络和评价立场已经基本形成了[21]。于是，从1929年到1934年，他陆续发表了好几篇关于禅宗的研究论文[22]，范围涉及了早期禅宗系谱、中古禅宗史、南宗的神会，以及《坛经》作者、惠能与神会之后的南宗禅等等，一时引起学界极大关注。

应当说，胡适发现有关禅宗的敦煌文献，是千年来不曾看到的新材料，他提出有关禅史的好多看法，都是石破天惊极具震撼力的。比如，关于《坛经》不是惠能的作品，而是神会的作品；比如，开元年间滑台大会，是禅宗史南宗与北宗盛衰的转折点；比如，安史之乱中神会为朝廷筹"香水钱"，奠定了南宗的正统地位；又比如，传统依据来写禅宗系谱的传灯录，往往不可信；等等。这些研究无论结论是否正确，都使得禅宗史不得不重写[23]。

---

[20] 1928年7月21日他和汤用彤的书信讨论，即《论禅宗史的纲领》，共十三条。其中有几个最重要的关节，一是印度禅与中国禅，中国禅受道家自然主义影响的成分最多，二是菩提达摩一派当时叫"楞伽宗"，敦煌有《楞伽师资记》，三是惠能的革命和神会的作用，四是8世纪下半叶出现了很多有关禅宗系谱的伪史，五是8世纪下半叶到9世纪上半叶，禅宗的分派要参考宗密的著作和敦煌的资料，六是神会一派不久衰微，马祖道一成为正统，"中国禅至此始完全成立"。以上这些论述，基本上构成了6至9世纪禅宗史的大体框架。

[21] 原发表在1928年8月10日《新月》第一卷6号，收入《胡适文存》三集第四卷，见《胡适文集》第四册，221—235页。这篇文章一开头就强调，"印度人是没有历史观念的民族，佛教是一个'无方分（空间）无时分（时间）'的宗教。故佛教的历史在印度就没有可靠的记载"。他说他在上海美国学校讲禅宗小史，对中国禅宗人物生死年代讲得很清楚，这使得两个印度听众很吃惊，觉得这是"中国民族特别富于历史观念的表现"。显然，这已经体现了胡适对于禅宗史研究，重视时间与空间研究的现代性的方法特征。

[22] 像《菩提达摩考》（1927）、《白居易时代的禅宗世系》（1928）、《荷泽大师神会传》（1930）、《坛经考之一》（1930）、《楞伽师资记序》（1932）、《坛经考之二》（1934）、《楞伽宗考》（1935）等等（分别收入《胡适文集》第三、第五册），还编辑了《神会和尚遗集》（上海：亚东图书馆，1930）。

[23] 台湾学者江灿腾曾经质疑，胡适的神会研究，是否曾经受到日本忽滑谷快天1923年、1925年出版的《禅学思想史》的启发和影响，所以，并不算他的原创。江勇振在《舍我其谁：胡适》第二部《日正当中：1917—1927》（台北：联经出版事业公司，2013）中，（转下页）

胡适虽然并不是仅仅以禅宗史为自己的领域，但他一辈子都在关注禅宗研究，在1930年代前后专注于禅宗史研究之后，有十几年因为第二次世界大战，政局变化，他受命担任驻美大使，暂时放下了禅宗研究。但是，1952年之后，当他开始有余暇的时候，又开始研究禅宗史。1952年9月，他重新拾起《坛经》的资料，检讨他自己过去的看法。那一年他到台湾，在台湾大学讲治学方法时，就旧话重提，大讲他发现禅宗史料的经过，可见禅宗史的兴趣始终未泯。1953年1月，在纪念蔡元培八十四岁生日的会上，他又以《禅宗史的一个新看法》为题做了一次演讲，这一年他还写了《宗密的神会传略》，这象征着胡适再次回到他1930年代的禅宗史领域和问题。此后一直到去世，他仍然在不断地就禅宗史的文献、历史、方法进行探索；一直到他去世前的1961年5月23日，他仍在病榻上认真

（接上页）一方面赞成江灿腾的意见，但另一方面又指责江灿腾"只留心出版的作品，而忽略了胡适未出版的笔记和手稿"。他认为，胡适确实读过忽滑谷快天的书，是"征而不引的坏习惯"，但他又根据现存胡适手稿，认为胡适八年即前"潜心研读佛学或禅宗的历史"，因此发现神会新资料是"拜他八年来用功之所赐"，因此，"胡适对禅宗在中国佛教史上的革命的意义，以及神会在这个革命里所扮演的角色的认识，在这时（1925年）就已经奠定了"。661—664页。按：胡适在1924年就开始自己思考禅宗史问题，1925年3月4日写神会一节，主要依据是《宋高僧传》，对《景德传灯录》颇有批评，这有当时的"禅学史手稿"为证。因此我怀疑，在禅宗史研究之初，胡适未必依据了忽滑谷快天的著作。在未被收录于《胡适书信集》（包括《胡适全集》）、写于1926年10月29日的一封致顾颉刚信中，胡适提到他在巴黎看伯希和带回的敦煌卷子，说"发见了不少的禅宗重要史料，使我数年搁笔的《禅宗史长编》又有中兴的希望了。前年（1924）作禅宗史，写了八万字，终觉得向来流行的史料，宋人伪作的居多，没有八世纪及九世纪的原料可依据，所以搁笔了"（原载《国立中山大学语言历史学研究所周刊》第二卷十五期，此据蔡渊迪《跋胡适致顾颉刚书信两通》，《敦煌学辑刊》2014年1期，159—169页）。胡适的禅宗史看法的形成，应当与忽滑谷快天关系不大。虽然1926年发现敦煌神会文书时，参考过让家人从中国寄来的忽滑谷快天书，受到了一定的启发，但是，胡适从敦煌文献入手重新审视禅宗历史，通过整体质疑禅宗系谱的书写，来重建一个可信历史，在方法上意义更大。所以，不必纠缠于他是否沿袭了忽滑谷快天的书。当然，江灿腾本人也并不否认胡适对禅宗史研究的开创性意义。

地重读1928年考察过的《传法堂碑》,并郑重地记下在衢州明果禅寺居然有这块碑的原石。

在胡适的禅史研究论著出版之后,几乎半个多世纪中,中国学术界甚至日本学术界,都深受这些资料和观点的影响。日本的入矢义高、柳田圣山,都是佛教禅宗研究中的权威,但他们在与胡适往来通信中,不仅深受影响,也很认同胡适关于禅宗史的一些说法。特别是柳田圣山还编了《胡适禅学案》一书,专门讨论胡适的禅宗研究以纪念这个开创者。在中国台湾和中国香港,一直到1960年代,还围绕胡适关于《坛经》的考证再次掀起争论,包括钱穆等学者都卷进去了。中国大陆在1950年代重新开始禅宗研究以后,其实,大多数学院学者的研究也还是在胡适的延长线上的[24],只是大陆当年把胡适当做"敌人"来批判,连胡适在禅宗研究上的成绩也一笔抹杀[25],所以,只好在历史学与文献学的角度与方法之外,新增加了两个观察立场和分析维度,来超越过去的研究。第一个是所谓"哲学史",这也是由于中国大陆的宗教研究,长期设置在大学的哲学系,并推动以马克思主义哲学观念研究宗教,所以,禅宗研究中增加了宇宙论与知识论层面、唯心唯物观念角度的研究,最著名的如任继愈及其弟子们[26];第二个是"社会史",在有意无

---

[24] 包括佛教内部的刊物《现代佛学》中,也有不少历史学与文献学进路的禅宗史论文。参看黄夏年《禅宗研究一百年》第三节《20世纪中期的禅宗研究》,载《中国禅学》第一卷,北京:中华书局,2002,455—457页。

[25] 任继愈《论胡适在禅宗史研究中的谬误》(《历史研究》1955年第5期),说(胡适)之所以研究禅宗,是因为禅宗与胡适"都是反理性的,都是主观唯心主义的,都是反科学的",并且说胡适的禅宗研究"没有任何价值"。这是1949年之后,胡适批判运动下的产物,代表了政治意识形态式的评价。29—48页。

[26] 参看任继愈《禅宗哲学思想略论》,载《哲学研究》1957年第4期。此外,类似取向的论文,还可以举出的是肖(萧)萐父《唐代禅宗慧能学派》,载《武汉大学学报》(人文科学版)1962年第1期。

意中，继承了传统儒家对于佛教在社会、政治和经济方面作用的批判，把禅宗放在政治、社会和经济角度进行研究，最重要的如范文澜《唐代佛教》及其在思想史领域的追随者。可是应当说，一直到1980年代，中国大陆的禅宗研究并没有多大起色，也没有什么专书出版。

1980年代以后，禅宗研究兴盛起来。正如我前面所说，先是出现了"历史与文化批判"的新角度；然后出现了不少以历史与文献研究为基础的禅史研究成果；再往后，受西方现代甚至后现代禅学研究影响，出现了一些新的禅学论述，这当然是后话。今天，中国大陆的禅宗研究著作已经非常多[27]，如果不算佛教界内部的研究，而只讨论学院的学术研究，那么，这些论著大体可以归纳为三种：（一）"哲学史研究"的进路。主流是用马克思主义哲学和社会发展史的分析方法，我觉得，这恰恰是一种"反西方的西方模式"。（二）"历史学与文献学"进路。这方面成果不少，比如发现神会碑铭，整理敦煌本《坛经》《神会语录》等，近年来有关禅宗的碑志文献大量出现，可以说，以传世文献与出土资料为主的研究方法最有成绩[28]。（三）"文化批评"进路。这包括由于对现代性的质疑而引出的价值重估，对欧洲近代文化与哲学的质疑[29]。但是，依我的看法，中国学者最擅长，也是最有成就

---

[27] 包括杨曾文《唐五代禅宗史》（北京：中国社会科学出版社，1999）、《宋元禅宗史》（同上，2006），杜继文、魏道儒《中国禅宗通史》（南京：江苏古籍出版社，1993），以及洪修平、赖永海、麻天祥、潘桂明、蔡日新、刘果宗等人的禅宗史论述。

[28] 但是应当指出，在这一方面，方法仍然略嫌简单，采用这一进路的学者，对历史语境和社会背景即政治状况、社会生活、礼仪风俗的重建以及普通信徒观念和知识的关注仍然不够，对文献上的文本细读、叠加层累、伪中之真、真中之伪的复杂方法运用仍有距离。

[29] 但是，应当指出，这一进路中，往往过度诠释颇多，而西方擅长的"心理学"和"语言学"方法，至今中国学界仍然并未很好把握。

的仍然是历史学与文献学的研究,在这种史料批判和历史评价的进路上,禅宗史研究还是没有走出胡适的时代,想建立新典范,恐怕没有那么容易。

我想特别强调的是,胡适的禅宗史研究的意义,不是对禅宗史具体的历史或文献的结论。如果要细细追究的话,可能胡适的很多说法都有疑问,比如前面说到的,(1)比如关于《坛经》不是惠能的作品而是神会的作品,这是根据不足的[30];(2)滑台大会,他说开元年间滑台大会是禅宗史南宗与北宗盛衰的转折点,这个说法是夸大的[31];(3)安史之乱中神会为朝廷筹"香水钱"奠定了南宗的正统地位,也被证明很不可靠[32]。但是,我们为什么要说他

---

[30] 关于《坛经》的作者是神会,胡适的证据之一,是《坛经》和《神会语录》里面,很多术语和思想相近,但是这个说法并不成立,因为学生和老师之间相似是很自然的。之二,是惠能不识字,不可能讲这么深奥的思想,但是焉知惠能不识字是真是假?之三,是《兴福寺内道场供奉大德大义禅师碑铭》中有说荷泽一系的"洛者日会,得总持之印,独曜莹珠。习徒迷真,橘枳变体,竟成檀经传宗"一句,胡适认为,这证明神会炮制了《坛经》,但是,这段话只能证明神会一系用《坛经》作为传宗时的凭信,不能证明神会就是自己撰写了《坛经》。就连胡适自己后来也改变了看法,《胡适之先生年谱长编(初稿)》中,胡颂平记载说,"到了四十八年(1959)二月二十日,先生在此文(指《六祖坛经原作檀经考》)的封面上自注说'后来我看了神会的《坛经》的两个敦煌本,我也不坚持《檀经》的说法了'"(《编者附记》,2224页)。胡适论据中比较有说服力的,是《坛经》里面有惠能说的"吾灭后二十余年,邪法撩乱,惑我宗旨,有人出来,不惜身命,定佛教是非,竖立宗旨。即是吾正法"这一条,所以,这段话一定是后来与神会有关系的人的说法,为了证明真传嫡系在神会,所以《坛经》和神会肯定有关系。但是我们相信,更可能的是神会对《坛经》有修改补充,而不是神会自己炮制《坛经》。

[31] 滑台大云寺并非佛教在唐帝国的中心,因而此事没有特别大的意义;同时,类似的教义辩论会在唐代相当普及,凡是有疑义,常常就会有论战,这一次在滑台举行的论战是否特别有影响?还是有疑问的。特别是,与神会辩论的"崇远法师"不是北宗,而是义学僧人,一个法师,他败了不等于北宗败了,那个时代,北宗禅可能对神会很不屑,因为当时的北宗禅正如日中天。

[32] 关于香水钱,虽然赞宁在《宋高僧传》说过这件事,但只是简单叙述了一下,把它当作南北宗之争的一个大关节,则是胡适《荷泽大师神会传》才开始的,很多人都接受这个说法,但是这是不可靠的。参看葛兆光《荷泽宗考》,又见本书第四章《重估荷泽宗》。

依然是禅宗史研究的开创者呢？这是因为胡适最重要的贡献，就是建立了中国学术界研究禅宗的典范。为什么是"典范"？这里主要指的，就是这个中国禅宗研究的历史学与文献学范式，这个研究范式影响了和笼罩了至今的中国禅宗研究，现在中国学界研究禅宗，仍然走在胡适的延长线上。

在这个"典范"中，有三点特别要肯定——

第一，是他开拓了禅宗史研究的新资料，特别是在敦煌卷子中发现了很多有关禅宗的新资料。1935年，他在北京师范大学演讲的时候，曾经说到能够颠覆禅宗正统派妄改的历史的新资料，一是要从日本寺庙中找，一是从敦煌石室写本中找[33]。前面提到，他对敦煌资料的重视是从1916年在美国留学的时候开始的，当时他曾写过英文文章纠正英国敦煌编目的错误，后来，由于对白话文学史和中古思想史的两方面兴趣，他对佛教新资料就更加关注，这才有了1926年他去欧洲寻找敦煌文献中的禅宗史料的事情，这可不一定是受忽滑谷快天的影响[34]。经由他发现并且整理出来的神会和尚的几份卷子[35]，仍然是我们现在了解禅宗史上最重要的历史时期的基本史料，没有这些史料，不可能摆脱灯录系统的影响，颠覆传统的说法，写出新的、清晰的禅宗历史来。

第二，是他重新书写了禅宗史的脉络，提出了中古禅宗史研究

---

[33] 胡适《中国禅学的发展》，《胡适文集》（十二），301—302页。
[34] 江勇振《舍我其谁：胡适》第二部《日正当中：1917—1927》（台北：联经出版事业公司，2013）认为，胡适有意识去寻找新资料，是在美国读书时受到"高等考据学"启发，以及赫胥黎《对观福音书》的影响，可备一说。684—685页。
[35] 1926年，先后在巴黎发现《顿悟无生般若颂》（胡适认为就是《宋高僧传》中说的《显宗记》）、《菩提达摩南宗定是非论》（即滑台大会上与崇远法师等的辩论）、《南阳和尚问答杂征义：刘澄集》（陆续与众人的问答）、《五更转》（南宗宣传诗歌），见于1927年他的《海外读书杂记》。

的新方法。与古史辨派所谓"层层积累的伪史"说一样,他有关菩提达摩见梁武帝故事为"滚雪球越滚越大"[36],《坛经》从敦煌本到明藏本字数越来越多是"禅宗和上妄改古书"[37],以及中唐禅宗编造系谱常常是"攀龙附凤"的说法,给后人相当深刻的影响。虽然,他特别强调神会在禅宗史上的意义,把弘扬南宗禅的重大功绩都加在神会身上,包括以为惠能的《坛经》也是神会炮制的,战胜北宗也是神会滑台大会的功劳,在传统禅宗史之外重新建立起来一个以神会为中心的中国禅史,可能这些说法并不可靠,我后来写《荷泽宗考》就反对这个看法。但是,由于他的"新说",使得禅宗史研究者一方面要抛开灯录的叙事系统,一方面又需要在反驳胡适叙事的基础上再建构,这就像西方哲学中的"四元素"说、化学上的"燃素"说一样,不一定正确,却成为一个新模式。在胡适发现神会的资料之后,他对于禅宗系谱与禅史文献的认知越来越明晰。他反复强调,"今日所存的禅宗资料,至少有百分之八九十是北宋和尚道原(《景德传灯录》)、赞宁(《宋高僧传》)、契嵩(改编《坛经》)以后的材料,往往经过了种种妄改和伪造的手续"[38],强调"中唐与晚唐有许多伪书与假历史,都成了《景德传灯录》的原始材料"[39]。主张对一切系谱与史料进行质疑,便成为他的禅宗史研究

---

[36] 胡适《菩提达摩考》,收入《胡适文存》三集卷四,《胡适文集》(四),257页。

[37] 胡适《坛经考之二》,收入《胡适文存》四集卷二,《胡适文集》(五),254页。

[38] 见《神会和尚遗集》自序,收入《胡适文存》四集卷二,《胡适文集》(五),235页;他在1952年12月6日在台大演讲《治学方法》的时候,还重新提到1926年到欧洲发现敦煌禅宗资料的事情,指出当时可以看到的材料"尤其是十一世纪以后的,都是经过宋人窜改过的",又以日本学者矢吹庆辉发现敦煌本《坛经》为例,说明扩张史料的重要。陈垣《中国佛教史籍概论》中评论《禅林僧宝传》时,也说到禅宗灯录是"以理想为故实"。

[39] 柳田圣山编《胡适禅学案》(台北:正中书局,1975),617页。

的出发点[40],他也指出了禅宗史料造伪的时代,柳田圣山编《胡适禅学案》记载,胡适曾致信柳田圣山说到,"从大历到元和(766—820),这五六十年是'南宗'成为禅门正统,而各地和尚纷纷的作第二度'攀龙附凤'大运动的时期"[41]。另一方面,他也非常积极地寻找可以"穿越"禅宗谱系的真史料,正因为如此,不仅较早的敦煌禅籍就成了他质疑禅宗谱系的重要凭据,而且唐代碑刻史料也成为他层层剥去禅宗"旧史"的原始依据。在这一点上,他比忽滑谷快天、宇井伯寿等学者要更有贡献,因为他使得禅宗研究重新开辟了新的历史学途径。

第三,正是因为他自觉地质疑禅宗史料,要在禅宗自我编造的系谱之外重新叙述禅宗史,因此,他对于"教外资料"即唐人文集、碑刻资料有特别的重视。从现在留存胡适的大量笔记文稿中我们看到,胡适曾经相当详细地做过《全唐文》中隋唐时期各种佛教道教碑铭的目录,不仅一一记下有关隋唐佛教人物的216份碑铭塔铭,记录了碑主、卷数、作者,而且标注出这些人物的卒年,以便对佛教史一一排比[42]。我注意到,越到晚年,胡适越重视唐代禅宗石

---

[40] 正因为如此,他既对已经看到敦煌文献的铃木大拙"过信禅宗的旧史,故终不能了解楞伽后来的历史"有所批评,当然,对忽滑谷快天完全依赖传统史料叙述禅学思想史,也不能认可。见胡适《复金九经》,载耿云志等编《胡适书信集》(北京:北京大学出版社,1996),上册,528页。此外,1960年2月9日胡适又在演讲《禅宗史的假历史与真历史》中从铃木九十岁纪念文集说起,认为他"是有双重人格的人。他用英文写的禅宗很多,是给外国的老太婆看的,全是胡说。但他用日文写的禅宗,就两样了,因为日本还有许多研究禅宗的人,他不能不有顾忌了"。见胡颂平《胡适之先生年谱长编(初稿)》,3172—3183页。

[41] 柳田圣山编《胡适禅学案》,630页。1959年12月胡适致严耕望的信中,又谈到"十宗之说,实无根据,南北宗之分,不过是神会斗争的口号,安史乱后,神会成功了,人人皆争先'攀龙附凤',已无南北之分了。其实南宗史料大都是假造的……"胡颂平《胡适之先生年谱长编(初稿)》,3105—3106页。

[42] 均见《胡适全集》第九卷。

刻文献的重要性，在他最后的岁月即 1960—1961 年中，他不仅依然特别关注各种金石文献中的唐代禅宗碑文（在他留下的读书笔记中有裴休的《唐故圭峰定慧禅师传法碑》、白居易的《唐东都奉国寺禅德大师照公塔铭》、李朝正的《重建禅门第一祖菩提达摩大师碑阴文》、李华的《左溪大师碑》《润州鹤林寺径山大师碑》以及《嵩山（会善寺）故大德净藏禅师身塔铭》等等)[43]，而且他还特别提醒学者，对这些载于《全唐文》的碑文、诏敕要有警惕[44]，要注意直接查阅真正目验过碑石原文的文献如《金石录》《金石萃编》等[45]。这一点他远远超出了忽滑谷快天，使得中国以及日本学者开始形成以传世的文集、碑刻、方志等"教外资料"，印证新发现的敦煌、日韩古文书，佐之以教内佛教禅宗典籍的研究传统。要注意，由于这种历史和文献学的研究思路，很多唐代文集中的碑志以及石刻文献，都被发掘出来，这成为禅宗研究中的历史学与文献学结合的路数。胡适一直到晚年，还在很有兴趣地讨论这个碑、那个碑的史料价值，在唐代文集中到处发现可以打破传统禅宗记载的资料，这成了一个传统，也成了一个方法，至今中国学者也还是沿着这一条路在走，应该说，这是中国学者的特长之一。包括印顺法师的《中国禅宗史》、杨曾文的《唐五代禅宗史》、杜继文等的《中国禅宗通史》，以及本书，也还是走在胡适的延长线上。

---

[43]　胡颂平编《胡适之先生年谱长编（初稿）》第十册。
[44]　见 1960 年 2 月 11 日撰写的《全唐文里的禅宗假史料》，《胡适全集》第九卷，441—444 页。
[45]　见 1961 年 1 月 6 日撰写的《金石录里的禅宗传法史料》。这一笔记讨论了宋代赵明诚所见的《唐曹溪能大师碑》与《唐山谷寺璨大师碑》等等，《胡适全集》第九卷，539—541 页。

三 与日本与欧美相比：
什么是中国学者有关禅宗史研究的特色？

在日本与欧美的禅宗史研究这一方面，我并没有资格做全面的介绍，以下所说的内容，只是用来观察禅宗研究领域里面，欧美和日本学者与中国学者的不同，探讨一下中国的研究特长与将来出路究竟在哪里？

日本的中国禅宗研究，比中国兴盛得多，研究论著也多得多，有的著作水平相当高。关于这一方面，请大家看一本很好的入门书，即田中良昭编《禅学研究入门》，这部很细致的入门书最近又有新的修订本问世[46]。这里我不想全面叙述，因为日本禅宗研究历史很长、著作太多，这里只是就我关心的领域和问题，重点指出两点：

第一，应当看到，日本有关禅宗历史和文献的研究，至今仍然相当发达。这方面要举出有代表性的禅宗史研究学术著作，很早期的，人们会提到大正昭和年间如松本文三郎的《达磨》（东京：国书刊行会，1911）、忽滑谷快天的《禅学思想史》上下卷（东京：玄黄社，1925）、宇井伯寿的《禅宗史研究》（第一至第三，东京：岩波书店，1939，1941，1943）等[47]。在这以后，日本的禅宗史研究仍

---

[46] 田中良昭《禅学研究入门》（第二版，东京：大东出版社，2006）。

[47] 这些都是禅宗研究的名著，奠定了现代日本有关中国禅宗历史与文献研究的基础，其中，忽滑谷快天的《禅学思想史》中的中国部分，可以说是第一部完整的、系统的清理禅宗历史的现代著作，虽然它尚未参考过敦煌新发现禅宗文书，主要依赖禅宗自己的灯录和佛教的僧传构建历史系谱，但是他给后人留下了禅宗的一个基本的历史轮廓。其中，特别是他以禅宗六祖惠能为分水岭，区分达摩到六祖是唯传一心、简易明了、只此一途的"纯禅时代"，六祖之后是棒喝机锋、分宗开派、禅法分歧的"禅机时代"，这种区分背后的价值评判，很值得注意。而宇井伯寿的三册《禅宗史研究》，则广泛参考了更多的文献包括新出土的敦煌文书和散见于藏外的史料，以及各种石刻资料，对禅宗史上各种宗派和人物的传承，作出细致的考证，非常有参考价值。

然有相当深入的成果，二战之后如阿部肇一的《中国禅宗史の研究》（东京：诚信书房，1963）、关口真大的《禅宗思想史》（东京：山喜房佛书林，1962），这里就不一一介绍。这里只是特别要提到柳田圣山（1922—2006），这是日本禅宗史研究的重要学者，如果要研究禅宗初期的文献与历史，他的《初期禅宗史书の研究》是不可不看的关键性著作[48]。此外，较早的，如山崎宏对神会的研究[49]、铃木哲雄对于唐五代禅宗历史的研究[50]、滋野井恬对于唐代佛教禅宗的地理分布之研究[51]；稍晚的，如石井修道对宋代禅宗史的研究[52]、衣川贤次对禅文献特别是《祖堂集》的研究[53]、野口善敬对元代禅宗史[54]、伊吹敦对唐代禅门的研究[55]、小川隆对神会与唐代禅语录的研究[56]，都相当出色。这些论著不仅仍然延续着客

---

[48] 柳田圣山《初期禅宗史书の研究》（京都：法藏馆，1967）。前面提到，柳田圣山和胡适曾经有过交往，编过《胡适禅学案》，对于了解胡适的禅宗史研究有很大的帮助。他的这一著作对于禅宗早期的史书如敦煌发现的《楞伽师资记》《传法宝纪》等等，有很深入的研究，至今研究早期禅宗文献特别是敦煌禅宗文书，都要参考这部著作。关于柳田圣山的中国禅宗史研究，可以参看何燕生《柳田圣山与中国禅宗史研究——深切怀念柳田圣山先生》，载《普门学报》（高雄：佛光山）第37期（2007年1月）。

[49] 山崎宏《荷泽神会禅师考》，载《中国の社会と宗教》（东洋史学论集第二），东京：不昧堂书店，1954。

[50] 铃木哲雄《唐五代禅宗史》，东京：山喜房佛书林，1985。

[51] 滋野井恬《唐代佛教史论》，京都：平乐寺书店，1973。

[52] 石井修道《宋代禅宗史の研究》，东京：大东出版社，1987。

[53] 衣川贤次《祖堂集札记》（载《禅文化研究所纪要》24号，1998年12月），他与小川隆、土屋昌明、松原朗、丘山新等合作，撰有"祖堂集研究会报告"多种，发表在《东洋文化研究所纪要》各期上；又，可以参看衣川贤次与孙昌武等合作校订整理《祖堂集》（北京：中华书局，2007）。

[54] 野口善敬《元代禅宗史研究》，京都：禅文化研究所，2005。

[55] 伊吹敦《禅の历史》，京都：法藏馆，2001。

[56] 小川隆《语录の思想史》（东京：岩波书店，2010）。此书的中文本：《语录的思想史——解析中国禅》（何燕生译，上海：复旦大学出版社，2015）。此外，还可以看他的《神会——敦煌文献と初期の禅宗史》（京都：临川书店，2007）及《语录のことば》（京都：禅文化研究所，2007）。

观的历史学与严谨的文献学研究路数,而且还加上了对于禅语录精细的语言学研究。特别值得佩服的是,日本学者常常以研究班的方式,针对某一文献,数年如一日地集体讨论、考证和研究,甚至一再重新讨论,因此常常能够拿出相当厚重的成果[57]。

第二,是有关传统禅思想的现代哲学诠释。在这方面,中国学者常常并不在行。正如我前面所说,中国研究禅宗的学者,成绩多在历史学和文献学方面,除了印顺之外,基本上是学院学者,与寺院禅僧不同,与有信仰的居士学者也不同,一般对于禅思想并没有多少兴趣。可是日本却很不同,一方面很多著名禅学者来自禅门宗派,不仅对于禅思想有深入体验与理解,而且阐发和弘扬这种禅思想的立场相当自觉;另一方面他们很早就接触西洋哲学思想,常常有意识地在日本本土思想资源中寻找可以对抗、接纳和融汇西方思想的东西。因此,禅思想常常就作为化解、接引、诠释、对抗西方的哲学,被他们使用。在这方面,也许可以举出铃木大拙、西田几多郎、久松真一和西谷启治为代表[58]。

---

[57] 比如《碧岩录》,就有老一辈的入矢义高、中年一代的末木文美士、年青一代的小川隆的精细研究和阐发,而唐代宗密《禅源诸诠集都序》,就有石井修道与小川隆等人对它详细准确的注释和翻译,他们所采用的,基本上就是文献学的扎实做法。

[58] (一)铃木大拙的很多禅宗研究著作,是有意识回应西方古代哲学和现代思想的,多是英文著作,他的有关论述,把东方的禅思想说成是主流的东方思想,又以临济禅作为主流的禅思想,然后加以现代的发挥,比如"禅"超越西方 A 与非 A 的二元对立,"悟"使人们能够反身意识自身生命意义,以综合的肯定超越分析的否定,以非逻辑性瓦解思维的逻辑性等等。在20世纪,铃木大拙与西方心理学家荣格(Carl G. Jung)和弗罗姆(Erich Fromm)互相沟通,就在心理学与宗教之间产生很大影响。其实,就是用东方思想尤其是反智(反理性)主义对抗西方理性主义和现代思维。参看铃木大拙《禅问答と悟り》《禅と念佛の心理学の基础》,久松真一的著作如《禅の现代の意义》。(二)西田几多郎是日本很有西方哲学素养的学者,专门从哲学角度阐发禅宗的超越思想与有关"无"的本体论思想,试图通过禅宗思想的参究,弘扬东方禅思想的世界意义,由于长期在京都,所以开创所谓日本哲学的"京都学派"。(三)久松真一则继承这些思想,以存在主义的"无"与禅宗的"无"进行对比分析,认为存在主义的(转下页)

毫无疑问，日本禅宗研究与中国禅宗研究，无论在方向、问题和重心上都有很大的不同。前面已经说到，这种不同有两方面的原因：第一，是因为历史原因，禅宗在中国和日本的发展不同，8、9世纪禅宗由留学僧人、遣唐使传入日本，经过日本的奈良时代的发展，到镰仓时代发展出五山禅文化，兴盛一时。虽然近代曾经有过明治时期"神佛判然"等挫折，但很快重新振作，特别是临济与曹洞两家，至今禅宗不仅庙宇众多，而且开办不少大学[59]。而中国在宋元之后禅宗渐渐衰落，即使到了近代，也没有回到学术世界的视野中心来[60]。第二，是近代学术背景差异。日本的佛教与禅

（接上页）"无"是永远不能克服的宿命的否定性，而禅宗的"无"则是自律的、理性的、能够克服宿命的否定性（没有意义的生命）和绝对二元论（生死）的积极、肯定的智慧，一旦体悟，是"从出生的历史到出身的历史的大转换"。见久松真一《禅の现代的意义》（铃木大拙、宇井伯寿监修《现代禅讲座》第一卷《思想与行为》，东京：角川书店，1956, 319页。这种禅思想的现代诠释风气，至今仍然在延续。可以参看前引阿部正雄《禅与西方思想》和《禅与比较研究：禅与西方思想续编》（*Zen and Comparative Studies: Part Two of a Two-Volume Sequel to Zen and Western Thought*, University of Hawaii Press, 1997）。

[59] 比如京都的花园大学（临济）、东京的驹泽大学（曹洞）等。

[60] 这里可以概括地从三方面讲：（1）日本禅僧可以充当国家的使者、禅宗对世俗政治领域和生活世界的深刻介入，这不是中国禅宗可以想象的。佛教在奈良时代以后就是日本的政治军事力量，在14世纪以后，日本武士中普遍流行禅宗，禅宗成为日本武家社会的重要思想支柱；禅僧因为通晓汉文，又常常介入政治活动。比如《善邻国宝记》就记载过足利时代的相国承天禅寺住持绝海中津（1336—1405），1392年为官方起草过政府给朝鲜官方的文书；而丰臣秀吉准备侵略朝鲜之前，曾经在天正二十年（1592）供奉禅宗僧人西笑、惟杏、玄圃，因为他们"通倭、汉之语路"，所以，西笑终生都给官方起草外交文书，惟杏、玄圃给丰臣秀吉征讨朝鲜起草檄文，文禄二年（1593）玄圃还给丰臣秀吉起草日本和大明之间的和约文书。（2）日本禅宗经由丛林制度逐渐寺院化、宗派化，通过对汉字书写的语录、评唱、公案的深入体验，渐渐形成自己的思想，比如他们对《碧岩录》和《无门关》的重视，也与中国禅宗的风气很不同。（3）由于宋元之际、明清之际的中国禅僧东渡和日本禅僧的西来，而刺激出新宗风，并影响社会和政治，出现了前者如大休正念（1215—1289）、无学祖元（1226—1286）、一山一宁（1247—1317），后者像荣西（1141—1215，传临济宗黄龙派，并传天台、真言，有《兴禅护国论》）、道元（希玄，1200—1253，传曹洞宗）。特别是中国禅僧隐元隆琦（1592—1673）于明清之间，在日本开创黄檗宗。这些日本禅宗史上出现的杰出人物与变化现象，都不是宋元以下中国禅宗所具有的宗教现象。因为日本禅僧对于中国文化影响很小，而中国禅僧对于日本文化（转下页）

宗研究，自从明治以来，不仅受到西方印度学、佛教学的影响，学会了西洋宗教学的分析方法和历史学的文献训练，还受到西方哲学的冲击与刺激，因此，才会出现所谓关于禅宗是否真的是佛教，禅宗思想与西方思想孰优孰劣这一类充满现代意味的问题争论。特别是，他们中间很多是禅宗的信仰者与实践者，因此，在西方思想冲击下，他们试图以禅思想来回应和抵抗的心情，就格外迫切，那种对于禅宗的超历史的过度解释、哲理化禅宗思想和实践性组织活动[61]，就呈现了他们的努力方向。而这一种努力方向，是以历史和文献为中心的中国禅宗研究者所不具备的。

再简单说一下欧美的禅宗史研究[62]。在这一方面，我没有做过深入研究，只能就1980年代以后，也就是过去笼罩性的铃木（大拙）禅终结之后的一些新话题和新趋向，举一些例子[63]。

（接上页）影响很大，所以，要研究日本禅宗史，不能不研究有关日本的中国禅宗史，因而中国禅宗史研究在日本已经是很大的一个领域，它时时刺激着禅宗研究的变化和发展，如野川博之《明末佛教の江户佛教に对する影响——高泉性潡を中心として》就是一例。

[61] 如铃木大拙的海外传播禅宗；久松真一与海德格尔、田立克的对谈，他所创立的F.A.S协会，提倡三个中心观念即"无相的自我"（Formless Self）、"全人类"（All mankind）、"超历史"（Supra-historically），参看吴汝钧《佛学研究方法论》，台北：台湾学生书局，1983。

[62] 1993年以前的情况，可以参看马克瑞（John McRae）的 Buddhism: State of the Field, 载 Journal of Asian Studies, 54: 2（1985），pp.354—371；佛尔（Bernard Faure）的 Chan/Zen Studies in English: the State of the Field, 法文原载《远东亚洲丛刊》（Cahiers d'Extreme-Asie,7; EFEO, Paris-Kyoto, 1993），有蒋海怒所译中文本《英语世界的禅学研究》；近年来的研究情况，可以参看罗柏松（James Robson）《在佛教研究之边界上》（中译本，载复旦大学文史研究院编《佛教史研究的方法与前景》（北京：中华书局，2013），89—109页。

[63] 2006年以来，英文世界有关禅宗史的著作，如 Jia Jinhua（贾晋华）：*Hongzhou School of Chan Buddhism in Eighth-through-Tenth Century*（有关洪州宗）（New York: New York State University Press，2006）；Wendi L. Adamek: *The Mystique of Transmission: On an Early Chan History and Its Contexts*（New York: Columbia University Press，2007）；Mario Poceski: *Ordinary Mind as the Way*（有关洪州宗）（New York: Oxford University Press，2007）；Morten Schlutter: *How Zen Become Zen*（有关宋代禅史）（University of Hawaii Press，2008）；Albert Welter：*The Linji Lu and the Creation of Chan Orthodoxy*（有关临济录）（New York: Oxford University Press，2008）；又，前引 Alan Cole: *Fathering your Father*（University of California Press，2009）。

首先是关注"周边的或边缘的领域"。一般说来，中国学者很容易一方面把禅宗看成是汉传佛教的一部分，另一方面则较多聚焦于禅宗精英层面的话题，关注禅宗的传承系谱与思想脉络[64]。可是，近几十年来欧美学者的研究取径却很不一样，一方面，他们始终对传统的周边地区即日本、越南、朝鲜和中国的西藏、蒙古、新疆地区的佛教禅宗有很多的关注，特别是对古代的吐蕃、西域和西夏，较早的学者中，无论是法国的戴密微（Paul Demiéville，1894—1979）还是意大利的图齐（Giuseppe Tucci，1894—1984），都在这一方面相当用力。佛尔《英语世界的禅学研究》中提到的Whalen Lai 和 Lewis Lancaster 合编的《汉藏早期禅学》（1983）[65]、Jeffrey Broughton 的《西藏早期的禅学》、马克瑞对南诏（今云南）禅宗的研究，以及大量对日本、朝鲜禅宗的研究论著，都说明这一方向在欧美长期被坚持。这当然是由于欧美东方学对于中国"四裔"——不仅是满蒙回藏鲜，也包括西域南海——的地理、历史、语言、文化的一贯关注，对于他们来说，所谓"中国"与"四裔"，并不像中国学者心目中有中心与边缘的差异，因此就像他们对中国"本土"抱有关注一样，对这些"边缘"的禅宗流传也曾经相当用心。另一方面，他们对于禅宗本身的研究，也不像中国学者那样，把眼

---

[64] 在较早时期，中国学者中只有吕澂、陈寅恪等少数学者例外。陈寅恪1927年刚回中国不久即发表《大乘稻芉经随听疏跋》，运用各种文字如藏文研究了名为"法成"的吐蕃僧人往来于吐蕃、敦煌、甘州等地的讲经说法情况。见《金明馆丛稿二编》（陈寅恪集，北京：生活·读书·新知三联书店，2001），287—289页；又，吕澂《敦煌唐代写本〈顿悟大乘正理决〉》，率先根据敦煌文献考证8世纪发生在西藏的中国禅宗与印度佛教之争论，载《现代佛学》第1卷第4期（1950）。

[65] Whalen Lai & Lewis Lancaster: *Early Ch'an in China and Tibet*, Berkeley, Asian Humanities Press, 1983.

光集中在著名禅师和精英阶层中,真的相信"以心传心,不立文字"的感悟体验,或者是沉湎于语录、公案、机锋之类的语言文字资料,把禅宗当作玄妙与超越的思想史来研究,而是深受文化人类学等学科之影响,非常注意"眼光向下",不仅注意到禅宗信仰的民间传播与渗透,而且关注形而下的问题如禅宗的教团、礼仪、赞助与规矩,比如,我们看到一些有关禅宗的"Ritual"的讨论,例如佛尔编的 Chan Buddhism in Ritual Context[66],鲍迪福(William M. Bodiford)的 Zen in the Art of Funerals: Ritual Salvation in Japanese Buddhism[67]。他们的目的显然是要把宗教放进具体的历史语境,从社会学角度观看宗教的形成与信仰的传播,考察看似破弃戒律却遵循清规的禅宗,观察禅宗如何在政治、社会与寺庙中实际存在。也许,这是百多年来甚至更早的欧洲东方学就形成的传统。正是因为欧洲有一个广泛的东方学传统,又有各种语言、文书、考古的工具,因此,他们一贯相当注意研究中国的边疆地区,发掘边边角角的新资料加以新解释,在禅宗史研究领域也是一样[68]。

其次,值得中国学者注意的是,近年来欧美学者对日本禅宗研

---

[66] 佛尔(一译佛雷或傅瑞,Bernard Faure):*Chan Buddhism in Ritual Context* (New York: Routledge Curzon, 2003.)。

[67] 鲍迪福(William M.Bodiford)的 Zen in the Art of Funerals: Ritual Salvation in Japanese Buddhism,载 *History of Religions*, Vol.32-2, pp. 146-164。

[68] 例如,法国学者戴密微的《吐蕃僧诤记》就是利用了巴黎所藏的敦煌文书(伯4646),对 8 世纪后期发生在吐蕃的印度佛教和大唐禅宗争论的一个研究。通过对于敦煌汉文文书《顿悟大乘正理决》,尤其是一个叫王锡的人的序文的研究,把过去仅以从藏文资料《桑耶寺志》中看到蛛丝马迹的佛教论争历史,一下子搞清楚。说明 8 世纪后期,迅速崛起的汉地禅宗,曾经影响过吐蕃,只是在与印度佛教的较量中失败,才退出吐蕃。后来,日本学者如上山大峻、今枝由郎等,也加入了这一领域,并且取得了相当不错的成绩。

究与诠释中隐含的对政治背景的发掘与批判[69]。近三十年来，像 Brian Victoria、Robert H. Sharf、佛尔等人已经从日本学者如铃木大拙叙述和构造的"禅"形象中走出来，开始追究那些看上去宁静、空无的"禅者"的历史背景和政治取向。他们不再把现代日本禅学研究者向西方刻意传播的禅思想和禅艺术，放在想象的纯净的思想世界，而是努力地放回到实际的历史世界和政治语境中去[70]。特别是，当他们借用福柯的"知识"与"权力"的理论，以及萨义德的"东方学"思路，来反观日本的禅学研究时，他们尖锐指出，日本禅学者形塑"日本心灵"和"日本人"的时候，强调"灵性的经验"，会有意夸大日本禅宗和西方思想之间的对立，如果放回历史语境之中，显然这与日本所谓"大东亚圣战"中所凸显的东西方对立，是一致的，日本宣传禅宗思想和境界的独一无二性，多少是在西方面前凸

---

[69] 参看 Paul Swanson: Recent Critiques of Zen，日文本《禅批判の诸相》，载《思想》（东京：岩波书店）2004 年 4 期；126—128 页。

[70] Brian Victoria：*Zen at War*，Weatherhill，New York，1997；日文本《禅と战争：禅佛教は战争に协力したか》，东京：光人社，2001. 应该指出，他对禅宗的这一批判也受到日本京都花园大学的禅宗研究教授市川白弦（1902—1986）《佛教者の战争责任》（东京：春秋社，1970）的启发。Brian Victoria 是一个传教士，1961 年也就是越南战争期间到日本之后，对基督教"圣战"很有怀疑，觉得佛教的和平之道很好，于是渐渐对禅宗发生兴趣，因此不仅学习参曹洞禅，而且开始进行禅宗研究。但是，当他看到二战期间一些著名禅僧的言论后，又产生很大怀疑。这本书就从日本明治时期禅宗的动向开始，考察日俄战争（1904—1905）中的"护国爱教"、1913 年至 1930 年佛教与日本军部在"大东亚共荣圈"建设中的合作，以及一直到二战期间的各个禅僧与禅学者的表现，指出他们与"皇国"或"军国主义"的关系。另外一个学者罗伯特·萨福（一译沙夫，Robert H. Sharf）的一些论著，则考察铃木、日本禅和民族主义或者帝国主义之间的复杂关系。他认为，铃木大拙在构造一种东方人与西方人奇怪的二元对立图像时，借用禅与现代西方思想的差异，对西方进行否定，特别是在二战中所写的《日本的灵性》和《禅与日本文化》等，其实与当时日本帝国主义确立日本精神价值的意义，是一致的，包括他对日本禅和中国禅的认识中，常常流露出认为中国佛教衰亡没落，日本禅宗在宋代以后成为纯粹和正宗，也是同样带有这种民族主义或国家主义的背景的。

显着日本的优越性,其实骨子里面是一种民族主义[71]。

再次,是通过新理论新方法,对于禅宗史加以重新认识。欧美学者近年来,往往借用一些现代理论如福柯的系谱学、利科的诠释学等等,对有关禅宗的传统历史研究和文献考证的一般原则进行重新理解[72]。比如,把禅宗历史系谱作为后来禅宗的记忆、想象和重构,而不是把它当作信史来看待;又如,对于过去认为可信度较高的早期文献、石刻文献,他们并不承认史料真实程度会有不同等级和序列,甚至要从根本上质疑这些文献,认为这也许只是想象祖师或者编造历史的"另一个版本"。这一点,下面我们还将仔细讨论[73]。

可是,无论是日本学者对于禅思想的哲学解说,还是欧美学者

---

[71] 比如法裔美国学者佛尔(Bernard Faure)的 *Chan Insights and Oversights: an Epistemogical Critique of the Chan Tradition*(Princeton University Press, 1993)。此书有一章已经译为日文《禅オリエンタリズムの兴起——铃木大拙と西田几多郎》,载《思想》(东京:岩波书店)2004年4期,135—166页;这一点,现在并非仅仅是欧美学者,有的日本学者如末木文美士、石井公成等,也逐渐加入批判的行列。如末木文美士与辻村志《战争と佛教》,收入《近代国家と佛教》("アジア佛教史14"·日本4;东京:佼成出版社,2013)第五章,223—240页。

[72] 有一些这方面的研究,未必非常可靠,也有从理论出发,为解构而解构的作品。例如罗柏松(James Robson)批评过的 Alan Cole:*Fathering your Father: The Zen of Fabrication in Tang Buddhism*(Berkely: University of California Press, 2009)的研究就是一例。见 James Robson: Formation and Fabrication in the History and Historiography of Chan Buddhism,载 HJAS, 71.2(2011), pp311—349。

[73] 这方面法裔美国学者佛尔(Bernard Faure)的《正统性的意欲:北宗禅之批判系谱》(*The Will to Orthodoxy: A Critical Genealogy of Northern Chan Buddhism*)很有代表性。原书是作者1984年以法文书写的博士论文基础上修订成的,1997年由 Stanford University Press 出版,现在有中文本《正统性的意欲:北宗禅之批判系谱》,蒋海怒译,上海:上海古籍出版社,2010;但是这个译本似乎有一些问题,这里不能详细讨论。中文世界对本书的评价,参看龚隽、陈继东《中国禅学研究入门》(上海:复旦大学出版社,2009);217—220页。Faure 还有 *The Rhetoric of Immediacy: A Cultural Critique of Chan/Zen Buddhism*(Princeton University Press, 1991);另外,近年去世的美国学者马克瑞(John R. McRae)的《由禅谛观》(*Seeing Through Zen*)也很有代表性。

对于禅宗在当代的民族主义表现的研究，目前尚不是中国学者关注的焦点，中国学者擅长的、也是最关注的，仍然是在禅宗史的历史学与文献学研究领域，也就是胡适当年开拓的领域。但是，看看欧美、日本学者引入后现代理论来讨论禅宗历史与文献的流行倾向，我们不禁要问：胡适代表的这一传统历史学、文献学方法，还有用吗？它是否要跟着新潮流一起变化呢？

四　当代新方法潮流中：胡适的禅宗史研究方法过时了吗？

法裔美国学者佛尔在《正统性的意欲》中，对过去相对研究不是很充分、并且评价相对较低的北宗禅[74]，进行了一个新的研究。按照佛尔的说法，过去胡适接受了宗密的观点，站在南宗神会一边，以顿、渐分别南北，虽然胡适批判了后世各种禅宗文献的"攀龙附凤"，但他把南宗、北宗"谁是正统"的问题，看成是历史的真实内容。而佛尔则不同，他把"谁是正统"这个问题，看成是禅门各个系统的"正统性意欲"，就是追求政治承认的运动，认为这一本来暧昧甚至叛逆的运动，成为后来三个世纪禅宗主导的和支配的意识，形成了禅宗的革命历史。换句话说，就是禅门各种派别各种文献，都在这种"正统性意欲"的支配下，在建构禅宗系谱。

---

[74]　这里有必要说明，我在撰写《中国禅思想史——从6世纪到9世纪》一书的时候，没有机会看到佛尔和马克瑞的著作。同样，佛尔在1997年出版他的英文版著作的时候，也没有看我本人在1995年出版的《中国禅思想史——从6世纪到9世纪》对北宗禅的历史与思想的一些新研究。

他把这个追求正统性的过程分为五个阶段:(一)6世纪,禅师在北方中国宣称达摩为祖师,试图在中国北方立足,但是不很成功;(二)7世纪中叶,东山禅门在南方崛起,但未曾与北方禅门建立联系;(三)7世纪末,神秀逐渐接近中央政府;(四)神秀的成功与神会的崛起,在安史之乱中成功成为正统;(五)安史之乱后,中央政府的衰落和新禅宗宗派在各地的兴起,正统性转向马祖道一[75]。对这个禅宗史系谱,我大体上可以同意。不过我的问题是,根据各种西方新理论重新建构的这个系谱,究竟与过去根据敦煌文书等新材料,由胡适以及其他人重新叙述的禅宗史有什么区别?似乎没有。佛尔在书中,征引了包括福柯、利科、海德格尔等等理论,也采用了很多新颖的术语,可是,是否禅宗这样的历史研究,就一定需要结构主义、诠释学、知识考古及系谱学等等那么复杂和时尚的理论?这些都值得深究[76]。

另一个近年去世的美国学者马克瑞(John McRae,1947—2011),在佛尔的法文本博士论文之后、英文本著作出版之前,也出版过《北宗与早期禅佛教的形成》(*The Northern School and the Formation of Early Ch'an Buddhism*,1986)。这部书比起佛尔的著作来,似乎比较偏向历史学与文献学的风格。有趣的是,他们两位其实都受到日本学者柳田圣山的影响,而柳田圣山则受到胡适的影响[77]。但

---

[75] 《正统性的意欲》中文本,6页;英文本,pp.4-5。但是,就是在这一段短短的禅史概述中,也有不少错误:第一,把法如和慧安当做神秀的弟子(His disciples),(二)神秀700年被召,并非在长安,而是在洛阳;(三)神会并非在安史之乱中,因为筹措香水钱达到目的,这是受了胡适的误导。

[76] 他的另一部著作 *The Rhetoric of Immediacy: A Cultural Critique of Chan/Zen Buddhism*,是1991年由普林斯顿大学出版社出版的。此外,他还编有一部论文集 *Chan Buddhism in Ritual Context*, London: Routledge Curzon, 2003。

[77] 见《正统性的意欲》中文本,1页;英文本 Acknowledgment, p.1。

是，西方知识背景和欧美学术传统中的佛尔和马克瑞，似乎都不太像柳田圣山那样，恪守历史学和文献学的传统边界，对目前可以看到的初期文献如敦煌文献保持着尊重和敬畏，并以这些文献为判断标尺。马克瑞就批评说，"来自敦煌写本的证据，大都只被用来在原有的传统图像上加绘一些更美的特点，只是在前述的系谱模式上加添知识上引人瞩目的细节"[78]。如果说马克瑞的《北宗》一书还没有太多的理论表述，那么，后来出版的 *Seeing Through Zen: Encounter, Transformation and Genealogy in Chinese Chan Buddhism* 里面，就比较明显地借用后现代理论，并且把历史与文献放置在理论视野之下重新考察。这部书的一开始，他就提出了所谓的"马克瑞禅研究四原则"（McRae's Rules of Zen Studies）[79]，这里固然有他的敏锐，但也有其过度依赖"后"学而过分之处[80]。在这四条原则中，第一条是"它（在历史上）不是事实，因此它更重要"（it is not true, and therefore it's more important）；第二条是"禅宗谱系的谬误程度，正如它的确实程度"（lineage assertions are as wrong as they are strong）；第三条是"清晰则意味着不精确"（precision implies inaccuracy），据说越是有明确的时间和人物，它就越可疑；第四条是"浪漫主义孕育讽喻"（romanticism breeds cynicism），据说，说故事的人不可避免要创造英雄和坏蛋，禅史也同样不可避免，于是历史将在想象中隐匿不见。

---

[78] 引自马克瑞另一篇翻译成中文的文章《审视传承乎：陈述禅宗的另一种方式》，作者赠送的打印本。

[79] 在马克瑞赠给本文作者的《审视传承乎：陈述禅宗的另一种方式》文稿中，有他自己的中文翻译，其中，第一条："它（在历史上）不是事实，因此它更重要"，第二条："每一个有关传承的主张，如果重要性越多，则其问题也就越大"。

[80] John McRae: McRae's Rules of Zen Studies, *Seeing Through Zen: Encounter, Transformation, and Genealogy in Chinese Chan Buddhism*, University of California Press, 2003; p.xix.

也许，这一理论太过"后现代"。这些原本只是禅宗历史上特殊的现象，在马克瑞的笔下被放大普遍化了，当然也要承认，我们如果回到最原始的文献中去看，唐代禅宗史中确实有这种"攀龙附凤"的情况。

不妨举一个例子。以我个人的浅见，近几十年中古禅宗史研究最重大的收获之一，也是海外学者对于中古禅宗史研究的重要成绩之一，就是法裔美国学者佛尔和日本学者伊吹敦，通过一块碑文即《侯莫陈大师寿塔铭》，证明了法藏敦煌卷子 P.3922、P.2799 的《顿悟真宗金刚般若修行达彼岸法门要诀》[81]，是智达禅师（也就是侯莫陈琰，他是北宗禅师老安和神秀的学生）在先天元年（712）撰写的。联系到另外一份敦煌卷子 P.2162，即沙门大照、居士慧光集释的《大乘开心显性顿悟真宗论》，这篇《论》原来被误认为是神会南宗系统的，现在被证明，其实它们都是北宗的。最令人吃惊的是，这些归属于北宗的人们，居然也都讲"顿悟"，甚至比号称专讲"顿悟"的南宗神会要早得多。这样一来，禅宗史就摆脱了传统的"南顿北渐"的说法，也许，还是神会剽窃了北宗的思想，反而在南北之争中倒打一耙，使得后来形成了"南顿北渐"的固定看法[82]。这是一个重大的发现。可是需要指出，这发现不是得益于后现代理论

---

[81]　还有英藏（斯坦因编号）S.5533、日本龙谷大学藏 58 号等，共有七个抄本。

[82]　但是，还值得考虑的是，《顿悟真宗论》的作者署名中，沙门大照与居士慧光，是一人还是两人？过去似乎都以为是一人，最早英国学者 L. Giles 在 1951 年针对 S. 4286 残卷，于伦敦发表的 Descriptive Catalogue of the Chinese Manuscripts from Tunhuang in the British Museum 中，就说"大照"和"慧光"是一个人，问答是自问自答。但是，从文中记载（慧光）"居士问"与"大照禅师答"的对话来看，恐怕是两个人，因此，就要考虑大照有没有可能是著名的普寂？而里面提到大照"前事安阇黎，后事会和尚"中的"会"，有无可能是"秀"之误？田中良昭已经指出，老安（传说 582—709）和神会（670—762）（作者按，此处生卒年有误）相差了八十多岁，似乎慧光无法既跟随老安，又跟随神会。那么，姓李的长安人慧光居士是谁？此外，如果大照真的是普寂，那么，这份文书的时代，应该在什么时候？

和方法，而恰恰是传统历史学与文献学方法的成果。

所以，我要问的问题是，胡适当年不用后现代的理论和方法，其实也达到了这样的认识，为什么今天的禅宗研究一定要弄得这么玄虚呢？1993年，福克（T. Griffith Foulk）撰写了《宋代禅宗：神话、仪礼以及僧侣实践》[83]，这篇被认为是"过去的十五年关于中国禅宗史出版的最重要的著作"，据说它的意义是指出"我们对唐代禅宗史的理解在很大程度上是宋代文献的产物"[84]，但是，这不是胡适早就指出的现象吗？从胡适以来，学者们已经知道所谓唐代禅宗史基本上都是以禅宗自己书写的灯录为基本线索的，这些宋代以后撰述的传灯录只是后人对禅宗史的叙述，这在中国禅宗史研究领域已经成为共识或常识。因此，胡适才会提倡，如果能够更多地依赖"教外"资料比如文集、碑刻和其他佛教徒或非佛教徒的记述，也许就可以看到，各种灯录和在灯录之后的各种研究著作中，究竟禅史被增添了多少新的颜色，又羼入了多少代人的观念和心情。

中国的禅宗史研究者理应向胡适致敬。国际禅宗研究界也许都会察觉，在禅宗研究领域中，各国学者的取向与风格有相当大的差异。在中国学界，类似西田几多郎似的禅宗哲学分析并不很普遍，类似铃木大拙那样从信仰与心理角度研究禅宗的也并不发达，对于禅宗的民族主义与国家主义的分析，恐怕也还没有太多关注，倒是历史学与文献学结合检讨禅宗历史的路数，始终是中国学界的风气与长处，而不断从石刻碑文及各种传世文献中发现禅宗历史，把

---

[83] Theodore Griffith Foulk: Myth, Ritual, and Monastic Practice in Sung Ch'an Buddhism, in *Religion and Society in T'ang and Sung China*, edited by Patricia B. Ebrey and Peter N. Gregory(University of Hawaii Press,1993), 147—208.

[84] 罗柏松（James Robson）《在佛教研究之边界上》，中文本收入复旦大学文史研究院编《佛教史研究的方法与前景》（北京：中华书局，2013），90页。

佛教史放在当时复杂的政治史背景之中讨论，更是中国学者擅长的路子。

这也许正是拜胡适（也包括陈寅恪、陈垣）之赐。

结语　在胡适的延长线上继续开拓

最后，我要越出"中古"的范围，大胆地讨论一下，在敦煌文书逐渐被发掘殆尽的情况下，我们在禅宗史研究上是否还可以获得新进展？还有什么地方可以让禅宗史研究者继续努力发掘呢？我想针对中国学界说一些不成熟的看法，这里不限于"中古时期"，也不限于"中国禅宗"。

首先，对于禅宗在亚洲更广大区域的传播、变异和更新，非常值得研究。这一点，佛尔在《正统性的意欲》中已经提到，他说应当"打破流传至今的中日（Sino-Japanese）视角所带来的限制"，他说，要注意禅宗曾经在唐代作为一种思想（我觉得同样重要的是，禅宗作为一种生活艺术和文学趣味），曾经传播到了中原和日本之外，比如中亚、吐蕃、越南、朝鲜，所以，应当从更广阔的地理空间和文化区域中"恢复它的原貌"[85]。虽然，所谓"恢复原貌"有一点儿违背了他这本书"后现代"的立场，不过，我们确实应当承认这个建议有道理，关注禅宗的传播、影响、适应以及变化，并且更注意这背后的文化和历史原因。像8世纪末北宗禅宗与印度佛教在西藏的争论，像禅宗文献在西域的流传，像中国禅宗在朝鲜衍生支派，像日本禅僧对中国禅的重新认识，像明清之际中国禅宗在中国西南与越南的流传等

---

[85]《正统性的意欲》中文本，8页。

等。这方面，戴密微的著作《吐蕃僧诤记》就值得学习。

其次，禅宗在各国政治、社会、文化上的不同影响，以及它在各国现代转型过程的不同反应和不同命运，其实是很值得讨论的。以中国和日本的历史看，我们看到，后来的中国禅宗，虽然经过宋代的大辉煌，但是它的世俗化（从"佛法"到"道"，转向老庄化，不遵守戒律的自然主义，自由心证下的修行）很厉害，自我瓦解倾向也很厉害。所以，它一方面成为士大夫文人的生活情趣，一方面在世俗社会只能靠"禅净合流"以拯救自身存在，即使明代出现几大高僧，似乎重新崛起，但仍然昙花一现，一直到清代它最终衰败。这个历史和日本很不一样，日本僧侣的独立化、寺院化与仪式化，经历五山、室町、德川时代的昌盛，到了近代仍然可以延续。它一方面通过介入世俗生活深入民众，一方面依靠与王权结合成为政治性很强的组织，它不仅可以与武士道、葬仪结合，禅僧也可以充当将军的幕宾和信使，所以即使后来遭到现代性的冲击，禅宗仍然可以华丽转身，与现代社会结合。后来出现很多像铃木大拙、西田几多郎、久松真一这样的学者，当然也出现深刻介入军国主义的宗教现象，更出现宗教的现代大学和研究所，这与中国大不相同。所以，这些现象很值得比较研究，也许，这就是把禅放在"现代性"中重新思考的研究方式。

再次，我希望现代学者研究禅宗史，不必跟着禅宗自己的表述，被卷入自然主义的生活情趣、高蹈虚空的体验启悟、玄之又玄的语言表达，也不一定要把禅宗放在所谓哲学那种抽象的或逻辑的框架里面，分析（发挥）出好多并不是禅宗的哲理。这不是现代的学术研究方式。反而不如去考察一下，禅宗除了这些虚玄的思想和义理之外，还有没有具体的生活的制度和样式，在寺院、朝廷（或官府)、社会(或民间)是怎样存在的。举一个例子,大家都知道《百丈清规》以下,有一些关于禅僧生活的规定,好像和他们说的那些高超玄妙的东西不同。如果你看《禅林象器笺》就会知道,禅宗寺院里面有各种器物,他们还是要维持一个宗教团体的有序生活。所以,研究禅宗不要只是记得超越、高明、玄虚的义理,也要研究形式的、具体的、世俗的生活。

最后,我要引述几句胡适关于禅宗史研究的话,来结束这篇论文。胡适曾经评论日本禅学者和自己的区别,说"他们是佛教徒,而我只是史家";他又提到,"研究佛学史的,与真个研究佛法的,地位不同,故方法亦异"。他在 1952 年批评铃木大拙谈禅,一不讲历史,二不求理解,他认为,研究禅宗"第一要从历史入手,指出禅是中国思想的一个重要阶段"[86]。

这些都是他的夫子自道。

---

[86] 以上,见胡适《复柳田圣山》(1961.1.15),《胡适书信集》(北京大学出版社,1996)下册,1580 页;胡适(Hu Shih):Ch'an(Zen)Buddhism in China: Its History and Method(《禅宗在中国:它的历史和方法》),原载 *Philosophy East and West*, Vol. III, No.I, Hawaii University Press, 1953, 后收入柳田圣山《胡适禅学案》(台北:正中书局,1975),689 页;以及曹伯言编:《胡适日记全编》(合肥:安徽教育出版社,2001),第八册,"1952 年 5 月 15 日",230 页。

导论　关于中国禅思想史的研究

引言　20世纪学术史中的禅思想史研究

20世纪学术史的巨大转向中，中国禅思想史的研究似乎走得忽慢忽快。

在最初几十年，它并不引人注目，在各学术领域的普遍蜕变中显得步履维艰。在我的印象中，晚清民初以来，文化人受到西洋和东洋的刺激，对于唯识学出现了异常兴趣，使得人们对笼统含糊的禅学似乎失去信心。那时，禅思想的信仰性阐述虽然不少，但禅思想史的学术性研究却并不多，少量的历史和文献考证，也多是采用了日本人的成果，而在一般的历史叙述中，唐宋以来的灯录系统文献，始终是人们心目中禅思想史的基本依据。尽管也有沈曾植在当时写的一些关于"楞伽宗""保唐宣什""中岳法如禅师行状""禅门师资承袭图"等后来收在《海日楼札丛》中的天才札记[1]，也有日本忽滑谷快天在1923年和1925年分别出版的，集传世禅文献而成的《禅学思想史》两卷传到中国[2]，可是，根本改变传统禅宗史叙

---

[1] 沈曾植《海日楼札丛》（沈阳：辽宁教育出版社"新世纪万有文库"本，1998）卷五，188—197页。

[2] 这部著作的主干部分即有关中国禅宗部分，现在已经出版朱谦之的中译本《中国禅学思想史》（上海：上海古籍出版社，2002）上下两册。

述的现代新典范，却还没有出现。然而，1930年前后突然情形大变，这一年，胡适发表了《荷泽大师神会传》和《神会和尚遗集》，日本的矢吹庆辉出版了《鸣沙余韵》。前者用他从巴黎搜集的敦煌资料为禅思想史上那一次著名的南北宗论辩，重新勾画了轮廓并且涂上重彩；后者则主要依据伦敦所藏的敦煌卷子，整理了一部分禅宗史料，三年后他又出版了《鸣沙余韵解说》，虽然他并没有对其中的禅籍作出解释，但却给后来的研究提供了资料。此后，以敦煌资料为中心的禅史研究蔚然成风，一些学者依据这些新资料，加上从朝鲜（如《祖堂集》）、日本（如《宝林传》）和中国（如《宝林传》）发现的古禅籍，对禅史重新进行了梳理。1936年，铃木大拙发表《少室逸书及解说》，1939至1943年，宇井伯寿连续出版了他根据新资料全面清理禅史的名著《禅宗史研究》《第二禅宗史研究》和《第三禅宗史研究》，至此，禅宗史研究终于走出僧侣和居士的范围，进入学院化的学术研究领域，也终于摆脱了传统灯录系统的旧框架，而中国禅思想史似乎也应该有了重写的基础[3]。

但是，20世纪三四十年代之后，虽然已经有胡适等人开创的新研究典范，但是，禅思想史研究仿佛并没有出现预想中的新进境。新史料的开掘、历史线索的叙述、思想脉络的阐发，始终各走各的路，好像并没有汇融合一，构成禅思想史的新理路。例如，在依据旧史料进行撰写的禅思想史中，前面提到忽滑谷快天的《禅学思想史》可以称得上是一部佳作，可是由于他没有看到新出史料，因而导致了一些结论的错误（例如达摩东来时间之考证）及叙述的失当（例如对神秀思想叙述仅据张说《大通碑》而嫌简略）。但是，在新史料

---

[3] 关于禅宗史的学术史回顾，请参看本书《仍在胡适的延长线上》（代新版序）。

大批发现之后，禅思想史的研究是否就弥补了上述缺陷、顿时面目全新了呢？表面上看，在史实叙述中有不少改观，但是在思想史理路的阐述与解读上，好像却没有多少进展，仿佛新出史料只照顾了"历史"，而与"思想"无关。王国维曾在《最近二三十年中中国新发见之学问》中说过一句很有名的话："古来新学问起，大都由于新发见"，也就是说，新史料的出现带来了学术研究的新境界，这句话曾被人翻来倒去地征引，却常常忽略了对它内在普遍性的追问：新史料的发现真的一定会使学术出现新格局吗？其实，王国维自己也没有肯定这种"必然性"，他在列数"孔子壁中书"和"赵宋古器"后，也承认有"晋时汲冢竹简出土后……其结果不甚著"的例外[4]。

那么，新的阐释理论和解读方法是否能使禅思想史研究开出新进境？20世纪禅思想的阐释和解读中，曾出现了铃木大拙、西田几多郎这样世界知名的"禅者"或"哲人"，他们的阐释和解读，曾使一些西方人迷上了这种东方思想，又使不少东方人深化了对这种思想解释的哲理性。可是，他们是"禅者说禅"或"哲人解禅"，心中的读者是现代人，解读的目的是影响信仰者，所以，他们笔下的"禅"与其说是古代禅，还不如说是现代禅，解说中的现代意味和哲学意识，虽然使现代人领略了禅的韵味，提升了古代禅思想的哲学价值和现代意义，却不尽合古代人心目中禅的本意。古人诗云："谈经用燕说，束弃诸儒传"，郢书燕说固然有益于世事，但毕竟不是历史的真实，而在我的理解中，禅思想史偏偏首先是历史。

当然，这并不意味着在禅思想史里取消阐释与解读，相反，一

---

[4] 王国维《最近二三十年中中国新发见之学问》，这是1925年王国维给清华学校暑期学校所作学术演讲，见《王国维全集》（杭州：浙江教育出版社、广州：广东教育出版社，2009）第十四卷，239页。

旦禅思想史中缺少了叙述者有意识的阐释和解读立场，叙述便成了支离破碎甚至语无伦次的"复述"。1942年秋，铃木大拙在《禅思想史研究第一》的序文中批评道："可以称为禅思想史的著作还没有写出来，已故忽滑谷快天氏的著作也罢，宇井伯寿氏的著作也罢，都不是思想史。"[5] 也许，这一批评背后潜含着的真正意思，是思想史需要叙述者自己的阐释和解读。但是，就是铃木大拙自己，也未能写出他的禅思想史，因为他又太偏重主观的领悟，而把"禅思想史"当成"禅思想"，忘记了"史"字常常先得抛开过强的主观介入，去冷静寻绎历史的本来脉络，而阐释与解读应当牢记自己只是阐释与解读。

我并不是指责前人的研究，而是希望通过对前人的研究的检讨，来寻找禅思想史的新范型。事实上，胡适、宇井伯寿、铃木大拙以及后来的印顺等前辈的研究，都曾为这种新范型的建立提供了基石，但仍距新范型有一步之遥。现在，如果我们要迈过这一步，就不得不重新审视禅思想史研究在本世纪走过的历程。

第一节　禅思想史研究中的文献考证及评估

让我们还是先从胡适说起。

无论人们对于胡适的禅宗史研究有多少批评与非议，但都要承认他在使用和研究禅文献，以及研究禅宗史方面的廓清返本之功，除了在那个学术服从于政治的年代，可以很武断地否定胡适的研究之外。稍稍有一点禅宗史知识的人都会知道，胡适对于禅文献考据

---

［5］　铃木大拙《禅思想史研究》第一《盘珪禅》序，载《铃木大拙全集》（东京：岩波书店，1968—1970）第一卷，3页。

在当时学术史上的意义，正如《禅宗史实考辨》中《编辑旨趣》所说："（胡适）对禅宗史所下的功夫，我们不论从什么角度看，他都是很认真的，即使你完全否定他，你也不得不承认，他是自己一步一步探索出来的，不是人云亦云，随便盲从附和别人的……"[6]这话说得很客观，比如，对禅宗史有精到研究的印顺法师（1906—2005），尽管并不同意胡适的一些说法，但他依然承认，"胡适所作的论断，是应用考证的，有所依据的"，并有所指地说道："我们不同意他的结论，但不能用禅理的如何高深，对中国文化如何贡献（否定他的结论），更不能作人身攻讦。唯一可以纠正胡适论断的，是考据。"[7]

印顺法师在这里所指的，并非只是那些政治化、情绪化的"人身攻讦"，政治情绪引发的攻讦，随着时间的流逝早已失去了它的意义，似乎根本不必在学术史中再次提及。应该注意的，也许还是铃木大拙与胡适那一次著名的辩论。这一辩论很多学者都曾提及，1953年4月，夏威夷大学《东西哲学》（*Philosophy East and West*）在第三卷第一期上，同时刊出胡适尖锐批评铃木氏的论文《禅宗在中国——它的历史和方法》（Ch'an[Zen] Buddhism in China—Its History and Method）和铃木反唇相讥的论文《禅：答胡适博士》（Zen: A Reply to Dr. Hu Shih）。在前一篇论文中，胡适特别反对铃木大拙对禅的阐释方式，并强调"禅是中国佛教运动的一部分，而中国佛教是中国思想史的一部分，只有把禅宗放在历史的确当地位中，才能确当了解"。而铃木大拙则不同意这种历史学的研究思路，声称禅是

---

[6] 张曼涛主编《现代佛教学术丛刊》（台北：大乘文化出版社，1977）第四种，卷首。
[7] 印顺《神会与坛经》，载张曼涛主编《现代佛教学术丛刊》（台北：大乘文化出版社，1976）第一种《六祖坛经研究论集》，110页。

超越历史和时间的,他觉得,历史学家"对于历史可能知道得很多,对于幕后的角色却一无所知",因而"胡适知道禅的历史环境,但却不知道禅本身,大致上说,他未能认识到禅有其独立于历史的生命"[8]。

铃木大拙对胡适的批评很有趣,也代表了不少"禅内说禅"的人的立场,用来自"内在体验"才能领悟的信仰当作"禅本身",只是一种超越证据和检验的论述。但这种以因人而异的"真正理解",却很能得到信仰禅宗或研究禅宗的信徒和学者的认同,因而后来站在铃木氏一方的人,仿佛还多于胡适的拥护者;就连力图公允的一些研究者,比如傅伟勋,在事后评判这场公案时都不免私心有偏,觉得"胡适的历史考证之法无助于了解禅宗真髓,且混淆了般若知与分别知",断定胡适对铃木的反击"几无还手之力"。而他对铃木大拙的批评,却只是轻描淡写地一掠而过,仅说他"误用'反逻辑'、'反理性'等词,也徒增一层毫不必要的思想混淆",却大赞"铃木禅学是了解禅宗真髓与现代化课题的一大关键"[9]。但是以我的看法,实际上这种评判并不公正,特别是站在禅思想史撰述的角度来看尤其如此。倒是铃木氏的助手工藤澄子在《关于禅的对话》译者附记里还说得心平气和:

> 禅者大拙先生与史学大师胡适博士之间的论争,显示着两种学术立场之间的差异,这差异耐人寻味[10]。

---

[8] 参见 *Philosophy East and West*, Vol. Ⅲ, No. Ⅰ, Hawaii University Press, 1953。这两篇论文现在亦可见柳田圣山编《胡适禅学案》(台北:正中书局,1975)中所收的影印本;又,胡适此文,现有小川隆的日文翻译,题为《中国における禅——その历史と方法论》,载《驹泽大学禅研究所年报》(2001)第十一号,81—112页。译者加上了很多有用的注释,可以参考。

[9] 傅伟勋《从西方哲学到禅佛教》(北京:生活・读书・新知三联书店,1989),312—313页。

[10] 工藤澄子语,见《禅についての対话》(东京:筑摩书房,1967)的"译者附记"。

也就是说，铃木大拙的立场是禅者"超越时空""超越历史"的，而胡适的立场是将禅宗放置在时空与历史之中的，这是"横看成岭侧成峰"的差异，并无对错之别。那种三岔口摸黑打架式的辩论，不是各守壁垒就是误认对手，用不着他人来当裁判，因为这时裁判不仅不能断定胜负，相反只能增加混乱。现在需要的是，找到他们各自的出发点和落脚处，厘清他们各自的思考路数，因为他们本来就是两股道上跑的车，南辕北辙并不相撞。记得有一次曾看到过胡适和铃木大拙 1959 年在夏威夷大学的一张合影，面容清癯平和的胡适和相貌奇古慈祥的铃木大拙并肩而立，似乎早已忘记了彼此针锋相对的那些不快，仿佛故地重游并没有让他们想起六年前的争吵，倒使他们一笑泯恩仇。这毕竟是两个襟怀坦荡、性格宽厚的学者，学术立场与视角的歧异，其实并不至于使他们像人们想象的那样，成为两军对垒的怒目金刚，倒是那些滥用规则的裁判，却可能把事情搞得一塌糊涂，好像这争吵真有个是非曲直似的[11]。

不过，仔细审视照片上的两位学者，那微笑中紧闭的嘴角又让人感受到各自的固执，"禅者铃木"和"史家胡适"始终坚持着超越时空和执着时空的不同视角。就在这一年夏威夷大学主办的第三次东西方哲学讨论会上，胡适再次以《中国哲学里的科学精神与方法》为题，批评"中国文化只能采用直觉之概念"，再次使用"历史的方法"强调，中国也有的"苏格拉底传统——独立思想、怀疑、冷静与求

---

[11] 美国学者佛尔（Bernard Faure）在 *Chan Insights and Oversights: An Epistemological Critique of the Chan Tradition*（Princeton University Press, 1993）中，曾经对他们的争论有较为公平的评价，认为他们各自都有先天难以克服的"死角"。也就是一个以客观学术为背景，一个以佛教意识形态为立场，很难有互相的理解和融合，pp.92-95。又，参看龚隽《作为思想史的禅学写作》，载《禅学发微》（台北：新文丰出版公司，2002）第一章，13页。

知"。立场毕竟是立场，它并不因地制宜似的可以任意变迁。其实，从思想史研究角度来看，我以为，虽然铃木大拙代表的"内部研究"也一样有其意义，但是胡适偏重历史的理路，尤其应当首先考虑。在1930年出版有关神会和尚的论文之前，胡适就对禅史的传统说法产生怀疑，在他晚年的回忆中，他曾说到"在1923和1924年间，我开始撰写我自己的禅宗史初稿。愈写我的疑惑愈大。等到我研究六祖慧能的时候，我下笔就非常犹豫"，于是，当他在巴黎发现"过去一千二百年都无人知晓"的神会资料后便欣喜万分，断定神会"是个大奠基者，他奠立了南派禅宗，并做了该宗的真正的开山之祖"，断定"所谓《坛经》，事实上是神会代笔的……这位大和尚神会实在是禅宗的真正开山之祖，是《坛经》的真正作者"，他觉得这是他"发现中最精彩的部分"[12]。这些结论是否正确，我们且不必理会，因为正是这些结论导致了数不清的批评，至今依然不休。但是，我们应当体会这些结论背后所潜藏的一种方法和思路，也就是当胡适面对新发现的禅文献时，他是用怎样的眼光来注视它们的。

早在1934年，胡适在题为"中国禅学的发展"的讲演中，其实已经谈到了他的方法和思路，虽然他是用批评的方式来夫子自道，但意思是很明白的，他说：

> 凡是在中国或日本研究禅学的，无论是信仰禅宗，或是信仰整个的佛教，对于禅学，大都用一种新的宗教的态度去研究，只是相信，毫不怀疑，这是第一个缺点。其次，是缺乏历史的眼光，以为研究禅学，不必注意它的历史，这是第二个缺

---

[12]《胡适口述自传》，见《胡适文集》（北京：北京大学出版社，1998）（一），379—387页。以下引胡适论著，除特意注明之外，皆用此本。

点。第三，就是材料问题。……从前的人，对于材料的搜集，都不注意，这是第三个缺点[13]。

这段话里的三个关键词"怀疑""历史""搜集"，其实已经浓缩了胡适的禅文献学的基本思路。

"怀疑"指的是将一切史料放在被审查的地位，绝不因任何缘由给某种文献以逃避检查的"豁免特权"。据胡适自己说，他的怀疑态度是受赫胥黎的影响，赫胥黎"教我不信任一切没有充分证据的东西"[14]，他的"大胆假设，小心求证""有几分证据说几分话"等名言，其前提都是这种对现成说法的怀疑。在有关禅史的论文、信件和笔记中，胡适一再提到《全唐文》《传灯录》中禅文献不可靠。其实，和他赞扬崔东壁《考信录》、顾颉刚《古史辨》一样，这种怀疑都是为了建立"科学的历史"而设置的一个研究起点。他希望禅宗史的研究也有这样一个经过怀疑眼光审视过的文献基础，因此才中止了禅宗史的写作，到大洋彼岸去寻找"未经改窜"的资料，因为他觉得唐宋的传世禅文献，大都被信仰禅宗的人改得面目全非，而之所以如此，就是因为禅宗信徒各守门户、各尊其师，而可能有意编造"伪史"。他特别提醒道："一切主义，一切学理，都该研究，但是只可认作一些假设的见解，不可认作天经地义的信条；只可认作参考印证的材料，不可奉为金科玉律的宗教；只可用作启发心思的工具，切不可用作蒙蔽聪明，停止思想的绝对真理。"[15]在他看来，中国和日本的禅史研究者中，很多人就犯了信仰主义的毛

---

[13] 柳田圣山编《胡适禅学案》（台北：正中书局，1975），460—461页。
[14] 胡适《介绍我自己的思想》，原载《胡适文存》四集卷五，收入《胡适文集》（五），508页。
[15] 胡适《三论问题与主义》，原载《胡适文存》卷二，收入《胡适文集》（二），273页。

病,而"信仰"恰恰与"怀疑"相反,因为信仰的爱屋及乌而殃及文献,便会像铃木大拙一样"过信禅宗的旧史,故终不能了解楞伽后来的历史"[16]。于是,直到晚年他仍不断提醒别人注意"他们(指铃木大拙、宇井伯寿等——引者)是佛教徒,而我只是史家"[17],"我不是宗教家,我只能拿历史的眼光,用研究学术的态度,来讲老实话"[18]。史家仿佛法官,听两造之辞而不轻信,审人证物证而揆诸法律——胡适反复用"法律"相信证据这个比喻,来说禅宗史的文献考据,似乎便来自这一思路[19]。

"历史"即"时间"。在胡适有关禅宗的学术研究世界中,这两者有极密切的对应关系,他曾多次说到与铃木大拙争论时类似的话,一直强调禅思想与禅文献在时间中的变化。早在1924年所作的《古史讨论的读后感》一文中,他曾通过评论顾颉刚"层累造成的古史"一说指出,要重视历史文献的"经历",要"用历史演进的见解来观察历史上的传说"[20]。所谓"历史演进"的含义,首先就是指历史文献中所负载的思想,是在历史语境内演变的,随时间而萌芽、而生长、而成形、而衰落,思想只是历史的思想。就像他在回答汤用彤先生时,从印度禅、楞伽宗说到中国禅一样[21];其次则是指文献本身在时间中,也会发生异变,由于各种因素的介入,而失去它

---

[16] 胡适1931年1月2日致金九经信中对铃木大拙的批评语,原载《姜园丛书·唐写本楞伽师资记》附录,收入耿云志等编《胡适书信集》(北京:北京大学出版社,1996),上册,528页。

[17] 胡适《复柳田圣山》,见《胡适禅学案》,619页。亦收入《胡适书信集》,1580页。

[18] 胡适《中国禅学的发展》,《胡适禅学案》,462页。收入《胡适文集》(十二),302页。

[19] 胡适《考据学的责任与方法》,一九四六年十月十六日《大公报·第八届司法节纪念会致辞》,收入《胡适文集》(十),193页。

[20] 胡适《古史讨论的读后感》,见《胡适文存》二集卷一,收入《胡适文集》(三),82页。

[21] 胡适《论禅宗史的纲领(答汤用彤教授书)》,写于1928年7月21日,见《胡适文集》(四),261页。

原来的真实性，成为"层累造成"的"伪史"。就像他考证的"从开元时代到唐末，是许多伪史——禅宗伪史——陆续出现的时代"一样。在《禅学古史考》的开头，他曾不无轻蔑地批评"印度人是没有历史观念的民族，佛教是一个'无方分（空间）无时分（时间）'的宗教"[22]。在与陈寅恪论佛教的信中，胡适又不无自夸地说，"于无条件（理）系统之中，建立一个条理系统……此种富有历史性的中国民族始能为之"[23]。在这种轩轾褒贬的背后，潜含着的是他关于"历史"和"时间"的科学主义思路，在胡适的思路里，绝对不能容许那种无时间的混乱。

于是，当传统的灯录资料和其他文献令人生疑，从而无法建立他心目中的禅史的"条理系统"时，"搜集"就成了当务之急。胡适在自传中，曾回忆他早年开始研究禅宗史时"把（灯录系统关于传灯历史的）这一传统说法稍加考证，我立刻便发生了疑问。我不能相信这一传统说法的真实性。在1923和1924年间，我开始撰写我自己的禅宗史初稿。愈写我的疑惑愈大。等到我研究六祖慧能的时候，我下笔就非常犹豫……因而想乘此机会（指1926年赴欧洲出席'中英庚款全体委员会'）往伦敦和巴黎查一查唐代遗留下来的有关禅宗的资料，那些未经九世纪、十世纪，特别是十一世纪和尚们糟蹋过的史料。我想找出六、七世纪，尤其是八世纪，偶然地被在敦煌保留下来的有关禅宗史的史料"[24]。这正巧是"怀疑""历史""搜集"三部曲中的第三部。自这一年起，直到去世，除了任驻美大使那一段时间外，他一直在搜集禅史资料，尤其是他认定极端重要的

---

[22] 胡适《禅学古史考》，见《胡适文集》（四），221页。
[23] 胡适《复陈寅恪》，收入《胡适书信集》，483页。
[24] 《胡适口述自传》第十章，收入《胡适文集》（一），379—382页。

神会资料。在敦煌卷子之外，他仔细地考察了新发现的各种文献，比如日本藏早期写本《坛经》，中国、日本藏佚书《宝林传》，朝鲜藏佚书《祖堂集》及日本留学僧人的各种请来书目，我们读他在大西洋轮船上的读书笔记、日记上的零星摘录，以及与友人通信中的往复讨论，就可以感受到他孜孜不倦的精神，尽管他最终未能写出他"自己的禅宗史"[25]。

照理说，基础的坚实常常能带来研究的精确，思路的正确往往能决定结论的可靠，从思想史研究的角度来看，胡适所作的考据正是一种奠基的工作，从禅文献学的角度来看，胡适的怀疑、历史、搜集三部曲也是一种清楚的思路，我们从逻辑上无法否认这一思路的正确。将一切现成的史料当作一种过去人的"陈述"而怀疑，在怀疑的基础上重新寻找"陈述"在时间流程中的排列，搜集被"历史"遗弃的资料，以此重建思想的谱系直探思想的源头，这都没有错。可是，为什么胡适的禅史研究却一再遭到非议，而他的一些引以为自豪的结论，也的确令人怀疑呢？比如他最得意的《坛经》神会所撰说、神会为禅宗史大革命说等，几乎都存在着无可争辩的漏洞，这究竟是思路出了毛病，还是操作有了偏差？

思路和操作似乎都没有问题，而问题却实实在在地存在。

仔细想想，原来问题在于先在的预设和立场，由于胡适的心中早已横梗的一个念头在作怪，所以这个念头成了他裁判一切资料的最高法官。他说，神会是禅宗史上的关键人物，乃是由于他对灯录

---

[25] 近年对于胡适禅宗史研究的最严厉评价，是来自台湾江灿腾博士的批评，他在《从大陆到台湾：近七十年来关于中国禅宗史研究的争辩与发展（1925—1993）》一文中，指胡适关于禅宗的研究，抄袭了忽滑谷快天的《禅学思想史》，载江灿腾《新视野下的台湾近现代佛教史》（北京：中国社会科学出版社，2006），329—383页，尤其是330—337页。但是，我觉得这一指控，证据不足。详细的讨论参看《仍在胡适的延长线上（代新版序）》。

系统的不信任；他对灯录系统的不信任，乃是由于他先入为主地就有一个重建禅宗新史系统的构想。于是，当他读到神会资料时，便情不自禁兴高采烈，把敦煌卷子中的记载，看作绝对可靠的史料，来裁断其他一切史料，合则是，不合则非；以神会打倒北宗为禅宗史的中心，来观察其他所有史实，长则截，短则续，因而断定《坛经》为神会伪作，断定北宗为神会所败，断定神会以"香水钱"赢得政治支持而奠定南宗，并被认可七祖地位，断定灯录系统所载禅史大都为伪，因而必须推翻。这样，他就不知不觉地被这一念头牵着鼻子兜了一个圈子，走向他一再批评的非科学立场，自己把自己放在了火炉上烘烤，追寻绝对的"客观"者，竟走到了"主观"的房间里，反而觉得自己十分公正，却没有意识到已经背道而驰。我们记得，胡适曾极力推崇的一个清代考据家崔述，他的《考信录》的确是前无古人的一部奇书，他把自先秦以来的各种文献都放在被怀疑的位置上，提出种种问题，这使得胡适大为倾倒。1923 年，他在《国学季刊》第一卷第二期发表《科学的古史家崔述》，把当时的桂冠"科学"加冕在崔述头上；同时，他又作崔述的年谱，在引言中说，他"深信中国新史学应该从崔述做起，用他的《考信录》做我们的出发点，然后逐渐谋更向上的进步"。可是，正是这个被冠以"科学"二字的崔述，其考证立场却建立在一个"先入之见"上，这就是"折衷于圣人、考信于六经"，以儒家经典为一切史料的最终裁判[26]，这样就使得他的"科学"打了一个大大的折扣。胡适是否也在步他所仰慕的先辈的后尘？我们不知道，但他以"怀疑"二字作为他文献考证的起跑点，却很容易把一些主观的因素带入思考，并作为构

---

[26] 关于这一点，请参看葛兆光《略谈清代文史考据之学在思想方法上的缺陷》，载《古籍整理与研究》（北京）1986 年第 1 期。

造历史序列的基础，而这种基础恰恰可能是很脆弱的，仿佛沙上建楼一样，楼越高越危险。

无论是以"相信"为开端，还是以"怀疑"为开端的文献考证，都存在着偏离正轨的可能。在以"怀疑"为开端的学者中，并不是胡适一个人的禅文献考据有这样那样的问题，像日本关口真大的《禅宗思想史》就比胡适走得更远，他从达摩之有无开始，一直到牛头禅的谱系、神会的伪纂祖师历史甚至禅宗的成立时代，几乎全部推翻旧说，自己重新构造了一个禅宗史的线索[27]；而在以"相信"为开端的学者中，由于心中先有一个"无反证，旧史即事实"或"不合旧史，即非事实"的念头，同样会在禅文献考据中出现这样那样的错误，事实上，文献浩如烟海且不说，就是新资料的发现也是很难预计的，所谓的"无反证"，只不过是此时的暂时性结论（或个人所见有限的不确定结论），所谓"不合旧史"，更只是一种故步自封、作茧自缚的说法，旧史凭什么拥有这种天生不容置疑的权威？如果说，这是因为它的来历久远，那么，你怎么知道不会有来头更早的资料出现，怎么能只以时间顺序判断史料的真假？如果说，是因为没有反面的证据，那么，谁能断言他已经翻遍了所有相关资料，又有谁敢断言将来不会有新的资料出现？敦煌资料的发现，曾推翻了多少过去一直以为是板上钉钉的定论，所以，单纯地从"相信"出发而以旧史料为准，持"无反证即史实"或"不合即非事实"，其实也是从他人眼中看问题，被古人所束缚。

不妨举一个例子。如引述传统禅文献资料相当丰富的忽滑谷快天《禅学思想史》，其上册在讨论《最上乘论》是否弘忍思想时，就

---

[27] 关口真大《禅宗思想史》（东京：山喜房佛书林，1964）。

出现过这一类的偏差。他否定《最上乘论》为弘忍所作,结论正确与否且不说,但他的否定论据却太离谱。第一,他以其中有"依《观无量寿经》端坐、正念、闭目、合口……守真心念念莫住",似乎违背弘忍以《金刚经》为心要的史实,认为定非祖门正传;第二,以其中有"看熟则了,见此心识流动,犹如水流阳焰",绝不像禅宗直指心要式的狮子吼,所以,反如教家婆说;第三,以其中有"若乖圣理者,愿忏悔除灭",全不似一代宗师的口气,是学道未熟的初学口吻;第四,以其中有"若我诳汝,当来堕十八地狱",犹如发誓赌咒,可见心地卑鄙。根据这几点,他断定《最上乘论》绝非弘忍所述[28]。这种论据简直是全凭臆测,弘忍时代禅门奉念佛法门,现在已被新出资料证实;而《金刚经》之成为禅门不二经典,大约要在盛唐时期[29];弘忍时代的禅门并不像后世南宗禅那么忌讳文字经典,"借教悟宗"始终是达摩以来禅师的入道法门,就连神秀都让其弟子普寂读《楞伽》《思益》,说这两部经是"心要"[30];一代宗师是否就一定要时时刻刻都口气很大地教训别人,发誓赌咒是否就是心地卑下,不像高僧的行径?这更是无从说起的事情,根本不能当文献考据的旁证。其实,忽滑谷快天氏之所以下如此判断,心里是有先入为主的成见。他依据传灯录一系资料,已经把弘忍的思想、气度、言论,甚至于风貌都存于心中,于是合则是,不合则非,全不顾所谓"宗风"一类的印象,实际上早已经过后人种种想

---

[28]　忽滑谷快天《禅学思想史》上册,372—374页。

[29]　唐玄宗于开元二十四年(736)将《金刚经御注》颁行天下后,《金刚经》的地位才凌驾于他经之上,可参见王重民《敦煌变文研究》,载《中华文史论丛》(上海:上海古籍出版社)1981年第2期,221页。

[30]　《全唐文》(上海:上海古籍出版社影印本,1990)卷二六二李邕《大照禅师塔铭》;以下引用《全唐文》如无说明均为此本,不再一一注明。

象和修饰。而且他依据思想直线上升的逻辑，已经在心里建立了一个禅思想的谱系，于是，前时代人的思想一定落后于后一代人的思想，凡是被"破"的思想，就一定不再被后人所用，全不顾思想史的理路实际并不走弓弦，有可能走弓背，甚至于回头兜圈子。

再举一个例子。很擅长文献考据的宇井伯寿《禅思想史研究》三巨册，其中处处可见其深厚学术功力，但是，由于他有时坚持无反证即史实的原则，而过信禅史旧说，于是也不免出现误判误断。像禅宗千数百年一直争论不休的天皇道悟及天王道悟是一人还是二人的旧案，他的结论就过于仓促和肯定；像另一个关系到后世禅宗分脉源流的药山惟俨的师承，他的考证也未免武断。《全唐文》卷五三六载唐伸《沣州药山故惟俨大师碑铭》记药山"居寂（大寂即马祖道一）之室，垂二十年"，是马祖门下，这一记载与《祖堂集》《宋高僧传》《景德录》等禅史旧籍以药山为石头希迁门下都不合，究竟是非如何，这需要仔细而公平的考证。但是，宇井氏却断定前者是大慧宗杲之后马祖后人的伪造，而他论述的理由中，最主要的依据，却一是与旧说不合，二是唐伸为乌有先生，三是禅师碑中不应有比附儒家道统的词语。其实，与旧说不合并不能成为理由，就好像不能用被告证词当证据，判原告有罪一样；唐伸也并非乌有先生，《册府元龟》《唐会要》中明明记载他是中唐宝历元年贤良方正科入第三等的文人，唐敬宗诏书中也有其名[31]；说禅师碑铭不会牵惹儒家说法更是臆测之语，只要看一看唐技《智藏碑铭》中"大寂于释，若孟于孔，大觉于寂，犹孟之董"，《宋高僧传》中"神会（于

---

[31] 《册府元龟》（北京：中华书局影印本）卷六四四，7118 页；《唐会要》（北京：中华书局，1990）卷七十六；又可参见清人徐松《登科记考》（北京：中华书局，1984）卷二十。

惠能）若颜子之于孔门也，勤勤付嘱"[32]，就可以明白，这一论据实在站不住。至于其他一些论据，像碑文文字支离、碑中所记人名于《景德录》中无载等等，更不成其为理由，因为文字支离与碑文可靠与否无关，《景德录》阙载的人名也实在太多，难道非得文从字顺才能当史料，而《景德录》不载就一定没有此人[33]？其实，原因也同样是宇井氏心中先已将旧史所载的谱系当作裁判，对禅史截长续短，他依据的是旧史和日本僧人养存《五家辩证》的说法。但是，旧史中的谱系不也是那些心中有偏向的禅门后人写的吗？养存的说法不也是一己之词吗？为什么这就可信而那就不可信呢？

整个禅文献的考证，在这里出现了一个难以回避的悖论，从"相信"出发或从"怀疑"出发的考证，都碰上了尴尬和麻烦，这一尴尬和麻烦，其实在中国 20 世纪二三十年代的"信古"和"疑古"两家争论中也一样存在，也无法有最终的裁决，那么，是不是这历史和文献考证已经没有用了呢？这里的回答显然是否定的。当然，这否定却不能过于简单。问题在于：

首先，我们的文献考证者是不是非得认定自己的考证是绝对的客观史实不可？严格地说来，历史已经随着时间的流逝，把古人的所作所为所思所想都带走了，我们无法死生而肉骨地把古人从历史中呼唤出来，让他们公堂对簿，而只能通过历史的记载簿册，去追寻古人的踪迹。尤其是思想史，古人的精神已被记载的文字变形，成了一些抽象的哲理或形象的比喻，后人无从知道他们当时的心境

---

[32] 唐技《龚公山西堂敕谥大觉禅师重建大宝光塔碑铭》，见《同治赣县志》卷五〇，按：此碑《全唐文》失收，现已收入陈尚君辑校《全唐文补编》（北京：中华书局，2005）卷七七，952—953 页；又，参见《宋高僧传》卷八（汤用彤校注本，北京：中华书局，1987），175 页。

[33] 宇井伯寿《第二禅宗史研究》（东京：岩波书店，1941）第五，427 页。

或处境，只好根据这些业已成为文字的记载去揣摩和体验，"昔人已乘黄鹤去，此地空余黄鹤楼"，为什么我们要一口咬定自己的考证就是当时活生生的事实？其实，早在七十年前，贝奈戴托·克罗齐（Benedetto Croce，1866—1952）就区分过"编年史"和"历史"。在他看来，随时间流逝的，是无法复原的"陈迹"，用文献史料依年代顺序编辑起来的，是"编年史"，而具有历史哲学和思想逻辑的著述才是"历史"。他的意思可以这样理解，真实历史不可能从文献之中重现，文献提供的只是"再现历史"，文献考证只是为了尽可能地接近真实。但是，人们切不可以为，它就是绝对的"真实历史"，人们可以用它来编纂近乎史实的"编年史"，但千万不要相信"他们把历史锁在他们的图书馆、博物馆和档案室里（有点像《天方夜谭》中的神怪缩成轻烟形式锁在一只小瓶中一样）"。真正的历史是在拥有某种关怀的人的心中，只有他把这种精神和思想灌注于文献之中，才能写出"历史"，这里所说的历史用我杜撰的语词来说，只是"再现历史"或"第二历史"[34]。

其次，既然我们所写的都只是个人理解视野中的"第二历史"，那么，我们是否应该允许每个人对文献史料的阐释权力？当然，这并不是随心所欲的信口开河，而是在一般文献阅读者都能接受的规则中的选择。这里所说的"规则"，指的是文献学的一般常识，例如文献的时代、文献的作者类型、文献的流传过程，以及文献的完整性等；这里所说的"选择"则是指在文献出现互歧之后，对之做出的公正判断。在这时，研究者有权对历史做解释，因为这解释已经申明了它是"再现历史"或"第二历史"，但它是研究者所认定的最接近本相的历史。显然，为了使阅读者，也为了使作者自己相信，

---

[34] 克罗齐《历史学的理论和实际》（北京：商务印书馆，1982），傅任敢译，14—15页。

这是"最接近本相的历史",作者必须确定他面对的那一大堆文献资料的谱系。一般来说,文献的可靠性是以其时间的早晚为主,参以作者与事件或人物的关系远近及写作态度的认真与否,流传过程中变异改窜的多寡,以及旁证的吻合程度等等来确认的,对于禅思想史的研究者来说,绝不能执着于某一种资料,而用它来截长续短,裁决其他一切资料。比如,胡适过于相信的敦煌资料,也必须小心。因为敦煌藏经洞封洞的时间,已经是宋仁宗时期,资料的下限是北宋至道年间(995—997),比《祖堂集》成书还晚四十多年,比胡适认为极不可靠的《景德传灯录》仅早七八年,而与《宋高僧传》几乎同时。那么,为什么它们不会有改窜、偏袒、门户之见?而特别要追问的是,敦煌资料是否能涵盖当时思想世界的全貌?毕竟敦煌是远离中心区域的西偏一隅,在交通通信并不那么方便的时代,它的资料来源有相当大的偶然性。同样,有的学者特别相信的灯录、史传,也应当慎重,除了宗派门户的偏见之外,资料的匮乏、历史素养的低下、信仰主义的心理等等,都会影响它们的价值。比如《祖堂集》中,在很多传文下都有"未睹行状,不决始终"的话,说明它来自传闻;而《景德录》对北宗禅师世系相当多的误记,就是耳食之言和门户之隔的结果。因此,文献应该进行细致的梳理,为它们勒出次序,而梳理次序的前提,是对文献史料不存偏见的公平对待,从"相信优先"或"怀疑优先"出发,都有可能导致误解[35]。

---

[35] 最近在佛教史领域可能有一些"后现代"的风气,这个风气虽然我未必赞同,但也不能不看到他们在文献研究中的一些"偏见"背后的"洞见",比如《代新版序》中提及的美国学者马克瑞(John McRae)所谓"禅研究四原则"(McRae's Rules of Zen Studies)。也许,这一理论太过"后现代",因为这一原本只是特殊的现象,在马克瑞的笔下被放大普遍化了,但我们也应当承认,唐代禅宗史中确实有类似的某种情况。参看 John McRae: *McRae's Rules of Zen Studies*, *Seeing Through Zen*: *Encounter, Transformation, and Genealogy in Chinese Chan Buddhism*, University of California Press, 2003, p. xix。

再次，如果说在文献考证上研究者应当尽可能"平常心"的话，那么，在文献基础上进行思想研究，就是另一回事了。对于思想的意义，研究者在判断时，实际上已经有一个"先入的定见"，借用海德格尔的话来说，就是有"前理解"。这是不可避免的定见，也是写一部富于个性的思想史著作的必需。问题是，它会不会干扰和影响我们对文献的判断？换句话说，就是思想史的个人理解，怎么样最切近历史的本相？尽管这里所说的"历史的本相"应当申明是前面所说的"再现历史"或"第二历史"。

1824年，兰克（Leopold von Ranke，1795—1886）在他第一部著作的序言中曾经宣称，他的书"只打算做一件事——完全如实地说明事情的真相"[36]。后来，人们知道，就连这一件事，也是一种奢侈的期望。于是，在将近一百年后，克罗齐把要做的事换了一个角度，他说历史的真相不在资料室、图书馆、博物馆里面，而在我们身上，就连资料也不在书本和遗物中，而在我们心中。"只有在我们自己的胸中才能找到那种熔炉，使确凿的东西变为真实的东西，使语文学与哲学携手去产生历史。"[37]但是，这个"熔炉"会不会把"确凿的东西"变成主观的不真实的东西呢？因为很多原料进入熔炉之后就会化为灰烬或面目全非，铸成一个除了自己谁也认不得的东西。

因此，我们又面临着一个既新且旧的难题：能否寻绎一个思想史的理路或系统，使它既切近"历史的本相"即文献的记载，又表现研究者个人对思想史的理解？

---

[36] 兰克《拉丁与条顿民族史·序言》，转引自萨缪尔·莫里逊《一个历史学家的信仰》，《现代西方历史哲学译文集》（张文杰等编译，上海：上海译文出版社，1984），260页。

[37] 克罗齐《历史学的理论和实际》，14页。

第二节　禅思想史的内在理路与外在走向

　　人文思想与科学技术、法律制度、经济策略等不一样，它虽然并非陈年窖酒越旧越好，但也绝不是时尚衣着越新越贵。因为人文思想所指向的，常常是人自身的存在问题，人生在世总会遇到的那些焦虑、紧张、恐惧、困惑，始终缠绕着人心。人怎么样生存？这是自古至今人们思考的老话题，古代人的思考并不一定比现代人的思考浅陋或简单。当然，生存的环境从古代以来已经发生了很大的变化，但应付这些变化的是生存技巧，也就是科学技术、法律制度、经济策略与生活习俗，它们无疑是应当日新日日新的，而面对宇宙和社会的焦虑、紧张、恐惧和困惑，以及应对这一切的思考，却始终如一，没有理由瞧不起古代人的思想，更没有理由认定这种思想会沿着一条不断向上的主轴，向一定的目标前行。

　　我一直以为，佛教尤其是禅宗是一种关注于人文的思想，它可能涉及一些外部世界的"知识"，也有一些仿佛现代意义上的"哲学"，但是，它的思想指向却始终是注视心灵深层的。无论是早期禅宗如达摩的"如是安心"，道信的"入道安心要方便法门"，法融的"心为本"，转型期禅宗如神秀的"极力摄心"，惠能的"但行直心"，还是成熟期禅宗如马祖道一的"只未了之心是（佛）"、南泉普愿的"平常心是道"，都不完全是对外在世界的分析，而是对内在心灵的体悟；主要不是对生存环境的适应，而是对生存意义的追问；主要不是为物质需求的满足，而是为精神状态的平衡。它所说的"安心"，除去了外在的意味，剩下的就只是抚慰充满了焦虑、紧张、恐惧和困惑的心灵，古代人和现代人在这一点上，究竟有多少差异呢？

　　可是，当我们审视以往的思想史研究时，我们发现，思想史研究似乎被一种潜在定势支配，相当多的思想史家相信，思想是不断前进的，就好像思想也可以用算术上的加法，底数可以沿时间轴不断加大，后人可以站在前人肩上叠罗汉似的登高望远。于是，思想史叙事就出现了一个可以描述的主线，这条主线直奔某个目标而去，后来者总是比前行者高明一些。"后来居上"这句话仿佛成了绝对真理，特别是当人们用"矛盾""冲突""超越""批判"这样的概念来观照思想史的时候，一代又一代的思想变化理路，就在这种观照中，真的成了"否定之否定"的过程。禅思想史研究中有一个很不幸的现象，就是它不仅受到这种思路的影响，而且这种思路又得到文献资料中某些关于宗派和口号冲突记载的支持，看起来似乎真是如此。其实，禅宗内部的派别之争虽然有着思想的差异，但思想的差异却未必是导致派别之争的原因，思想冲突也并不都是因为彼此矛盾，更多的是口号上的差异和意气上的较量，或者是党同伐异对正统地位的争夺。有时候，看上去冲突的思想构成的，却是同一种理路的延续与发展。可是，派别之争的色调往往掩蔽了这一点，使得研究者误以为，这就是思想史上的不断登高，仿佛打擂台最终打出一个武功盖世的好汉。看到禅宗南、北宗之争的资料中南宗的胜利和北宗的失败，就一眼认定南宗高于北宗；看到神会资料中南宗滔滔不绝地驳斥北宗，就顿时认定北宗理屈词穷、无还手之力。他们把禅思想史按照一种浅显的逻辑，排列出一个由低至高的路向来，并且按照这一路向的高低位置，对各种思想作价值评判，评判者始终高屋建瓴地站在制高点上，不仅因为他们位于时间轴的这一端，而且因为他们拥有逻辑和理论，用这种逻辑和理论可以做价值评估，人们在不知不觉中，依赖"后见之明"，即使用后来者的事后的判断，对禅思想史强行进行了未必如此的解说。

由此，我又一次想到胡适与铃木大拙。胡适是站在禅外说禅，以这样的历史家的眼光谈禅的，虽然他没有写出他的禅宗史，但是他完整的关于禅思想的叙述，主要可以看1934年他的讲演《中国禅学之发展》。在这篇讲演中他一开始就亮出了他的底牌："我不是宗教家，我只能拿历史的眼光，用研究学术的态度，来讲老实话。"按照他的"老实话"，我们可以知道他对禅思想的发展，有一个基本估价，就是"这种禅学运动，是革命的，是反印度禅、打倒印度佛教的一种革命……解放、改造、创立了自家的禅宗。所以这四百年间禅学运动的历史是很光荣的"[38]，当然他所谓的"光荣"二字背后有一个进化论的背景在，他所谓的"反"或"打倒"二词背后有一个否定的意识在，用这样的意识通过这样的背景看去，禅思想史自然是一个"物竞天择"的过程，而思想自然层层积累不断向上，仿佛生物从低级向高级演化的谱系。这是20世纪宗教史研究的一个普遍观念，虽然我们没有证据说明胡适曾经涉猎过西方宗教学理论著作，但是，那时候的"进化"观念确实已经如日中天。英国学者夏普（Eric. J. Sharpe）曾说到"尽管有二十世纪二十年代的挑战，进化论学说在两次大战之间整个时期的宗教研究中仍继续居于优势地位"，他还引了科克和尼尔逊在1927年、1940年的著作为例说道，"只有沿着进化论的路线，才有可能对宗教信仰和习俗进行研究"，无怪乎有人惊叹"规律统治权的启示遍及一切思想领域"[39]。胡适正是用了这一"历史的眼光"，把禅思想史放置在"时间"的框架中，拿"进化"的规律来比照评判，实际上，换句话说就是他站在历史和时

---

[38] 胡适《中国禅学的发展》，《胡适文集》（十二），302、332页。
[39] 夏普《比较宗教学史》（吕大吉、何光沪、徐大建译，上海：上海人民出版社，1988），34页，正文及注释。

间的这一端,用进化的比例尺,在勾画古人的思想历程,仿佛在画一份"禅宗思想工程进度示意图"。

这种叙述有些问题。当然,我并不是说禅思想在这一千多年中没有变化,如果没有变化,也就不存在禅思想的历史了。我在这里要说的是,禅思想并不存在"进化"的路径与"进化"的目的地,把宗教思想史,尤其是禅这种不断寻求终极意义的最后解释的思想史,看成是一个沿着某个进化主轴发展的轨迹,这种观念必须有以下的假设为基础:

第一,在宗教思想的每一个表述者心中,都有自觉解决某一思想困惑的意识,他们都是有目的、而且有计划地讲述他们的思想方案的,这样,思想史家才能够说,思想史有一个共同的目标。

第二,宗教思想家在解说他们的思想时,事先对思想的历史有一种明确的意识,对过往的思想家的问题和结论有充分的认识,这样,思想家才能像叠罗汉一样拾级而上,把思想的表述构造成一个不断向上的逻辑阶梯。

第三,思想上的那些问题在不断地被解决着,因为,只有当思想问题像科技问题一样,被历代思想家不断地解决,并且这些解决策略成为知识,可以不断叠加并积累的时候,进化才成为可能。

但是,真的是这样吗?宗教家面对的问题是否能够如此解决呢?正像我在前面所说的,人文思想尤其是宗教思想与科学技术、法律制度、经济结构不一样,它思索的是智慧而不是知识。知识由清晰的概念分析与严密的逻辑思考而来,写在书本上,就能够一代代相传,智慧却是由个人心灵的体认与感悟而来的洞见,每一代人都必须自己去体验,它并不存在着叠加累进的问题,也没有终点站设在遥远的地方。正所谓"吾道一以贯之",它只是对应于人心古今一贯的焦虑与烦恼，它的变化只是适应在变动秩序中人心变动而来的表述（语言）形式、关怀（内容）重心、信仰（情感）路径的左右游移。如果从宗教的视点看，这里没有进化论意义上所谓的"落后"或"先进"，现代宗教学家杜普瑞（Louis Dupre, 1925—　）在他的《另一向度：探讨宗教态度的意义》中说："宗教并非一成不变的东西，它的伸缩性远比我所知道的要大。它不停地变换面貌并转移阵地"，应当注意，他所说的只是"转移阵地"而不是向"纵深进军"，因为宗教自古至今都只有一个作用即建立信仰，而信仰却无等级，它超越时间而存在[40]。

那么，铃木大拙所谓的超越时间的禅思想观念，是否就完全避免了胡适的弊病，切入了禅思想史的真实脉络呢？似乎也不尽然。虽然从表面来看，他一再批评胡适的历史方法，但是他对于禅的说解，依然是站在历史和时间的这一端去观照那一端的。他关于禅"超越自然与人的二元对立"的论断、禅"超越A与非A的逻辑对立"的说法、禅是"体验宇宙无意识的直觉"的观念[41]，有多少是古代禅师有意识的思想呢？在他表述上面一系列充满现代意味和哲学气味的说解时，首先，他的心中已经把来自西方现代哲学、逻辑学、心理学的观念，当成了观看禅思想的"背景"和复述禅思想的"概念工具"，虽然他是用批评的态度来对待这一背景的，但这一背景的存在实际上已经背面傅粉地使禅思想染上了一层现代的色彩，而现代的"概念工具"也让禅思想变得仿佛穿上了20世纪的时装。乍听上去，仿佛古代思想的"问题意识"针对的是现在的处境，思想史

---

[40] 杜普瑞《人的宗教向度：导论》，傅佩荣译本，载《中国文化月刊》（台北）1984年56期，40页。

[41] 参见《铃木大拙全集》（东京：岩波书店，1968—1970）第十二卷《禅の研究》第七章，224页；第十一卷《禅と日本文化》第七章，125页及131页；第十四卷《禅学への道》第四章，240页等。以下引述铃木大拙的论著，除了特别注明外，均出自此《全集》，不再一一注明。

的"时间性"已经被暗地取消。其次,他过分地凸显了禅思想中那些形而上的哲理成分,而忽略了其中形而下的实践部分。作为终极的人生意义,禅思想在时间流程上并没有多少变化,变化的倒是表现在宗教生活中的修行方法。《新约·雅各书》中圣雅各曾说,信仰者没有行为,这信仰就是死的;我们也可以说,终极意义如果没有通向它的途径,也只是空中楼阁。事实上,禅宗史上的修行方法并不是那么"超越"的,而是随着时间流程不断变化的,这变化就有了"历史"与"时间"。再次,虽然铃木大拙也提出了"悟"作为禅修行方式,但是"悟"只是一种心理体验,各个禅师的体验是不同的,日本学者上田闲照在《禅と世界》之二中曾经解释铃木大拙的"禅思想"指的是禅经验的构造、特点、意义,而他的禅思想史则是以禅经验为中心的历史,但是,铃木大拙是把古今一贯的"悟"当作思想史的路向,同时又以自己的"悟"代替了古人的"悟",所以"他以自己的禅体验、文本,以及文本展示的禅的自觉的历史、这一历史展开的自觉化"为探究路径[42]。文本只是他体验禅的凭依,它本是历史与时间中的东西,但是,在他这里却是超历史与超时间的存在,当他以他的体验去体验文本中的禅思想时,古代的禅就与现代的禅重叠起来了。在他眼中,仿佛古代的禅思想早已为现代人设计好了济世良方,古代禅师那些公案机锋中,早已蕴藏了现代人取之不尽、用之不竭的新思想,现代那些哲学二元论、生活焦灼感、科技非人化所带来的困惑,古人也早已为我们预先设防。在这样的理解中,各种现代思想、现代观念、现代情状都很容易掺进解释与

---

[42] 上田闲照《禅と世界》之二,《铃木大拙全集》第十二卷所附"月报"第十二期,2页。

描述，把古代禅现代化，而历史与时间也在这主体的参与中消解无迹。如果按照他的想法，古代禅思想就已经有了这么现代的内容，古代禅师就已经有意无意地介入了现代人面对的心灵问题，今人的禅体验岂非等于是古人禅体验的重复？那么，禅思想又哪里还有什么时间与历史需要叙述呢？

在铃木与胡适之间的这些表面差异中，我们又看到了他们的一致，即他们都是很自觉地将自己"定位"在现代，用现代的眼光在看禅思想史。就好像看田径比赛，胡适是站在场地之外当教练，在一旁又是记录又是掐表准备评头品足，对每一次抬腿迈步的频率幅度都清清楚楚；铃木是站在接棒区里焦急地等待前一棒的到来，心里只是期待，眼中只是眺望，前一棒的频率步幅无关紧要，要紧的只是如何接棒。虽然二者心情视点都不一样，但是，他们都不是"当场者"本人，也不是去体验"当场者"那一百米距离与十秒时间中的内在心情与外在体能，在禅思想史上，他们都属于"倒着讲"，也就是用现代意识讲古代思想。

这是思想史的通常作法，我没有理由指责，而且，也只有在一种先行设定的位置上，反观禅思想的历史，才能有效地为禅思想史勒定秩序、描述过程、解释意义。按照马克斯·韦伯（Max Weber，1864—1920）的说法，"任何一个个体后果的有效推断，不运用'规则学'知识即关于回溯的因果次序的知识，一般是不可能的"。所以，他提出著名的"理想类型"（ideal type），希望用一种后设的"非实在的因果关系"来透视前在的历史事实[43]，这里所说的"回溯"

---

[43] 马克斯·韦伯《社会科学方法论》，79 页，转引自苏国勋《理性化及其限制——韦伯思想引论》（上海：上海人民出版社，1988），282、283 页。

其实就是一种"倒着讲"的方法。当然，研究者面对过去的历史与思想时，他无法摆脱自己所站立的时空位置，只能从他的位置"回溯"过去，他无法不用一种后设的"非实在的因果关系"来处理历史，否则，历史会成为无秩序的一团朦胧，根本理不出"脉络"和"意义"。但是，韦伯的理想类型是否能够做到他所期望的"价值中立"，却很让人疑虑，特别是这个理想类型很容易掺入现代人的种种未必尽合古人的观念，于是"价值中立"就成了一句空话。在现代人之间可能不偏不倚，但在现代人与古代人之间，天平就会倾斜，研究者可能为了现代的解释而曲解古人的思想。胡适用"进化"和"发展"来为禅思想规范秩序，虽然使禅思想史在"历史""时间""因果"的框架中显出清晰的轨迹，但是，我始终很怀疑这轨迹是否就是古人所走过的旧路；铃木大拙用"反逻辑""超越的肯定""生命的悟入"等概念来解释古德的语录公案，虽然使禅思想具有了古今一贯的意义，但是，我也始终很怀疑当年的禅师是否会有现代人那么自觉而明确的批判理性意识。这两种怀疑其实合起来是一个，即这种用现代人的"知识"作背景来"回溯"过去的理路，会寻绎出古人的心路历程吗？

于是，我寄希望于"顺着讲"，也就是尽可能地贴近古人，用古人的理路来描述古人的思路。我在这里说"尽可能"是因为我们无法完全地还原古代思想的历史。哲人已逝久矣，历史已成文献，思想已成遗迹，当年禅宗大德的心情、思虑和关怀，从根本上说，我们已无从得知。时代正如流水，环境年年不同，当年禅家高僧所处的环境和发言的语境已时过境迁。正像卡尔·贝克尔（Carl Becker）所说的那样，消失了的历史事实，实际上，早已经被印象与反映替代，而印象与反映残留在记载中，"记载毕竟是些纸张，在这些纸张上用墨水按照一定格式写了一些东西而已"，但是，历史学家"不得不对这些感到满足，最根本的原因是，除此之外他一无所知"[44]。所以，我们能做到的，就只是从尽可能多的文献资料和考古遗迹中，尽可能贴切地理解（understanding），尽可能地以"同情的理解"去推测（guessing）。

我说"用古人的理路"，意思并不是说我们可以越俎代庖地替古人发想，而是说，在研究表述中尽可能多地减去现代人的主观设定，及其所带来的种种现代价值观念，尽可能避免一百年来我们业已惯熟的种种观念框架，以及适用于此框架的一套现代概念工具，尤其是哲学概念。因为现代人的价值观念，会使思想史研究者从一开始就为古人插上高高低低的价码，而这种价码的高低，又很可能来自现代人一种很功利的想法，即"它对我们有多少用"，或来自现代人一种很自大的想法，即"它与我们有多近"。自负的现代人常常以为，我们无论在哪一方面都比古人要高明得多，古人的思想是低级的、原始的、粗糙的，它只是现代思想的原料，于是，在古代思想的研究中，相当多的人会不知不觉地产生一种现代的傲慢，依照思想对今天的有用性和思想与今人的接近性，对它作出价值判断，从而忽视了思想在其原来的历史语境中的合理性，因此对思想史进行刻舟求剑式的曲解。同样，现代人的哲学、心理学、伦理学的观念框架与概念工具，乃是相当西化或现代化了的东西，用它们来为禅思想做解释，不仅会损伤禅思想的原意，而且会使禅思想史无从措手，使得现代人在古代人面前自惭形秽，仿佛老祖宗早已替儿孙们想到了一切。

---

[44] 卡尔·贝克尔《什么是历史事实？》，载《现代西方历史哲学译文集》（张文杰等编译，上海：上海译文出版社，1984），230 页。

所谓"顺着讲",所谓"尽可能贴切地理解"和"尽可能地以同情的理解去推测",并没有多少玄虚的意思,其实,就是有意识地、尽可能地甩开先行的价值等级和预设的逻辑路径,甩开后来的思维框架和现代的概念工具,沿着禅思想的自行演变轨迹,先尝试以禅家的立场,体验禅思想的意谓,再以历史家的立场观察禅思想的来龙去脉,这种或许可以称之为"设身处地的移情观照"的方法,绝不是文学或艺术的专利。科林伍德(R.G. Collingwood)所说的"历史的想象"(historical evidence)和贝克尔所说的"历史编纂学就是一代一代地想像过去是什么样的历史",其实都已经指出了这一方法在历史(尤其是思想史)中应用的可行性,因为思想史既不是一出"有目的的按计划上演的戏",可以用某种机械的因果来套它的展示程序,也不是一个有先知预谋的神话,可以不必在时间流程里考虑它的演变过程,它是"一场即席演出的戏,是由它自己的演员互相协作即席演出的",我们想了解这一出戏,就不得不参与进去,随着那些演员同悲共喜地在历史时间中走上一遭[45]。

也许,当我们在禅思想史中走上一遭时,会发现它原来与现行的各种禅史著作的描述有相当大的差异:

首先,由于我们尽可能消解了我们的立场,在当时的历史背景中理解,用古人的思路来想象,那么,我们或许有时可以站在宗教的立场和视角,来看禅史上那一幕又一幕的演出。我们就会感到,迄今为止的各种禅史著作可能都忽视了一点,即宗教在维护自身存在时,那种看似固执与保守的思想,实在有其不得不如此的必要,

---

[45] 罗宾·科林伍德《历史哲学的性质和目的》,见前引《现代西方历史哲学译文集》,152页;参看余英时《一个人文主义的历史观》对科氏历史观念的评介,见余英时《历史与思想》(台北:联经出版事业公司,1976),223—246页。

有其不得已的隐痛。比如道信、弘忍之倡念佛，神秀之重读经，普寂等人之讲看净，以后见之明来看，在时间流程中，仿佛属于日渐消退的传统思想；但是，如果设身处地为禅宗想一想，则此类思想与实践实在是在为宗教自身存在，预留一块田地，而那种在禅史中日渐膨胀的自然主义，虽然是事实上的胜利者，如惠能之主"顿悟"、神会之说"无念"、马祖之论"非心非佛"，但是，它无形中造成禅宗的自我瓦解，就好像过河的人不断拆除脚下桥板，这使得宗教的存在意义不断淡薄以至于无。依照进化论的观念，当然后来者先进，宗教生活化是天然合理的归宿，是理性的胜利。但是，站在佛教的立场，依照宗教的观念，这却是一种终极意义和自觉意识的泯灭，是一种道德水平和人生价值的贬抑，也是对宗教团体和宗教纪律的瓦解。宗教过分生活化，其实在宗教来说，恰恰是不合理的现象；因此，马祖之后的百丈怀海作《清规》、清凉文益作《十规论》，乃至后来的所谓禅、净合流，从这一视角看来，都有维护禅门自身根基的意味；所以，对于这一禅思想史的进退起伏，似乎应当别有一种观察角度和评价标准。

其次，由于我们消解了历史上的各种后设语境，到那些层层语境尚未形成的时代，去直接体验、想象与观照那时的禅思想历程，也许，我们会看到一个与后来种种说法大相径庭的本相。禅家语录中常有追问作"父母未生前，你的本来面目如何"，其实就是这个意思。所以，当我们小心翼翼地剥落千年来禅宗灯录层层的渲染与文饰，直接从当时的更多资料（包括教外资料）中，重新体会当时的实际情状时，也许会发现相当多现代禅史研究著作，其实就是无意识地延续着禅宗灯录的现成说法，然而这些现成说法，有的只是灯录时代的禅师为门户之私而编就的"宣传品"。比如，东土六祖的传承就是一例。从《楞伽师资记》以求那跋陀罗为第一代的说法来看，从《神会语录》所记崇远法师向神会质疑，有"未审禅门有相传付嘱"一语来看，从《历代法宝记》中激烈批评那些以求那跋陀罗为第一祖的人"不知根由"来看[46]，你可以体会到，在唐代开元、天宝年间，也就是普寂、神会、处寂、玄觉等人的时代，恐怕禅门并没有形成一种孤灯单传的说法，那种所谓东土六代的祖系，实在是很可疑的。但是，现在各种禅史著作却基本上沿袭这种可疑的说法，来充当撰写早期禅史的主干[47]，而把其他禅师以及禅门，最多作为影响因素点缀其边缘，建立了一个禅宗史的"树型结构"[48]，这似乎都受了禅宗灯录的影响。其实，通过层层积累下来的资料来看早期禅史，等于透过后来禅门弟子的有色眼镜去看历代祖师，假如我们越过这些资料与谱系所预设的框架，从这些资料与谱系还没有形成的原初状态来看禅宗早期历史和思想，也许会发现在那个时代，禅学本是相当多佛教徒共有的知识和方法，各种从禅学衍生出来的解释与阐发，都在从单纯的修行方法向系统理论化方向转变。在理论化的过程中，不同人等又各重一经、各走一路。当时的禅师中，

---

[46]《楞伽师资记》，《大正藏》（台北：新文丰出版公司影印；以下引《大正藏》皆此影印本）第85册，1283页。又，《荷泽神会禅师语录》，石井光雄影印，铃木大拙校订本，见《中国佛教思想资料选编》（北京：中华书局，1983）第二卷第四册，99页；《历代法宝记》，《大正藏》第五十一卷，180页。

[47] 例如吕澂《中国佛学源流略讲》（北京：中华书局，1979），205页；周叔迦《八宗概要》第三十九节，《周叔迦佛学论著集》（北京：中华书局，1991），378页；正果《禅宗大意》（北京：中国佛教协会，1986），31页。

[48] 例如宇井伯寿《禅宗史研究》（东京：岩波书店，1939）即在叙慧可一代时，另考道育、道副、昙林，在叙僧璨一代时，另考向居士、慧布、化公、廖公、和禅师、那禅师、满禅师；印顺《中国禅宗史》（南昌：江西人民出版社，1990）也在达摩以下，除慧可之外，旁叙昙林、道育，在慧可以下除僧璨外，略述那禅师与向居士；此外，潘桂明氏所著《中国禅宗思想历程》（北京：今日中国出版社，1992）特意在第一章中设《早期楞伽师》一节，也是这一类。

有依《法华》者，有依《楞伽》者，有依《般若》者，有依《无量寿经》者，因而在禅修行上形成各各不同的风格和思想[49]。这些禅思想在后来的传播中互相渗透，才使得禅学由附庸而蔚为大国，并形成后世所谓禅宗。在当时，并不一定存在着以达摩、慧可、僧璨、道信、弘忍为主轴的禅家"血脉"，当时的禅门就仿佛百家蜂起，直到最后才归于一，而不是先有一条主脉，在延伸中容纳百川。我们的禅思想史究竟应该从下游逆流向上，先有一个主脉的念头，去为这条河找源头，还是在上游百溪汇流的纷繁状态下，看主脉的形成呢？依我看，似乎应该是后者，因为只有这样，才不至于忽略思想史的多源，才易于解释禅思想体系中那些复杂内涵的形成过程与变异原因。又比如，当我们"倒着讲"禅史的时候，我们很容易被一些晚出的资料影响。胡适尽管采用"怀疑"的眼光来对待史料，但是，有时却偏偏忘记了"怀疑"二字，其原因正在于文献资料有时恰好投合研究者的"怀疑"，于是，怀疑者心中有时便残存了一个"不疑"的死角，这死角膨胀起来，就把研究者引导到一个误区，而这个误区其实也是文献在史实与研究者之间设置的一道屏障。再比如，胡适所认为的神会取胜的一个关键因素"香水钱"问题，其实就并不太可靠。安史之乱中，朝廷以出售度牒来筹军费，本是一个很普通的现象，《旧唐书》卷十《肃宗本纪》、卷四十八《食货上》、《新唐书》卷五十一《食货一》都记载了从天宝十五载到至德二载间，几乎是整个北部中国的度僧尼以支军事用饷的政府行为，而谢和耐

---

[49] 参看《高僧传》及《续高僧传》中有关"习禅"类的记载。唐前乃至盛唐，禅师的概念比我们的想象要宽泛得多，当时文献如碑志中冠以"禅师"名号的，并不一定就是后世所谓的禅宗和尚，如天台、净土、三论僧人也属于习禅者，而早期念佛、静坐、数息等禅法，也是一些共通的方法。

（Jacques Gernet，1921—2018）关于5至10世纪的寺院经济的研究，也倾向于当时出售度牒的举动，是从唐王朝军事中心（今山西及甘肃）到五岳再扩及各州的[50]。要知道，神会当时被流放在荆州，就算有幸被选为主持戒坛的大德，他为朝廷所效的力量，也只是其中并不引人注目的一小部分，为他个人洗冤大体尚可，要使朝廷放弃诸家而独尊荷泽，恐怕绝无可能。可是，胡适却从《宋高僧传》的一段未必可信的记载中，找到了他所需要的话，于是，忘掉了"怀疑"而只剩下"相信"，甚至把这"相信"又变成"迷信"。从神会主持卖度牒、收香水钱，到肃宗召入内道场供养，就得出了因此而"神会建立南宗的大功告成"的结论[51]。其实，当我们"顺着"当时的形势与理路往下看的时候，我们会发现，朝廷并没有对任何一派格外青睐，只不过是以实用的方式收敛军费而已，当时，和神会一样被赐尊号、被召内供奉的高僧还不少，岂能说神会就独占鳌头从此风光？如果说，神会已经如此显赫，那么，现在所存的两份有关其弟子的文献中，竟然没有丝毫沾光的味道。相反，一个要请求"陛下屏天怒、揽狂书，贫道纵死，亦为多幸"，上书乞求让僧尼交易以谋生；另一个要到大历时代才在招圣寺立"七祖遗像"，在贞元中还

---

[50] 谢和耐（Jacques Gernet）《中国五——十世纪的寺院经济》（耿昇译，兰州：甘肃人民出版社，1987）。

[51] 参看胡适《荷泽大师神会传》《神会和尚遗集序》等，《胡适文集》（五），199—236页，特别是225页。受胡适影响的这类说法相当多，如山崎宏《菏泽神会禅师考》，载其《中国の社会と宗教》（东洋史学论集第二，东京：不昧堂书店，1954），443页；同氏《中国佛教·文化史の研究》（京都：法藏馆，1981）第十二章《安史之乱と佛教界》也称这是南宗替代北宗的"契机"；又，李学勤《禅宗早期文物的重要发现》在评介新发现的《神会塔铭》时曾误将"奏寺度僧，果乎先愿"这一句话，误认为是与"香水钱"有关的记载，见《文物》（北京）1992年第3期；关于这一问题，可参看谢和耐《中国五——十世纪寺院经济》73、75页。我将在《重估荷泽宗》一章中仔细论述。

得与北宗"辩佛法邪正，定南北两宗"[52]。这样会不会使禅思想史上的一个起承转合过程，就此被对社会政治与经济背景的一个误读而淹没，而宗派之间的思想传承延续，就此被消解为宗派之间的势力角逐呢？

再次，当我们消解了"倒着讲"所受到的种种干扰时，那些禅思想史上看似突然的变化就不那么突然了，很多思想的演变就会显现出它的内在理路。例如，很多研究者以为是神会（或惠能）以《金刚经》取代了《楞伽经》，是南宗以般若宗打倒了楞伽宗。其实，这种说法显然是受了《坛经》与《神会语录》以下的文献的影响。如果我们越过这类文献，直接考察当时的情景，就可以看到在惠能与神会之前，《金刚经》以其约化简易的形式，已经很被人们看重。隋代的智该"年十八，讲《大涅槃经》及《金刚般若》，盛匡学侣，道俗佥归"；同样是隋代的吉藏作《金刚般若疏》，在序中称此经为"三观之虚明，一实之渊致"；初唐的智朗学"《维摩》、《金刚般若》及《中观》"，并在晚年"持《金刚般若》及《尊胜咒》等各两万遍"；就连北宗禅师净藏，小时也是既持诵《金刚般若》，又持诵《楞伽》和《思益》[53]。到了盛唐时代，《金刚》已成了佛教界家家奉持的经典，并不是惠能、神会突然抬出它来与《楞伽》对抗、与北宗争胜的，倒有可能是他们尤其是神会和尚，在唐玄宗注了《金刚》

---

[52] 无名《讽谏今上破鲜于叔明、令狐峘等请试僧尼及不许交易书》，敦煌本，P.3806、P.3620，陈英英录文；徐岱《唐故招圣寺大德慧坚禅师碑铭并序》，碑在西安碑林，杨曾文录文。以上两文，现收入陈尚君辑校《全唐文补编》卷五四，650—652 页，卷五九，722—724 页。

[53] 以上，参见秦珠《长安发现唐智该法师碑》，载《考古与文物》1985 年第四期；吉藏《金刚般若疏·序》，《大正藏》第 33 册，84 页；阙名《大周相州安阳灵泉寺故寺主大德智朗师像塔之铭并序》，《唐文拾遗》卷六十二，《全唐文》后附，308—309 页；阙名《嵩山故大德净藏禅师身塔铭并序》，《全唐文》卷九九七，4581 页。

之后，才对这一经典采取了有意攀附、借以自重的手段。我们看《神会语录》中阐述思想的内容部分，引《金刚经》也仅仅三处，而引《涅槃》《般若》《法华》《维摩》有十五六处，看不出《金刚经》已成为他们所依宗经的意味，倒是《神会语录》后面论述禅宗祖系的部分，才开始大讲《金刚经》。显然，凸显《金刚经》更多像是党同伐异的一块招牌，或挟以自重的一面旗帜，而未必是建立思想体系的理论经典。如果我们相信《坛经》和《神会语录》的说法，而误以为南宗与北宗之间，有一个所依经典的突然转换，那么，我们就把他们的宣传广告当了真实货品，以他们的有色眼镜"倒着看"禅思想史了。如果我们抛开这种宗派之说来看禅宗所依经典的变化，我们就会看到，其实，禅宗的思想中早就渗入了《般若》（也包括《金刚》）的内容。因此，神会引入《金刚经》，一方面是禅思想史的趋势所向，另一方面则更多的意图，也许在迎合盛唐的时代时尚，当然也为了与恪守早期禅宗传统的北宗划清阵线，另立山头树起一面旗帜。而在思想上，他们却还没有真正转移到《般若》那种彻底的立场上来，在《楞伽》到《般若》的思想转向中，他们与北宗只是五十步与百步。

在这个意义上，我觉得福柯（Michel Foucault，1926—1984）的说法很有启发。他认为，过去的历史研究过分孜孜以求"规律"，因此，总是希望在时间上把散乱无序的史料重新归纳梳理使之有序，并在其中从逻辑上建立"意义"，所以，特别重视"体系"或"发展"，这在研究中容易陷入削足适履的主观。由于过分凸显那些"事先认定"的思想或人物，过分重视那些"逻辑规定"的思想路线，使得历史成了思维主体的历史，这种历史未必尽合实存史实，却倒吻合克罗齐的"一切历史都是当代史"。但是，克罗齐的这种说法很容易成为某种不负责任的遁词,使人满足于一种后人的现成结论或今人的主观臆说。因此福柯主张,抛开所谓历史的"主轴",用他所称为"知识考古学"的方法,探究"四散分立的历史过程中的各种思想、现象",他认为,这样才可以真正做到中立和客观[54]。

当然,这种过分轻视"理性"或"关系"的说法,肯定有些偏激,不免走向矫枉过正。不过他提醒我们,"权力"与"话语"之间的冲突,的确能构成一种"主观的历史",不断积累的文献并不是默默不语的资料,而是挟裹了一代又一代人的理解而来的;不断阑入的观念,并不只是朝着精确方面发展的逻辑,而是包容了时代特点的需要而来的。这些理解与需要对于研究者来说,就是一种"权力",它一方面制约作者的思想,一方面通过作者的思想制约他对文献的解释。由于这种解释的"权力",作为"话语"的历史资料就不断地被扭曲,所谓"历史中轴"就逐渐向主体偏斜,而另一些本来可能也应当是历史中轴的事件、思想、制度就被"权力"逐出了历史伊甸园。这种说法有点儿道理,像禅思想史中神会在古代灯录中的地位贬值和在现代著作中的身价显赫,都是很明显的例子。其实,在业已消失的历史中,他的地位本来如何就是如何,何曾会在时间流程中有丝毫变动,这些变动恰恰都只是主体的问题。

当然,历史学家往往忌讳没有秩序,缺乏系统。把思想史看成一个四散分立的图景,在孤立地研究某一人物或著作时也许可以成立,但在稍稍大一些的范围内则并不可行,因为研究不等于描述,它不可能无选择地一一描写,只要有所选择,就有主体的介入,只

---

[54] 福柯(Michel Foucault)《知识考古学》,日文本《知の考古学》(中村雄二郎译,河出书房,1994)。参见王德威《"知识考掘学"与"探源研究学"》,《中外文学》(台北)第12卷12期,1984。

要勒出章节，就将无序变为有序。毕竟思想是在时间中演变的，时间本身就为思想设定了历史的框架，毕竟思想史是现代人在写作，现代人无法彻底甩开自己的观念，于是，撰写者的立场和角度，就为思想史设定了一些经纬坐标。福柯自己在写《癫狂与文明》时宣称要写"癫狂的另一种形式的历史"时，尽管他认为他是在"运动轨迹的起点来描写"，可以不受"纯粹理性"干扰，但是他把癫狂与理性分开并小心地绕开理性所描写的历史，其实已经落入了癫狂与理性二元分立的"理性"。所以我只能说，对历史尽可能地"贴近"，尽可能地"顺着讲"，只是意味着，要有一种对古人的思想同情而理解的态度，对古代的背景公正而全面的观察，从而将古代思想的内在理路，细致而真切地放置在以时间为轴的历史线索上。为了使禅思想史有一个吻合其内在理路的清晰脉络，我们应当仔细体验禅宗在它那个时代的所思所虑，然后剔理出一些他们所共同关注的焦点，以此为横坐标，顺着禅宗的历史，梳理这些思想焦点在时间的纵坐标上的演变，这样就能够织出禅思想史的经纬来。我以为，这些焦点大致上应当是：

第一，人性与佛性的关系如何？这是中国佛教一直关注的中心问题，关系到人能否真正和彻底解脱与超越，尽管《大般涅槃经》译出之后，人们都承认"一阐提皆有佛性"的说法，但是人性与佛性的关系依然没有解决（或者永远不可能解决）。承认人性中虽有佛性，但总是与佛性有差异，就为教团之存在留了一块地盘，为戒律之恪守、修行之坚持存下了一个正当性支点，更为终极意义之信仰保住了最后一道防线。但是，若是认为人性即为佛性，就为宗教世俗化大开方便之门，也为宗教自我瓦解预埋了伏笔，而戒律也随之松弛，修行也可以免去，信仰也当然崩溃，因为心灵的绝对自由，是以终极意义的完全丧失为代价的。从早期禅学到晚期禅宗，其实好多思想的嬗变，似乎都与此息息相关。

第二，在从人性到佛性的趋近过程中，修行的方式是很重要的。所谓"顿""渐"、所谓"坐禅"与"不坐禅"、所谓"凝住壁观"与"自然无为"的差异，其实涉及的都是一个修行还是不修行的大问题。当然，在禅宗还要存在的前提下，实际上都是要修行的。尽管理论上极端的南宗禅说无须修行，当下便是，吃饭睡觉，都可成佛，但意识到自然而然即是解脱，也是一种心理修行，毕竟还需要"悟"。于是在禅思想史上，如何修行就关系到人性与佛性的实践功夫，它依据人性与佛性的理论变化而变化。而它的变化又反映思想的演变，是坚守外在的戒律、禅定、读经，还是只重内在的禅定、静心，还是外内均无须看重，只管"平常心"，甚或是放任人性、一切不拘？其实，这始终是禅思想史上的大关节。

第三，人性如果真的趋近了佛性，那么这是一种什么样的境界？达到这一境界又对信仰者有怎么样的好处？这是修行的结果，也是佛教必须给予修行者的许诺，因为一种宗教不能没有回应信仰者的终极境界，否则信仰者会掉头而去。禅宗是一种没有"上帝"或"天堂"等终极实在的宗教信仰，它对信仰者的许诺只是"安心""自然""适意"等纯粹个人的和心理的人生境界，但是，这种境界怎么样能使信仰者体验其魅力，从而获得安身立命之感呢？早期禅宗依据人心与佛性有大差异的思想，目的是使信仰者在修行中，不断提升自己的心灵境界，获得心理平静而得到满足；但晚期禅宗则依据人心即佛性的思想，目的是使信仰者在不断自我肯定中获得心理放松并得到自由。因而，有的禅师强调这种心理境界的不可言说，有的禅师则重视这种心理境界的绝对澄静，有的禅师则认定这种心理境界是自然适意的感觉，有的禅师则否定这种心理境界与平常心有差异。整个中古中国禅思想史中，这一问题始终在纠缠论辩之中。

因此，当我们顺着禅思想史的内在思路走上一遭的时候，当我们用禅宗自身的视角来看它的历史责任的时候，我们就会想到，这仍然是一个以拯救人类心灵为宗旨的宗教。它所要关心的不是形而上学层面的哲学问题，不是法律制度层面的社会问题，不是衣食住行层面的生活问题，而是一个超越生命的终极意义问题。它高悬一个充满了光辉与永恒的终极境界，把这个境界称为佛的境界，无非是为了引导信仰者，让他们从现实的、短暂的、苦难的世界中解脱出来，因此它不能不始终围绕着成佛的可能（人心与佛性之距离如何）、成佛的路径（修行方式如何）、成佛的效应（终极境界如何）这三个彼此相关又彼此循环的问题，展开无穷无尽的讨论，进行各种各样的实践。如果我们不把现代的、外在的各种哲学、社会、生活观念强加在它的思想上，对它加以概括、提升和评价，那么，我们应当以这三个它所关注的焦点问题为坐标，看看它在那一千多年时间中，是怎么样处理它所要处理的问题的，这就是禅思想的历史。

第三节　禅思想的历史阐释

现在，我们又要回过头来，讨论一个很棘手的难题，这就是禅思想史研究中，是不是允许现代意义上的所谓阐释？

其实，正像我们前面说过的，阐释从一开始就已经存在于我们关于禅思想史的描述中，虽然我们说韦伯（Max Weber）所提倡的"理想类型"（ideal type）不免先入为主，有些主观的成分在内，但实际上研究者无法在资料阅读、文献选择、结构安排、历史叙述这一系列智力活动中，做到完全中立、客观与超脱。正如前引科林伍德《历史哲学的性质与目的》中所说的那样，一方面固然可以抨击"删去历史的任何一部分，割断历史的过程，或抽去其某些细节"，是肢解历史情节，歪曲历史意义，但是另一方面又不能不承认，"这种支解和歪曲是不可避免的"，因为"每个历史学家都企图把历史看作是一个整体，所以他就必然常常形成关于历史骨骼的特点的某种观点，这是某种有用的假设，即关于那些特别值得注意的、在揭示它们发生过程的本质方面特别关键的事情的假设"[55]。就是说，当人们试图在他的著述（而不是漫不经心的摘录）中使用这一"假设"时，阐释就已经开始了。显然，问题并不在允许还是不允许有阐释，而在于如何阐释，换句话说，就是当研究者处理禅思想资料时，眼中用一个什么样的"尺度"来取舍拣择、断其真伪？当研究者分析禅思想表述时，心中会有一个什么样的"标准"来领悟意味、说明是非？当研究者评价禅思想影响时，手中用一个什么样的"价值"来为它定位，论说功过？这是没有办法的，因为"（科学）唯一不能而且也不应该容忍的就是无秩序，理论科学的整个目的就是尽最大可能自觉地减少知觉的混乱"，就连研究原始人类思维的人类学家也说，拥有一套文化符号的人的最基本知识中，首先就是"将知觉世界——人、物、事、过程、系统（contexts）——中的模式加以归类的原则"[56]，特别是对于研究那些业已消失，并且没有给后人留下足够资料的古代思想史的人来说，运用"假设"使资料呈现出可以

---

[55] 罗宾·科林伍德《历史哲学的性质与目的》，见前引《现代西方历史哲学译文集》，154页。

[56] 列维－斯特劳斯《野性的思维》（李幼蒸译，北京：商务印书馆，1987）第14页；基辛（R. Keesing）《当代文化人类学》（于嘉云、张恭启译，台北：巨流出版社，1981）第十章《文化的结构》，第263页。

理解可以说明的脉络,这几乎是别无选择的方法。正像伽达默尔在论述哲学解释学时所说,"只有理解者顺利地带进了他自己的假设,理解才是可能的"[57]。当研究者开始"研究"思想史(而不是漫不经心的浏览)之初,阐释就已在其中。前面我们为梳理禅思想所设立的"人性与佛性之距离如何""从世俗之人到超越之佛的修行方式如何""成佛的终极境界如何"这三点,它们构成的一个框架,其实就是我们的一种阐释,只不过这种阐释是把禅思想界定在"宗教"的位置上,顺藤摸瓜地梳理它在"历史"过程中的演变轨迹。

但是,在相当多的禅思想研究者特别是怀有信仰的研究者心中,阐释是指对禅思想的现代意义的发掘。他们心中始终关注的是现代世界种种令人困惑的难题,诸如人与自然的疏离、人与人的冷漠、人与自我的分裂等,他们期望有一种思想来拯救这一心灵的危机。从这种心情回顾禅宗的历史,他们惊喜地发现,原来"自家屋内有宝藏,不肯信,却在外面讨乞"。于是,禅思想一下子从仿佛多年堆积无用的旧物,变成了时下可以卖大价钱的古董或陈酒。在他们看来,科学已经使人类的精神陷入了无所依附的困境,而古代的禅思想却正好是解决这一精神困境的灵丹妙药,那些禅思想中,诸如超越二元对立的"绝对肯定",批评语言局限性的"非思量",追求自由自然的"平常心",似乎都是为今天困顿的人类所设。于是,在叙述禅思想的时候,他们怀着最真诚的好感,把当今人类的困惑带进去,因此古人的思想便处处闪烁着现代的光辉,仿佛古代禅师早已考虑过了现代的问题,并给了现代人现成的答案。这样,禅思想史就不是一段过去的历史,而是活跃在今天的现实。他们说,禅

---

[57] 伽达默尔(Hans-Georg Gadamer)为 J. 理特尔《哲学历史辞典》所写的《解释学》一文,见洪汉鼎中译文,载《哲学译丛》(北京)1986 年第 3 期。

宗在现代有着极其伟大的意义，因为现代人的心灵世界，在科学技术时代冷酷无情的实用主义中，已经丧失了家园，在心、物二元分化的对峙状态中，生活已经忘记了自己的目标，在语言概念组合的观念世界里，存在已经失去了自我的感觉。所以，禅思想具有极其时尚的意义，因为它超越了语言与思量，超越了哲学与理性，超越了物与我的分立，使人与自然、人与自心、人与他人，都达到了无隔无障的和谐境界，而这境界就是现代人摆脱困境的唯一出路。因此，他们认定禅思想史正是一脉不绝为人类保存人生真谛的历史，如铃木大拙、久松真一、阿部正雄笔下的禅就是如此[58]。

这种关于禅思想的观念也许十分伟大，却并不适用于禅思想史的研究与阐释，因为禅思想史基本上是一种描述性的历史研究，它虽然应当承认上述阐释的伟大，但是，它又不得不指出这种阐释只是一种现代的观念，而不是古代的史实。无论我们如何尊重禅者的智慧与精神，但是，对历史的尊重与对文献的忠实，使我们不得不说，在禅思想起源、流行、发展的那个中古时期，并不一定存在这些现代甚至后现代的困惑。禅文献呈现的是古人对古代精神生活的记录，禅思想表达的是禅师们对当时现实环境的判断，它们不可能未卜先知地为现代人预设信仰，更不可能来一张《推背图》为现代人预留锦囊妙计，现在那些充满先知先觉意味的禅解说，不是从古人那里拿出来的，而是今人往禅那个口袋里塞进去，然后再自己从那里掏出来的。

---

[58] 这一类论述，可参见铃木大拙《禅学への道》，《铃木大拙全集》第十四卷，中译文参看铃木大拙《通向禅学之路》（葛兆光译，上海：上海古籍出版社，1989）；又，可以参看久松真一、西谷启治《禅の本质と人间の真理》（东京：创文社，1959）；阿部正雄《禅与西方思想》（王雷泉、张汝伦译，上海：上海译文出版社，1989）等。

所以，现在的某些禅思想阐释者，虽然给禅思想赋予了极崇高的现代意义，但也给古代的禅思想加上了太重的现代责任。他们期望禅思想不仅能拯救现代人的心灵，还期望通过拯救心灵来整顿社会，并期望以此达到宇宙与人类的和谐。可是，这个时候禅思想就不仅是一种单纯的宗教智慧，而几乎成了无所不包的意识形态了。这并不吻合禅思想的本义与实相，所以，禅思想史的阐释，绝不能依据对当下有用无用的价值判断，来指导它对过去历史的评判；也不能超出禅应有的定位，来对它进行现代意味的意义阐释；更不能依据一种终极性的永恒价值判断，来取消它在历史中的意义变迁之描述。如果我们用实用态度来谈论历史思想，那么我们将无法理解一种宗教思想的产生、发展、渗透的合理性，如果我们超出禅思想的定位来对它作现代意味的意义阐释，那么就无法说明禅思想在它自己那个时代的地位，如果我们用永恒的终极价值来看待思想的历史，那么我们将无法区分思想在各个历史时间中的意味和影响。就仿佛西谚所说，在夜色中所有的猫一律灰色，然而，时代与环境却是常常变化的，思想的意味与影响，也因此在不断变化，禅思想史本质上是历史，历史学如果不能描述与说明当时的语境，不能描述与说明历史的变化，那么，禅思想史也就不能称为"思想史"了。

因此，我以为禅思想史的阐释，应当重视两方面。

一方面应该注意到，禅思想在历史上只是中古中国特有的一种宗教思想，所以，绝不能将禅思想看作是一种意识形态，来要求它完成解决社会问题的任务，特别是在中国这样一个皇权绝对化，宗教缺乏权力的政治环境中。禅宗文献中呈现的禅思想，主要对少量知识阶层的人生态度与生活方式发生影响，使这批我们称之为"文人士大夫"的人，在其人生观念与生活行为上发生转变，因为文献中的那种禅思想，完全心灵化的内在自觉、彻底无功利的精神超越，在古代几乎只能是文人士大夫的专利。所以，在讨论禅思想的意义的时候，我们应当把自己限制在宗教，特别是文人士大夫的精神世界中，切不可用政治意识形态的尺码截长续短，要求它对社会进步有什么具体作用，为知识积累做什么有形贡献，对认识自然、认识社会有什么特别的意义。

另一方面，我们又应当意识到禅思想史是一种思想史，因此，它绝不把禅思想看成是一成不变的，信仰宗教的人也生活在一个变动不居的历史世界中，虽然终极意义是永恒的，但宗教毕竟不能单凭终极理想应付那些流转迁移的政治和生活环境，当科学技术、法律制度、生活样式都在向近代现代这个方向转化的时候，这一宗教思想是否能够在它既保持终极关怀与理想境界的同时，又有助于人类适应各种外在环境的变化？这是一个历时性的问题。因此，思想史把禅放置在变动的历史背景中考察，就会看到它在各个历史时期的不同意义。实际上，宗教除了它所坚守的终极关怀和理想境界外，还有它所设计的种种方法和路径。这些各不相同的方法和路径直接影响人们的行为模式，却并不一定存在着永恒不变的价值。更何况，禅思想本身也在历史中不断变化它的形式。如果我们可以把它看作是历史的思想，又把它看成是思想的历史，我们就能够既摆脱以社会形态为标准的历史进化论的简单线索，理解宗教的特殊历史，又能够跳出信仰主义的窠臼，摆脱宗教家们那种画地为牢的价值观的束缚。

若干年前，我在写《禅宗与中国文化》时曾说到过：

> 不知从什么时候起，像小孩子看电影以长相俊丑区分好人坏人，像商店里拿起一件商品从实用角度判断买与不买的方法，却成了我们文史哲研究中一种司空见惯的套数。这种简单评价的方法，尤其是拿某种先验的原则去评价的方法却使我们的研究陷入一种窘境，因为历史现象是一个流动的过程，并不像那些蹩脚电影中好人俊坏人丑那么简单，况且人们持以评价历史的标准也未必那么正确与永恒。正因为这种评价，使我们的研究不得不根据某种未必科学与历史的标准去剪裁历史，选择史料，使历史像恭顺的婢女那样随人打扮，像一块布料那样被东剪西裁[59]。

尽管这本小书早已过时，这部初版完成于1995年的《中国禅思想史》在某种意义上说就是为了修正此书的影响而写的，但是，上面这段话我以为并没有错。因为当我们尽可能顺着禅思想的起源、成形及传播的历史走上一遭的时候，的确可以看到，虽然作为一种宗教，它的精神与智慧为中国人尤其是士大夫们提供了一种人生的自然态度，一种简截的解脱方式，一种澄明的心灵境界，但是当它进入历史的时候，它的内容与形式仍然在不断地变化，它对于历史的影响和作用也在时间流逝中不断地变化。

比如"即心即佛"就是一例。

从梁慧皎《高僧传》卷十一"习禅篇"中记载的三十二个习禅者可以看出[60]，在禅宗形成之前，"禅"只是一种修行方法，禅者独处山林、静坐守心，无非为了对抗外界世俗的纷纭现象对

---

[59] 葛兆光《禅宗与中国文化》（上海：上海人民出版社，1986），207—208页。
[60] 释慧皎《高僧传》（汤用彤校注，北京：中华书局，1992；以下引用《高僧传》均同，不一一注明）卷十一，401—427页。

心灵的干扰，它与念佛、诵经、造像、斋僧，以及精研佛理、因果分析、恪守戒律、苦修忏悔处在同一层级，对于佛教来说都只是路径，而不是目的。但是，禅思想的逐渐形成，却把"心"本身提升到终极地位，提出清净心就是修行目标，这样，它就改变了原始佛教的路向。首先，把自心清净当作终极目标，消解了鬼神与来世的观念，使宗教的信仰变成了自觉的事情；其次，把自心体验当作实现路径，就消解了经典与理论的束缚，使修行的形式变成了内在的感悟；再次，把自心澄明当作佛陀境界，就消解了戒律与道德的桎梏，使人生的超越变成了感觉的空明。这是对中古宗教的反拨，所谓"即心即佛"，就是把宗教定位在纯精神纯智慧的心灵感悟，在某种意义上恰恰是通过去神圣化的神圣化。正像保罗·蒂利希（Paul Tillich，一译田立克，1886—1965）所说的那样，它"展示了人类精神生活的深层，使之从日常生活的尘嚣和世俗琐事的嘈杂中显露出来"，按照他的说法，"这是宗教的光荣"，因为它"向我们提供了对一种神圣之物的体验，这种神圣之物是触摸不到的，令人敬畏的，是终极的意义和最后勇气的源泉"[61]。

但是，如果说早期禅思想的这一历史性演变有如此的"光荣"，那么这种"光荣"只能局限在它产生的那个时代。当这种"光荣"的时代背景已经消失，也就是新的政治、社会和生活已经不再是信仰者的原有苦恼，这种"即心即佛"的禅思想也许就开始发生变化。神圣化有时候变成它的反面世俗化，因为它把一切外在的约束都统统取消，使禅信仰在因人而异的体验中成为各式各样的东西。也正如蒂利希所说，宗教虽然到处受欢迎，却好像没有家园，时而叩击

---

[61] 保罗·蒂利希（Paul Tillich）《文化神学》（"人人丛书"，陈新权、王平译，北京：工人出版社，1988），9页。

道德的大门,被道德收留而成为道德的"穷亲戚",时而又被人牵入审美范畴,甚至说艺术就是宗教,但宗教依然处在四处漂泊之中,在各种阐释中反而丧失了它的本相,"这样一来,宗教也就丧失了它的严肃性、真理性和终极意义"。例如,禅宗关于"即心即佛"的"心",本是一种自然的静谧的超越的精神境界,但是,当它被程颐用思孟之术语解说时,它仿佛可以理解为"心则性也,在天为命,在人为性,所主为心,实一道也。通乎道,则何限量之有?必曰有限量,是性外有物乎?"于是,这个佛家的"心"就通了那个理学的"性"。佛教徒契嵩曾为之分疏说,"韩子(愈)徒守人伦之近事,而不见乎人生之远理";理学家朱熹则为之进一步分疏,说佛家之心与儒家之心有差异,是"吾以心与理为一,彼以心与理为二……彼见得心空而无理,此见得心虽空而万理咸备也"[62]。但是,在相当多的人心目中,禅思与儒学却仍然相似。儒者胡居仁《居业录》卷七说得相当详细,"他(禅宗)坐禅入定工夫,与儒家存心工夫相似,他门'心空'与儒家'虚心'相似,他门'静坐'与儒家'主静'相似,他门'快乐'与儒家'悦乐'相似……儒家说从身心上做工夫,他亦专要身心上做工夫"[63]。于是,这就使得很多人从儒家的实践上来理解禅宗的思想,"即心"就被阐释为回归道德自觉的心灵,"即佛"就被误解为"成尧舜"的圣人气象。但是,从捍卫宗教的立场上看来,把超越的精神理解为世俗的道德,实在是一种精神的贬值,因为宗教应当"使自身成为终极领域,并且鄙视世俗领域"。

---

[62] 《河南程氏粹言》卷二载其答刘安节语,载《二程集》(北京:中华书局,1981)1252页;契嵩《镡津文集》卷十四《非韩上》第一,《大正藏》五十二卷,726页;《朱子语类》(北京:中华书局,1986),3015—3016页。

[63] 胡居仁《居业录》(影印《文渊阁四库全书》本,上海:上海古籍出版社)卷七,9—10页。

可是，当时代再次进入一个需要解脱与自由的思想的时候，"即心即佛"的说法又很可能成为一种放纵的理由，那种没有鬼神与来世制约、没有逻辑与因果推理、没有戒律与伦理束缚的信仰，很可能变成不信仰的契机。也许明代的情况最为典型，像紫柏和尚所谓"心悟，则情可化而为理"，"皆凭我说雌说黄，皆自然与修多罗合"，"饮食男女，人之大欲，于此四者之中果然立得脚根定，何必避城市居山林乎"，就把寻求自然推向放纵欲望[64]。他的坚定盟友汤显祖也说"直心是道场，道人成道，全是一片心耳"[65]，可是，这样一来可能使得心灵全无约束。这正如陈汝锜《甘露园短书》卷十所说，"迨顿悟说倡而末流滋弊：以苦行为伧父面目，以圆通为游戏三昧，门楔节烈而帐有私夫，官评啮冰而田连阡陌"。一切可以由"心"而放纵，"即心"成了"随心"，"即佛"成了"就我"。从捍卫宗教的立场来看，它实在是"播下龙种而收获跳蚤"[66]。

百丈怀海（720—814）在禅史上的意义也是一例。

如果我们顺着时间线索看禅的历史，那么，我们会看到当禅宗真正大盛的中唐时代，百丈怀海未必是最有影响的禅师，他在后世禅史上的隆盛地位，基本是由于他的弟子众多而赢来的，即所谓"师以徒显"。无论是当年在马祖门下的地位也罢，为南宗禅打下一片江山的功绩也罢，在当时朝野的信仰者数量也罢，似乎都算不到他。特别是，如果我们顺着时间线索看禅思想，那么，我们会看到在禅思想史中，他是属于当时比较陈旧、不算红火的一类。当禅思想已

---

[64]　《紫柏老人集》（北京大学图书馆藏明刻本）卷一《法语》。
[65]　《汤显祖全集》（徐朔方校本，北京：北京古籍出版社，1999）诗文卷四十七《答诸景阳》，1439页。
[66]　陈汝锜《甘露园短书》卷十，《四库存目丛书》（济南：齐鲁书社影印本，1995）子部87册，143页。

经发展到以内外无别的自然为超越的马祖道一时代，他依然坚持"先歇诸缘，休息万事……但歇一切攀缘，贪嗔爱取，垢净情尽"式的修行法，所以，当马祖月夜问他"正这么时如何"时，他答"正好修行"；当长庆大安问他如何保持修行境界时，他答"如牧牛人执杖视之，不令犯人苗稼"[67]。这句话出自《佛遗教经》，而《佛遗教经》是一部讲戒律规范的早期经典，怀海用此来表示持戒静修，无疑是要求修行者不可随心所欲地放弃自我约束，走上狂禅之路。这种注重修行次第、追求清净心境的禅思想，不像是中唐时代禅思想的主流，倒像前期禅思想的回潮，影响后世很大的《清规》之作，也正是他这一思想的结果。

依照一些禅思想史研究者的观念，它与提倡"一悟即至佛地"的惠能、神会之"顿悟"、提倡"起心动念弹指謦咳扬眉，因所作所为，皆是佛性全体之用"之"自然"相比，从思想史谱系来说，恰恰是后退了一步。依照另一些现代禅思想阐释者的逻辑，它未必值得高度评价。为什么？因为追根究底的话，它依然是以心、物二元，垢、净两分的世界观为基础的一种修行论。但是，偏偏是这个百丈怀海，在几乎所有的禅史研究著作中都占了重要位置，在几乎所有的禅思想谱系中都得到了崇高评价，这究竟是为什么？

如果是站在宗教定位以及当时禅宗处境来看百丈怀海，他的确应当得到很高评价，因为他从思想上虽然从马祖禅的位置后退了一步，但这一步却保证了禅宗自身的存在田地。因为过分的"自然"，给信仰者过多的"自由"，过多的"顿悟"，使宗教徒放弃了"渐修"。于是，禅成了一种来自个人的感悟，却瓦解了理性的约束，

---

[67] 分别见于《五灯会元》（苏渊雷点校本，北京：中华书局，1984；以下引《五灯会元》皆此本，不一一注明）卷三《百丈怀海禅师》，129 页；卷四《长庆大安禅师》，191 页。

随心所欲的自然一旦冲破宗教的规范，自然适意就可能变成自由放纵，从而导致"狂禅"。百丈怀海的《百丈清规》、清凉文益（885—958）的《宗门十规论》在这一方面的确有其维护宗教根据的意义。但有意思的是，现代禅思想的研究与阐释者却并非从这一角度来肯定百丈怀海，大多数是依照禅宗灯录的旧说给他显要位置的，于是，对百丈思想的阐释也各出心裁。有人说这是"把中国古代小农经济的生产方式和生活方式，紧密地结合到僧众的生产方式和生活方式上来……与中国的封建社会的结构得到进一步的协调，从而获得生命力"[68]。如果真是这样，那么，这种把僧团蜕化为世俗庄园的做法，是否会损坏其宗教严肃性？这种把僧众降低为普通农人的行为，是否会贬抑其思想超越性？从宗教史的角度看，自给自足的经济能力并不是宗教存在的绝对要素，更重要的是维持信仰的戒律和组织；从思想史的角度来看，宗教的生命力不只是一种团体的生存能力，还应当是一种思想的延续潜力；又有人说，这是修行的一环，从心理学来看"筋肉的活动是对由冥想而产生的沉滞的最有效疗法"，从伦理学来看"不惜体力的劳作给独立思维的健全提供了保证"，这是一种知行合一的普通观念[69]。但是，当我们既承认禅是"活泼泼的"，又肯定禅是自然的日常生活境界，而且还推崇这种境界是人生的超越时，我们又该如何评价这种看上去既艰苦又漫长的修行方式呢？是顿悟的禅好呢，还是渐修的禅高呢？

这里我也要提到余英时先生的长篇论文《中国近世宗教伦理与商人精神》，他在论述"新禅宗的入世转向"时，特别提出百丈怀海，认为"在惠能死后一个世纪，禅宗的南岳一派终于在佛教经济

---

[68] 任继愈《禅宗与中国文化》，载《世界宗教研究》（北京）1988年第一期。
[69] 铃木大拙《禅学への道》，315—316页。

伦理方面有了突破性发展，这便是百丈怀海的《百丈清规》和他所正式建立的丛林制度"。余英时先生的论述相当精彩，对丛林制度的论述也相当重要。但此处或有可疑，且不说这一结论是否正确（佛教建立合生产与生活为一体的寺院早已有之，百丈怀海只是为四处漂泊散落的禅门建立了宗门基地），他把百丈的思想与禅宗尤其是惠能一派的思想算成是一脉理路，又把百丈的思想看成是新禅宗的主流，再将禅宗思想中那点相对微弱的"入世苦行""治生置业"内容放大，并挪移推衍到世俗世界，说明禅宗思想也能刺激商人精神。这一说法中当然有余英时先生自己的独特思考，也相当深刻，但我总觉得这一论述恐怕有些需要补充和修正。特别是，这篇论文在批评韦伯的时候，依然在使用着韦伯的"理念"，韦伯所谓加尔文新教"入世苦行"与"勤俭习惯"是资本主义发展的精神动力的理念，在这里被余先生挪用和推广于中国，因此他在禅宗与百丈怀海那里，试图发掘出与加尔文新教同样的因素，并通过释道儒的融汇，来说明中国近世的宗教伦理，也能形成新的商人精神。但是他也许没有考虑到的是，禅思想作为宗教的主要取向，是化解内心世界与外在世界的紧张，使外在世俗性现象转化为一种内在心理性感受，并不一定能刺激商人的增殖欲望与精细精神，倒有可能把积累与算计的心思，在"平常"与"自然"的心态中化为乌有[70]。显而易见，在百丈怀海的禅史意义上出现的阐释分歧，是不可能简单弥合的，因为这些阐释者各有各的立场，又各有各的视角，难免"横看成岭侧成峰，远近高低各不同"。

也许，我们应当采取禅家"截断众流，单刀直入"的方式。因

---

[70] 余英时《中国近世宗教伦理与商人精神》，载余英时《中国思想传统的现代诠释》（台北：联经出版事业公司，1987）。

为思想史不是简单的"思想"加上"历史",它用不着像在两堆草中间无所适从的驴一样饿死,它自有它的阐释立场,这个立场就是"宗教"和"历史",这是禅思想史研究的两个基本语词。因为我们研究的是"宗教",所以我们要承认它是关于人的精神世界的信仰,宗教虽然有时总想越俎代庖地充当政治意识形态的角色,但是,在中国却几乎很少有宗教垄断世俗意识形态大权的时候。禅思想虽然在中国文人士大夫心中扎根极深,但也只是在其人生终极境界与生活情趣上产生影响,它化解了人们心中此岸与彼岸、世俗与神圣的紧张,使中国文人士大夫拥有一个极其特殊的人生态度,也为中国的思想世界保存了一个极其超越的精神境界。但是,"历史"很重要,因为禅思想处在变动不居的"历史"之中,信仰者又不能不面对外在思想环境的挑战,所以,尽管这种信仰本身拥有智慧,但它毕竟无法规范它的信仰者的各种理解与应用。于是,在这种信仰一旦外化为它所无法规范的行为方式,一旦进入不属于它处理的非宗教领域时,那种捉襟见肘的窘境,就使得它无能为力了。因而我想,禅思想史的阐释任务有二,首先,是回到历史"语境",将禅定位于"宗教"。这里所谓回到历史"语境",是指顺着时间线索,清理各种禅思想,把它们各自放回到当时的历史环境中去理解;这里所谓定位于"宗教",是指我们把禅思想首先当作宗教来理解,而不是用宗教立场来阐释禅。换句话说,就是在时间线索中弄清禅思想的来龙去脉,"尽可能"地在历史语境中描述这种宗教信仰的意义和影响;其次,是说明后来各种各样对于禅思想的"解说",并将它回归到各自的"历史"。这是指我们要梳理和归还关于禅思想的各种"后见之明",把这些不断出现的后设解说,放回各自产生的时代和社会,使"历史"和"解说"尽可能少地带有现代观念的偏向,尽可能忠实当时的历史。

当然我明白,历史家的态度和立场,对于宗教信仰总是一种威胁。因为历史学特别重视历史语境与观念变化,这会使宗教所依靠的"心理证据"与"实际效应",常常失去诱人的光泽与不证自明的性质,使人感到他们内心最深处的精神源泉受到否定。历史学那种冷静理性的实证、大比例尺的因果、不断演化的观念,使人们那些温馨感情、永恒向往和依恋精神家园的心情被摧毁,那种以理性与证据为基础的历史方法,使人的内在灵魂的秘密被根本说破,那种似乎能说明这些秘密的来源的口气,又像一把太过锋利的刀子或一面太过清晰的镜子。但是,正如威廉·詹姆斯(William James,1842—1910)在其《宗教经验之种种》一开始就指出的,宗教研究中有两种阐释,一种是 existential judgment,一种是 judgment of value,前者是"关于这个事物的性质如何,它怎么来的,它的构造、起源和历史怎么样",后者是"它的重要、含义和义蕴如何"[71]。这是两种不同的阐释,前者属于历史而后者属于意义。历史阐释的路向是顺时性的,它的目的是尽可能说明思想史的过程与真相,而意义阐释的路向是逆时性的,它的目的是在古代思想中发现它的现代意义。思想史的阐释应当是历史阐释,前面我们所说一开始就潜含在历史叙述中的阐释就是它,无论它如何过于强调历史学的冷峻与客观,无论它是否难以彻底摆脱某些历史学对秩序的渴求,我们都应当承认它也是一种合理的阐释,因为它有它的证据,证据优先,这就是历史。它的"尺度""理论""标准"来自历史文献,而不是像意义阐释那样,出自当下的需要。

---

[71] 参看威廉·詹姆斯《宗教经验之种种》(唐钺译,上海:商务印书馆,1947;第2版,北京:商务印书馆,2002)。

我们知道，思想每往时间的这一端迈出一步，它身后的一切就成为历史，也成为它自己的背景，思想就是在这种不断变厚的背景烘托下，一步步地向今天走来的。我始终非常警惕地自我提醒，思想史研究不必过分心急地用今天所看到的历史背景来批评古代思想，因为那背景在时间的一重重皴染下，也可能已经面目全非。现在与过去的距离太远，一下子把现在与过去重叠起来，去批评或赞扬古代思想在现在的意义，未免有一种隔雾看花的感觉，也许朦胧得让你叫好，也许模糊得让你着恼。思想史研究者也不必过分急迫地用现代观念来套古代思想，因为那些观念是从现代人的情状加上现代人的焦虑再加上现代人的思维那里来的，现代与古代并不一样，试图从观念出发去回顾历史，其结果只能是刻舟求剑，要么是"医家只贩古时方"，要么是"按图索骥觅跨灶"。

因此，禅思想史的历史阐释，不应该像意义阐释那样，超越时空直接从古代意义跳到现代意义。而是应该尽可能地寻找证据，努力顺着古人的足迹，一重重地清理那些层层积累的意义，把那些所谓的背景像考古学家区分地层关系那样，按时间顺序一一陈列，这样就可以看到今天的思想是如何从大前天、前天、昨天那里逐渐走来的，至于走得是快是慢是曲是直，自然一目了然，这就是思想史的历史阐释，而意义阐释，那是另一码事。

第一章　从达摩到弘忍的时代

引　言

前期禅史仿佛在浓云密雾中笼罩着，让人不能轻易看破它的真相。

关于前期禅思想史研究所需要了解的种种历史问题，例如，6—7世纪的禅门史实、南北禅学的思想差异、各家禅师的交往渗透，似乎都不那么清楚。当然，禅宗的灯录系统早就给我们提供了一些现成说法，像东土六祖的血脉传承，自达摩、慧可、僧璨、道信、弘忍，一直到惠能，但这种一脉单传的说法中究竟有多少事实，有多少虚构，实在还难说得很。就说中华禅门第一代祖师菩提达摩，虽然有松本文三郎作《达摩之研究》（1911），胡适作《菩提达摩考》（1927），关口真大再作《达摩之研究》（1957），加上黄忏华、汤用彤等人种种考证与研究，但谁能说达摩的经历与思想，就此已经真相大白？又像三祖僧璨，虽然也有人已经用很肯定的语气说禅宗的思想转变就出现在他的时代[1]，但我们对他究竟了解多少？那一点少得不成片断的史料，羼着真假难辨的传说，晚了几十年甚至于几百年的记载，夹着后人耳食来的传闻，其实足以使我们的研究

---

[1] 例如日本学者增永灵凤《中国禅の形成》（铃木大拙、宇井伯寿监修《现代禅讲座》第二卷，东京：角川书店，1956）就将僧璨置于第二节《中国禅の形成过程》之首，并称"无论南北任何一系统都不能离开他，所以是一个历史性的人物"。35页。

陷入困境。虽然敦煌出土的资料使我们有了一些自信,但就是加上这些资料,也未必能细笔重彩地勾勒出前期禅史,所以,在这里与其沿着旧说的路子再趟一道浑水,还不如另想角度开出一条生路。

并不是说我们要抛开前人研究的基础。我在这里想说的是:第一,扩展我们禅思想史研究的视野,不必被禅宗灯录所限定的那一脉单传所局限。其实,这只不过是禅宗大盛之后"逆流而上"追溯出来的祖系。这种后世追认的祖系有可能并不吻合历史上禅门的实情,因为南北朝至初唐,禅门的正统宗系并没有建立起来,奉禅的僧徒远远比灯录里记载的要多,这在《高僧传》《续高僧传》的"习禅篇"里,可以看得很明白;第二,在这些门派不同、师传各异的禅师之间,思想差异要比我们想象的复杂得多,所奉经典、所持理论、所行方法,并不见得能硬找出几条一致之例来。虽然我们依然要以达摩禅为考察的重点,但我们并不必胶柱鼓瑟地沿着灯录的说法,把他们看成是严守门户的嫡系真传。其实,这些禅师的思想都以"禅"为中心,而路数各有不同,在后来禅宗史里,这种种不同禅思想都会留下痕迹,如果我们不对他们做一些了解,也许会使某些禅思想内容如无源之水,找不到它们的来历;第三,在描述这些禅思想的进展时,也不必刻舟求剑式地硬性划分阶段,划分阶段的好处当然是理路清晰,点划分明,但在资料匮乏的情况下,这一划分有时候不免有些抽刀断水,反而显得生硬。

我在这里用不多的篇幅,论考前期禅宗史线索,用较广的视野,来扩大前期禅思想轮廓,采取的是一种相对模糊的方式。我想,也许在资料不足的情况下,有时候充分的模糊比勉强的精细倒更来得可信,就好像有时候雾里看花,比显微镜里看花还来得真切一样。

第一节　6—7世纪的禅史考察

前期禅史研究中，最难以绕开的就是关于菩提达摩。他是何时来华的？他是何处人？他传的是何法？他的影响如何？这些问题一直困扰着研究者，但是，资料的匮乏却是一个不可逾越的难关，研究者尽管心细如发，殚精竭思，也依然是巧妇难为无米炊。

当然并不是一点进展都没有。例如达摩来华时间，就日渐明晰。学者们发现北魏人杨衒之《洛阳伽蓝记》卷一记载，熙平元年（516）魏孝明帝的母亲灵太后建永宁寺，"时有西域沙门菩提达摩者，波斯国胡人也。起自荒裔，来游中土，见金盘炫日，光照云表；宝铎含风，响出天外。歌咏赞叹，实是神功。自云：'年一百五十岁，历涉诸国，靡不周遍。而此寺精丽，阎浮所无也。极佛境界，亦未有此。'口唱南无，合掌连日"[2]。这是关于传说中禅宗东土第一祖达摩最早的文字材料，由于永宁寺建于熙平元年而毁于孝昌二年（526），从杨衒之的记载来看，达摩是在其损毁之前游览此寺的，所以他应当在6世纪20年代就到了中国。那么，禅宗传说中达摩于梁普通七年（526）到达广州，次年（527）在金陵见梁武帝，因话不投机而渡江北上的说法，就不攻自破。那么，达摩是在6世纪20年代才到中国北方的吗？学者们又发现，初唐僧人道宣《续高僧传》卷十六《梁钟山定林寺释僧副传》记载，太原人僧副（460—524）好游学参访，当时"有达摩禅师，善明观行，循扰岩穴，言问深博，遂从而出家，义无再问，一贯怀抱，寻端极绪，为定学宗焉"，后来

---

[2]　《洛阳伽蓝记校注》（范祥雍校注本，上海：上海古籍出版社，1978）卷一，5页；又，同书卷一还有一处与达摩有关，今录如下，"修梵寺有金刚，鸠鸽不入，鸟雀不栖，菩提达摩云：得其真相也"。

在"齐建武年南游扬,辇止于钟山定林下寺"[3]。可见,僧副从达摩学禅定之学,应当是在齐建武年(494—498)之前,而游览永宁寺时的达摩,已经在好多年前到了中国的北方。

20世纪以来的禅宗史研究就是这样一步一步地在史料的蛛丝马迹中,考证出了达摩的身世、年代、活动,证明了《续高僧传》"初达宋境南越,末又北度至魏",才是唯一可靠的记载,而达摩来华的时间,应该是南朝刘宋明帝末年或元魏孝文帝初年,也就是公元5世纪70年代[4]。但是,依然有许多问题没有答案,他是波斯胡人还是南天竺人,他叫达摩菩提还是菩提达摩,一百五十岁是他信口开河还是什么?他死于哪一年,是病老而死还是被人毒死?这些依然是难解的谜。但是,我觉得这些还不是禅思想史研究的当务之急,思想史关心的除了思想家的生平一类问题外,还要关心思想家所处的思想世界及历史背景问题。后者也许对思想史来说更为重要,它关系到思想的形成与定位。如果没有新的史料出现,现存资料也许永远无法给我们提供一个达摩的精确年谱。但是,凭借现存文献却有可能让我们勾勒一幅当时禅思想史的大体轮廓。

那么,为什么我们不先从这思想背景开始,探测达摩禅在其中的位置,而非得纠缠在达摩本人的生平事迹之中呢?

---

[3] 《续高僧传》(《大正新修大藏经》第50册,以下引用《续高僧传》均同此本,不一一注明)卷十六,550页。

[4] 这些考证结果,可以参见胡适《菩提达摩考》,《胡适文集》第四册,250页以下;宇井伯寿《禅宗史研究》(东京:岩波书店,1939)第一卷《达摩と慧可及び其诸弟子》,10—12页;以及汤用彤《菩提达摩》、黄忏华《禅宗初祖菩提达摩考》,两文均收入张曼涛主编《现代佛教学术丛刊》(台北:大乘文化出版社,1977)四《禅宗史实考辨》。

一、6世纪北方的禅师与禅学

禅学传入中国并不始于达摩,这一点无须多说,各种佛教史都早已有所论述。但是,达摩的时代又的确是禅学在中国开始真正成熟的时代。从梁慧皎《高僧传》的"习禅篇"所记的若干早期禅者中可以看出,齐建武年也就是公元5世纪末以前,禅者大体只是把禅作为一种普通的佛教修行手段,与持戒、诵经并无区别。《高僧传》中所载的三十二习禅者中,僧显是"属想西方,心甚苦至",僧光是"每入定辄七日不起",慧嵬是"戒行澄洁,多栖处山谷",法绪是"德行清谨,蔬食修禅",僧周是"韬光晦迹……头陀坐禅",净度是"独处山泽,坐禅习诵",僧从是"精修五门,不服五谷"。直到传中所记最后一个齐赤城山的释慧明,依然只是"栖心禅诵,毕命枯槁"[5]。大体上,这些禅者奉行的是传统禅法,以念佛、冥想、苦行为手段,求得心理上的宁静而已。但是,就在达摩之后,中国南北方的禅思想突然有了一个大的变化,而这一变化中最引人注目的是:第一,过去仅仅是作为方法的"禅定",竟然由附庸而蔚为大国,与佛教大乘理论相结合,形成了从佛性理论、修行方式到终极境界自我完足的思想;第二,出现了虽不明显但已具雏形的禅师群体,也逐渐有了传承的明确记载。

在5、6世纪之间,北方的禅师群体中,最有影响的有三支。

第一支是勒那摩提及其弟子僧实、僧达。据《续高僧传》卷一、《历代三宝记》卷九记载,勒那摩提于北魏正始五年(508)到洛阳,这似乎有误。《续高僧传》卷十六《僧实传》说,僧实是大(太)和

---

[5] 《高僧传》卷十一,401—427页。

末年（499年左右）"从原至洛，因遇勒那三藏"，可见早在十年以前，勒那摩提就已经到达洛阳。他的弟子有僧实（476—563）和僧达（475—565），可能还有昙相（？—582）。

其中，僧达似乎颇得勒那摩提的义理之学，他讲《华严》《四分》《十地》《地持》，"虽无疏记，而敷扬有据，特善议论，知名南北"。这里所谓"知名南北"，指的是他不仅在北方弘法，而且还到过江南[6]。《续高僧传》卷十六说，他到了南方，"（梁武帝）敕驸马殷均引入重云殿。自昼通夜，传所未闻。连席七宵，帝叹嘉瑞。因从受戒，誓为弟子"。并且让他住锡于著名的同泰寺，经常到宫中讲法。他大概把北方的禅法传到了南方，所以，梁武帝才会说"北方鸾法师达禅师，肉身菩萨"，并且一直向北遥遥敬礼。后来他想回北方，七次上奏才得到同意，他回到北方后，曾在邺都为末帝时的仆射高隆授菩萨戒，到了齐文宣帝时代，他仍然很受推崇。据说，齐文宣帝"特加殊礼，前后六度"，并且为他在林虑山黄华岭下立洪谷寺，又捐出神武帝的旧庙为他造定寇寺。

而僧实和昙相，则可能更多传承了勒那的禅定之学。勒那曾称赞僧实，"自道流东夏，味静乃斯人乎"。僧实在大和末见到勒那摩提，向他学习禅法，史载其"三学通览，偏以九次调心，故得定水清澄"。从这一记载来看，他显然是一个比较重在实践的僧人，因而大统、保定年间（535—565），他在京、洛大大有名，也曾受到北周太祖的褒奖。《续高僧传》卷十八《释僧渊传》说，当时都说他"禅

---

[6] 《佛祖统记》卷三十记载齐建元元年（479），齐高帝萧道成曾听僧达讲《维摩经》，从年代上看，这个僧达似乎不是北方勒那的这个弟子僧达。《大正藏》第四十九卷，346页。这个僧达什么时候到南方？《续高僧传》的记载比较可信，大概是南朝梁代。

道幽深，帝王所重"[7]，并且在北周平定荆州后，还参与主持了与南方和益州的僧人共同讨论"真谛妙宗"的活动。然而，另一个昙相似乎比僧实更偏重禅定的实践，僧实曾经称赞昙相是"福德人，我不及也"。据说，僧实与昙相夜中习禅，"相对无言，目阵道合，私有听者，了无音问，常以为轨"。我想，他们大概是以静坐调心为方法的一流禅者。而昙相与僧实共同的弟子静端，先从僧实处"受治心法"，"以静操知名"，后归于昙相，"习行定业"。他们大概都是偏重实践的传统禅者，只是可惜，《续高僧传》中所说僧实能使"定水清澄"的九次调心之法，其具体内容已不得而知了。

第二支是佛陀跋陀（约430年生）及其弟子道房（生卒年不详）和僧稠（480—560）。佛陀跋陀是少林寺的开山祖师，也是北方重视禅定之方法和实践的"外来和尚"，所以《续高僧传》说他"学务静摄，志在观方"。据说，他让弟子道房度沙门僧稠，"教其定业"，并曾经说，他"自化行东夏，唯此二贤得道"。据说他又曾在洛阳度慧光，那么，他的门下应当有三个重要的弟子。这三个弟子中，道房无传，《续高僧传》也只是在记僧稠时说到道房一句，"（僧稠）初从道房禅师受行止观，房即跋陀之神足也"。可见，道房与僧稠在半师半友之间。慧光是著名的律师，为北道地论师的领袖，但于禅学似乎并无多少建树。在这三人中，只有僧稠禅学在当时大大有名，所以，佛陀跋陀曾称赞他是"自葱岭以东，禅学之最，汝其人矣"[8]。

据《续高僧传》卷十六记载，僧稠俗姓孙，昌黎（今河北昌黎）人，生于北魏太和四年（480），曾经是一个学习世俗儒家经典的士

---

[7]《续高僧传》卷十八《释僧渊传》，574页。
[8]《续高僧传》卷十六《释僧渊传》，553页。

人，按照《续高僧传》卷十六的说法，他是二十八岁时（507）才在巨鹿景法师门下出家，此后又从道房禅师受行止观，五年后，又跟随赵州道明禅师学十六特胜法[9]。稍后在随道房禅师学止观的时候，他入了佛陀跋陀的门下。但是，他学成之后究竟做了一些什么，我们不是很清楚，我们只是知道，僧稠在已经年近七十的天保元年（550），被刚刚即位的齐文宣帝高洋从定州招至邺都，第二年，齐帝又亲自迎接他于郊外，文献中说他"神宇清旷，动发人心，敬揖情物，乘机无坠"，他劝皇帝令断酒禁肉，并传"四念处法"，第三年，朝廷又专门为他在邺城西南八十里龙山修建云门寺。

但是，看起来这种世俗政权与佛教信仰之间的蜜月一开始可能并不很牢固，中间还曾经有过波折。中国的世俗皇权与宗教之间，始终有一种根深蒂固的不信任感，宗教势力的膨胀始终是皇权的心腹之患。传说，当时的齐文宣帝曾经因为听说"黑人次膺天位"而"惶怖欲诛稠禅师"[10]。所谓"黑人"是一个很有名的故事，由于佛教徒着黑衣，所以那时传说的"黑人"，往往让人联想到佛教徒[11]，这一佛教徒要继承皇位的传说，似乎在南北朝后期始终存在和流行。幸而在这一场政治与宗教之间的危机中，僧稠表现得相当机警。按照一种说法，天保三年他在云门寺住锡时，曾经"宴坐一室，未尝送迎（齐文宣帝）。弟子或以为谏"，据说，当时齐文宣

---

[9]《续高僧传》卷十六，551页。而据《释氏稽古略》卷二说，这是北魏孝文帝太和二十一年（497）的事情，但当时他大约不到二十岁，《大正藏》第四十九卷，794页。这一说法恐怕不如上引《续高僧传》的记载可靠。

[10]《广弘明集》卷六。又卷八记载，"昔者高洋之开齐运，流俗亦有此谣（指有'黑人'当得天下），洋言黑者稠禅师，黑衣天子也，将欲诛之。会稠远识，悟而得免"，见《大正藏》第50册，124页，136页。

[11] 正如梁武帝《断酒肉文》中所说，"匡正佛法是黑衣人事"，《广弘明集》卷二十六，《大正藏》第52册，294页。

帝听了左右之言，认为他大不敬，第二年，更因为止不住心中对"黑衣"的疑惑，准备亲自前去惩罚，但是恰恰这时"峰峦振响飞走悲鸣，如是者三日而止"，使稠禅师预知齐文宣帝的意图，所以，早上就乘牛车，往谷口二十里，"拱立道旁"。这使皇帝很吃惊，就问其原因，他说，如果想杀我，我担心自己"身血不净，恐污伽蓝"。齐文宣帝又惊异又惭愧，就对侍臣杨遵彦说，"若此真人，何可毁谤？"于是自称弟子，与他同辇回到宫中，并且终于请受菩萨戒，推行了后来对中国很有意味的政策，即"断酒禁肉，放舍鹰鹞，去官佃渔。又敕天下，三月六日民间断屠杀，劝令斋戒，官园私菜荤辛悉除"，成了佛教的虔诚信仰者。而且，也许正是因为僧稠的缘故，他也笃信禅学，据说"（高）洋专务禅学，敕诸州别置禅肆，令达定慧者居之"，这使得禅学在北方中国越发兴盛[12]。

很明显，僧稠是佛陀禅师一系在北方传禅法的最重要人物之一，所以，《续高僧传》卷二十"习禅篇·论"中，在一一记载了"习禅"一系佛教徒之后，就总结说：

> 高齐河北，独盛僧稠，周氏关中，尊登僧实……致令宣帝担负，倾府藏于云门，冢宰降阶，展归心于福寺，诚有图矣。故使中原定苑，剖开纲领，惟此二贤[13]。

这段话很重要，其中让齐宣帝倾国之财而供养的"云门"即云门寺，就是僧稠的所在。可见，在比较早的记载中，除了我们后来虽然比较熟悉，但当时却未必很盛的菩提达摩一系之外，佛教禅门在北方

---

[12] 关于僧稠的详细研究，参看葛兆光《记忆、神话以及历史的消失——以北齐僧稠禅师的资料为例》，载《东岳论丛》2005 年 4 期。

[13] 《续高僧传》卷二十"习禅篇·论"，596 页。

最重要的实际上是两支,关中的一支中心人物是前面所说的勒那摩提系统的僧实,而河北的一支中心人物就是佛陀跋陀系统的僧稠。

那么,河北禅门为什么会"独盛僧稠"呢?现在资料不是很多。我们猜想,一方面的原因,当然是他得到政治权力的大力支持,得到齐文宣帝的庇护;另一方面,可能是因为他的禅法杰出而且有名,据《续高僧传》卷十六记载,佛陀跋陀曾经称赞他说,"自葱岭以东,禅学之最,汝其人矣"。因此在北齐时代,僧稠当时"兼为石窟大寺主,两任纲位"[14],可以说是盛极一时。据记载,僧稠原有《禅法》二卷,也许就是文献上说的《止观法》两卷,但因为已经亡佚,只好存而不论[15]。而现存于法国巴黎的敦煌卷子(P.3559,P.3664)中,据学者研究有僧稠的作品。在这一卷里,有《大乘安心入道法》,一名《稠禅师意》,因为一开始就是"稠禅师意,问大乘安心入道之法云何",大概确实是僧稠的遗意[16];接着又有《稠禅师药方疗有漏》,以"信受""精勤""空门""息缘""观空""无我""逆流""离欲"八种方法,当作疗救心灵的药方,这也是当时佛教的通行方法;再接下来的是《大乘心行论》,这一长文被王重民认为是僧稠的作品,而日本学者篠原寿雄则认定为北宗禅的作品[17]。可是,冉云华似乎反对王重民的看法,我觉得,冉云华表示慎重的意

---

[14] 以上参看《续高僧传》卷十六,554页;又《释氏稽古略》卷二,《大正藏》第49册,801页。

[15] 据《续高僧传》本传说,当时黄门侍郎李奖,曾经和一些佛教僧人一道请僧稠写出禅要,所以有"止观法两卷"。553页。

[16] 见冉云华《〈稠禅师意〉的研究》,收入《中国禅学研究论集》(台北:东初出版社,1990),90—104页。

[17] 此据篠原寿雄《初期の禅语录》,《讲座敦煌》(东京:大东出版社,1980)8,172—178页。

见有些道理[18]。因此，这里把巴黎敦煌本先放置一边，只根据一般传世文献来讨论僧稠的禅法。

在《续高僧传》卷十六《僧稠传》说，他曾"诣赵州障供山道明禅师，受十六特胜法"，又据《佛祖统纪》卷二十二说，他早年是"从景明寺道房禅师受行止观摄心，旬日即得入定。复修涅槃圣行四念处法，安居五夏，日唯一食。尝九日修死想观"。从字面上看来，这里提到的种种禅法，大概都是非常普通、兼融大小乘佛教的禅法，这在当时北方中国的佛教中很流行。**首先，"十六特胜法"**又名"十六行"，是早期小乘大乘佛典如《增一阿含》《大安般守意经》《成实论》都记载的"数息心观"。西晋竺法护译《修习道地经·数息品》称，"数息长则知，息短亦知。息动身则知，息和释则知"。实际上，就是在禅定过程中体验自己内心感受的方法，"是为数息十六特胜"[19]。所以，静影慧远（523—592）曾经"随学数息，止心于境"，还得到僧稠的称赞，说这是"住利根之境界也，若善调摄，堪得观行"[20]。**其次，"止观摄心"**是一般禅定者的共通方法[21]，因为这是早期印度佛教，不分小乘大乘的习禅者的常用入定途径。东汉安世高译《阴持入经》卷上就说，"止观为二药，痴爱为二病，佛以二药治二

---

[18] 王重民当年在《敦煌遗书总目》中说，《大乘心行论》是"稠禅师传"。但冉云华《敦煌文献与僧稠的禅法》指出，"本篇内容，还有待作进一步的分析，才有希望得到结论。这篇文章自称作者为'稠禅师'，这三个字本身，又表示它不是稠公作的。它为后人假托之作，似乎不容置疑"。载前引《中国禅学研究论集》，73页。

[19] 《大正藏》第15册，216页。

[20] 《续高僧传》卷八《隋京师净影寺释慧远传》，491页。

[21] 见《大正藏》第2册，490页。大乘佛教同样对摄心相当重视，《注维摩诘经》引鸠摩罗什说："一心，梵本云和合。道品心中有三相。一发动二摄心三名舍。若发动过则心散，散则摄之，摄之过则没。没则精进，令心发动。若动静得适，则任之令进，容豫处中，是名为舍。舍即调御，调御即和合也。"

病"[22];《杂阿含经》卷四十三中引世尊偈说,"龟虫畏野干,藏六于壳内,比丘善摄心,密藏诸觉想"[23]。就是说这种"止观摄心"在保持内心宁静与克制欲望上的意义。所以,《别译杂阿含经》卷十六中也有"尘垢来染心,正念能除舍。爱欲即尘垢,非谓外埃土。欲觉及嗔痴,谓之为尘劳。摄心有智者,尔乃能除去"。现在已经亡佚了的僧稠两卷著作,就叫作《止观法》;**再次,"四念处"**本来就是小乘禅学的法门之一,《杂阿含经》中说,"云何修四念处?……精勤方便,正念正知,调伏世间忧悲,是名比丘修四念处"。但是,这也是大乘佛教尤其是《涅槃经》的方法,所以,僧稠的四念处叫作"涅槃圣行四念处法"[24]。**最后,"修死想观"**也是佛教的一个普通方法,《翻译名义集》卷六记载具体方法,就是"修于死想观,是寿命常为无量怨仇所绕,念念损减,无有增长,犹山瀑水,不得停住。亦如朝露,势不久停。如囚趣死,步步近死。如牵牛羊,诣于屠所"[25]。这种在观念世界中深思生死因果的"观法",是一种很普遍的禅法,在这种习禅的方法中,关键并不是这种观想有多么特别,而是修行实践的深入程度,决定了一个禅者的道行和结果。然而要知道,普通的往往也是普遍的,普遍流行的常常就是普通的。我的意思是说,僧稠这种看上去很普通的禅法,在当时并不一定很具有革命性,也许,他恪守的还是一种原本来自印度的传统方

---

[22] 《大正藏》第33册,18页。

[23] 《大正藏》第2册,311页。

[24] 前引冉云华《敦煌文献与僧稠的禅法》认为,僧稠的四念处的理论基础,来自《大般涅槃经·圣行品》第七之四,其中心"是超越世俗分别,近到不可分别的统一境界"。60页。

[25] 参看《大正藏》第54册,1165页。又,《大般涅槃经》卷三十八中,列有种种使信仰者可以超越的"想",比如无常想、苦想、世间不可乐想以及死想,见《大正藏》第12册,589页,又可以看《瑜珈论记》卷十二,《大正藏》第42册,438页。

法，不分大小乘。不过，历史上得到广大信仰者普遍信仰的，常常就是这种看上去很平常的宗教方法[26]。

无论如何，僧稠在北齐时代的影响和声势，绝对不是同时代的达摩、慧可一系所可以比拟的，后来文献中盛极一时的禅宗正统，其实在那个时候大概还只是旁门支脉。根据现存的资料，我们知道，僧稠于乾明元年（560）四月圆寂，年八十一，当时文宣帝已死，齐废帝下诏，送千僧供于云门寺以崇追福，并由著名的学者魏收为他撰碑，第二年即皇建二年（561），孝昭帝又下诏为他起塔。大约在6世纪中叶到7世纪初，也就是后来"达摩一系"的禅宗渐渐崛起的关键时期，其实真正笼罩性的禅门是来自佛陀跋陀的僧稠系与僧实系。僧稠的弟子相当多，气势也相当盛，他的后人中，著名的有释智舜（533—604）、昙询、智旻、释僧邕等，仍然笼罩着北方佛教世界[27]。

---

[26] 顺便可以提到的是，后来天台系的《佛祖统纪》曾经认为，道房的"止观摄心"法，是从天台系的慧文禅师那里学去的，因为"天保已前，当东魏孝静之世。时（慧）文禅师，始以己悟一心三智之道以授思禅师，则知（道）房师所受止观，亦应禀自文师。盖文师悟由《中论》，独步河淮，时无竞化，非小乘禅师之所能知。然则房师上受文师，下传禅师，上下推之为可信矣"。但是，这种硬把他人拉入自己系谱的做法，似乎并无更多的证据。唯一的论据只是说，"稠禅师行道，于北齐天保中，与思禅师为同时。逆而推之，则知受止观于房禅师，当天保之初"。但是，正如我们前面所说，"止观摄心"之类是很普遍的共享知识和技术，僧稠完全可以从道房或者佛陀禅师那里学来，并由他继续阐发，他所处的佛教知识背景，与慧文、慧思基本一样，他们之间未必有明确的师承谱系关系。而且，他在天保年间向齐高帝和僧邕所传授的五停四念，即"五停心""四念处"，在禅门中其实是一种相当传统、同样也曾经是相当流行的习禅方法。

[27] 僧稠门下各弟子的大体情况如下。（一）释智舜，史载其"事云门稠公居于白鹿，始末十载……尝与沙门昙询同修（念）定经于四年"，在隋仁寿四年去世，年七十二。传说"自舜入道，精厉其诚，昔处儒宗，颇自矜伐，忽因旬假，得不净观……乃就稠师，具蒙印旨，为云门官供，当拟是难，因就静山，晓夕通业，不隶公名，不行公寺"，北周法难以后，他渐渐出山，隋开皇十年（590），隋文帝曾下诏并让卢元寿去宣旨送物。据说，他后来到了庐山大林寺，并修观门，在豫章讲法，可见他在世的时候，甚至影响南方。（二）释僧邕，据《续高僧传》（转下页）

第三支就是后世大盛的菩提达摩及其弟子慧可、林法师、僧副、道育。据说，当达摩在北方传授禅法时，"合国盛弘讲授，乍闻定法，多生讥谤"。也就是说，当时流行的还是义理讲论和苦行实践，对于达摩那种强调禅定的修行方法，多少有些轻视，但据说，经过他若干年的传授和推广，"识真之士，从奉归悟"，看来也颇有成效。

不过从目前的资料看，他的势力远不如前两支，思想也与前两支大有不同。前引《续高僧传》卷二十一"习禅篇·论"中说，"高齐河北，独盛僧稠，周氏关中，尊登僧实。……宣帝担负，倾府藏于云门（僧稠居云门），冢宰降阶，展归心于福寺（僧实遗像置大福田寺）"。前两支大概早已站稳了脚跟，卧榻之侧，难容他人鼾睡，所以，达摩的弟子慧可曾与其他禅师发生冲突。在那个时代，佛教内部为了争夺正统的争斗，也是相当残酷的，不妨举两个佛教史上的例子。第一个，《高僧传》卷二《晋京师道场寺佛驮跋陀罗》记载较早的僧人佛驮跋陀罗（359—429），他曾经预言"我昨见本乡，有五舶俱发"。但是，这个带有预言性质的话传出去后，"关中旧僧，

（接上页）卷十九《释僧邕传》记载，天保六年（555）年十三时，他便"违亲入道，于邺西云门寺依僧稠而出家焉。稠公禅慧通灵，戒行标异，即授禅法，数日便诣。稠抚（僧）邕谓诸门人曰：五停四念，将尽此生矣。仍往林虑山中，栖托定门，游逸心计。属周武平齐，像法坠坏，又入白鹿山深林之下，避时削迹，饵饭松术"，后来，他与三阶教信行禅师同修，又同在隋代进京，贞观五年（631）灭于化度寺，年八十九，唐太宗亲自追悼，并由李百药撰文，欧阳询书碑，他的塔就在信行禅师之左。（三）智旻，据《续高僧传·智首传》记载，智旻在云门寺，是僧稠系的正宗传人。（四）昙询（约516—600），俗姓杨，弘农华阴人，二十二岁时学佛，在白鹿山北霖落泉寺的昙准禅师下剃发，先后学戒律和《法华》，后到云门寺稠禅师处，与智舜一道问学习禅。在所有稠禅师的弟子中，他的神奇故事最多，据说"自尔化流河朔，盛阐禅门"。他也得到隋文帝的礼遇，"敕仪同三司元寿亲送玺书，兼以香供"。以上分别参看《续高僧传》卷十七，556页；《佛祖历代通载》卷十，《大正藏》第10册，561页；《净土往生传》卷二，《大正藏》第51册，115—116页。

咸以为显异惑众"。为什么呢？也许因为他的新系统在长安很盛，但毕竟门下"染学有浅深，得法有浓淡，浇伪之徒，因而诡滑"。其中，他有一弟子夸张地宣称自己已经得到阿那含果，这种吹牛神话很哗众取宠，所以导致"旧僧"相当紧张，以至于引发种种流言。"（佛驮跋陀罗）大被谤渎，将有不测之祸。于是，徒众或藏名潜去，或逾墙夜走，半日之中，众散殆尽。"而旧僧道恒、僧䂮便攻击"于律有违，理不同止，宜可时去，勿得停留"，他只好带了弟子慧观等四十余人逃离，就连当时的统治者姚兴试图挽回都不行，他们只好南下庐山[28]。第二个，《高僧传》卷十一《宋伪魏平城释玄高》记载，乞佛炽盘占据凉州的时候，"时河南有二僧，虽形为沙门，而权侔伪相。恣情乖律，颇忌学僧，昙无毗既西返舍夷，二僧乃向河南王世子曼逞构玄高，云蓄聚徒众，将为国灾。曼信逞便欲加害，其父不许，乃摈（玄）高往河北林杨堂山"。直到长安昙弘法师到河南王之处说项，王与太子才幡然悔悟[29]。

这种互相争斗的激烈情况，可能贯穿中古佛教史。直到达摩一系崛起后，情况仍是如此，达摩可能就是在这样的艰难环境中生存并传法的，佛门各系之间的激烈竞争是免不了的，据《宝林传》卷八记载，当时"魏法侣崇隽数人，豪壮英姿，流支、光统，睹达摩兴化，杰出众伦。二师心有所谋，竟陈扇论，特至师所，广召宗由。达摩乃雷辩一声，蛰户俱启，是时难问往返过从，言发三千，回人万意。诸宗异学，咸伏宾崇。光统、流支，犹生偃蹇"。所以，

---

[28] 《高僧传》卷二《晋京师道场寺佛驮跋陀罗》，71—72页。又，《出三藏记集》卷十四《佛大（一作驮）跋陀传》："外人关中旧僧道恒等，以为显异惑众，（佛大跋陀）乃与三千僧摈遣。"见《大正藏》第55册，103页。

[29] 《高僧传》卷十一《宋伪魏平城释玄高》，410页。

传说他们不惜采取极端手段，用下毒的方法，使"（达摩）六度中毒"[30]。这个传说是真是假，还很难说，但当时佛教争夺正统地位和吸引信仰者，必然会有门户之争，这种门户之争有时相当残酷。到了慧可的时代，这种状况并没有改变，《续高僧传》记载，北齐时代政治中心邺都的道恒禅师，就屡次派人向慧可挑衅，并称慧可的禅法"情事无寄，谓是魔语"。据说，慧可到邺都传法，"滞文之徒，是非纷举"，最终被迫害致死（详参下文）。因而，达摩另一弟子僧副，便不得不南下梁国，止于钟山定林寺，又西至蜀地开法，终究在南方了其一生。这里面是否有佛教内部的党同伐异原因在，虽然不是很清楚，不过在资料中可以看到，这一支禅师对其他禅门的批评的确比较多，似乎不能见容，也是理所当然。而相当多不属于上述所谓正宗的禅师们，也常常自北而南，如法常、慧初等，其中，也许就有北方禅门的斗争缘故在内。后来，达摩一系渐渐转移到了南方，可能不仅仅是北周灭佛的缘故，也可能有党同伐异这一原因。

北方的禅门虽然三足鼎立，但在思想上却是二水分流。道宣在上引《续高僧传》之"习禅篇·论"中，也说到僧稠系与达摩系是两路，"观彼二宗，即乘之二轨也"。勒那摩提与佛陀跋陀虽说也是大乘禅法，但在心目中多少是把禅法看作"味静"的实践，偏于追索内在心灵的宁静，所以在他们那里，"禅"之一字的内在含意，与传统禅法差异不大。像僧实的"九次调心"、僧稠的"四念处法"，就都是传统禅法，它作为三学之一或六度之一[31]，与持戒、读

---

[30] 《双峰山曹溪宝林传》（影印本）卷八，136页；又，144页也记载达摩亦诉流支、光统曾六度下毒事。

[31] 佛教"三学"即戒、定、慧，"六度"即布施、持戒、忍辱、精进、禅定、智慧。

经、造寺、度僧的功德并行不悖。所以，禅虽然在传统佛法系统中被他们凸显出来，但也还是一种调摄心灵的方法而已，并不能形成一个自我完足的思想体系。毫无疑问，"禅"本来就是来自瑜伽八支实修方法[32]，但作为方法，它不能不与某种理论背景相关。在中国最早被译出的禅经《安般守意经》中，禅就并不仅仅是一种修炼身心的技巧，"安为清，般为静，守为无，意名为，是清静无为也"。这里的语词当然是比附老庄道论，但"安般守意"被解释为"清静无为"，却说明它从一开始就不只是一种自我心理调整的技巧，而与一种对人生、对心灵、对解脱、对超越的整体思考密切相关。如果它要成为一种自我完足的思想体系，而不仅仅是一种具体行为的实践方法，那么，它必须有一系列的理论假定：假定人生的一切烦恼痛苦来自心灵，假定人有可能通过某种方法使心灵宁静，假定这种宁静能导致人生的解脱，假定这种解脱就是对生命的超越。否则，这种方法就只能使人在心理体验时得到一时愉悦，而不能成为宗教拯救人心也就是"由凡趋圣"的途径。所以，从"禅"传入中国起，它就潜含了三重含义：第一，它已经肯定世俗世界是一种令人烦恼、给人带来苦难的虚假幻象，之所以会使人痛苦，是因为人的心灵中，有认虚为实的"无明"；第二，它是一种以数息等方式，使人"摄心还念""其心无想"的修行方法，通过这种方法人们可以"断生死道"；第三，当人们用这种禅定的方法使自己的心灵宁静之后，会进入某种神奇而不可思议的境界，这种境界就是佛教所给予信仰者的承诺。也就是说，"禅"之一字中，其实有可能产生一种自我完

---

[32] 参见后藤大用《禅の近代的认识》（第二版，东京：山喜房佛书林，1935）第一章《禅とは何ぞや》中对"禅"这一概念的早期内容的详细阐释；又，可参见中村元所撰《ヨーガ》论"瑜伽八步实修法"，收入铃木大拙、宇井伯寿监修《现代禅讲座》第二卷《历史と人间》，1—17页。

足的思想体系，它可以包容佛性或人性理论，可以设定人性通向佛性的实践方法，也可以兼有达到佛性的终极境界感受。

不过，我说它"潜含"了三重含义，只是说它的内在理路中，有这三重内涵的资源，而不是说它一开始就显现出来。至少在前期的北方禅者身上，这一套从佛性、修行到境界的内涵，还只是仿佛种子未发时的潜伏状态。而在6世纪的大多数禅者中，也还只是把禅当作一种修行的实践方法。但是，方法总是要有思想对它的解释作为依托背景的，所以，这时也有一些禅师已经意识到其中的问题，并开始探索二者之间的沟通。如达摩一系的慧可所谓"理事兼融，苦乐无滞，而解非方便，慧出神心"，就已经有些把"理"与"事"，即"慧"与"定"合归于一心所悟的意味；又如僧副，一方面"戒行精苦……禅寂无怠"；一方面深通经旨，《出三藏记集》卷七王僧孺《慧印三昧及济方等学二经序赞》中提到胡翼山中长者让人向他请教《慧印三昧经》，就是讲"无相为体，理出百非……有若恒印，心照凝寂"，把义理与体验合为一体的。当然，也有人并不见得赞成这种做法，像同是达摩一系的慧满，就批评禅师们说，佛说心相虚妄，而禅者修心"重加心相，深违佛意，又增论议，殊乖大理"，虽说看上去颇反对讲义理，但细细分析他的话，却可以看出他的话中也已有了极深的理论背景，也有着以慧归定、同泯于空的趋向。在这种定慧兼修，以理解禅的思想中，其实，已经有以"禅"取代其他佛教修行之法的意味。

不过，我以为，"禅"之一字要想笼罩一切，成为一个自我完足的体系，还必须以"禅"为中心开掘出它潜在的"三重意义"来构筑自己的思想世界。

二、南方禅学的东西两支及其特点

北方的禅学似乎是传统的天下，僧副、僧璨等达摩的二、三代弟子都到南方来求发展，那么南方的禅学又如何呢？

和北方同时或稍晚，至少从梁代起，作为佛教修行实践的禅学在僧俗两界逐渐很有信众。据道宣《续高僧传》卷二十说，梁武帝时代（502—549），南方就"广辟定门，搜扬寓内有心学者，总集扬都"。又在钟山修了上下定林禅寺，"使夫息心之侣，栖闲综业"，这使得南方的佛教逐渐从单讲义理转向兼修定业[33]。不过，真正禅学的兴盛，却与从北方来的禅师的阐扬更有关系。前面说到北方禅师中，如僧达"曾游梁境"，南方著名僧人宝志就对他大为称赞，说他是"大福德人"，而梁帝亦常对左右说僧达是"肉身菩萨"。又如慧初（457—524）曾在晚年自北而南，住锡著名的兴皇寺，梁武帝就对他格外钦重，"为立禅房于净名寺以处之，四时资给"，而文人也对他十分推重，"禅学道俗，云趋请法"。而法常则到衡岳荆峡，史载其传授僧法隐以心观，使法隐学到了北方禅法，"方知其趣……系念日新，深悟寂定，不思议也"。特别是达摩系的僧副（460—524），在齐建武年间（494—498）到南方，先住钟山定林寺，中间阐化于蜀，后又回金陵开善寺，曾得到上下崇敬。梁武帝萧衍、西昌侯萧渊藻、永兴公主、湘东王萧绎似乎都与他有交往，史载其应世有方，"王侯请道，颓然不怍（作）"，但"咫尺宫闱，未尝谒觐"，所以人皆钦服，当然其禅法也会随之传播于江南[34]。

并不是说，南方的禅法完全是北方禅法的延续，其实，在稍晚

---

[33]　《续高僧传》卷二十，595页。
[34]　以上参见《续高僧传》卷十六，553、550、556、550页。

于北方禅法昌明的梁、陈之间,南方也已有禅师群体的崛起,南方禅师从地理上来看似乎可分为两支。

第一支是以金陵为中心,以栖霞诸寺为据点的禅师集团。这一支禅师大都兼习慧业,偏于空宗。比如,慧布(518—578)本依僧诠法师学三论,但"于《大品·善达章》中悟解大乘,烦恼调顺,摄心奉律,威仪无玷,常乐坐禅,远离嚣扰,誓不讲说",这就很偏于禅定而离于义理了。他更北上邺都,向达摩系的慧可禅师请教,打破了语、默之间的障碍。他还西至荆楚,与慧思讨论大义所在,据说慧思也激动得以铁如意打案,称"万里空矣,无此智者"。陈至德年间(583—586),在他晚年时,更推荐恭禅师来主持栖霞寺,把后事嘱托给他,而他自己则"端坐如木,见者懔然",似乎更偏向定业了[35]。又如,恭禅师(542—621)即《续高僧传》卷十一所记之保恭,他曾随著名的慧晓禅师习禅,慧晓不知是否在北方学禅的禅师,《续高僧传》卷十七所记那个"文才亚于慧命",曾在北方学禅的慧晓,不知是否就是这个慧晓,但卷十八《隋西京禅定道场昙迁传》中所记南朝陈的"沙门慧晓"则肯定是他。传说他"学兼孔释,妙善定业",与智璀"并陈朝领袖,江表僧望",保恭从他"综习定业,深明观行,频受印可"[36],而慧布晚年请他到栖霞主持,他"树立纲位,引接禅宗,故得栖霞一寺,道风不坠,至今称之"[37],使栖霞禅风延绵唐代。此外,栖霞寺又有不少其他禅师,如凤禅师及其弟子僧玮(513—572),传称僧玮先学律学,后入摄山栖霞寺从凤禅师所学观息想,"昧此情空,究检因缘,乘持念慧,频蒙印指"。看

---

[35] 《续高僧传》卷七,480 页。
[36] 《续高僧传》卷十八《昙迁传》,571 页。
[37] 《续高僧传》卷十一《保恭传》,512 页。

来，除慧布与保恭外，栖霞寺习禅者尚多，无怪乎江总《摄山栖霞寺碑》称此山为"四禅之境"，而称山僧为"八定之侣"[38]。

第二支是以荆州、衡岳为中心的禅师集团。如荆州天皇寺的法憕、法忍，长沙寺的法京、智远，襄阳景空寺的法聪，庐山法充等。当然，最重要的是先在光州大苏山，后至衡岳，开后来天台一脉的慧思（515—577）。这一僧人集团看上去似乎十分散乱，并无明显的师承关系，但在思想上却颇有相当一致的趋势，大都尊奉《法华》《维摩》《大品》等经，而不以头陀行为意。如法忍"受持《法华》《维摩》"，法憕"禅念为本依，闲诵《法华》《维摩》及《大论钞》，普皆无昧，不著缯纩"，法隐"诵《法华》《维摩》《思益》以为常业"，法充"常诵《法华》，并读《大品》"，与北方禅师之习禅数学大相异趣，与南方义学之崇尚讲论也颇有不同。其中，特别是慧思，虽从北方来南，对南方义学颇有不满，但又颇不同于北方僧实、僧稠只讲禅数之法。一方面，他的老师北齐禅师慧文是从般若之学入禅的，《止观辅行传弘决》卷一之一称天台九师中，前六师似都与传统差异不大，而慧文则"多用觉心，重观三昧"之外，又有"灭尽三昧，无间三昧，于一切法心无分别"这种翻过一层的思想[39]。据《佛祖统纪》说，慧文是读《大智度论》中"当学般若"一段而修"心观"，"证一心三智，双照双亡"；又读《中论》而恍然大悟，"顿了诸法无非因缘所生，而此因缘有不定有，空不定空，空有不二，名为中道"[40]。这与南方义学说般若空观是很接近的，故

---

[38] 江总《摄山栖霞寺碑》，《全上古三代秦汉三国六朝文》（北京：中华书局影印本，1958；以下所引均此本，不一一注明），4076页。
[39] 湛然《止观辅行传弘决》卷一之一，《大正藏》第46册，149页。
[40] 志磐《佛祖统记》卷六，《大正藏》第49册，178页。

而慧思南来，很能与南方佛教风气投合。但是另一方面，他又颇不满于南方义学僧人的空谈之习，便以实践性的禅定匡救其失，他的《诸法无诤三昧法门》卷上，曾极力强调禅的意义，说"三乘一切智慧皆从禅生"，并说如果有人不以禅证心而专门读经，哪怕他读了无数经典，也"不如一念思维入定"，因为这才是真正对人心有益的修行。当他发心习禅时，就不再是外在的义理研读而是内在的心性调摄了。因而《续高僧传》卷十七记载他对南方佛门的改造时说：

> 江东佛法，弘重义门，至于禅法，盖蔑如也。而（慧）思慨斯南服，定慧双开，昼谈理义，夜便思择。故所发言，无非致远。便验因定发慧，此旨不虚。南北禅宗，罕不承绪……[41]

在慧思之外，还有一个也是自北而南的著名禅师慧命（529—568），他似乎与慧思在半师半友之间，从现存的资料看来，他比慧思更偏重义理之学，曾著有《详玄赋》《融心论》《还源镜》《行路难》及《大品义章》，前四种都是文学意味很浓的通俗宣传品，在后来禅思想史上影响颇深。如《楞伽师资记》就把《详玄赋》当作三祖僧璨的作品，收在禅宗祖师思想名下，变成了达摩禅的内容。所以，《续高僧传》卷十七说他"与慧思定业是同，赞激衡楚"，但"词采高挽，（慧）命实过之，深味禅心，慧声遐被"[42]。而他还有一个同门师弟慧意，在北周灭佛时也到了南方，住荆州景空寺法聪旧地，他"听大乘经论，专习定行"，看来和慧命大同小异。在慧思、慧命的时代之后，天才的禅者智𫖮就开创了以《法华》为宗经的天台禅门，并在

---

[41]《续高僧传》卷十一《释慧思传》，562页。
[42]《续高僧传》卷十七《释慧命传》，561页。

隋代达到全盛时期[43]。

比起北方的禅学来，南方禅师更注重义理，这是因为南方本来就是义学的重镇，南方盛行的大乘义学就像水银泻地，无孔不入地渗透到禅法之中，这给本来是实践性方法的禅学提供了相当有力的理论，使禅学向一个完整的思想体系发展，改变了北方禅数学的面貌。在这些禅师中，《法华》《维摩》《三论》《大品》是常习的经典，如慧命之于《法华》，智铠之于《三论》，慧成之于《法华》《维摩》《胜天王》，法隐之于《法华》《维摩》《思益》，法充之于《法华》《大品》，法忍之于《法华》《维摩》，法懔之于《法华》《维摩》《大论》，法聪之于《般若》等，这些大乘经典多数对艰涩而烦琐的禅数学，是一种很强的腐蚀剂，在这些思想经典中，更注重的是人的智慧对终极境界的追想，与人的直觉对寂静虚玄的体验。后世的湛然在回顾天台九师思想演变时就说，在传承之中，思想有了一个很大的转换，"慧文已来，既依大论，则知是前非所承也"[44]，所谓"大论"，即前面所说的《大智度论》，这本是大乘空宗般若系的著作，是讲性空的"论中之王"；所谓"前非所承"，就是指北方禅学重视修心实践方法的那一条路子，乃是走了弯路。按他的说法，从慧文、慧思起，才算走上正轨，而这个正轨无非是依照《大论》《法华》等经典，重新界定禅学[45]。而在"禅"这一字中，实践方法的意味，逐渐向思想义理的方向转轨。当南方禅门逐渐自立门户羽翼丰满，他们就不再把从北方学来的数息调心坐禅观静等，放在最重要的位置上，

---

[43] 通常，写中国禅宗史的学者，是把后世所谓天台一系排除在禅门之外的。但是，这种做法是否合适，尚需仔细讨论。

[44] 湛然《止观辅行传弘决》卷一之一，《大正藏》第46册，149页。

[45] 如《续高僧传》卷十七《智𫖮传》记载智𫖮，既"诵《法华经》"，又"讲《智度论》"便是一例。564页。

而是要探讨实用禅法之前的佛性思想,与应用禅法之后的终极境界了。隋灌顶《天台八教大意》所记的判教论,已经明明白白地说出了这种不甘于传统禅学束缚的意思,他说,戒、定、慧三者是最早的佛说,但属于小乘;《大集》《宝积》《楞伽》《思益》《净名》《金光明》是方等,虽属于大乘,不过尚未臻完善;《般若》已经思过半,但还未到终极境界;只有《法华》与《涅槃》才是最后的真理。所以,"二经同醍醐味"[46],这当然是宗派门户既成之后的宗经之说。不过,既然要判教,那么就必然要琢磨义理,把思想与实践汇成一个自给自足的体系。

这是后话,在本章的后面再详细讨论,这里只是说明,南方之禅学逐渐脱离了印度禅学及其直系传者北方禅学的牢笼,开始在另一种思想语境之中成长。当本来相对独立的传统禅学方法,被这种思想所融汇所解释,而成为这种思想的有机部分时,这种方法就会发生根本的变化。我们应该记住,6世纪北方禅学的两个源头传人都是西来的胡僧,而南方禅学虽然多从北方而来,毕竟是在华人的思想氛围中,是由汉族僧人来理解和阐释的。

三、达摩一系的自北而南

我们这里说"自北而南",是指达摩之后的弟子而言。本来,达摩是从南而北传授禅法的,从他看重南方所译的《楞伽阿跋多罗宝经》一点,就可以猜测他曾经受到南方思想的影响。虽然他依然十分重视"四行"这种"行入"即实践入道之法,但是,似乎他在北地并没有像勒那摩提和佛陀跋陀那样声名显赫,就连他的弟子也在北方

---

[46] 灌顶《天台八教大意》,《大正藏》第46册,769页。

难以立足。

北魏末年，达摩去世[47]。天平元年（534），他的弟子慧可到邺都传达摩之禅法时，僧副已到了南方，道育、昙林似潜修不显，达摩门下在北方似乎只有慧可在孤军奋战。这时，僧达六十岁，僧实五十九岁，僧稠五十五岁，都正在全盛时期，僧达受北齐文宣帝礼遇，僧稠曾为文宣帝授戒说法，僧实则受北周太祖信任，慧可大概在这些背靠帝室的僧人集团笼罩下，很难有所发展，甚至在传法中处处受挫，所以与北方禅学僧团颇有矛盾。前面我们曾引《续高僧传》卷十六《慧可传》说他到邺都后：

> 滞文之徒，是非纷举，时有道恒禅师，先有定学，王宗邺下，徒侣千计，承可说法，情事无寄，谓是魔语[48]。

这个道恒禅师据敦煌本《历代法宝记》说，是菩提流支和光统律师的党徒，菩提流支和勒那摩提一样，是外来的译经三藏，大概禅法也比较一致，都是北方禅法正宗。而道恒在佛教资料中好像是一个专门与人过不去的专横跋扈的角色，《出三藏记集》卷十四《佛大跋陀传》也记载，他认为佛大跋陀"显异惑众"，所以使佛大跋陀"与三千僧摈遣"。作为北方禅学正统，他这一次又扮演了守护神的角色，与达摩一系颇不投机，其弟子之间也矛盾重重。当道恒的弟子转而相信慧可之法时，道恒"遂深恨谤恼于（慧）可"，逼得慧可不得不"从容顺俗"。《续高僧传》卷二十七《法冲传》也记载，慧可从达摩处学《楞伽》心法，"创得纲纽"，但"魏境文学，多不齿之"。

---

[47] 关于达摩的卒年有种种推测，但大都无确凿证据，这里是据《续高僧传》卷十六《慧可传》里"后以天平之初，北就邺都"一语推断，因为，慧可在达摩去世后才只身传法，那么，达摩当在天平之前圆寂。

[48] 《续高僧传》卷十六《慧可传》，551页。

在敦煌发现的《神会语录》中，甚至记载了一个传说，说他晚年从南方避周武灭佛之后重回北方，北方依然"竞起煽乱，递相诽谤"，最后竟被成安县令翟仲品迫害，"打煞慧可，死经一宿重活，又被毒药而终"。所以，宗密《圆觉经大疏钞》卷十三之上说，二祖可大师是以身殉法，"故往邺都受仲伦（《神会语录》'仲伦'作'仲品'、《历代法宝记》'仲伦'作'冲侃'）之毙"。《历代法宝记》在记载慧可生命最后一刻时，文字颇有些悲凉：

> 菩提流支徒党，告可大师云妖异，奏敕，敕令所司推问可大师，大师答："承实妖。"所司知众疾，令可大师审，大师确答："我实妖。"敕令成安县令翟冲侃依法处刑[49]。

《历代法宝记》的记载当然有些夸张与渲染，但无论如何从他悲愤地自认"妖异"这一点看来，慧可的一生事业的确是郁郁不得志，最终竟死于非命。

慧可的弟子中，有不少事迹不明的人物。《续高僧传》曾说，他"流离邺卫……道竟幽而且玄，故末绪卒无荣嗣"，在另一处又说，慧可之楞伽禅学，"以人（世）代转远，纰缪后学"[50]。这大概有两个原因：一是慧可在北方不是禅学的主流，二是慧可所传达摩之学，比起传统禅学重方法轻义理的路子更难领悟，所以学者不多，显者更少。但是，毕竟慧可身后也有传人，同书卷十六《慧可传》记载，有在相州与学士十人同时跟随慧可学禅法的那禅师；有"专务无著"的慧满禅师；卷二十七《法冲传》末记载有粲禅师、惠禅师、盛禅师等十多人，一半是"口说玄理，不出文记"的学禅僧人，

---

[49]　《历代法宝记》，见《大正藏》第 51 册，181 页。
[50]　《续高僧传》卷十六、卷二十五，551 页、666 页。

一半是著有文字，讲《楞伽经》的学理僧人，但这些人中大部分事迹已经不可考[51]。其中，我们只知道那、满二人奉行传统的禅法持头陀行，如那禅师"唯服一衣一钵，一坐一食。以（慧）可常行，兼奉头陀。故其所住，不参邑落"；慧满则"一衣一食，但畜二针。冬则乞补，夏便通舍，覆赤而已，自述一生无有怯怖"。似乎走的都是苦行渐修的传统路子，唯有曾在慧可处请教过禅法的南方人慧布，是学《三论》出身，到慧可处学禅后，主要是"常乐坐禅，远离嚣扰，誓不讲说"，似乎也学习了北方禅不仅修心，而且修身的传统，走上了外寻义理、内悟心境的新路。

  这里最难说清的，是后来被称为三祖的僧璨（？—606）。由于《续高僧传》没有僧璨的传记，所以，后来学者多从百余年后禅宗大盛之后再造的碑铭灯录等资料来推测僧璨的生平，以至于有人甚至怀疑僧璨是否实有其人。关于僧璨是否实有其人应该是不成问题的，虽然道宣没有为他作传，但实际上曾提到过他。宇井伯寿《禅宗史研究》曾指出，《续高僧传》之《法冲传》所说的慧可弟子粲禅师，《辩义传》所说的庐州独山"有一泉乃是僧粲禅师烧香求水，因即奔注，至粲亡后泉涸积年"中的僧粲，就是这个后世声名大振的三祖[52]。但是，为何道宣不为他作传呢？这始终是一个难解的谜，大概是这个后世赫赫有名的三祖，在当时其实并无显赫的名气和惊人的业绩。

  但是，百余年之后，他的地位随禅宗的兴盛而水涨船高。从盛

---

[51] 《双峰山曹侯溪宝林传》卷八则说除三祖僧璨外，还有神定、宝月、花闲居士、化公、向居士、和公、廖居士七人；《历代法宝记》也记载有觉禅师、月禅师、定禅师、岩禅师等，但除了神定、宝月可以肯定外，其他人也不知是真是假，只能姑且存疑。

[52] 前引宇井伯寿《禅宗史研究》，63页。

唐时起,有了四件碑铭资料,它们是:

房绾所撰碑,见《双峰山曹侯溪宝林传》卷八。

独孤及《舒州山谷寺觉寂塔隋故镜智禅师碑铭》,见《文苑英华》卷八六四。

郭少耒《黄山三祖塔铭并序》,见《全唐文》卷四四〇。

张彦远《三祖大师碑阴记》,见《全唐文》卷七九〇。

同时也有了六种可资比较的佛教传记资料,它们是:

《楞伽师资记》,见《大正藏》卷八五。

《传法宝记》,见敦煌卷子 P.2634、P.3559、P.3858[53]。

《南阳和尚问答杂征义》第五十二则,见《神会和尚禅话录》[54]。

《历代法宝记》,见《大正藏》第五十一卷。

《圆觉经大疏钞》,见《续藏经》第十四册。

《双峰山曹侯溪宝林传》卷八《第三十三祖僧璨大师章却归示化品第四十一》。

这里最值得注意的是房绾的碑文,如果它不是中唐南宗禅师伪造的,那么,也许其中就有一些僧璨的生平实情了。以房碑为主,综合上述资料,剔除不可靠的传闻,我们知道以下几点:第一,僧璨应该是北齐天保十年(559)在邺都参访慧可,并入其门的[55];

---

[53] 《传法宝纪》有柳田圣山根据敦煌本 P.2634、P.3559 的校注本,见柳田圣山《初期禅宗史书の研究》("禅文化研究所研究报告第一册";京都:禅文化研究所,1966)"资料六:传法宝纪",559—593页。

[54] 杨曾文编校《神会和尚禅话录》(北京:中华书局,1996),106页。

[55] 《宝林传》卷八说僧璨见慧可,是在天平三年(536)己卯之岁,但天平三年并非己卯。按:以僧璨卒于606年计,似乎天平三年就去参访慧可不大可靠,因为即使他二十岁参访慧可,亦需活至九十以上,令人怀疑。又,他如果天平三年见慧可,那么到北周灭佛(574)时,已与慧可相伴三十余年,也似不大可靠。其实,"天平三年"疑是"天保十年"之误,北齐天保十年即公元559年,正是己卯。此外,有一个证据可以确凿地证明僧璨参访慧可是(转下页)

第二，周武帝灭法（574），他奉慧可之命，与慧可一道隐居舒州皖公山，五年后慧可回邺都，他留在山中，活动范围始终在皖公山、司空山、独山（今安徽岳西、潜山、六安）一带，直到隋代；第三，他在隐居时收了道信为弟子，时间大概是隋开皇十二年（592）；第四，他曾南下罗浮等地，但最终又回到了舒州，圆寂于大业二年（606）。

关于僧璨的思想，现在已经很难确考了。相传是他所作的《信心铭》六百二十四字，流传极广[56]。例如后来《景德传灯录》和《百丈大智禅师广语》就都屡次引用到"三祖云：不识玄旨，徒劳念静"，及"三祖云：兀尔忘缘"等。但是它否真的是僧璨的作品？却大有疑问。较早的资料中如《楞伽师资记》《传法宝记》《神会语录》均未记载《信心铭》，只是在中唐以后才陆续有人征引。所以，有的学者认为它大概是牛头宗一系禅师的伪托。又如传说是他所作的《详玄赋》，虽然《楞伽师资记》已经记载，但这应当是慧命的作品，见于《广弘明集》卷三十七。《楞伽师资记》只是抄了这篇作品的前四句、中间几节以及注文而已。

不过，有一段对话似乎很可注意。《楞伽师资记》载僧璨对道信说：

> 《法华经》云：唯此一事，实无二，亦无三，故知圣道幽通，言诠之所不逮，法身空寂，见闻之所不及。即文字语言，

（接上页）在天保十年，《宝林传》说，僧璨于隋开皇十二年壬子之岁，收道信为传人，并对他说："昔可大师付吾法后，又于邺洛二都而自化导，经乎三十四年……"从开皇十二年（592）逆推三十四年，正是天保十年（559）。

[56] 《信心铭》现在有英译本（On Believing in Mind），有德译本（Stempels des Glaubeus），流传甚广。

徒劳施设也[57]。

这当然是南朝末隋朝初许多禅师的流行话语。但是，我从这段话里却生出另外一种疑问来：他引《法华》说一非三，是否他到了南方，受到尊奉《法华》的禅师影响？《法华经》的一个很重要的思想就是说"无有余乘，唯一佛乘"，"十方世界中，尚无二乘，何况有三"。所谓"三乘"只不过是权宜方便的做法，真正有"利根"的人像龙女，是可以"须臾顷便成正觉"的[58]。他说，这最终极的境界幽深而空寂，语言与感觉都不能达到，这是否受到了南方般若思想的影响？因为《般若》中的一个很重要的思想就是说"空"，而这个"空"就是不可思议的幽通境界，只有"菩萨行般若波罗蜜，不见诸法文字，以无所见，故无所入"时，才能仿佛领悟一二的[59]。在其他一些关于僧璨思想的资料中，如《神会语录》的"言下便证无有众生得灭度者"、独孤及《镜智禅师碑铭》的"其教大略以寂照妙用，摄流注生灭，观四维上下，不见法不见身不见心，乃至心离名字，身等空界，法同梦幻，亦无得无证，然后谓之解脱"。以及那个传得纷纷扬扬的"谁缚汝，谁解汝"的故事中，都透露出一种消解修证、追索虚空、依赖体验的意味。就像《历代法宝记》所说"定慧齐用，深不思议"，如果以上记载还有一点历史影子的话，那么，这个三祖僧璨与他的老师慧可，似乎都与北方禅法越来越远，而与南方禅学越来越近了，这与他们在地理上"自北而南"是否也有着某种必然联系呢？

---

[57] 《大正藏》第 85 册，1286 页。

[58] 《妙法莲华经·方便品》。又，渥德尔《印度佛教史》（王世安译，北京：商务印书馆，1987）也曾指出，《法华经》用了很多篇幅论证的，就是佛陀为了听众似乎讲不只一乘，实际却只有一乘。364 页。

[59] 《放光般若经》卷一《无见品第二》，《大正藏》第 8 册，4 页。

四、7世纪的东山法门与禅宗的崛起

当隋开皇十二年（592）道信（580—651）初从僧璨习禅时，他还只是一个十三岁的孩子。大业二年（606）僧璨圆寂，不久，道信离开皖公山南下（《景德传灯录》卷三说是大业十三年即617年，不知何据，恐在此前），在吉州、江州即今江西一带传法十年，最后住锡于与江州隔江相望的蕲州黄梅双峰山（《景德录》说是唐代武德甲申，即624年）。这时，他已是四十余岁的著名禅师了，而隋末大乱也已结束，新的统一的唐王朝也已出现。

对于禅宗史来说，道信的意义是双重的。

一方面，他是达摩、慧可、僧璨之后，真正使这一系禅门开始有了一个教派组织形式的领袖人物。达摩虽居嵩岳，但从学者不多；慧可四处奔走，却无一立足之寺；僧璨长期隐于山中，与世实际隔离。一直到了道信的时代，由于战乱的平息，达摩一系才算是有了一个开宗说法的地盘，所以，在他的周围很快聚集起一大批信徒，也很快在世俗社会中形成了影响。《历代法宝记》《神会语录》《传法宝记》都特意提到他的这一份功德，《历代法宝记》中说："信大师大作佛事，广开法门，接引群品，四方龙象尽受归依，经三十余年。"[60] 如《续高僧传》卷二十一中所记载的玄爽（？—652）、法显（577—653）、善伏（？—660），都曾来向他请教禅法。传说中他的著名弟子牛头法融和真正的传法弟子东山弘忍，更是继承这一传统，各自占山开法，开出后世禅门两大支脉。

另一方面，在达摩一系逐渐从黄河流域向长江流域转移的过程中，禅法也在逐渐地从偏于实践，向禅智合一的方向转化。在这一

---

[60]《历代法宝记》，《大正藏》第51册，181—182页。

转化中，南方色彩逐渐渗透到了禅法之中，使这一系禅法有了一个比较清晰的理论轮廓。相传道信有《菩萨戒法》《禅宗论》和《入道安心要方便法门》等著作，但前两种现已不存，只有《楞伽师资记》所引的那三千多字，学者相信它就是《入道安心要方便法门》的节录[61]。从这篇文字中可以看到，道信拥有相当的理论素养，他广征博引，滔滔不休，论述了他的思想，从他所引述的经典来看，有《般若》《华严》《法华》《涅槃》《维摩》等经，正好是南方流行的几部大乘经典。这大概可以说明，他在南方接受了南方义学主流的思想，并把这些思想作为禅法的理论背景，使禅思想有了大乘佛教经典的支持而形成体系。

我们知道，一个宗教流派的形成与自立，组织与思想是必不可少的两大因素，没有组织也无所谓流派，充其量是一种思想潮流，没有思想则组织也无所谓组织，充其量是一群乌合之众。思想史上一个宗派的崛起，仿佛是在造一座思想的塑像，没有组织仿佛没有建塑像的材料，谁也无法在这里无中生有地凭空塑造；没有思想仿佛没有固定形象，那材料再多也不过是一堆材料。道信在禅宗史与思想史上的意义，就在于他建立了禅宗的组织与思想的雏形，虽然禅门的真正崛起，还要等到若干年之后，禅思想的完全独立，也要等到若干年之后。

关于道信思想中相当多的南方色彩究竟来自何方？这些思想在禅思想史上有何意义，我们将在后面详细讨论。这里接下去沿着时间顺序看禅门的历史。道信在双峰山开法说禅大概很有影响，唐太

---

[61] 《楞伽师资记》，《大正藏》第 85 册，1286—1289 页；参见印顺《中国禅宗史》52 页以下对此所作的精彩的分析。本文所引道信的话，除专门注出以外均出自此，不一一注明。

宗贞观十七年（643）曾下诏征他赴京师。这次下诏意味着，达摩一系终于得到了朝廷的认可，至少使它在地方上的传法活动有了政治上的保护，对于禅宗来说这并不是一桩无可无不可的事情。不过，道信却始终保持着不与政治联姻的禅门宗风，所以并没有应诏前往。八年以后的唐高宗永徽二年（651），他以七十二岁高龄圆寂于双峰山中。他的弟子弘忍（602—674）接替他的位置，在今皖、鄂、赣三省交界处继续传法。传说中，他的另一个弟子法融到了金陵即今南京牛头山传法，另开了禅门的一支。

  关于弘忍的事迹，我们知道的也不多。例如，他是何时到道信那里学禅的这一问题，就有很多疑问。《传法宝记》说他"童真出家，年十二事信禅师"[62]；但《楞伽师资记》引《楞伽人法志》则说他"父早弃背，养母孝彰，七岁奉事道信禅师"[63]。其实恐怕都靠不住，按照他隋仁寿二年（602）出生这一确凿的事实来算，七岁正是大业四年（608）。当时，道信刚出山，在吉州，尚未到黄梅即弘忍的家乡。弘忍十二岁正是大业九年（613），当时道信大约还在庐山，也还没有到黄梅双峰山去。值得注意的是《五灯会元》卷一曾说，弘忍本是"破头山中栽松道者"[64]，破头山就是双峰山。可见，弘忍应该是在道信到达双峰山之后，作为一个栽松树干杂活的沙弥而投入道信门下的，并非像《宋高僧传》卷八所说的那样，从小就

---

  [62]　《传法宝记》，柳田圣山《初期禅宗史书の研究》校注本，566页；又敦煌本P.3858，见黄永武《敦煌宝藏》（台北：新文丰出版公司影印本）131册，315页。以下所引《传法宝记》均出柳田圣山校注本，不一一注出。

  [63]　《楞伽师资记》，《大正藏》第85册，1289页。

  [64]　在其他一些灯录中，这种说法又有些不同，例如《建中靖国续灯录》卷一说他是"童儿得道，乃栽松道者后身"，《嘉泰普灯录》卷一则说他"出周氏处女，以栽松道者假阴而生"，这就近乎神话了。

被道信挑中当接班人[65]。其实，他那时的年纪大约不小了，如果《景德传灯录》卷一的记载可靠的话，道信是武德甲申（624）才到破头山的，那么，他已经二十三岁了，而且他也并不是从小聪慧，《传法宝记》有一段记载，可能倒还是实录，说弘忍"性木讷沉厚，同学颇轻戏之，然众无所对，常勤作，以体下人，（道）信特器之"。

由于这种勤奋与沉着，他在实践禅定与义理研习上，都显示了他的出色，传中说他"昼则混迹驱给，夜便坐禅，未尝懈怠"，又说他"诸经论间皆心契"，而且对于道信"常以意道"的禅经验，也多能"洞然自觉"，所以众望所归，在道信之后成了双峰山的掌门人。特别是，在他把宗门基地迁到双峰山东面的凭墓山（又作冯茂山）之后，影响更远及京洛。《楞伽师资记》载，"缘京洛道俗称叹蕲州东山多有得果人，故曰东山法门也"。从此，"东山法门"的名声极为鼎盛，与早在隋代就已经得到朝廷褒奖的天台法门，几乎可以平起平坐，直到中唐初李华作《扬州龙兴寺经律院和尚碑》时还说，"天台止观是一切经义，东山法门是一切佛乘"[66]。因为和道信一样，弘忍也是一个能在组织与思想两方面下功夫的人，《传法宝记》说他：

> 令望所归……十余年间，道俗投学者，天下十八九。

《楞伽人法志》说他：

> 时四方请益，九众师横，虚往实归，月俞千计。

《历代法宝记》说他：

---

[65]《宋高僧传》（范祥雍点校本，北京：中华书局，1987；以下引用《宋高僧传》皆此本，不一一注明）卷八《唐蕲州东山弘忍传》，171页。

[66]《全唐文》卷三二〇，1434页。

> 后四十余年，接引道俗，四方龙象，归依奔凑。

就看他身后"各堪为一方师"的十大弟子散布南北，就可以知道他在弘阐禅门中的作用了。同时，他又在禅者的修行实践方法与心性理论上继承慧可、道信的路数，特别是在对禅思想的广泛适应性上，下了很大的工夫。使得禅法一方面以念佛、调息、观心等外在的行为适应下层百姓，另一方面以"本来清净，不生不灭，无有分别"的心性理论及"守本真心"等内在的自心体验适应上层士人，做到所谓的"法门大启，根机不择"。所谓"根机不择"，就是有教无类，广泛适应，关于这套理论与方法，在传为他思想文本的《修心要论》中可以看得很清楚[67]。

和道信一样，弘忍也没有接受唐高宗的征召，这样他就失去了一次使禅宗进入宫廷的机会，他只是在民间不断地传法授徒，默默地扩散着达摩一系禅思想的影响，在下层组织着自己的禅师队伍。到咸亨年间（670—674），这个东山法门早已是远近闻名，声势颇大了。据说，当武则天接见他的弟子神秀时曾赞叹道："若论修道，更不过东山法门。"[68]从达摩的自南而北，慧可的身死非命，僧璨的埋名深山，到道信与弘忍的大开法门，经过一百五十年以上的惨淡经营，这一系禅门终于开始崛起了，它的组织形式已初具规模，出现

---

[67]《修心要论》，一为敦煌卷子本，P.3599，现藏巴黎；一为《续藏经》第110册所收，题作《最上乘论》，乃明隆庆四年（1570）朝鲜安心寺所刻本。两本大同小异。前者在中国本已佚失，20世纪才又在敦煌重新发现，后铃木大拙曾经有校订本，收在其《禅思想史研究第二》（1951）；田中良昭也有校注与日文译本（1991）。忽滑谷快天《禅学思想史》上册根据后来南宗禅的思想发展，断定朝鲜古传弘忍的《最上乘论》（即《修心要论》）是伪书，并以其思想与惠能相比落后，不依《金刚经》，非一代宗师语气等为理由。372页。但是，忽滑谷快天的说法是不对的，这些后见之明，都不应成为否定的理由，参见本书导论《关于中国禅思想史的研究》。印顺《中国禅宗史》曾说，它应当是弘忍后人所记师说，这是很正确的。

[68]《楞伽师资记》，《大正藏》第85册，1290页。

了一批出类拔萃的禅师，它的思想体系也大体形成，佛性理论、修行方法、终极境界也开始互相交融，在这个意义上，说四祖道信与五祖弘忍是禅宗的历史与思想史上转折时代的人物，大概是不容怀疑的。

第二节　南北文化交融与禅思想的成立

从魏晋以来的南北分离，到隋唐时代的南北统一，地理上的分合与文化上的分合始终同步，这是一个常识性的事实，研究这一分合的论著很多，这里无须一一列举，而佛教思想在这一时期的分化与交融也是极为明显的。早在五十多年以前，汤用彤先生在西南联大的一次讲演中，就对这个问题做了精确的阐述，他说，"南方的文化思想以魏晋以来的玄学最占优势；北方则仍多承汉朝阴阳、谶纬的学问。玄学本比汉代思想超拔进步，所以南方比较新，北方比较旧。佛学当时在南北两方，因受所在地文化环境的影响，也表现同样的情形。北方佛教重行为，修行，坐禅，造像……南方佛教则不如此，着重它的玄理"[69]。如果不把"新"和"旧"、"超拔进步"这些词看成是一种价值上的褒贬，我们应当同意汤用彤先生的看法。

南北分裂不意味着南北隔绝，南人北逃与北人南迁的事时有发生，使这两种文化不断地处在互相交换的过程中，也同样如汤用彤先生前文所说的，"北朝对佛学深有研究者，多为逃亡的南方人，周武帝毁法，北方和尚因此颇多逃入南方，及毁法之事过去，乃学得南方佛学理论以归"。那么，对于达摩一系的禅师来说，这个南、

---

[69]　汤用彤《隋唐佛教之特点》，见《汤用彤学术论文集》(北京：中华书局，1983)，6页。

北文化,特别是南、北佛教的交流,究竟意味了什么?或者换句话说,在中国禅思想史上,6—7世纪的南北佛学之分化与交融,究竟对它有什么意义?这一点汤用彤先生没有细说,许多禅宗史论著也将它轻轻放过。

但在我看来,它却是中国禅思想之形成的关键所在。

一、从"婆罗门外道"到"大乘佛法"

菩提达摩的户籍出身简直是一团乱麻、云山雾罩的传说,实在都不可当真,要推测他的师承法脉,绝不可相信所谓"西天二十八祖"的神话。所以,相当多的研究者只好从他的思想中,探测他在天竺的"学历"。吕澂先生说,他的"二入四行"论与上座禅法之通于大乘者有关[70],这大概是一种直觉的推测;而汤用彤先生说,他是南天竺人,与《楞伽》本有关系,又说他的南天竺一乘宗,就是"上承《般若》法性之义"的大乘空宗[71]。其实,证据尚不充分,倒是汤用彤先生早年写给胡适的一封信中说得有趣,"达摩'四行'非大小乘各种禅观之说,语气似婆罗门外道,又似《奥义书》中所说。达摩学说果源于印度何派,甚难断言也"[72]。

乍一看,说达摩是"婆罗门外道"当然过分,不过说他的渊源"实难断言"却是谨慎。从达摩现存的唯一相对可信的资料《二入四行》来看,他虽然讲了"理入"即"藉教悟宗,深信含生凡圣同一真性"等理性理解式的入道方法,但是,他主要还是讲"行入",即"报怨

---

[70] 吕澂《禅学考原》,张曼涛主编《现代佛教学术丛刊》(台北:大乘文化出版社,1977)第四种《禅宗史实考辨》,25页。

[71] 汤用彤《汉魏两晋南北朝佛教史》(北京:中华书局,1983)下册,562—563页。

[72] 汤用彤《与胡适论禅宗史书》,见《汤用彤学术论文集》,35页。

行""随缘行""无所求行""称法行"等,属于实践修行式的入道方法。这与当时北方流行的禅学,毕竟有相当多的一致性。也就是说,他一方面接受了竺道生以来,南北都普遍承认的《涅槃经》的佛性论,及南北方都普遍奉行的禅实践方式,但是,另一方面则是把禅法视为一种入道途径,而不是终极境界。他希望修行者无怨无悔、甘心忍受(报怨行),希望修行者无得无失、心无增减(随缘行),希望修行者无求无为、形随运转(无所求行),希望修行者摄化众生、自利利他(称法行)。所以,在他的禅思想中,更注重的是一种自我心灵与行为控制的实践方法,那些义理,比如"含生凡圣同一真性"的佛性理论,和"众相斯空,无染无著"的本体理论,都只是为这些实践方法垫底的。在这一点上,他和他的弟子们在现世所示的禅法,是与勒那摩提、佛陀跋陀两支相仿的实践性修心方法。

其实,在北方并不是他一家有此思想,像比他晚一些的道正,就有所谓《六行》。据《续高僧传》卷十六记载,《六行》是"初曰凡夫罪行,二曰凡夫福行,三小乘人行,四小菩萨行,五大菩萨行,六佛果证行",似乎比达摩的《二入四行》还完整些。看来,寻找各种入道之途,接引各色人等,是北方禅门的特色。他们都要修行者在身、心两面都为成佛付出代价,所以,修行并不只是一种心识的转化,而且还是肉体的苦行。很多研究者都看到了他们的苦修苦行,如慧可"兼奉头陀",那禅师"手不执笔及俗书,唯服一衣一钵一坐一食",慧满"破柴造履,常行乞食",而那个传布天下的达摩面壁九年的故事,也许正好算是他这种实践性禅法的一个象征,因为在他的《二入四行》中就说道"舍妄归真,凝住壁观"。

用肉身与精神的双重苦修,来换取心灵的宁静,的确是印度古老的方法,古老到佛教还没有产生时就已有之。所以,汤用彤先生说他像"婆罗门外道"与《奥义书》，也不是一点影子都没有。不过，依我看，他的这一套修行方式更像当时北方中国盛传的佛教传统禅法，这也许是北方盛传的"四念处""调心法"笼罩了佛教徒的缘故，达摩禅在这种文化氛围中不能不顺应主流禅法。但是，这里也应该说，在北方各种禅法中，达摩禅又是最容易与各种义理结合，并为士大夫即所谓"上根人"相信的一种。原因是什么？主要是第一，因为它理路最驳杂，唯其驳杂，所以它的兼容性最强；第二，因为它的方法最直接，唯其直接，所以它的适应性最广。

这里略做一点解释。所谓它的"理路驳杂"，是说它既有符合《涅槃》的说法，即人皆有佛性，"含生凡圣同一真性"；又有来自小乘的人人皆有无明论，即"是我宿殃恶业果熟"；既有传统解脱理论中的"舍妄归真"，又有新的解脱理论中的"无染无著"。这就给各种义理的渗透和综合，提供了可资融入的缝隙。所谓它的"方法直接"，是说它基本不提禅数学中的种种具体方法步骤，如数息、如不净、僧实、僧稠所倡的"四念处"和"九调心"，而是更多地提到心灵中的感觉，像"寂然无名""冥顺于道""不倚不著"，这就给早就受到玄学熏染、深明"得鱼忘筌"之理、习惯于靠自心体验的文人士大夫找着了一个契合点。正因为如此，当达摩禅"自北而南"进入南朝文化圈所笼罩的氛围，它就很快融入了新的义理，形成了自己的思想系统。

在慧可、僧璨到南方避难的时候，南方的佛教思想早已发生了相当大的变化，不仅过去只重义学、不重禅定的传统已经不复存在，就是与禅法可以兼容的义学，也已经出现了日渐玄虚化的转轨。这时，《涅槃》的佛性思想已经不再成为问题，而是几乎所有人的共识，竺道生倡"一阐提皆得成佛"而引起轩然大波的时代，也早已成为过去。南、北两方佛教徒似乎都已经承认了人皆能成佛的可能性，如后魏灵辩的《华严经论》中就说，"法性涅槃中，一切法平等，佛与众生入实相门"[73]，而梁法云《法华经义记》卷四也说，"有心识者，同归于佛，然理唯一致，无三差别"[74]。一切众生在成佛的起点上，都是处在同一个位置，问题只是在于，入佛之道究竟是什么？按梁代宝亮《涅槃经集解》所引竺道生的话说，"夫体法者，冥合自然，一切诸佛，莫不皆然"。那么，如何"冥合自然"就是学佛者面对的大问题了。在这一大问题上，便各有各的理路，而禅法正当其要路津上，因为所谓"冥合自然"对于中国文人士大夫来说，往往就是一种沉浸于内在体验时，心灵中的超越感与适意感。

要"冥合自然"，就不可能靠"四念处""九调心"之类复杂烦琐又枯燥的禅法。因为超越适意是文人士大夫们追求高雅脱俗的终极目标。禅学在中国的一大变化，就在于它从芸芸众生被动地抵御外在诱惑的安顿心灵方法，逐渐成为所谓上根人主动适应自然的自心感悟方法。其实，早在东晋时，谢敷有一段话就已经很清楚地表明了这种思想取向。他在《安般守意经·序》中说道：

> 乘慧入禅，亦有三辈。

哪三辈呢？他说：一种是"无著"，"畏苦灭色，乐宿泥洹，志存自利，不务兼利"，这和达摩的"报怨行""随缘行"，道正的"凡夫罪行""凡夫福行"其实相当。一种是"缘觉"，"仰希妙相，仍有遗无，不建大悲，练尽缘缚"，这与达摩的"无所求行"，道正的"小菩萨

---

[73]《续藏经》第93册，936页；僧稠虽行"四念处"，但也依《涅槃》，见《续高僧传》卷十六，551页。

[74]《续藏经》第42册，277页。

行"似乎相似。一种是"菩萨","深达有本,畅因缘无,达本者有有自空,畅无者因缘常寂,自空故不出有以入无,常寂故不尽缘以归空",也就是说,这种禅法是完全领悟了宇宙本原与人生真谛的上根人,在有无两端都无所执着时,人所达到的心灵境界。据说,这种禅境界与达摩的"称法行"、道正的"佛果证行"大概相应。按他的理解,如果有人能在现象世界中领悟这种思想,就可以不必死死坐禅,不必依赖外在行迹,"不假外以静内,不因禅而生慧,故曰阿惟越致,不随四禅也",只有那些"欲尘翳心,慧常不立"的下根人,才需要"假以安般息其驰想"。所以,他的看法是:

> 开士行禅,非为守寂,在游心于玄冥矣……[75]

如果说"守寂"是传统的坐禅安心排除杂念,那么这"游心于玄冥",就是一种"冥合自然"的精神漫游。我们只要将他的这段话,和安世高、释道安、僧康会同为《安般守意经》所作的序文比较,就可以看出,在文人士大夫这里,禅法的内涵已经大大变化了。

士大夫的这种禅观,与宗教徒的禅观不同,当然是出自他们的内心需要与文化取向,更是他们对终极意义无止境追索的结果。对于一般人来说,宗教解决的只是人生具体问题,但对于文人士大夫来说,宗教探究的却是人生终极意义。这终极意义并不是具体的、有形的东西,而是玄虚的、无形的本原。正如《庄子·秋水》所说的,它是"言之所不能论,意之所不能察致者",也正如《妙法莲华经·方便品第二》中佛陀所说的"止止不须说,我法妙难思"。这种不可言说、不可思议的终极境界,又怎么可能只凭有形的方法来得

---

[75]《出三藏记集》卷六,《大正藏》第55册,43页;谢敷的传记见《晋书》(中华书局点校本,1982)卷九十四,2456页。

到呢？从东晋到宋、齐、梁、陈，大乘佛教的许多经典越来越支持着他们的偏好，特别是大乘空宗的经典，这种偏好曾引起过禅师尤其是传统禅师的不满。道正就批评道：

> 东夏释种，多沉名教。归宗罕附，流滞忘返。普欲舍筌检理，抱一知宗[76]。

但是，从他这段话里也可以看出，禅法如果不能让人"舍筌检理，抱一知宗"，去吻合文人士大夫那种得鱼忘筌、直探灵明的感悟式、约化式习惯，那么，它就可能永远沉沦在民间或局促于寺院，绝不可能依傍士大夫而进入殿堂。所以，即使他们对此不满，也只好随顺思想世界主流一道前行，与文人士大夫一起探讨"理"，也就是当时流行于南方的各种大乘空宗的经典。前面我们说到的慧思，就一面感慨"江东佛法，弘重义门，至于禅法，盖蔑如也"，一面钻研义理经典，"大乘经论镇长讲悟"。所以，才说他是"定慧双开，昼谈义理，夜便思择……便验因定发慧，此旨不虚"。而慧意也是一面"听大乘经论"一面"专习定行"。法懔也是一面"禅念为本依"，一面"闲诵《法华》《维摩》及《大论钞》，普皆无昧，不著缯纩"。我想，达摩禅门自北而南，也势必受到这一风气熏染，传说中，慧可悲叹"此经四世之后，变成名相，一何可悲"，不知是否就是对这种"定慧双修"或"禅理兼重"的"悬记"（预言）。

从僧人传记中，我们明显地感觉到南方禅师的经典研习集中在《般若》《法华》《维摩》等几部经论上，如慧成"诵《法华》《维摩》《胜天王》等大乘经"，智𫖮诵《法华》为业，又讲《智度论》，智锴先听兴皇朗公讲"三论"，又随智𫖮学《法华》。其实，这些就是南

---

[76]《续高僧传》卷十六，558页。

朝自齐、梁以来上层社会所流行的佛教经典。睿法师《喻疑》曰：

> 三藏祛其染滞：《般若》除其虚妄,《法华》开一究竟,《泥洹》阐其实化。此三津开照, 照无遗矣[77]。

梁代以后,《涅槃》保持着它的崇高地位,《般若》越发得到推重,这似乎与梁武帝有关。虽然我们不必对皇帝的佛学修养作过高估计,但我们也不可低估皇帝对佛学取向的影响。他不仅在佛诞日行即位礼,大量建造寺院,聘请家僧,称菩萨皇帝,试图建立佛教国家,而且自己对于经典有种种诠释[78]。南朝所流行的经典显然与梁武帝的偏好有关,而梁武帝的偏好恰恰是与玄学丝丝入扣的《涅槃》与《般若》。隋费长房《历代三宝记》卷十二载有梁武帝《大般涅槃子注经》七十二卷、《摩诃般若波罗蜜子注经》五十卷。下云："以八部般若是十方三世诸佛之母,能消除灾障,荡涤烦劳,故采众经躬（一作穷）述注解,又亲讲读。"[79]《出三藏记集》卷八引梁武帝的《注解大品序》,也很能表现他对经典的看法。他说,《般若》"洞达无底,虚豁无边,心行处灭,言语道断",是"菩萨之正行,道场之直路,还源之真法,出要之上首"。就是说,般若的"空"正与玄学之"无"一样,能使人直探宇宙与人生的终极本质,而且能令意识达到极深处的无思无想境界,那是一切言语都不能达到的超越境界,所以它才是佛法的真谛,修行的正路。接下去,他又谈到《涅槃》与《般若》的关系,说"涅槃是显其果德,般若是明其因行。显果则以常住佛性为本,明因则以无生中道为宗"。就是说,涅槃

---

[77]　《出三藏记集》卷五,《大正藏》第55册,41页。

[78]　参看颜尚文《梁武帝》(台北：东大图书公司,1999)一书对此的讨论,尤其是第三章和第四章。

[79]　《历代三宝记》卷十二,《大正藏》第49册,99页。

是指达到终极处后所显现的境界，这境界即人本心中就有的清净佛性，而般若是指使人达到终极境界前所必有的条件，这条件就是人必须用般若无生的空观与实现般若的中道，来处理自己的心灵与意识。在他看来，这两者并无二致，因为实行般若就是达到涅槃。在这篇序文中，他还激烈地批评了世俗思想世界对经典的糊涂观念，叹息般若学说"唱愈高，和愈寡，知愈希，道愈贵，致使正经沉匿于世，实由虚己情少，怀疑者多"。他也含蓄地批评了一些僧人看重《法华》而不知《般若》的偏向，说"《法华》会三以归一，则三遣而一存，一存未免乎相，故以万善为乘体"，这还没有达到佛法的极致。可是"《般若》即三而不三，则三遣而一亡，然无法之可得，故以无生为乘体"。比起着相的《法华》来，梁武帝似乎更推崇直达空无的《般若》。所以，后面他又说"所谓百花异色共成一阴，万法殊相同入般若"，这一说法仿佛越俎代庖替佛门判教，给经典与学说硬分出了高下等级[80]。

在宗教始终没有赢得世俗权力的古代中国，皇帝的话语所拥有的权力是很难想象的。当时佛教中人曾很清楚地谈到过宗教对世俗政权的依赖性，《历代三宝记》卷十二在评述相州大慈寺释灵裕《安民论》《陶神论》时，曾引灵裕的意思说，"法大宝重，光实难显，末代住持，由乎释种"。但是他明白单凭佛门的力量是不够的，"象运建立，寄在帝王，所以骥尾之蝇，能驰千里，修松之葛，遂耸万寻"。这种把佛教比作蝇、葛的卑微说法，其实已经表明了一切。正因为如此，在梁武帝之后，摄山以三论为中心讲《般若》的一派迅速崛起，而其他各种义学僧人也纷纷起而研习空观，直到隋代依然

---

[80] 《出三藏记集》卷八，《大正藏》第55册，53页。

如此。当时《般若》的魅力超过了所有的经典，我们只要看一看隋代著名僧人吉藏的《涅槃经游意序》和《大品经玄意序》就可以明白这一点[81]。在这种风气中，文人对般若思想的兴趣日渐增长，到了陈代，著名文人中，如孙玚与兴皇法朗讨论三论，"法侣莫不倾心"；徐陵在宫廷为僧俗讲《大品经》，"四座莫能与抗"；徐孝克善论玄理，与僧人讨论释典，"遂通三论"[82]。禅门也不能不在它所依凭的经典上出现转向，《续高僧传》卷十七记载著名的法华僧人智颛在文人学士、义学僧人中不讲《法华》，而"绵历八周讲《智度论》，肃诸来学"，然后才"次说禅门，用清心海"就是一例。而《楞伽师资记》又载，禅宗所谓的"四祖"道信，一面坚持"依《楞伽经》诸佛心第一"，一面改宗说"又依《文殊说般若经》一行三昧"也是一例。而《般若》及《维摩》《法华》等经，在南方的广泛流行与深入研习，就给过去义理比较单一陈旧的实践性禅法，带来了精深而完整的理论基石，使它迅速地发掘了自己原有的内涵，在大乘经典的外力推动下，从传统禅法的内在理路中，衍生出一套思想体系。

那么，南方的佛教大乘义理究竟给达摩一系的禅法带来了什么呢？

---

[81] 吉藏《涅槃经游意序》见《大正藏》第38册，230页；《大品经玄意序》，见《续藏经》第38册，1页。两处都引兴皇法朗语，说"诸人今解《般若》，那复欲讲《涅槃》耶"。可见，连专讲般若的僧人，都对当时人对《般若》的异常兴趣，感到有些诧异。

[82] 孙玚，"朗法师该通释典，玚每造讲筵，时有抗论"，见《南史》卷六十七，1639页；徐陵"经论多所精解"，见《南史》卷六十二，1525页，《陈书》卷二十六，334页；徐孝克通《三论》，"旦讲佛经，晚讲礼传"，见《陈书》卷二十六，337页。

二、道信、弘忍时代的禅方法

虽然我们说禅学从方法到思想的演进，是中国禅形成的关键所在，但这并不是说方法对于禅思想来说无足轻重，当后人以自己的偏好和立场来反观禅思想史的时候，常常把注意力放在它讨论终极境界的虚玄思想上，这实际上是一种误解。作为一个佛教宗派，作为一种修行法门，它不仅要对信众悬置一个最终境界，作出一套解释理论，也要为信众提供一套能实现理想的方法，因为理想是一种存在于主观思想中的东西，它只有依附于客观行为才有真实的意义。理论只是对这种理想的说明，没有实践方法等于是纸上谈兵。同样，客观行为也只有附着于主观理想，才有明确的意义指向。作为一种宗教，它只有把行为、路径和理想三方面结合，才能引导信众的思想与实践趋向一个明确的中心，而有这个中心，才能使自身有存在的基础，这是宗教思想与哲学思想的差异。

从现存的资料来看，达摩并没有留下多少具体的习禅方法，《二入四行》的"四行"虽然颇为高超，但实际上更多的只是指示路径，而不是指示如何走上路径。北方的"四念处""九调心"虽然指示了具体的做法，却过于着相拘泥，并不适于上根人的理想。当道信和弘忍在南方开始弘传禅法的时候，他们面对着各种各样的修行者，就必须给人们一个方便而落实的方便法门，否则，师门对于信众的指导意义就不复存在。所以，他们在建构禅思想理路的时候，也在建构禅方法路径，在这一方面，南北方的禅法都起了相当大的作用。

首先是"**念佛净心**"。在《入道安心要方便法门》中[83]，道信一开始就提出修学"一行三昧"，他说，"应处空闲，舍诸乱意。不

---

[83]《楞伽师资记》所引，见《大正藏》第85册，1284页。

取相貌，系心一佛。专称名字，随佛方所，端身正向。能于一佛，念念相续，即是念中。能见过去未来现在诸佛"。在他看来，念佛是功德无量无边的，只要能坚持念佛，就能使躁动的心灵安定下来，去除一切旁骛的杂念即攀缘心，最终达到一种与佛同体的平等不二的心理境界。这就叫正法，也叫佛性，也叫净土，也叫菩提金刚三昧本觉，当然也就是涅槃界般若。当然，这明显是人们所熟悉的"净土三昧"或"念佛三昧"，早在汉末支谶译《般舟三昧经》时，它已传入中国，相当多的禅经中都有这种以念佛入定的方法。例如《坐禅三昧经》的《第五治等分法门》中，就说到人"将至佛像所，或教令自往谛观佛像相好，相相明了，一心取持，还至静处"[84]。而在东晋慧远法师时代，这种方便法门就已在南方流行，《广弘明集》卷三十九载慧远《念佛三昧诗序》中就说到过，人要达到"思专寂想"这种与自然冥符的三昧境界，虽然有很多种途径，但"诸三昧其名甚众"，其中"功高易进，念佛为先"。因为在不断专心念佛的过程中，人的心思能在念佛声中，逐渐进入一种昧然忘知的出神状态，而在意识中形成"尘累每消，滞情融朗"的灵根湛一。

所以，上根人也罢，下根人也罢，都应当"洗心法堂，整襟清向，夜分忘寝，夙兴唯勤"地一心念佛[85]。在慧远以后，这种"念佛三昧"是南方相当多人奉行的法门，天台智𫖮大师《修习止观坐禅法要》卷下，就把念佛三昧作为发善根的一种途径，说它可以使人"发爱敬心生，三昧开发，身心快乐，清净安稳，无诸恶相"[86]，尤其是庐山更是念佛一门的重镇，如庐山僧人法充，为了

---

[84]《坐禅三昧经》，《大正藏》第15册，276页。
[85]《广弘明集》（《四部备要》本，中华书局）卷三十九，324页。
[86]《大正藏》第46册，469页。

往生净土自山上倒行而下，等人去寻找时，他还在"口诵如故"，可见定力之深。值得注意的是，道信恰恰是在庐山住锡十年，此中大概是有微妙的关联的[87]。在道信之后，弘忍亦步亦趋，继续倡导念佛，《传法宝记》称其教人的方法之一就是"念佛名，令净心"，弘忍的后裔如四川净众一脉，依然"先教引声念佛，尽一气"，宣什一脉依然"令一字念佛……念念存想有佛恒在心中"[88]，说明这种方便入三昧的法门，实在源远流长，并不仅仅是一时兴会的权宜之计。

其次是"坐禅摄心"。按照道信的说法，这也是初学禅的人的入道要门。其方法是包括了身心两方面的。从身体训练上说，是"独坐一处，先端身正坐，宽衣解带，放身纵体，自按摩七八翻，令心腹中嗌气出尽，即滔然得性，清虚恬静"。从心理训练上说，是"于一静处，直观身心，四大五阴，眼耳鼻舌身意，及贪嗔痴，若善若恶若怨若亲若凡若圣，及至一切诸状，应当观察从本以来空寂，不生不灭，平等无二，从本以来无所有，究竟寂灭"[89]。这是很普通的禅法，像《续高僧传》卷九所载的亡名就有《息心铭》（敦煌本又名《绝学箴》），提到"无多虑，无多知……关尔七窍，闭尔六情，莫视于色，莫听于声……心想若灭，生死长绝，不死不生，无相无名，一道虚寂，万物齐平"，大概也是这一类的禅定之术。在方法上，它更与慧思、智𫖮等尊奉《法华》的禅师十分近似。智

---

[87]《续高僧传》卷十六，559页；南方念佛门与北方悬鸾净土门不同，这一点将另行论述，道信的念佛与南方风格一致，而与北方风格不同。

[88] 分别见于《历代法宝记》，《大正藏》第51册，185页；《圆觉经大疏钞》卷三之下，《续藏经》第14册，279页。

[89]《入道安心要方便法门》，载《楞伽师资记》，《大正藏》第85册，1286页。本节引用道信之说，皆出自此文，不一一注明。

颛《修习止观坐禅法要》中讲五种调和,除调食、调眠之外,后三种是调身、调息、调心。按他的说法,这三种应当合起来,不能分别,其实就与道信的说法一样。首先,是调整气息,要"安坐处每令安稳",然后有一套很严格的坐禅姿势与规矩,当人坐好后,就开始"作七八反如似按摩法"。再后,则"口吐浊气",吐气的方法主要是不声不结不粗,有些类似于道教的吐纳之法,当人处在身体调和状态时,就需要对意识中的杂念进行清除了,这种使心灵清净的方法,就是"离世间一切颠倒妄想"。智颛说,这就是止观,"止"是使心系于一处,不让心猿意马四处奔逸,进而达到"知从因缘生,无有自性,则心不取,若心不取,则妄念心息"的"体真止";"观"是对应于人心的种种弊病,采取内心观照的方法。如心中有贪念,则反观其不净,内心有嗔念,则反思心中的慈悲,如心中杂念思寻过盛,则用数息的方法平息思虑,如执着于种种名相,则用分别观来体验其无自性。但是,这并不是终极境界,要达到终极境界又要用"正观",在内心反照中体验"所观之境一切皆空"。这也就是道信所说的"平等无二"和"究竟寂灭"[90],当然也是禅者的基本入门方法。

在道信的时代,这种方法是南北方禅者的流行法门,道信取这一套法门也是理所当然的。他承认,这种"谛看自心"的方法,是一个艰难的甚至是漫长的过程,"或可一年,心更明净,或可三五年,心更明净",显然还是渐修的路径。在道信之后,弘忍接着讲这种方法,恪守旧规,几乎没有多少改变。《楞伽师资记》记弘忍的说法是:

---

[90] 智颛《修习止观坐禅法要》卷上,《大正藏》第46册,465—466页。

>尔坐时，平面端身正坐，宽放身心，尽空际远看一字。

《导凡趣圣悟解真宗修心要论》中弘忍的说法是：

>若有初心学坐禅者……端坐正念，闭目合口，心前平视，随意近远，作一日想，守真心念念莫住，即善调气息，莫使乍粗乍细……会是妄念不生，我所心灭，一切万法不出于心……若能自识本心，念念磨炼莫住者，即自见佛性也。[91]

就是后世那些口说天花乱坠、玄理不可思议的南宗禅师，大概也还是要用这种方法。止观坐禅以求定心的途径，并不像他们说的那么潇洒和轻松。像天皇道悟禅师"多闭禅房静坐而已"，洞山良价禅师"行脚时到寺里……坐禅"，雪峰义存禅师"只管坐禅"，汾阳无业禅师"行必直视，坐则跏趺"[92]。作为禅家必修功课，它在南北朝隋及初唐，仍是禅门要道。

再次是"发心自悟"。正像当时许多禅师都追求的那样，他们认为，对于上根人来说，最上乘的入道法门不是调息，不是念佛，甚至不是心中各种意识的寂灭与现象的消失，而是一种自然而然的意识中的无差别无执着境界。道信在《入道安心要方便法门》中特别说到"学者有四种人"，一种是靠行为求解脱但不能用智慧求解悟，也不能自己得证明的"下下人"；一种是有行为有智慧但不能自心证明的"中下人"；再一种是没有行为只有智慧，也能自心自证的"中上人"；最后一种是有行为有智慧有自证能力的"上上人"。他认为，

---

[91] 《导凡趣圣悟解真宗修心要论》有敦煌本，亦即传世之《最上乘论》，见《续藏经》第110册，829—833页；本节中所引弘忍的话除专门注出外均出自此，不一一注明。

[92] 均见《祖堂集》（孙昌武等点校本，北京：中华书局，2007；以下引用《祖堂集》均此本，不一一注明）卷五、卷六、卷七、卷十五。

那种念佛向西方的方法,"不为利根人说也"。而那种"直观身心""身心调适""心自安静"的方法是"初学坐禅人"的看心法门。真正有大慧根的人,是不需要这些烦琐步骤的,他们所要达到的境界也不是这种一般化的心净意定,而是理智与直觉相结合的心性空明,换句话说就是"定慧一体"的"悟"。所以道信说,"新学之人,直见空者,此是见空,非真空也,修道得真空者,不见空与不空,无有诸见也,善须解色空义",就是说,真正能够达到最高境界的人,对色空的义理有透辟的认识,对心灵中的无差别境界有直觉感悟的体证,在这种人的身上体现了禅的真谛,作为禅师,道信说要对学者"善须识别"。

应该承认,这是一种相当玄妙的修行路径。也许,那种真挚地进入禅境的文化人,在深明佛理尤其是般若空观的时候,反身向内体验,是可以进入一种无此无彼非此非彼的无差别境界的,这在当时的大乘禅师心目中,是一种最迅捷也是最高超的入道要门。和前两种法门不同,它有一个首要前提是,这种禅法的修行者必须是对自心本来明净的前提确信不疑,对佛教的大乘思想有理性而深刻的了解,而前两种法门则是靠念佛、坐禅来摆脱自己对心性的疑虑。因为有的人"不悟心性本来常清净",他就只能借助外在行为来驱逐黑云;而那些一开始就自信心灵本来清净,现象本来空幻的上根人,在理解了般若色空思想之后,就可以一通百通、一悟百悟。道信曾引智敏禅师的话说"学道之法,必须解、行相扶,先知心之根源及诸体用,见理明净,了了分明无惑,然后功业可成。一解千从,一迷万惑",就是这个意思。智敏不知是什么人,现在无从考证,但想来也是一个高明的禅师。印顺《中国禅宗史》怀疑是智𫖮,并引《宗镜录》卷一〇〇智𫖮与陈宣帝书中与道信上述所引话相似的句子为证。但是我略有怀疑，因为智𫖮与道信年代相去不远，不应把他称为"古时某某禅师"，印顺的猜测未必可靠。但是，他引的智𫖮与陈宣帝书，却证明了当时南方各禅门大体都有类似的思想，而道信正是在这种文化氛围中，提出他的这种禅观的，后来弘忍所说的"修道之本，体须识当，自心本来清净，不生不灭，无有分别，自性圆满"，大体上也与这种禅思想相当，都暗示了一种更直接更超绝的解脱之道。

三、从方法到思想

从表面上看，这些方法并没有超出传统的禅学，上述三种修习法，看上去不过就是谢敷的"三辈"，达摩的"四行"。但是，应该特别注意的是，当道信与弘忍在使用这些看似传统的禅方法时，在这些方法背后，却开始孕育了一整套与传统禅学相当不同的深邃思想，当这些思想与方法逐渐融为一体的时候，方法就在思想的牵引下，有了一个明确的中心趋向。

让我们先简单地回顾一下达摩一系所依经典的变化。

达摩奉宋译四卷《楞伽》，这是得到文献资料支持的事实。据《楞伽师资记》说，达摩曾著有《释楞伽要义》一卷，"有十二三纸，亦名《达摩论》……文理圆满，天下流通"。而在达摩思想中，如"含生同一真性"，"为客尘妄覆，不能显了"，以及"凝住壁观，无自无他，凡圣等一，坚住不移"，这可称之为"舍妄归真"的三部曲，都能在《楞伽经》里找到对应的文句。所以，沈曾植、胡适当年称其为"楞伽宗"，并不是没有道理的。但是，《楞伽经》本身就是一部内容十分混杂的经典，这种混杂使得奉习它的僧人，可以对它作种种不同解说，也使得它不具有严格的排他性。同时，达摩一系虽说是以《楞伽》为传宗心要，但这并不意味着达摩等人像其他的宗派掌门人一样，死守一经，以经判教。其实，他们也牵用其他经典。宇井伯寿曾经考证，达摩所依经典，其实并不局限《楞伽》，还有《维摩》《涅槃》，当然还有很可疑的《金刚三昧经》，他的《二入四行》中的"理入"部分基本上就是来自《金刚三昧经》[93]。

奉《楞伽》而不专用《楞伽》，这就使达摩一系对经典的态度极为灵活。

我们知道，《楞伽经》杂糅了"如来藏"缘起说与"阿赖耶识"缘起说，它的基本解脱理路是接近唯识的"五法三性八识二无我"，这是一套极其烦琐的、以意识分析为路线的方法[94]。按照它的"五法"之说，修行者首先要认识到宇宙间一切处所、形相、色相，都不过是显现的"相"，这些"相"因为有相而得"名"，但是，这些相与名，在人的意识中必须被认识为"妄想"，通过对八识的分析，了解到这些妄想终究是虚幻，这就达到了"如如"。但是，如如虽是虚幻，人的意识中又不能对它采取闭目塞听、拒斥回避的方法，躲到"无"中，而应当"随顺入处，普为众生""不断不常，妄想不起"，这就是"正智"。从执着名相妄想，到获得正智，按《楞伽经》的说法，有很多很复杂的路要走，有很多规矩要守，像"莫著言说""自

---

[93] 宇井伯寿《禅宗史研究》第一《达摩と慧可及び其诸弟子》，23页；但《金刚三昧经》的"出身"很可疑，所以，也有人认为，可能是《金刚三昧经》抄袭达摩。

[94] 《楞伽阿跋多罗宝经》卷四《一切佛语心品第四》："三种自性及八识、二种无我，悉入五法"，三种自性是"彼名及相是妄想自性""分别持是名缘起自性""正智如如不可坏故名成自性"，八识是"识藏、意、意识及五识"，二无我是"人无我"及"法无我"，五法是"相、名、妄想、如如、正智"。不过，很多人都指出过《楞伽》并不等于名相分析的唯识经典，这一套东西在宋译四卷《楞伽》与达摩禅门中，并不是思想主流。参见印顺《宋译楞伽与达摩禅》，载张曼涛主编《现代佛教学术丛刊》（台北：大乘文化出版社，1977）第十二种《禅宗典籍研究》。

觉观察""无取境界""莫堕二边"等。这样,在《楞伽》中虽然也有极其超绝的禅法,但总的说来《楞伽》禅是比较传统的。比如,《楞伽经》卷二所说的"如来禅",听起来很玄妙,"谓入如来地,得自觉圣智相三种乐住,成办众生不思议事"。但是按它的说法,入如来地却需经过"独一静处,自觉观察,不由于他,离见妄想,上上升进"的修行,所以,它的主要倾向还是"渐进非顿"的。它说,修行的过程就像庵罗果的成熟、制陶者的造器、大地生万物、人学音乐书画,"如来净除一切众生自心现流,亦复如是"。奉楞伽禅的人,依然要首先学习那些具体的禅定之法,来寻找清净心灵,尽管它也承认有像明镜顿现一切的"顿悟"。

但是,正如汤用彤先生《中国佛史零篇》中所说,《楞伽》思想颇为混杂,"虽亦称为法相有宗之典籍,但其说法处处著眼破除妄想,显示实相"[95]。奉《楞伽》的达摩一系,从一开始就存在着另一种倾向。特别是从现存达摩、慧可、僧副、昙林、法冲等人的资料来看,似乎他们并没有拘泥于《楞伽》的理论,倒只是从《楞伽》中挪用了一些他们需要的思想。比如,用《楞伽》的"一切佛语心"也就是重视"心"的思想,把禅定之观念与方法,向纯粹内在化转了一步;又比如,用《楞伽》"破名相""莫执着"也就是破坏语言文字对思维的束缚的思想,使禅定之学向纯粹体验化转了一步;再比如,用《楞伽》的"自觉圣智"之"如来禅",即自力超越的最高境界,说明心灵的最高境界应是无分别、无执着、无中边,把禅定之学向纯粹自然化转了一步。同样,达摩《二入四行》虽然有与《金刚三昧经·入实际品》相似的关于"理入"的说法,当他说"行入"

---

[95] 汤用彤《中国佛史零篇》,载《燕京学报》1937年第二十二期。

的时候，却与《金刚三昧经》颇不一致。《金刚三昧经》中所谓"行入"，并不是达摩的四行，而主要是"心不倾倚，影无流易，于所有处，静念无求，风鼓不动，犹如大地，捐离心我，救度众生，无生无相，不取不舍"[96]。可见，在达摩及其弟子这一系中，对经典有相当自由的阐释，这就为建立禅思想体系预留了田地，也为他们的后人吸收各种经典，特别是《般若》一系经典的思想埋下了伏笔。

也许，当达摩的弟子们开始建立禅思想理论基础时，在般若学方面曾经比较多地引入了《思益梵天所问经》。据智𫖮《妙法莲华经玄义》卷十之上说，北方的禅师分为两种，其中一种是说无相大乘的禅师，奉的经典除了《楞伽》之外，就是《思益》，后来沿袭传统的禅者们，的确就是以这两部经典为宗要的，这说明兼奉《楞伽》与《思益》，乃是前期达摩禅门的旧路数。关于这一点我将在《北宗禅再认识》一章中专门论述，这里要说的是，《思益》的思想本来与《楞伽》相当不同，但是，在前期禅师的手中，它们竟可以合而为一，这就是因为他们对经典的灵活态度，而这种浑沌一团的灵活态度，又恰好导致了禅思想后来的转向。因为《思益经》的理路，并不是《楞伽》那种分析名相的路数，《思益经》的终极境界也不是《楞伽》那种清净心灵。

当然，《思益》与《楞伽》都与"禅"有一致处，这就是"守心"。《出三藏记集》卷八引僧睿《思益经序》说，《思益》的天竺旧名，意思"当是持意，非思益也"，鸠摩罗什译经时没有考虑到"秦言名实之变"，所以误译为"思益"。其实，"旧名持心，最得其实"[97]；它们都承认人的本性是清净的，所以人都有成佛的可能；它们都认

---

[96] 《金刚三昧经》，见《大正藏》第9册，369页。
[97] 《出三藏记集》卷八，《大正藏》第55册，53页。

定人要成佛需要艰苦的努力，《思益》的"四法"也罢，《楞伽》的"五法"也罢，都不是一蹴而就的，虽然有顿有渐，但终究要运用情感与理智，要凭借信仰与精神；它们都相信终极境界是一种存在于内心中的感觉，而不是存在于现象中的实在，它是不能用语言文字来表达的。

但值得注意的，不是这些一致处，而是从《楞伽》到《思益》那种越来越偏向于大乘空宗的趋向。这种趋向中包含了：（一）解脱过程的"简约"，（二）解脱动力的"自觉"，以及（三）解脱境界的"超越"。所以，"守心"也罢，"持心"也罢，关键这个"心"是什么。《楞伽经》一切佛语心的"心"，颇有些像充满智慧的真知与无比清净的真性，它作为人的根本，是追索的终极目标。很多学者都感到，它与《大乘起信论》中的"一心开二种门"的"心"很相似，这是有道理的。但是在《思益》中，这个"心"却有些被"虚空"二字瓦解，比起《楞伽经》来，它似乎更强调对"心"这一目标的超越与自由。比如，关于人心在世俗世界的污染，《楞伽经》卷一说是"犹如猛风，吹大海水，外境界风，飘荡心海，识浪不断"，所以，那首有名的偈语就说是"譬如巨海浪，斯由猛风起。洪波鼓冥壑，无有断绝时"。给人的印象是，"外境界风"与"心海识浪"，在生活中都是实在的现象，它们使心灵受到遮蔽，人只有通过名相分析，不断破妄，独一静处和自觉观察，才能背妄趋真。而背妄趋真的"真"，就是悬在修行者眼前既遥远又明确的理想。为了这一理想，人需要运用他的虔诚、他的理智、他的情感，把精神集中在这个唯一真实的理想之上，以"定""慧"为双翼，向着理想的境界，也就是"真心"回归。

但是，在《思益经》卷一《解诸法品第四》里，却一下子推翻传统的"四圣谛"即苦、集、灭、道的教义，大讲所谓"空"。它说，苦、集、灭、道都不是真实，真实的"四圣谛"应当是"知苦无生""知集无和合""知无生无灭""与一切法平等，以不二法得道"。所以，苦无所谓苦，集无所谓集，灭无所谓灭，道无所谓道，真正的超越不是背离什么和趋向什么，而是"不忆念一切诸法"。在同卷中又说，"如来坐道场时，惟得虚妄颠倒所起烦恼，毕竟空性，以无所得故得，以无所知故知。所以者何？我所得法，不可见不可闻，不可觉不可识，不可取不可着，不可说不可难，出过一切法相，无语无说，无有文字"[98]，为什么？因为一切的本原是"空"，"此法如是，犹如虚空"。这种对污染心性的看法，比起《楞伽》来更容易转向修行的内在化，也就是更容易导致修行的意念化。当一个人意识到这一切污染尘垢不过是虚妄时，他无须对这虚妄有所警惕与拒斥，因为这清净无垢的心灵，归根到底也是虚妄。所以，人只要放松随顺，不忆念一切，就是解脱，这解脱就是心境的超越与自由。

这样一来，修行本身就瓦解了修行。《思益》的奉行，是否为达摩一系禅师从《楞伽》到《般若》的转向制造了契机？由于资料的缘故，我们无法确认。但是，如果我们从道信、弘忍之后的禅师，普遍兼奉《楞伽》与《思益》这一事实，以及达摩禅的确出现了思想转向这一历史来看，《思益经》在禅思想史上的意义是值得考虑的，作为一部持大乘空宗观点的经典，它被达摩禅引入他们的禅思想中，势必对般若思想的全面渗透有着先导作用。我们看到，在道信与弘忍的时代，那些看似传统的禅方法背后，初步建立起了一套来自般若学的思想体系，这些思想体系支持着各种方法，但又在般若空的否定性中，不断地超越着实践方法，而进入一个只能靠体验

---

[98]《思益经》卷一《解诸法品第四》，《大正藏》第15册，39页。

才能领略的思想世界。

比如"念佛"。这本来是一种相当简单的定心观想手段，《观无量寿经》十六观中的"第八观"就是想佛，"诸佛如来，是法界身，入一切众生心想中，是故汝等心想佛时，是心即是三十二相八十随形好，是心作佛，是心是佛"。《阿弥陀经》中则说，众生持念佛的名号，坚持一日乃至七日，"一心不乱"，就能在最后见佛，往生极乐净土。而《般舟三昧经》所说的般舟三昧，就是一种靠念佛的意念，使心灵聚集到一处的禅定法门，也就是所谓"观佛三昧"。在这种方法中，"佛"是一个信仰者所谛念的实在对象，往生"佛国"是一个信仰者所追求的实在理想，念佛就是感动佛陀，并使自己往生理想世界的手段。但是，在道信与弘忍的时代，这种"念佛三昧"却有着翻过一层的意味。道信引述《大品经》说，真正的念佛，是一无所念，"无所念者，是名念佛"[99]。般若系经典中并不一概反对念佛，像禅师后来常引用的《文殊师利所说摩诃般若波罗蜜经》卷下，就有"应处空闲舍诸乱意，不取相貌系心一佛，专称名字，随佛方所端身正向"的说法。但是要注意的是，般若系经典却在这"念佛三昧"与"一行三昧"之间画了一个等式，要念佛的人们最终应该进入无差别的"一行三昧"境界，而在这一境界中，"尽知恒沙诸佛、法界无差别相"。按照道信的说法，佛不是一个心外的实在对象，而是心内的一种自觉意念，"离心无别有佛，离佛无别有心，念佛即是念心，求心即是求佛"。为什么？他说，因为"识无形，佛无形，佛无相貌，若也知此道理，即是安心"[100]。弘忍也说，专念佛名是初学者的入道之门，但是如果上根人对此已有觉悟，那么，

---

[99] 《楞伽师资记》引《入道安心要法门》，《大正藏》第85册，1286页。

[100] 《入道安心要法门》，《大正藏》第85册，1286页。

发现本心是更重要的修行,"清净之心,此是本师,乃胜念十方诸佛",并且很明确地告诉弟子说,"常念彼佛,不免生死,守我真心,则到彼岸"[101]。《楞伽师资记》中又引他的话说,"虚空无中边,诸佛身亦然"[102]。这样,念佛法门不仅向念心法门转化,它的理路也与大乘空观接轨,它的终极境界也不再是彼岸的极乐净土,而是此岸的空明心境。因为,如果佛是无名无形的虚空,如果"念佛"就是"念心",那么,人就不必向外驰求,用种种具体的方法约束自己,只要反身内省,在意识深处去触摸那无思无别的空境,就是使自己与佛同在。

又比如"坐禅"。这也是一种历史悠久的定心内省手段,早期禅学虽然方法甚多,但大体都是从身体再到心灵的路数,即借助某种意念转移或意念集中的方法,硬性排除各种思虑,使精神处于或专一或平静状态,这叫作"守心之法"。所作所为一心一意,都为了这个心灵的清净。但是,在道信与弘忍的思想中,"守心"固然重要,但这守的"心"却不仅仅是一无所有、绝对清净的状态,而是要通过这种反观内省,来发现自己本始就有的"佛性"。这佛性不是那种绝对的"无",当然更不是绝对的"有",而是一种超越了有、无之上的"空",是道信所谓"无作无愿无相"的佛性,是"幽灵不竭,常存朗然"的圣心,也是弘忍所谓"寂照智生"而"穷达法性"的涅槃法,是"自识本心,念念磨练莫住"的本真心。这与《维摩诘所说经·弟子品第三》中所说的"不于三界现身意""不起灭定而现威仪""不舍道法而现凡夫事""心不住内亦不住外""不断烦恼而入涅槃"的"宴坐"是极相似的。但是,这与传统佛教那种为了与外

[101]　传弘忍撰《最上乘论》,《大正藏》第48册,377页。
[102]　《楞伽师资记》引,《大正藏》第85册,1289页。

在世界隔离，回归内在心灵，一味追求绝对清净无垢的禅法，却远远地拉开了距离。

再如"发心自悟"。这当然是一种极高明的解脱与超越方法，但是发心自悟，悟个什么？却是一个很关键的指向性问题。悟世间诸苦是小乘悟，悟一切皆幻是大乘悟，但是，若能悟到人自身的佛性是无差别、无苦乐、无生死、无内外的心灵境界，则是最高明的如来之悟。所以，道信说，"悟佛性者，是名菩萨人，亦名悟道人，亦名识理人，亦名达士，亦名得性人"[103]。这里所谓"悟道"与"识理"，就是要透彻地洞察宇宙与人生的本原，在这种洞察的基础上，获得并保持着轻松平静但又不是一潭死水的心灵境界，恬淡无欲但又不是苦苦自虐的生活状态、精深领悟而又不是析理酌义的思想认识。

按照弘忍的说法，修道之本是认识"自心之本来清净，不生不灭，无有分别，自性圆满"，而这个"悟道识理"的道理和"不生不灭，无有分别"的境界，却必须依赖般若思想才能理解。在南朝后期所流行的般若思想中，有一个很突出的说法，就是思维的不断超越。《弘明集》卷六周颙《重答张长史书》中就对张融说，般若学精义在老庄学理之上，就是因为老氏"署'有'题'无'……未有能越其度者也"，而佛教般若的超越有、无，才真的是"擅绝于群家"[104]。也就是说，当一个人只认识到"有"与"无"的对立时，这种思想还只是很低级的，虽然从"有"到"无"，意味着从俗入真、舍凡趋圣，但是他毕竟只知一而不知二；当一个人从"有"与"无"中看到了虚妄，而理解了"有"与"无"不二时，他又超越了一层障碍，但毕竟还未到达真正的解脱境界；只有到一个人从心灵中感悟到"有"和"无"既是

---

[103]　《入道安心要法门》，《大正藏》第 85 册，1289 页。

[104]　《大正藏》第 52 册，40 页。

一又是二、既不是一也不是二的时候,他才真正地进入了超越和自由的天地[105],因为这时,他可以在生活中真正达到"不疑不犯不嗔不忍不进不息不定不乱不智不愚……不有为不无为"[106]。站在般若思想的理路上一路分析下去,引起烦恼的"五阴"是空无自性的虚假相,而"空"也是虚假相,所以有无染净本来并无差别。人只要在理智上洞察这种本原,就可以明白那些引人烦恼的尘世俗缘,都不过是虚假的,"亦不生亦不灭",而人的心灵对这一切,也不必惊慌失措地拒斥与欢迎,只要平常地"亦无著亦无断"[107],这就是"般若智慧"。就是这种般若智慧,既不背有趋无,也不舍染求净,而是超越染、净而笼罩有、无。它正是道信所说的"修道得真空者,不见空与不空,无有诸见也"的"道理";也正是弘忍所说的"了生即是无生法,非离生法有无生"的"禅法"[108]。

至此,在道信与弘忍的时代,达摩一系禅师终于从"禅"的传统范围中超越了出来[109],宗密在《禅源诸诠集都序》卷一所说的

---

[105] 参见吉藏《二谛章》卷上引兴皇法朗论三种二谛,《大正藏》第45册,90页。
[106] 《放光般若经》卷二《五神通品第五》,《大正藏》第8册,10页。
[107] 《放光般若经》卷一《无见品第二》,《大正藏》第8册,4页。
[108] 《楞伽师资记》引,《大正藏》第85册,1286、1290页。
[109] 当然,达摩禅门的这种思想转化,其背景是为了适应上根人也就是文人士大夫的兴趣,中国尤其是南北朝时代的文人士大夫没有苦修苦行的传统,也没有理智分析的习惯,从老庄道家那里发展起来的体验与感悟能力,使他们对宇宙多采取一种玄思的方法,从玄学论辩那里积淀下来的观念与思想传统使他们对人生多偏向一种自然的态度。王坦之《沙门不得为高士论》一文中"高士必在于纵心调畅,沙门虽云俗外,反更束于教,非情性自得之谓也"这段话,就很清楚地说明了他们的人生取向与宗教兴致。一种宗教如果不能把修行的途径变得简捷方便,如果不能把终极的境界变得超越玄妙,他们是不会把自己投入到这种宗教中去的。达摩一系在这一方面已经迈出了一大步,但是这一步毕竟磕磕绊绊、步履维艰,因为他们仍然在传统与维新、方法与思想、《楞伽》与《般若》之间左右徘徊。这种徘徊一直延续了很长时间,在后面的禅思想史中,我们将不断地面对这种徘徊,在众生本性的"真实"与"真如"之间,在修行途径的"渐悟"与"顿悟"之间,在终极境界的"清净"与"自然"之间。

"达摩未到,古来诸家所解,皆是前四禅八定,诸高僧修之,皆得功用,南岳天台,令依三谛之理修三止三观,教义虽最圆妙,然其趣入门户次第,亦只是前之诸禅行相,唯达摩所传者,顿同佛体,迥异诸门"[110]。这段话虽然有些夸张,把禅学之变都归之于达摩,但是如果我们不把功劳都算在达摩一人身上的话,说达摩一系使"禅"发生了根本改变是无可置疑的。

很早以前,僧睿在《关中出禅经序》中曾说过,虽然汉地早就译出了"修行大小十二门大小安般",但"虽是其事,既不根悉,又无受法",所以并不流行。他很感叹地说,要禅智双行,因为"无禅不智,无智不禅,禅非智不照,照非禅不成"。慧远在《庐山出修行方便禅经统序》中,也非常感叹"禅非智无以穷其寂,智非禅无以穷其照",所以,他回顾达摩多罗与佛大先的时候,特别讲到了他们禅思想的异致[111]。这说明禅定之学,并非不需要"智"而只是一种"禅"。所以,虽然北地禅师已有人开始"授法传禅",但这时的禅学尚未脱离印度禅的樊篱,也缺乏精深的义理支持,并不能形成禅思想的完整理路。道信有一句话很值得玩味,他说他的入道安心方法,"并是大乘正理,皆依经文所陈,非是理外妄说"。也就是说,他们的禅方法,已经不再是单纯的传统的具体的方法传授,而是在对大量经典的研习之后的理性总结。我们从他的论述中看到,他引述的经典中有《文殊般若》《大品》《普贤观经》《华严》《法华》《涅槃》《金刚般若》《无量寿经》《维摩》《遗教经》《法句》,他们在这些经典里取其所需,开始为禅的实践方法提供新的思想基础——

---

[110] 宗密《禅源诸诠集都序》,《大正藏》第 48 册,339 页。
[111] 僧睿及慧远二文均见《出三藏记集》卷九,《大正藏》第 55 册,65 页。

第一，他们预设了人的本性就是佛性，规定了人的解脱状态就是超越有无的心灵境界。这样，禅的方法就只是使人回归内心的反思内省，以心灵去体验意识本原中那种无思无虑的恬淡平静，用心灵对这种恬淡平静的感悟在人生中落实朴素自然的境界，在人生的朴素自然境界中，回味自己的精神对世俗的超越与解脱。

第二，在他们的禅思想中已经出现了初具雏形的意义中心，这仿佛般若学说所拈出的"空"：他们所说的人与佛等无二之佛性就是"空"，即本始未经污染的原初之心。它仿佛铜镜之铜本有照性，但未曾普照一切时的那种状态；他们所持的修行之法也许形式多样，但都指向一个终极境界，也是般若思想所要求的"空"，即不生不灭不有不无的真谛实相；所有的外在禅修行，在这里都只是登岸之筏，一旦进入禅境就应该舍筏忘筌。当然，如果能在意念上一悟而入，发三藐三菩提心而永不退转，那更是上根人的自觉圣智。

第三，他们所追求的终极境界，就是般若智慧，这种智慧不是解决问题的知识，也不是抚慰心灵的感情，甚至不是寂寥静谧与世尘隔绝的心境，而是一种平静地旁观大化流转，自然地随流迁化，但又深深地洞见这一切之虚幻的"空"境，这种"空"境是人心原来本性，又是修行之后回归本原的真性，它是起点，也是终点。

第三节 从印度禅到中国禅

人类总是需要一种超越实用意味的精神抚慰。这里说的不是哲学，哲学是一种对现象的深刻思维，但它不能逸出人的理智范围，也不能逃避思想的检验，所以，它只能是少数思想深邃的学者的精神产品与精神消费品，更多的人需要那种无需论证的思想权威，来为他提供无须检验的精神指导，以寻找自己心灵的归宿。因为，人们除了那些看得见的生活之外，总在追寻一个问题的答案，即人活着是为什么？怎么样才是最好的活着？活着的人能否达成更高境界？这才是人之为"人"的独特之处。除了一些蝇营狗苟的平庸之辈，大多数人都有这种经验，人们靠对这种精神世界的追寻，形成一种信仰，在这种信仰的规范下，做自己应该做的事，过自己应该过的生活。至于人们究竟为什么要遵循这一信仰的指导，大多数人未必清楚，但在意识中，却知道这就是"道"就是"理"。而这种"道理"无须经过论证与检验，因为它是"天启"或"神谕"，这就是宗教。即使是现代那些以理智与知识为职业的科学家、哲学家、史学家，也常常觉得需要一种宗教，因为在理性穿透一切的科学、哲学、史学之中，已经没有任何可以无条件信仰的了。过度的理智虽然会使人心变得冷静，但是也可能变得冷酷，没有任何的温馨与友爱，也会使一切变得流转不居，没有永恒与安宁。于是，在哪怕是最出类拔萃的人那里，宗教信仰也有着生存的土壤。

汉魏以来的中国思想世界，是一个适于宗教滋生的环境[112]。汉代"罢黜百家独尊儒术"后逐渐定于一尊的政治意识形态开始松动，唐代中期以后那种重新权威化的政治意识形态又没有形成。这个时代，对于人的心灵与存在的关心，超过了对外在的自然与社会的热情，而对心灵与存在的体验，又随着文人士大夫阶层的社会角色转换，而越加细致入微。对于文人士大夫来说，"木犹如此，人何

---

[112] 日本学者吉川忠夫有以下论文专门讨论这一时代的宗教气氛，参见《六朝隋唐时代における宗教の风景》，载《中国史学》（东京）第二卷，1992年10月；《中国六朝时代における宗教の问题》，载《思想》（东京：岩波书店）1994年4月号；《社会与思想》，载《魏晋南北朝隋唐时代史の诸问题》（东京：汲古书院，1997）。

以堪"的感叹随着时间的流逝,逐渐从对外在生命的悲伤,转向对内在心灵的追寻;永存不死的奢望逐渐幻灭之后,人们重视的是对精神永恒的希望。这种精神永恒,不是一种现实的实在,而是一种心灵的感受,当人能够在生活中体验到人生的终极境界时,那一刹那间也就成了永恒。因为他在这一刹那间,仿佛触摸到了自己的生命根本,领悟到了人之为人的依据。所以,探索宇宙与人生的终极意义的宗教,就在这时成了文人士大夫的兴趣。

但是应该指出,如果一种宗教信仰只是在一般意义上给人指示解脱之道,只是在具体方法上给人传授避祸之术,只是在虚拟世界里面向人们许诺某种信仰之果,那么,这种宗教只能获得下层平民的信仰,却不大可能在中国的精英世界占有一席之地。特别是,如果一种宗教还要以种种责任、义务、规矩来限制人的自由,以自由的限制为代价与神的承诺作交易,来换取某种实在的利益,或者以思想的苦思冥想和理智的探索辨析为手段,来解释自己生活的意义,那么它也不能成为中国文人士大夫的精神兴趣。所以,当佛教进入中国之后,就很快因接受者的追求取向分为两路:那些因果业报、三世轮回的思想以及用"实际功德"为底价的种种方法,成了下层民众的宗教信仰与实践;而那些关于宇宙与人生本原的理论,以及通过"心灵体验"来赢得精神超越的种种方法,就成了上层文人士大夫的宗教信仰与实践,这丰富了古已有之的"小传统"与"大传统"。

不过,就是在佛教关于宇宙与人生的理解和领悟中,也还有种种分别,究竟什么样的思想与实践,对中国士大夫来说是最适合的?这种宗教与宗教信仰者之间的遇合,就好像在暗中摸索大门的钥匙孔一样,既是宗教传播者的思考,也是宗教信仰者的找寻。在互相摸索中二者逐渐接近，最终选择一种最契合的宗教思想和实践模式。

我想，6—7世纪在中国南北方发生的，可以称为从印度禅到中国禅的演进过程，就是中国上层思想世界与外来佛教思想资源之间的一次精神姻缘。

一、宗教救赎的生活化与心灵化

在回顾中国禅思想的前期历史时，我们常常会想到那个被宗教史家称为"革新者"的马丁·路德（Martin Luther，1483—1546）。在西方宗教史上，大凡提到马丁·路德都会说到他的"因信称义"论。据说，由于基督在十字架上的救赎奇功，人与神之间已经没有阻隔，人们可以凭借自己的信仰与上帝直接交往，人的心灵可以体验到上帝的精神，所以，"基督徒是最自由的"，尽管他也是众生的"最恭顺的仆人"，但那些拘泥于教堂中种种仪式规章的做法，其实是对自由的限制。沃尔克在《基督教会史》中说，"这是他（路德）对新教思想的最重大的贡献之一，也是他摆脱古代和中世纪基督教思想束缚的最重要的标志之一"。因为这一"因信称义"论，推倒了教廷保护宗教权力的护墙，把救赎的权力从教皇和祭司那里，拿回来转交到了信仰者自己的手中[113]。

用马丁·路德来比拟前期禅思想，当然有些不伦不类。但是，这种让人不由自主地产生联想的原因却令人深思。的确，在把救赎的钥匙从宗教权力那里转移到信仰者手中这一点上，前期禅思想倒

---

[113] 沃尔克（Williston Walker）《基督教会史》（*A History of the Christian Church*，孙善玲、段琦、朱代强译，北京：中国社会科学出版社，1991），389页。

是与马丁·路德有异曲同工之处。如果按照某种通常的观点，"宗教是对信仰的理解"，那么，前期禅思想则仿佛是在转向"对理解的信仰"。为什么？因为它把对外在神灵、外在秩序、外在实践的崇敬，变成了对内在心灵、内在感受、内在直觉的体验，如果按照"宗教是一种（精神的）转变过程"的说法[114]，那么，前期禅思想就是把这种转变过程的钥匙，从宗教手中转到了信仰者手中，它使信仰者自己的感悟，成了解脱与超越的唯一途径，从而改变了人的宗教生活的整个路向。

我们知道，对于人的生活，世俗思想与宗教思想有过各种各样的设计，但是，在古代中国思想世界里，无论是在儒学、道家还是在佛教，原本都只是以下三种路向：

第一种，是道德与伦理的路向。这种路向预设伦理与道德是一种"善"，这种"善"建造社会"秩序"，而这种"秩序"是天经地义的，每个人都应当生活在这种秩序中，才能成为一个真正的"人"。《礼记·曲礼上》说了一段很耐人寻味的话："鹦鹉能言，不离飞鸟，猩猩能言，不离禽兽，今人而无礼，虽能言，不亦禽兽之心乎？……是故圣人作为礼以教人，使人而有礼，知自别于禽兽。"这是儒家的观念，它是要人在一个依照道德理性确定的社会秩序中生活，以寻找"人"之为人的意义。而《佛遗教经》则说了一段也很严肃正经的话，"比丘当持净戒，勿令毁缺，若人能持净戒，是则能有善法，若无净戒，诸善功德皆不得生，是以当知戒为第一安隐功德住处"。这是佛教的观念，它是要人在一个远离世俗生活的清净环境中，去

---

[114] 斯特伦（F. J. Streng）《人与神：宗教生活的理解》（*Understanding Religious Life*，金泽、何其敏译，上海人民出版社，1991），4页。

回归"人"之为人的根本;《抱朴子》卷三《对俗》也说了一段流传久远的话,"欲求仙者,要当以忠孝和顺仁信为本,若德行不修,而但务方术,皆不得长生也",这是道教的观念,它是要人在自觉遵循世俗道德的规定中,求得"人"之为人的永恒[115]。儒家也罢,佛教也罢,道教也罢,都对人提出了这种要求,要求人对自己的思想和行为有所约束,按照某种不言自明的原则(或者天理)生活,当人们依照这一原则(或者天理)生活时,他会得到宗教的承诺,而他的心中也会获得某种满足与安定。

第二种,是逻辑与理性的路向。这种路向预设人是有理智分析能力并有向善之心的,通过一种逻辑与理智的推论,人们会意识到"人"的最终极归宿,也会在实际中沿着这一逻辑理路,凭人的理性去生活。《礼记·礼运》中是从人的心理开始推论的,它说"饮食男女,人之大欲存焉,死亡贫苦,人之大恶存焉,故欲、恶者,心之大端也";但是人心难测,"欲"和"恶"藏在心里,所以,只能靠"礼"来节制,用"父慈、子孝、兄良、弟悌、夫义、妇听、长惠、幼顺、君仁、臣忠"这种规定来"尚辞让,去争夺"。或者按照《礼记·中庸》的逻辑,从正心、修身,到齐家,到治国,到平天下的理路,来培养"人"的道德自觉,从而使人类生活合理合情。佛教也是从心理方面入手的,和儒家一样,它也认定心灵是一切的根本,因为人有无明,眼、耳、鼻、舌、身、意,将外在因缘和合的假象在感觉中弄假成真,所以使人的心中杂念顿生,这充满欲念的心灵,又使人流转于生死苦难烦恼之中,不能解脱,正如康僧会《安

---

[115]《礼记·曲礼上》,《十三经注疏》(北京:中华书局影印本,1980;以下引用《十三经注疏》均此本,不再一一注明),1231 页。《佛遗教经》,《大正藏》第 40 册,848 页。《抱朴子》(王明校释本,北京:中华书局,1985)卷三《对俗》,53 页。

般守意经序》所说的那样[116],所以要想得到解脱,就必须运用理智对因果进行反思。无论从"三界唯心"的起点出发,还是从"四大皆空"的起点出发,人们都需要从理智上,透视这宇宙与人生的本质,在逻辑与理性的分析中得到一种澄明的智慧。当人拥有这种智慧能力,并且凭着这一能力自我分析和努力实践时,人就得到了心理上的解脱。

第三种,是神学或宗教的路向。儒家虽然说"敬鬼神而远之",但"神道设教"却也不可少。《周易》所谓"积善余庆,积不善余殃"的说法,其实已给宗教预留了相当大的缝隙,三国时康僧会在答吴主孙皓"佛教所明,善恶报应,何者是耶"一问时,就引《易》《诗》为据说,"善既有瑞,恶亦如之,故为恶于隐,鬼得而诛之,为恶于显,人得而诛之,《易》称'积善余庆',《诗》咏'求福不回',虽儒典之格言,即佛教之明训"。可见,这种用外在神灵来安顿人间生活的神学路向,在儒、佛之间并无多大矛盾。不过在这一方面,自然是宗教性的佛教更为明显而有效,前引孙皓与康僧会对话中,孙皓听了康僧会的话后,又问道:"若然,则周孔已明,何用佛教?"对这一问,康僧会说了一段话很有意思:"周孔所言,略示近迹,至于释教,则备极幽微,故行恶则有地狱长苦,修善则有天宫永乐,举兹以明劝沮,不亦大哉?"[117]换句话来说,就是人的生活以及他的命运,是由自己是否遵循宗教道德所规定的轨道,以及鬼神如何来眷顾他而决定的。佛教的"因果报应"和"三世轮回",实际上已经把救赎的希望一半交给了佛陀,人们自己只有管好自己,至于自

---

[116] 《礼记·礼运》,《十三经注疏》,1422页;康僧会《安般守意经序》,《出三藏记集》卷六,《大正藏》第55册,43页。

[117] 《高僧传》卷一《魏吴建业建初寺康僧会》,17页。

己的生活与命运，则只能由佛陀来决定。所以，人们不但要战战兢兢如履薄冰，而且要对宗教所崇奉的神灵顶礼膜拜，因为赢得神的眷顾，也是获得解脱的途径。当人们相信自己已经做到了这一切的时候，他也会感觉到生活有了希望，人生有了意义，由此而得到了解脱与安全的感觉。

中国原有的儒学、土生土长的道教，以及印度传来的佛教，在最初为中国人提供的路向都是这几种。特别是传统的佛教，它的戒律，它的义理，它的神学，无非是要求信徒朝着道德的、理性的、虔诚的道路走下去。但是，对于中国尤其是中古时代的文人士大夫们来说，佛教的戒律、义理、神学所开出的这三种路向，都不那么生活化，在实际人生中，它们不是太难就是太玄，很难简单地在他们的日常生活中进行操作。

应该注意到，在前期禅思想史的历程中，有一个十分明显的现象，即在它的终极境界越来越趋于玄虚的时候，它的方法却越来越趋于简易。宇井伯寿《禅宗史研究》曾指出，四祖道信、五祖弘忍之后，把纯粹精神性修习的禅在生活上加以发扬，这是一大变化，因为禅"在一般生活上加以发扬，发展了一切皆禅的观念"，因而禅"不再是特定之人所可行者，众生都可以习禅"[118]。这使得禅门有了极大的发展，这当然是很对的。但是，这只是看到了问题的一面，其实在四祖、五祖时代，一面用简截方便的修习广开禅门，使禅法出现了生活化的走向；一面也用不断玄虚化的义理，使终极境界变得极为深邃玄远。由于只能靠深厚的文化素养与敏锐的内在心灵去体验，故而又有着极明显的心灵化走向，这后一面则导致了

---

[118]　宇井伯寿《禅宗史研究》，84—85、88页。

禅思想逐渐脱离了下层民众而转向上层社会，这一点我们后面还将论述。

生活化与世俗化是有些近似的两个概念，但是，"世俗化"这个词在西方宗教史上是指脱离教会权力控制回归世俗世界。这一意指有其特殊背景，那就是在西方，宗教曾经拥有极大的权力，社会、知识和文化都在宗教笼罩之下，当社会、知识与文化由于宗教权力与世俗权力的分离、宗教教育与世俗教育的分离、宗教经济与世俗经济的分离，从而产生一种对宗教的离心力的时候，宗教不得不顺应这种趋势，改变自己的策略。这是西方宗教的"世俗化"，也是马丁·路德宗教改革的原动力所在。但是需要指出的是，中国宗教始终不曾有过西方宗教式的世俗权力，因此，也不曾出现过上面我们说的那些"分离"。这是中国不同于欧洲为代表的"西方"的地方。所以，在中国古代宗教思想史上，更多出现的，是宗教信仰世界向世俗思想世界靠拢，佛教徒们在传播宗教思想和宗教实践的过程中，一直十分注意如何使宗教与世俗的生活习惯、心理习惯相适应。所以，中国宗教并不仅仅是在外在背景的刺激下向世俗趋近，也是在内在理路上，逐渐发掘适合于生活的因子。为了区分这两种不同的宗教变化，我在这里用"生活化"而不用"世俗化"来界定前期禅思想史的这一走向。

宗教的生活化几乎是一个必然性的趋势。道理很简单，没有一个宗教是不想以它的思想影响民众的。在古代中国，如果一个宗教只是少数教士的垄断专利，那么它的气数必定有限；如果一个宗教把它的思想与方法弄得极为深奥，好像屠龙之技不能介入生活，那它必然前途不远。宗教不是少数天才把玩的哲学，它是民众生活的需要，这就使它不能不开出一套适用于生活世界的思想与方法。中国佛教各宗派中,最深奥和最深刻的唯识宗寿命最短,义理分析见长的三论宗、华严宗信众不多,方法直截而义理简明的天台宗、禅宗较为盛行,方法最为朴素、义理最为简单的净土宗则信徒众多,就证明了宗教生活化的意义。在前期禅思想史尤其是四祖、五祖的时代,这种生活化的努力,突出地表现在他们的"方便法门"上。念佛、持戒、入定等传统佛教的方法,在他们这里都相当地简化,宇宙理论、心性理论、境界理论在他们这里也被大大地约化,神灵与救赎的奇迹在他们这里则极度地淡化。人的救赎在于人们自己的心灵调适,当人们能够按照禅门的方便法门进行修炼时,外在于人的那一些道德、义理、神灵,都可以暂且放置一旁。所以,在这个时代,禅门有了前所未有的发展。前面我们所说道信与弘忍的念佛、坐禅、自悟,对于每一个普通信仰者来说,都是一条可以实行的修行之路。他们对初学者"攀缘心多"而设计的"常忆念佛""向心中看一字""身心调适看一字"等方法,就是一些有效的接引手段,弘忍《最上乘论》中有一段:

> 若有初心学坐禅者,依《观无量寿经》,端坐正念,闭目合口,心前平视,随意近远,作一日想,守真心念念莫住。

然后,他又讲到如何调息,如何观想。他说,只要"摄心莫著,并皆是空",即使不能入定,"亦不须怪,但于行住坐卧中,常了然守本真心,会是妄念不生,我所心灭"。最后"若能自识本心,念念磨炼莫住者,即自见佛性也"。这种修行的方法去除了早期艰苦的头陀行中那种精严的僧侣生活样式,换成一种较为方便随意的普通生活方式,使信仰者在可能范围内进行修行,在可见视野内达到目的,当然比较吻合普通信仰者的心理。

这才使四祖和五祖的时代"四方请益,九众师横,虚往实归,月逾千计",开创了禅门的兴盛时代。

二、宗教救赎与心灵超越

但是,这种修行方式对于所谓"上根人"来说,依然不够洒脱与高雅,因为在这种修行过程中,他们并没有体验到宗教满足与心灵超越,因为在这种毕竟还要通过念佛净心的漫长过程中,他们并没有感受到冥合自然与自由适意。

对于那个时代的文人士大夫来说,尽管儒家学说仍是主流,但过于严格的伦理道德也是束缚,义务与责任有时成为沉重的负担,清规与戒律有时成了身上紧缚的绳索。在他们看来,就是圣人的人生道路,都有可非议之处。《周易·系辞上》"显诸仁,藏诸用,鼓万物而不与圣人同忧"一句下面,王弼注释说,"圣人虽体道以为用,未能至无以为体,故顺通天下,则有经营之迹也"。就是说,圣人仍然不能达到那种超越的"无"的境界,他们由于有世俗的经营,所以被这些经营的成败牵惹了喜忧,使得心灵有了负担。用唐代孔颖达的话说,就是"内则虽是无心,外则有经营之迹,则有忧也"。这是因为他们"无心有迹",所以真正的超越境界应该是"无心无迹",只有这样才能抛开一切外在的行为和牵挂,直探那种至深至幽的"无"的境界,达到心灵的虚豁,从而触摸到绝对自由的境界[119]。《世说新语·轻诋》记载,著名文人王坦之著有《沙门不得为高士论》。为什么佛教僧人不能是高士?因为他们"虽云俗外,反更束于教,非情性自得之谓也"。这正像刘宋时代周朗《上书

---

[119] 《周易正义》卷七,《十三经注疏》,66页。

献谠言》中所讽刺的，佛教中人"习慧者日替其修，束诚者月繁其过"[120]。对于世俗道德行为与一般伦理准则，他们虽然并不反感，但是毕竟这不意味着思入幽冥的超越境界，更不意味着天人一体的自然境界。在文人士大夫心中，那些清规戒律只是维持世俗世界的秩序，那些道德与伦理只是针对下层百姓的教条，而他们需要的，却是超越世俗的人生与冥合自然的生活。

理性的认知对于文人士大夫来说，有时也是负担。过分繁复的心理分析和细密的逻辑推理，有时把信仰者的注意力全都吸引到与实际生活脱节的理论研习中，以至于把分析当作了目的。人们陷在烦琐抽象的义理中把玩，而全然无关于心灵的超越和拯救。在魏晋南北朝时期，玄学的风气大盛，对这种倾向于直觉与体验的习惯是一种支持。一般来说，逻辑通过语言和概念来运算，可是，语言只是外在的叙述，而外在的叙述却并不能真正表达内在的思绪，特别是对于那些至深至幽的、直觉体验中的人生真谛与自然境界，更是"言不尽意"。《庄子·秋水》所谓"言之所不能论，意之所不能察致者"，就是道家所谓"不可道"、佛教所谓"不可思议"的那种终极境界。《妙法莲华经·方便品第二》中说，"止止不须说，我法妙难思"[121]，当文人士大夫从玄学与佛教两方面都接受了这种蔑视语言、逻辑与分析的思想的时候，他们就更不愿接受那种被视为"外在之粗迹"的义理研习，更不要说把它当作自己安顿心灵的途径。

当然，外在的神灵崇拜和具体的果报方式，对于上层文人来

---

[120]《世说新语校笺》（北京：中华书局，1984）下册，452页；《宋书》卷八十二，2100页。
[121]《妙法莲华经》卷一《方便品第二》，《大正藏》第9册，6页。

说，就更是宗教中的低级和粗鄙之处。把希望寄托在鬼神眷顾，把命运置放在宗教救赎，以种种功德如造寺、塑像、念佛、度僧等，来与外在的神秘力量做交易，那是文人士大夫所不相信也不能接受的。古代中国的文人士大夫虽然希望得到宗教式的满足和心灵的安慰，但他们并不很相信外在的那些行迹可以拯救自己。传说中，达摩与梁武帝关于"有无功德"和"廓然无圣"的对话，虽然并不可靠[122]，但终究反映了一种蔑视外在行迹而重视内在感悟、不重神灵崇拜而重心灵空寂的倾向。忽滑谷快天《禅学思想史》上册中曾考证了传说中达摩与梁武帝的对话的来源，指出它很可能出自僧肇给秦主姚兴的上表和姚兴与姚嵩的论法要书，在这两份资料中都提到当时"诸家通第一义者，皆云廓然空寂，无有圣人"[123]，可见当时已有一种与传统宗教非常不同的趋势。尤其是在文化水平较高的精英中，他们更容易倾向于一种自力的救赎方式，这种救赎的原动力，不是外在的神灵，而是内在的心灵，这种救赎的最终境界，不是与佛陀合一，而是与自然冥符。

6至7世纪前期禅思想史，正是在这种普遍潮流中展开的，在"一阐提皆有佛性"的思想在南北朝被普遍承认的背景下，佛教中的

---

[122] 传说达摩与梁武帝见面，梁武帝问："朕一生造寺度僧，布施设斋，有何功德？"达摩说："实无功德。"梁武帝又问："如何是圣谛第一义？"达摩答："廓然无圣。"然后，梁武帝又问："对朕者谁？"达摩答："不识。"这段颇像后世禅师斗机锋的对话，在几乎所有禅宗灯史中都有，如《祖堂集》《景德传灯录》《五灯会元》等。据考证，关于"有无功德"一段，大约形成于8、9世纪之间，因为此前的《续高僧传》中虽不记载，但8、9世纪之间的一些资料中已有此说，如敦煌本《坛经》、日本最澄《内证佛法相承血脉谱》引《传法记》《历代法宝记》等。但"廓然无圣"一段，问世要相对晚些，要在10世纪中叶的《祖堂集》中才出现，不过，这一思想的渊源也早已有之。

[123] 忽滑谷快天《禅学思想史》上册，307页；僧肇语见《涅槃无名论》卷首《奏秦王表》，引自《中国佛教思想资料选编》（北京：中华书局，1981）第一卷，156页；姚兴语，见《广弘明集》卷二十一《答安成侯姚嵩》，175页。

禅学就赢得了一个极有利的理论支持，也同时赢得了上流社会的广泛欢迎。

首先，因为人本身具有佛性，所以，可以凭借这种自觉来自己解脱，而不必依赖外在的道德约束，不必依赖外在的神灵救赎，不必依赖外在的言语分析。达摩一系所凭依的《楞伽经》中就有"自觉不由它悟，离分别见，上上升入如来地"的说法。这种"自觉"的原因在于"含生同一真性"即人人都有佛性，这种佛性就在每个人的自心之中，所以，一切佛教修行的焦点都聚集到了"心"这一字上。前期达摩禅门奉四卷《楞伽》的一个很重要之处，就在于它凸显了"诸佛心第一"或"一切佛语心"。《楞伽师资记》在以求那跋陀罗为第一祖时，也引他的话说，"拟作佛者，先学安心"[124]。达摩的"如是安心，如是发行，如是顺物，如是方便"四句，也叫作"大乘安心之法"。而道信的《入道安心要方便法门》也在一开头就说道"要依《楞伽经》'诸佛心第一'"。于是，佛教修行就在这一从外向内的转化中，发生了极大的变化。

其次，安心的法门当然就是"禅"，无论是求那跋陀罗说的"默心自知，无心养神，无念安身，闲居净坐"还是达摩所说的"凝住壁观"，都是让修行者反身面对内心进行体验，这种体验不涉及道德、不涉及义理、不涉及神灵，同时也无关前世来世因果报应，无关数息念佛身体训练，只是一种纯粹的精神活动。所以"何用更多广学知见，涉历文字语言"，只要心灵中体验到了"无有分别，寂然

---

[124] 另一个与禅宗有极密切关系的先驱性人物求那跋摩，也强调"道在心，不在事，法由己，非由人"，见《高僧传》卷三，108页。日本学者石井公成认为他是"禅宗的先驱"，见其《禅宗の先驱——求那跋摩三藏の传记と遗偈》，载《田中良昭博士古稀纪念论集·禅学研究の诸相》（东京：大东出版社，2003），63—84页。

无名",人就真正地"与真理冥状"[125]。这样,禅修行就显得既高深又简捷,既方便又艰难。说它高深,是因为它所要达到的,绝不是任何人用逻辑和文字可以达到的境界,而是只能用自己沉潜于幽冥的体验才能领悟;说它简捷,是因为这种直达佛教最深层的精神训练,并不需要烦琐的程式、复杂的义理、艰深的知识、高尚的道德,甚至也不需要早期禅定之学的四禅八定九调心等过程;说它方便,是因为它从理论上来说可以适用于一切人,对于具有佛性的人来说,他不必用种种精力去持戒、修定、习理,不必用很多财力修庙、礼僧、拜佛,只要反身体验自心就一了百了;说它艰难,是说它对于普通的佛教信仰者来说,可能是过于深奥与抽象,因为它并非仅仅是传统意义上的排除杂念,而且要体会一种与自然冥符、与空无一体,超越了名相是非的终极境界。

再次,当这种习禅的方法与老庄玄学、大乘空观逐渐结合,形成中国禅思想的体系,它所追寻的终极境界,就不再是有形的净土、佛陀,而是自己内心的超越;它所希冀的宗教奇迹,就不再是想象的神异、再生,而是一种极幽极玄,只能在心中体验的宁静,以及洞察宇宙与人生的智慧;它所说的解脱,也不再靠神灵而靠自己,是在自己的心中找到的那一片宁静与温馨的天地。这就是中国文人士大夫一直在追寻的超越世俗的空无境界。《楞伽师资记》中记载,有人问道信如何作观行,道信回答是"直须任运",人又问是否要向西方观想追思,道信回答是"若知心本来不生不灭,究竟清净,即是净佛国土"。道信提醒信仰者说,他并不鼓励总是向西方寻找解脱,因为"向西方不为利根人说也"。在"利根人"也就是上层文化

---

[125] 以上所引,均见《楞伽师资记》,《大正藏》第85册。

人中,那种以神意与奇迹为主的宗教救赎,就转化成以理解与感悟为主的心灵超越。

这种心灵超越,正是士大夫禅兴趣所在,也导致了禅思想史的一大转向[126]。这一转向的意义需要深入研究,不过至少有一点,它在中国上层社会宗教生活中的意义,是逐渐瓦解束缚于外在戒律的生活路向,使之转向内在自觉;逐渐瓦解束缚于神灵救赎的路向,使之转向自心超越;逐渐瓦解束缚于义理分析的路向,使之转向内在感悟。在这一意义上,它与马丁·路德的宗教改革,似乎有着十分近似的精神。正如彼得·贝格尔(Peter L. Berger)所说的那样,"新教冒着某种简单化的危险,尽可能地使自己摆脱了神圣者的三个最古老和最有力量的伴随物——神秘、奇迹和魔力"[127]。同样,在禅思想史的这一转化中,伦理被消解为"审美",神迹被转化为"生活",义理被改造为"感受"。宗教色彩也在这一转化过程中渐渐淡化,因为在这里,崇拜对象与彼岸世界逐渐消失,修行方法与救赎程式逐渐简略,神学逻辑与经典意义逐渐瓦解。

当然,我们也要问,在禅思想日益生活化、内在化、日常化的未来,这一趋向是否会导致佛教自身的无形瓦解呢?这当然是后话。

三、前期禅思想的未完成使命

尽管我们对前期禅思想史的描述中,对达摩至弘忍的几代禅师

---

[126] 有人认为中国禅的成立,受过玄学影响的惠可作用很大,但直接证据尚不足。我们仍然相信,是道信和弘忍时代的作用更大,见石井公成《アジア禅宗史という视点》,载福井文雅编《东方学の新视点》(东京:五曜书房,2003),25页。

[127] 彼得·贝格尔《神圣的帷幕——宗教社会学理论之要素》(*The Sacred Canopy: Elements of a Sociological Theory of Religion*),高师宁译,上海:上海人民出版社,1991,133页。

应该有足够的敬意,但是仍然应该看到,在整个前期禅思想史中,他们的理路还不够清晰贯通。这不仅仅是因为史料匮乏的缘故,在现在能够看到的有限资料中,我们能发现他们在自北而南、从方法到思想、从印度禅到中国禅的转轨中,仍然步履维艰,在他们之后的禅宗思想中,我们能感到他们那种思想矛盾与理路障格,对后世禅思想的深刻影响。在早期禅门的时代,这也许并不成为问题,但在禅思想向越来越完善的方向延伸时,这些矛盾就像潜伏期很长的后遗症一样,引来了种种纠葛与纷争。

当禅思想向上流社会渗透的时候,它所面对的一个中心问题是"自然"。"自然"这个词并不是印度佛教的发明,而是中国思想的产物。《老子》第二十五章说:"人法地,地法天,天法道,道法自然",这里的"自然"有着双重含义:一是"自然而然",重点在表示宇宙、万物、人生的过程;一是"宇宙本原",重点在显示一切的根源。在古代词语中,这两重含义是叠合在一起的,在古人看来,天地宇宙无言无思,但它四时运转却周流复始,这就是大化流行的"道"。王弼在《老子注》中对此做了进一步的阐释,他说,"自然,无义之言,穷极之辞也"。所谓"无义之言,穷极之辞"是说,自然是不可说不可道的终极之词,它是一切的根本。所以,阮籍在《通老子论》中又说,"道者自然,《易》谓之'太极',《春秋》谓之'元',《老子》谓之'道'也"[128]。在中国的中古时代,这个"自然"既作为宇宙的本原,又作为社会的秩序,被文人士大夫所尊奉,同时也作为人生的态度,被上层文化人所看重。在他们心目中,这个"自然",就是一个上根人应当追寻的终极境界。

---

[128] 关于"自然",参见小尾郊一《中国文学中所表现的自然与自然观》(邵毅平译,上海:上海古籍出版社,1989),27页。

但是，当自然而然意味上的"自然"，被当作人生的终极境界时，它就与传统的儒家、道家与佛教，产生了相当大的差异。虽然儒道佛之间人生取向不同，但有一点是相似的，就是不承认人在现实生活中自然本性的流露是完全合理的，尽管他们可能承认人的本性为"善"为"静"，但他们都认为由于人进入了实际生活，就有了种种与"善"与"静"相违背的欲念与情感。儒道佛都用过同一个相当精彩而简明的比喻，来说明这一点，《文子·道原》中说，"水之性欲清，沙石秽之，人之性欲平，嗜欲害之"[129]，就是说人的本性应该如净水无垢，止水无波；《礼记·乐记》则说"人生而静，天之性也，感于物而动，性之欲也"[130]，如果用水来比喻的话，就是外感于世俗事物，使那一潭静水起了波澜，所以《礼记·中庸》"天命之谓性"下孔颖达《正义》引梁五经博士贺玚语曰：

> 性之与情，犹波之与水，静时是水，动则是波，静时是性，动则是情[131]。

而前期禅门所奉行的《楞伽经》，更有一首著名的偈语道："譬如巨海浪，斯由猛风起。洪波鼓冥壑，无有断绝时。藏识海常住，境界风所动。种种诸识浪，腾跃而转生。"[132] 就是说本来心如平静海面，但外在的色相尘缘就"犹如猛风，吹大海水，外境界风，飘荡心海"，于是人在这种诱惑鼓荡下，性海失去了平静。显然，儒道佛都把"性"与"情"打成了两截。本来一个完整的心灵，就在这里变成了分裂的两半，他们只需要这一半，而不需要那一半。按照

---

[129] 见《文子要诠》(李定生、徐慧君校注本，上海：复旦大学出版社，1988)，40 页。
[130] 《礼记·乐记》，《十三经注疏》，1529 页。
[131] 《礼记·中庸》，《十三经注疏》，1625 页。
[132] 《楞伽阿跋多罗宝经》卷一，《大正藏》第 16 册，483 页。

他们的思路，人应当放弃充满情感和欲望的那一半，而用道德、义理、信仰去寻找安静无波的这一半。

这种把心灵分裂为两半的思想，不符合中国的自然观，更不符合中国文人士大夫的人生情怀与生活态度。自从王弼对《周易》《老子》的解释成为人们普遍接受的思想，郭象对《庄子》的注解引起了文人对道家的兴趣，玄学讨论中一个重要的话题，就是人的性情自然流露的合理性。何晏是持"圣人无喜怒哀乐"也就是有性无情传统观念的，但是王弼则不同，《全晋文》卷十八何劭《王弼传》引王弼的话说：

> 圣人茂于人者神明也，同于人者五情也。神明茂，故能体冲和以通无；五情同，故不能无哀乐以应物。然则圣人之情，应物而无累于物者也[133]。

稍后的郭象在《庄子注》中又进一步论证，如果绝对分割人心的"性"与"情"，是对天性的一种伤害，这就像硬要把骈拇和赘瘤从人身上割下去一样，"是都弃万物之性也"。所以，只有"物各任性，乃正正也"，这"任性"就是让人的情感与欲念自己流露，不加以任何人为的干涉，这才是自然而然的"自然"。他说，"天地以万物为体，而万物必以自然为正，自然者，不为而自然者也……不为而自能，所以为正也。故乘天地之正者，即是顺万物之性也"，人心中本来有性有情，如果非得把人拘束在这一半而封锁那一半，这就是违背了人的自然天性。儒家也罢，佛教也罢，似乎都希望人心处于一种古井无波的状态，但是如果人是在充满了纷争、布满了荆棘的世界上生活，那么到哪里去寻找一个无风无雨的地方，使人心这

---

[133] 严可均辑《全上古三代秦汉三国六朝文》，1557—1558 页。

个水池波澜永不起呢？难道人能永世与社会隔离，去过僧侣式的生活吗？中国上流社会中的文人对生活远不到绝望的地步，他们也不可能接受那种让人拘束到不能真情流露的修行路径，更不认为那种把自然天性扭曲割裂的境界，会是人所追求的终极境界。他们要的是"自然"，"所不能者，不能强能也……能与不能，制不由我也，当付之自然耳"[134]。

从达摩到弘忍，禅思想虽然有了许多变化，就像我们前面所说的那样，但是，传统佛教思想中那个此岸与彼岸、清净与污染、佛性与人性，也就是"性"与"情"的分裂，依然未能彻底消除。他们从一开始就尊奉的《楞伽经》中那种"虽自性净，客尘复故，犹见不净"的基本观念，始终缠绕着他们的思想。因为人本来具有的佛性"为客尘妄覆，不能显了"，所以，他们仍然要用种种方法来清除污染，从此岸向彼岸苦苦挣扎而去，把情感和欲念抛开一旁。就连道信，也还是要人"常忆念佛"，使"攀缘不起"，让心灵绝对处于一种寂静的状态，使"一切诸缘不能干乱"。到了弘忍，也还是坚持"众生身中有金刚佛性"，但被"五阴黑云之所覆"，故而还要"凝然守心，妄念不生"[135]。于是，他们还要在传统佛教的方法与思想中，保留一个很长的尾巴，就是守护各种清除精神污染的修行法门和清规戒律，在通往西天的道路上，还有漫长的艰苦的历程。说到底，他们的终极境界还不是"自然"而是"清净"，他们的心灵归宿还不是"自由"而是"寂静"。

---

[134] 以上，均见郭庆藩《庄子集释》（北京：中华书局，1961），312、317、20、768页。

[135] 道信《入道安心要方便法门》，见前引《楞伽师资记》，《大正藏》第85册，1287页；弘忍《最上乘论》，《续藏经》110册，830页；关于这一问题，我们在《北宗禅再认识》《重估荷泽宗》《禅思想史的大变局》等几章中，还将要反复讨论。

不过，人总有一种不断追寻超越的习惯，特别是思入幽冥的佛教徒与善于玄想的士大夫。在南北朝时代，那种"翻过一层"的玄思，总是在促使思想世界朝"不可言说"的境界前行，这本来也是印度的思维习惯。《奥义书》(Upanisad)中关于"实我""梵神""梵界"等不断超越的神秘教义中，就有这种不断否定和超越的意味，而魏晋南北朝时代流传的各种大乘经典和各种大乘宗派，又特别爱好这种翻过一层的辨析。如《解深密经·无自性相品》中的"三时判教"，就把佛教思想从低到高，分为"小乘说有""大乘空宗""有宗"三等；《楞伽阿跋多罗宝经》卷二《一切佛语心品第二》，则把禅从低到高分成"愚夫所行禅""观察义禅""攀缘如禅""如来禅"四等；再稍后的吉藏《二谛章》卷上，更在世谛与真谛中，分出"有""无""说有说无""非有非无不二""说二说不二""非二非不二"诸等；唯识学从根性与次第上，也分出"遍计所执性""依他起性""圆成实性"以及"资粮""加行""通达""修习""究竟"等三性五位等。虽然这些区分，本意在党同伐异，确立自身的正统性，但它毕竟逼迫思想者不断超越习惯与固定的观念，尽可能地不断否定，逼迫自己的思想趋近终极境界。当达摩一系禅门较多地接受了南方流行的般若思想，他们就不能不考虑他们过去所持有的染、净二分观，究竟是否对人心的一种终极解释。

佛教这种不断"过河拆桥"式的思维方式，最后所到达的，就只能是"空空"。只有到这时，人的思索才到了退无可退的绝境，人的一切习惯性执着才被完全瓦解。般若的"空"对于任何分别与差异都是一种厉害的销蚀剂，它不承认任何实在的确定性，无论是传统佛教所肯认的清净境界，还是世俗世界所依恋的情感欲念。它那有名的论断"五阴则是空，空则是五阴……其实亦不生亦不灭，亦无著亦无断",消泯了染、净二分的实在性,把它们归结于一个更玄虚神秘的本原。从佛教的逻辑序列上来说,它是更上一层的思想,照般若思想看来,把世界、人心归属于"实有",是最粗浅的世俗之见,因为这不过是幻象。把世界、人心归属于"无",从而分出有、无,希望舍有趋无、背妄向真、由凡入圣,这也还没有到达终极境界,因为有、无的分别也还是幻相。把世界、人心看成既非有又非无,既是有又是无,是否就到达终极境界了呢?还是没有,因为持这种看法的人心中,还有一个是非、有无在。按照"般若"的说法,思想不能有任何落脚处,有落脚处就叫有"执",一有"执"就有"着",有执着就不能达到"空"的终极处。就好比有一个立锥之地,就不是一无所有,要达到这种般若思想所谓"空亦是空,空空如也"的彻底处,在语言的表述上,只有用不断的否定句式瓦解意义的存在。如《放光般若经》卷二《五神通品第五》中的"不疑不犯不嗔不怒不进不怠不定不乱不智不愚……"它把二元分立的一切都用"不"字瓦解,但是,除了那一个玄虚的"空"字外,没有给人以任何确定的立足之地。要达到般若思想所谓"空亦是空"的境界,在生活实践上则只有采取"无可无不可",以"随顺自然"的方式,来避免落入任何执着和拣择。只要你想从污染到清净、从此岸到彼岸、从世俗到神圣,那么,这就有了理念,有了分别,有了执着,就不能直探般若最终极的境界。

  正是在这一点上,般若对于人生终极境界的设想,与玄学对人生自然境界的设想不谋而合。关于这一问题,很多著作都有了极好的说明,僧徒中这类具体的例证也不胜枚举,如道安、如慧远、如支道林、如道立等,这里不必再多说。文人士大夫中这类的论述也不在少数,这里举一个例子,《全宋文》卷二〇宗炳《答何衡阳书》、卷二一宗炳《明佛论》中，就以佛教的"空"来创造性地（也是歪曲地）解释颜渊的"庶乎屡空"，借用儒门圣人的榜样，来证明生活的境界应该是"有若无，实若虚"，"处有若无，抚实若虚"[136]。因为在"空"之一字中，有无、染净、虚实，其实都没有分别。只有随顺自然，泰然处之，才能够不落入任何执着与拘泥，用支道林《大小品对比要钞序》的话说：

是以诸佛因般若之无始，明万物之自然[137]。

这很让我们想到传为三祖僧璨所作的《信心铭》的开头："至道无难，唯嫌拣择"与结尾"信心不二，不二信心"。当人心中把一切都看成无差别的时候，他又何必拣东挑西，说妄道圣呢？当人心中把一切都当成无所谓的空幻假象的时候，他又有什么放不下舍不得，有什么顾虑与忌讳的呢？《五灯会元》卷十三有一段公案，僧问龙牙居遁禅师说，"古人得个甚么，便休去？"龙牙道："如贼入空室。"[138]当人把世界看成是"空"，把万物都视为空相，就连自家都是"空室"，那么，又有什么可牵挂难舍，纠缠难解的？如果五阴是空，黑云是空，又何必苦苦去对影驱影，何必久久地扫空除空？

1936年，汤用彤先生在一次哲学年会上，说到过他对汉魏佛学的一个判断，他说，那时代中佛学有两大系统，一为禅学，一为般若[139]。那么，6—7世纪的禅思想史历程，是否可以看成是这两大系统的融合呢？据说，《楞伽经》中本来就有"无相之虚宗"的潜在因子，达摩所代表的"南天竺一乘宗"，本来就上承《般若》法

---

[136] 严可均辑《全上古三代秦汉三国六朝文》，2543、2549页。
[137] 《出三藏记集》卷八，《大正藏》第55册，55页。
[138] 《五灯会元》卷十三，806页。
[139] 汤用彤《理学·佛学·玄学》（北京：北京大学出版社，1991），211页。

性之义，这一说法不一定有根据，但也道出了前期禅思想的一种取向[140]。从达摩到弘忍，这一系禅师一直在不断追寻超越的路上向前行进，他们的思想理路已经为中国禅思想史预示了一个不断颠覆一般性知识、直探终极境界的趋向，他们的修行方式也已经为中国上层社会的文人指示了这一不断寻求自然适意状态的法门。

但是需要说明的是，在他们的时代，这一融合也只是初步的。他们在传统禅学所关注的"心"与《般若》思想所追索的"空"之间，在追求彻底的"清净"与追求完全的"自然"之间，在维持修行规则、信仰态度与放弃清规戒律、宗教虔诚之间，还在左右摇摆。特别是，思辨中的义理与实践中的方法，在变化中常常不能同步，有时候思想已经走到了相当远的地方，而习惯的宗教方式还在实行，这种方法与思想之间的矛盾就在一个宗教思想体系中制造了矛盾。方法有时拖着思想的脚跟，思想有时拽着方法的领子，于是，就导致了后来禅思想的分化；思想的分化与禅门的分裂，又互相重叠在一起，给后世禅宗的兴盛带来了相当大的影响，也给后世禅思想的发展留下了相当大的空隙。

在后面对南能北秀、对北宗禅、对荷泽宗、对牛头宗、对洪州宗的分析中，我们将不断地看到这一点。

---

[140] 汤用彤《汉魏两晋南北朝佛教史》第十九章，563、564、568—569页。

第二章　7世纪末8世纪初禅宗的分化

引　言

有时候，某一事件过于引人注目，它就会成为一段历史的象征。有时候，某一事件本来并不够引人注目，但是随着时间推移，这个事件被渲染、被凸显、被夸大，于是，它在传说的过程中日益引人注目，也会成为一段历史的标志。禅宗史上的南（惠）能、北（神）秀之争，在相当大的程度上就是这样一个事件。卢行者闻诵经而悟，踏碓八月，一首天下传诵的偈语，半夜传法，以及风动幡动心动，这一连串带有神异色彩的故事，在后代的反复传颂，就使南能、北秀之争成了中国禅宗史甚至是中国佛教史的分水岭，似乎标志着一个旧时代的结束和一个新时代的开始。

其实，旧时代与新时代的分界，远远不像后人想象的那样清晰和简明，思想史要用一种较大的时间尺度来丈量它的演进步幅。时过境迁，年代久远，后人反身回顾思想的历程时，常常容易在心里把历史简约化，仿佛历史是被压缩在书册中的文字，随便翻一页就是几个年头。于是，有些象征性的事件就在后人的历史书册中，被赋予了过于重大的意义，至今有人认为南能、北秀的时代，就是印度禅向中国禅转化的枢轴时代，仿佛那一次脑筋急转弯，印度禅就成了中国禅。

我不是在否定南能、北秀之争的特殊意义，我只是在强调思想史的时代划分，似乎应该有一个过渡期。在过渡期中，旧的和新的、半旧半新的，不旧不新的各种思想在分化、阐释、筛选中共存，各种思想派别也在重新清理自己的武库，在不断冲突中，最终形成一个新的时代思潮。这一思想的"磨合"期有时会很长很长，根本无法用一个事件来充当标志，清清楚楚地给它一个分水岭式的界线。

所以，我把整个南能、北秀时代，也就是从7世纪末到8世纪初，精确地说，是从唐高宗咸亨五年（674）弘忍圆寂，到唐玄宗先天二年（713）惠能圆寂，看成是一个禅思想分化与清理的过渡时代。

第一节　7世纪末8世纪初禅门的分布

7世纪末8世纪初，禅思想史上值得注意的事情，是禅门的分化与思想的分流。与前期禅师不同，道信与弘忍并不那么拘泥于禅体验的个人领悟，而是很看重禅方法的大众实践。前一章中我们曾引《楞伽师资记》提及他们门下的盛况，另一文献《历代法宝记》也说到，道信"广开法门，接引群品，四方龙象，尽受归依"，弘忍"四十余年接引道俗，四方龙象，归依奔凑"[1]，于是，在初唐形成了较大的禅宗僧侣集团。

但是，就像早年儒家弟子在孔子身后分为八派一样，弟子众多的结果也是要众水分流的，更何况，这里有一直在祖师身边服勤

---

[1]　《历代法宝记》，《大正藏》第51册，181—182页。

的嫡传弟子，有半路出家带艺投师的半截弟子，有出身高贵、水准颇高的上流人弟子，有出身低微单凭口传的下根人弟子。思想史上的一个常见的现象就仿佛中国古代小说里说的"分久必合，合久必分"，当一种思想逐渐成熟，到了要开花结果的时候，思想的继承者就不能不通过阐释另起炉灶，前期禅门将禅学从实践性的宗教修行方法，扩展成了一个融佛性理论、修行方法、终极境界为一体的庞大体系，把各种彼此不同的内容收束在一道，这就使后来的禅师不得不对它重新进行选择与整合。而选择与整合，就导致了禅思想的分流。特别是在禅门逐渐站稳了脚跟，不再受上层的意识形态与政治权力歧视的时候，本来那种小心翼翼的心境，就变化为跃跃欲试的动力，争夺正宗血脉、竞说自家理解的风气，很快就会取代那种墨守成规、谨遵师说的习惯，造成禅门的迅速分化。

咸亨五年（674）弘忍圆寂后[2]，东山门下就处在这种分化的前夕。

一、东山门下十大弟子

关于弘忍身后的禅门，有所谓东山门下"十大弟子"之说。但是，敦煌卷子中的《楞伽师资记》《历代法宝记》与传世文献中较早的《圆觉经大疏钞》《中华传心地禅门师资承袭图》这两类资料中，关于这"十大弟子"的说法却出入很大。第一类中的《楞伽师资记》

---

[2] 关于弘忍的卒年，《楞伽师资记》说是咸亨五年（674），《历代法宝记》《法如行状》同，《神会语录》说是上元年，元字后面可能少写了一个"元"字，上元元年即咸亨五年，早期这几种敦煌本应该是可信的。稍后，公元10世纪中叶成书的《祖堂集》卷二，既说弘忍圆寂于"高宗在位二十四年壬申之岁"即咸亨三年（672），后面又说是"自上元壬申岁迁化"，上元年号始于674年，可见有自相矛盾处。再后面的《景德传灯录》卷三说是"上元二年乙亥岁"即675年，不知何据。此处依较早的敦煌资料及有存碑可证的《法如行状》，定弘忍卒年为674年。

引了玄赜《楞伽人法志》的说法,《楞伽人法志》成书很早,大约撰于8世纪初,据玄赜说,弘忍临终前对弟子说:

> 如吾一生,教人无数,好者并亡,后传吾道者,只可十耳。[3]

他数出来的是神秀、智诜、刘主簿、惠(慧)藏、玄约、老安、法如、惠能、智德、义方。此外,当然还有记述者玄赜本人。作为《楞伽人法志》的撰人,他是把自己当作弘忍的正宗传人而不算在"十大弟子"之内的,于是,弘忍门下就有了十一个传法弟子。与此相同的是《历代法宝记》的说法,据学者考证,《历代法宝记》撰于中唐大历九年(774)到建中二年(781)年间[4],它可能参考和抄袭了《楞伽师资记》的一些文字,所以记载大同小异,只是把"十大弟子"中的惠能和"十大弟子"外的玄赜调了个位置,表明正宗血脉传人是惠能而不是玄赜。此外,又漏掉了一个义方,这大概是抄写的时候疏忽大意所致,于是只剩下了九个弟子加一个惠能。不过,它在另一处再次提到弘忍门下各弟子的时候,却没有漏掉义方:

> 忍大师当在黄梅凭墓山日,广开法门……唯有十人,并是升堂入室,智诜、神秀、玄迹(赜)、义方、智德、慧藏、法如、老安、玄约、刘主簿等[5]。

十个人之外,就是《历代法宝记》撰者心目中传弘忍正法及袈裟的惠能了。如果我们不计较这两种禅史在门户上的差异,那么,可以说,这两种资料所提供的"十大弟子"(应该说十一大弟子)的名单是一致的,也是可以相信的。

---

[3] 《楞伽师资记》,《大正藏》第85册,1289页。
[4] 此据柳田圣山《初期禅宗史书の研究》第四章第六节《历代法宝记の登场》,279页。
[5] 《历代法宝记》,《大正藏》第51册,182—183页。

可是，半个多世纪之后的圭峰宗密（780—841），在《圆觉经大疏钞》卷三之下和《中华传心地禅门师资承袭图》中，又提出了两份很不一样的名单。在《圆觉经大疏钞》中，他说在弘忍弟子中"久在左右升堂入室者"，有"荆州神秀、潞州法如、襄州通、资州智诜、越州义方、华州慧藏、蕲州显、扬州觉、嵩山老安"，另外加上惠能，请注意，这里多出了通、显、觉三人，但少了玄赜、智德、玄约、刘主簿四人，算来还比《楞伽人法志》和《历代法宝记》少了一个[6]；而在《中华传心地禅门师资承袭图》中，他又用列表的形式，在弘忍的下边开列出襄州通、潞州法如、北宗神秀、越州方、业州法、资州诜、江宁持、老安、扬州觉，当然还有直承弘忍的惠能，这次又多出来了事迹不明的业州法、兼有东山与牛头的江宁法持，仍少了玄赜、智德、玄约、刘主簿四人及慧藏，连《圆觉经大疏钞》里新添的通、显、觉三人也漏掉了一个，虽然还是十大弟子，不过这十个已不是那十个，里面早已掉了好几个包了[7]，我以为这份名单并不可信。

但说它不可信，只是说这里开列的人并不是当时的或者是盛唐的所谓"东山十大弟子"，而不是说宗密的名单是无中生有胡编乱造的。其实，这里边确实有弘忍的弟子在，比如说蕲州显，就是李适之《大唐蕲州龙兴寺故法现大禅师碑铭》中所记的法现（643—720），他"本名法显，避中宗庙讳，于是改焉，即双峰忍禅师门人

---

[6]《圆觉经大疏钞》卷三之下，《续藏经》第14册，553页；又见于《圆觉经略疏钞》卷四，《续藏经》第15册，261页。

[7]《中华传心地禅门师资承袭图》，《续藏经》第110册，867页；《中国佛教思想资料选编》第二卷第二册所收宗密此图，在弘忍之下，还有果阆宣什等，是书据称也是用日本藏经书院本《续藏经》，不知为何有此差异。见《中国佛教思想资料选编》（北京：中华书局，1983）第二卷第二册，462页。

也"[8]；又比如说江宁持，就是《宋高僧传》卷八中所记的金陵延祚寺释法持（635—702），据说他"年十三，闻黄梅忍大师，特往礼谒，蒙示法要"[9]。也就是说，在唐太宗贞观二十一年（647）时，法持已经是弘忍的弟子，比神秀、法如、惠能入门都要早[10]，仅次于武德九年（626）入门的老安[11]。虽然他后来承袭慧方（629—695）为牛头禅传人，但他的确是在弘忍门下学习过的。所以，《圆觉经大疏钞》说弘忍临终付嘱时提到法持，也不是没有可能的事。

不过，如果说是搜集一份弘忍门下的"全家福"名录，它又并不完整。即使宗密这样苦心孤诣地搜寻和拼凑，依然没有把弘忍门下有名有姓的弟子一网打尽，在他自己的记载中，就有虽未列入"十大弟子"但又独开一派的宣什[12]，在他身后的资料里，还陆陆续续地出现了一些关于弘忍弟子的零星记载。例如《宋高僧传》卷四有传的印宗，在《宋高僧传》中，他似乎曾经于上元年中想去蕲州东山弘忍门下"谘受禅法"而没有去成，因为弘忍在此前已经去世；

----

[8] 李适之《大唐蕲州龙兴寺故法现大禅师碑铭》，《全唐文》卷三〇四，1366页。
[9] 《宋高僧传》卷八《唐金陵延祚寺法持传》，182页。
[10] 神秀入弘忍之门，约在他五十岁时，《文苑英华》卷八五六张说《荆州玉泉寺大通禅师碑》称，"逮知天命之年，自拔人间之世，企闻蕲州有忍禅师，禅门之法澍也……"，4521页。这里用柳田圣山校订本，载柳田圣山《初期禅宗史书の研究》后附根据拓本校勘的"资料二"《荆州玉泉寺大通禅师碑》，498页。按：神秀生年不详，依张说碑，大约生于隋末，至神龙二年（706）圆寂是百余岁，故有人定其生年在607年前后。如果这一说法不错，那么，他入弘忍之门在7世纪50年代，比法持要晚；法如入弘忍之门更要晚些，《唐文拾遗》卷六七阙名《唐中岳沙门释法如禅师行状》证明他生于贞观十一年（637），十九岁出家，出家前随著名的青布明学习，又说他到咸亨五年（674）弘忍圆寂，一共侍奉弘忍十六年，始终没有离开，可见，他是显庆四年（659）才到弘忍门下，也比法持要晚；惠能入门就更晚了，大约是在弘忍的晚年即咸亨年间（670—674）。
[11] 宋儋《大唐会善寺故大德道安禅师碑》，见《全唐文》后附《唐文续拾》卷三，12页。
[12] 宗密《圆觉经大疏钞》卷三之下疏"有借传香而存佛者"时，说到南山念佛宗的开创者是"五祖下分出"的宣什，《续藏经》第14册，558页。

但在《景德传灯录》卷五的记载中，他倒是在弘忍门下参拜过的。按它的记载，他在咸亨元年"抵京师，敕居大敬爱寺，固辞，往蕲春谒忍大师"。咸亨元年弘忍还在世，他应该是可以见到弘忍的。尽管传说中，他后来对六祖惠能佩服得五体投地，但毕竟还是五祖的学生。又如《宋高僧传》卷八有传的道俊，曾在武则天、中宗时期有很大的名声，据说，他是在枝江"修东山无生法门，即（道）信、（弘）忍二祖号其所化之法"，似乎也应该算是弘忍的门下。再如《宋高僧传》卷二十九有传的僧达（638—719），据说他在四处游方时，"见黄梅忍禅师，若枯苗得雨，随顺修禅，罔有休懈"，又遇到印宗禅师，"重磨心镜"，看来也可以算是弘忍的后裔[13]。至于《景德传灯录》卷四中所记的就更多了，据说是弘忍门下有名有姓的弟子达一百○七人，不过，它只收录了十三个，有事迹记载的，除惠能外只有三个。其中，袁州蒙山道明是前面几种资料都未曾记载的，他就是相传去追惠能所携袈裟，后来又皈依了惠能的那个惠明。此外，只有名字而无事实的禅师中，如扬州奉法寺昙光、随州禅糙、舒州法照等，也是前面的各种资料中所未曾记载的，不过，晚出的《景德传灯录》的记载常常不那么可信。

以上各种资料所提到的弘忍弟子，总共是二十余人，分布的区域相当广，北至潞州（今山西长治），南至韶州（今广东韶关），东至越州（今浙江绍兴），西至资州（今四川资阳），这就是东山门下当时的传弘范围。不过，弘忍的这些弟子并不一定就能使东山禅法弘传开来，"各为一方师"的毕竟只是十人，而就是这十人中，也还有好几个声名不彰或血脉不纯，像玄约、智德、慧藏、刘主簿，就

---

[13] 以上，分见赞宁《宋高僧传》（范祥雍校点本，北京：中华书局，1987；以下引《宋高僧传》皆此本，不一一注明），82、183、719页。

没有留下多少可资参考的资料，也许他们生前并不显赫。而义方则可能有些义学僧人的习气，所以《楞伽人法志》在数前九人时还说"此并堪为人师，但一方人物"，而在其后数到义方时就说了一句"越州义方，仍便讲说"，似乎有些另眼相看的意思。

所以，真正值得注意并能传弘东山禅法的，就是以下六人：

法如（637—689），主要活动在嵩山少林寺。

神秀（约607—707），主要活动在荆州玉泉寺。

老安（传说中，约582—708之间），主要活动在嵩山会善寺。

玄赜（生卒年不详），主要活动在安州寿山寺。

智诜（609—702），主要活动在资州德纯寺。

惠能（638—713），主要活动在韶州大梵寺等。

可以看出，东山法门在弘忍身后，其传播的重心，已经由蕲州（今湖北、安徽、江西三省交界处）向三个地区转移：第一个是以荆州与洛阳为中心的地区，这是稍后东山门下最活跃的地带。其中法如、老安在嵩山，即今河南洛阳周边；神秀、玄赜在荆、安两州，在今湖北北部，这是当时唐王朝的中心地区。这一系禅师大体上继承了道信、弘忍的禅法，应该说，是东山禅门的主流，无论在僧界还是在俗界，他们都拥有极大的影响。第二个是西面的资州（今四川资阳），智诜在这里惨淡经营，其后人开创后来的"净众"一派，倡"无忆、无念、莫妄"法门，但由于地处西偏，声势远不如中原的一派。第三个就是韶州（今广东韶关），惠能在这里聚众开法，开创后来的南宗一派，但应当说在惠能生前，影响也不是很大，只是在他身后，由其弟子神会、本净、怀让、行思及再传弟子马祖道一等开南宗禅一派，另倡"无念顿悟"及"无心是道"宗风，才渐渐兴盛起来，成为禅宗的主流。

在此之外，在金陵即今江苏南京一带，还活跃着以法持、智威为首的牛头宗一系禅师，但传说他们是四祖道信门下的"旁出一枝"，与五祖弘忍也有一些关系。他们以般若之"空"与老庄之"无"，构筑自己的禅思想体系，成为当时禅门中最近于"玄"的一支，在法持、智威之后的盛唐时代，牛头宗迅速崛起，与上面出自弘忍门下的那三支，各自分据东西南北，在7世纪末8世纪初，成为并立的四大禅门。

二、法如、老安、玄赜、神秀及其周边禅门

法如、老安、玄赜、神秀这一批禅师，其实都可以算是广义的"北宗"。宇井伯寿在《北宗禅の人人と教说》中曾提出[14]，"北宗"一名，乃是开元二十二年（734）滑台无遮大会上，神会给"师承是傍，法门是渐"的神秀、普寂一系安上的名称。因此，北宗禅只是指这一系而言。这种说法也许有文献上的依据，却未免胶柱鼓瑟，因为从思想史角度来看，"北宗"早已成了一种禅思想流派的代称，从《祖堂集》以下，"北宗"便泛指与惠能一系对峙的弘忍门下其他弟子。敦煌本《传法宝纪》也以法如与神秀为一脉相承，《楞伽人法志》中，玄赜也把自己和神秀并列，说弘忍临终嘱托中有"汝与神秀，当以佛日再晖，心灯重照"[15]。从禅门宗系角度来看，法如、

---

[14] 宇井伯寿《禅宗史研究》（东京：岩波书店，1939）第六《北宗禅の人人と教说》。
[15] 《传法宝纪》的系谱，是从达摩、惠可、僧璨、道信、弘忍、法如，一直续到神秀的，见《大正藏》第85册，1291页。《楞伽人法志》，见《楞伽师资记》，《大正藏》第85册，1289页。

老安、玄赜、神秀之间，也距离较近。据《传法宝记》说，法如临迁化时，曾命门下参访神秀，而他的弟子李元圭（庞坞圭）在法如逝世后，的确曾到荆州参拜神秀[16]。神秀的掌门两大弟子，即义福和普寂则先拟参拜法如，只是"未至而闻其迁化"，才南下改参神秀的[17]。老安门下的陈居士（陈琰，法号智达）"在嵩山廿余年，初事（老）安阇黎，后事（神）秀和尚，皆亲承口诀，密受教旨"[18]。就是老安本人，也极其推崇神秀，当朝廷征召礼聘时，他"顺退避位，推美于玉泉大通"[19]。正因为如此，京兆的文人杜胐撰《传法宝记》时，才会自然而然地将法如放在神秀之前，尊为正宗传人；玄赜门下的净觉撰《楞伽师资记》时，才会坦然地把神秀当作七代祖师；而中唐僧人清昼（即著名的皎然）才会将老安和普寂（神秀的弟子）算在一道，作《二宗禅师赞》，称"安（老安）赞天后，寂（普寂）佐玄宗"，并说：

> 邈邈安公，行越常致。高天无言，九有咸庇。大海无心，百川同味。瞳瞳大照，有迹可睹。不异六宗，无惭七祖。禅岗一倾，人天何怙[20]。

7世纪后期8世纪前期，可以说是北宗禅的时代。咸亨五年（674）弘忍寂灭之后，虽然曾一度出现群龙无首、门下十余弟子各在一

---

[16] 智严《大唐中岳东闲居寺故大德圭和尚纪德幢》，原载《八琼室金石补正》卷五三，现已收入陈尚君辑校《全唐文补编》（北京：中华书局，2005）卷三十，360页。

[17] 《全唐文》卷二八〇严挺之《大智禅师碑铭并序》、卷二六二李邕《大照禅师塔铭》，分别见于《全唐文》1256、1174页。

[18] 敦煌卷子本 P.2799，刘无得《顿悟真宗金刚般若修行达彼岸法门要诀序》，现收入陈尚君辑校《全唐文补编》卷二六，321页。

[19] 《唐文续拾》（上海古籍出版社影印本《全唐文》第五册后附）卷三宋儋《大唐嵩山会善寺故大德道安禅师碑》，12页。

[20] 《全唐文》卷九一七清昼《二宗禅师赞》，4236页。

方、解禅说法纷纭歧异的局面，不过，这种禅门一盘散沙的局面很快就结束了。垂拱二年（686），各地禅僧首领齐集禅宗发源地嵩山少林寺，请求法如开示禅法，"咸曰：始自后魏，爰降于唐，帝代有五，年将二百，而命世之德，时时间出，咸以无上大宝，贻诸后昆，今若再振玄纲，使朝闻者，光复正化"，法如在"谦退三让"之后，终于接受了这一"用隆先胜之道"的使命[21]。

这一次有些类似古代"加九锡劝进"或者现代社会派代表选举式的嵩山之会，实际上已经确立了五祖弘忍的继承人，这在当时并无异议。所以，在法如圆寂后即建立的《法如行状》碑，便明明白白地宣布了这种传法谱系："（达摩）入魏传可，可传璨，璨传信，信传忍，忍传如。"稍后，开元十三年（725）所立《大唐中岳东闲居寺故大德圭和尚纪德幢》、开元十六年（728）所立《皇唐嵩岳少林寺碑》也都重复了这种说法。联系到后来成为神秀掌门弟子的义福和普寂，他们一开始都准备投奔法如这一现象，似乎可以明白，以法如接续弘忍，以神秀接续法如，其实可能是当时禅门弟子的共识。因此，裴漼《皇唐嵩岳少林寺碑》说，法如是"贞观之后……为定门之首"[22]。

敦煌资料证明了这一事实，现存巴黎的敦煌卷子中（P.3559）有一部完整的《传法宝纪》[23]，在《弘忍传》中，它不仅以法如直

---

[21]　《唐文拾遗》（《全唐文》第五册后附）卷六七阙名《唐中岳沙门释法如禅师行状》，334页。此处参用柳田圣山《初期禅宗史书の研究》后附根据拓本校勘过的"资料一"《唐中岳沙门释法如禅师行状》，488—489页。

[22]　《金石萃编》卷七七，又见《全唐文》卷二七九，1252页。

[23]　据柳田圣山《初期禅宗史书の研究》第二章《北宗における灯史の成立》说，《传法宝纪》是与法如有关系，而与神秀稍稍不同的一系禅师的作品，所以，对法如的地位相当强调，而与神秀比较接近的一系禅师如玄赜和净觉等等，以及来自这一系统的《楞伽师资记》，则是恪守《楞伽》，突显神秀而淡化法如的。47—87页。

承弘忍，而且明确记载：

> （上元二年八月十八日，弘忍）因弟子法如，密有传宣，明一如所承。

《法如传》中又一次说到法如"既而密传法印，随方行道，属高宗升遐度人，僧众共荐于官，名住嵩山少林寺"。可见，他和惠能一样，先承法印，后受具戒，在嗣圣元年（684）才正式名列僧录，这时上距弘忍圆寂已近十年，下至法如嵩山开法仅仅两年。法如在嵩山少林寺开法维系了禅门，可惜的是，这种一统天下禅门的局面仅仅维持了三年，永昌元年（689）法如便去世了，享年仅五十二岁。这时，禅宗又一次处于群龙无首的状态，虽然这一年正好是武则天大兴佛教，令天下置大云寺，并"令释教在道法之上，僧尼处道士女冠之前"的前夕。

十一年后，武则天在嵩山召见了老安，在老安的荐举下，同样是弘忍的弟子、也是法如的同门荆州玉泉寺的神秀被召至东都[24]，据说神秀"身长八尺，庞眉秀耳"[25]，张说《大通碑》说，当时神秀年事已高：

> 跌坐觐君，肩舆上殿，屈万乘而稽首，洒九重而宴居。传圣道者不北面，有盛德者无臣礼。

和法如不同，年已九旬开外的神秀似乎非常懂得政治力量的意义和宗门团体的作用，他一面与武则天、唐中宗打得火热，一面不断接

---

[24] 张说《荆州玉泉寺大通禅师碑》记在"久视年中"，《宋高僧传》卷九《普寂传》同，198页；敦煌本《楞伽师资记》则记在"大足元年"，《大正藏》第85册，1290页。

[25] 《旧唐书》卷一九一《神秀传》，5110页。相比之下，惠能似乎身材矮小，所以在朝廷征召的时候，他就以自己身材矮小和相貌丑陋为由推辞。同上书，5110页。

纳门人形成宗门系统,《宋高僧传》卷八载,武后"亲加跪礼,内道场丰其供施,时时问道……时王公以下,京邑士庶竞至礼谒,望尘拜伏,日有万计。洎中宗孝和帝即位,尤加宠重"[26]。

虽然神秀与法如同出一门,可以算在广义的北宗禅门,但是似乎立场稍稍有些不同。比如法如对于传统禅门的路数还是有所质疑的,出自他这一系统的《传法宝纪》曾经对"壁观""四行"等有所批评,觉得它是"权化一隅之说",也就是说,只是权宜方便,不是根本大法。但是,神秀似乎更加维护传统一些,在神秀系的《楞伽师资记》中,说这就是达摩亲口所说之法。但神秀此人相当有谋略,他与朝廷高官广泛交纳,又把他的门弟子普寂带到洛阳。《宋高僧传》卷九《唐京师兴唐寺普寂传》曾载:"久视中,则天召神秀至东都论道,(神秀)因荐寂,乃度为僧。及(神)秀之卒,天下好释氏者,咸师事之。中宗闻(神)秀高年,特下制令普寂代本师统其法众。"[27]等于是他预先安排了坐镇两京的接班人,特别是重新占据了洛阳、嵩山这种禅门传统的中心地区,自然成为当时禅门的主流,连法如系统也不得不承认他的正统地位[28]。同时,他在荆州、洛阳、长安广开法门,据说座下"升堂七十,味道三千",这当然是形容神秀如同孔子的夸饰之词,但他的门下的确人才众多,如义福、普寂、景贤、巨方、降魔藏、辞朗、大福等。

所以,尽管可能他并没有像法如那样得到禅门的一致推举,但凭着"国师"的威望和僧俗两方众多弟子的拥戴,自然成为法如之

---

[26] 《宋高僧传》卷八《唐荆州当阳山度门寺神秀传》,177页。
[27] 《宋高僧传》卷九《唐京师兴唐寺普寂传》,198页。
[28] 关于这一点,请参看小川隆《初期禅宗形成史の一侧面——普寂と"嵩山法门"》,载《驹泽大学佛教学部论集》(东京,1989)第二十号,310—325页。

后无可争议的禅门祖师[29]。当唐中宗神龙二年（706）他以传说中的百余岁高龄圆寂后，那身后哀荣可以说几乎是无与伦比：

> 宸驾临诀至午桥，王公悲送至伊水，羽仪陈设至山龛……太常卿鼓吹导引，城门郎护监送丧。是日天子出龙门，泫金榇，登高停跸，目尽回舆，自伊及江，扶道哀候……

也许，是为了填补神秀之后的空缺，在二月神秀圆寂之后，九月，唐中宗曾把百岁老僧老安召到长安。但是，可能是因为年老体衰，也可能是在长安难以生根的缘故，第二年即神龙三年（707），老安就"辞归少林寺"，并于景龙三年（709）逝世。唐中宗又于景龙二年（708）征召安州的玄赜，玄赜在东都洛阳传法，似乎影响并不太大，还不如神秀门下的义福和普寂，以至于他的门人在修《楞伽师资记》时不得不以神秀、普寂为正宗传承血脉。这时，除了远在南方的惠能之外，弘忍门下在北方的第一代弟子大都辞世，不过，法如、老安、玄赜、神秀毕竟把达摩、慧可、僧璨、道信、弘忍一脉的香火接续下来。其中，特别是神秀，以他的努力使禅思想进入了世俗上层，并且使禅门真正地在中国北方的宗教思想世界占据了中心位置。

过去，禅宗史研究者很少注意到弘忍身后的法如、老安、玄赜、神秀之间的关系[30]，往往过信旧说，以为神秀、惠能之间的

---

[29] 佛尔（Bernard Faure）的 *The Will to Orthodoxy: A Critical Genealogy of Northern Chan Buddhism*（Stanford University Press, 1997）在讨论北宗禅如何寻求正统性的历史叙述和思想分析上，相当值得关注，尤其是第一章《神秀和他的时代》，请看 p.13 以下。

[30] 关于这一点，很早沈曾植就已经指出了《法如行状》的意义，见其《海日楼札丛》（中华书局上海编辑所，1961）；近年来，由于柳田圣山等人对《法如行状》的解读和重视，情况已有改变，如温玉成《读"禅宗大师法如碑"书后》及《禅宗北宗初探》，已讨论了法如在禅史上的地位，载《世界宗教研究》（北京）1981年第一期、1983年第二期。

衣钵之争，在弘忍身后便立即开始，于是，对禅宗的历史就出现了一些误解。

第一个误解，就是以为当时禅门有一线单传的规矩，好像武侠小说中立"掌门人"一样。其实，弘忍开"东山法门"广收弟子，虽然与过去达摩、慧可、僧璨、道信诸祖师不同，但并未改变"以心传心"的习惯，也未新立衣钵为信的法规。所以，他圆寂之后才出现群龙无首的局面，以至于禅门不得不在嵩山聚会，推举法如为领袖，真正的争夺可能是法如身后的事情。

第二个误解，就是以为神秀直承弘忍，仿佛武侠小说中那个阴谋篡位的不肖弟子赶跑了正宗自封为"掌门人"一样。其实，按照张说《大通碑》的记载，神秀于"知天命之年"到五祖门下，大约是唐太宗贞观二十年（646）前后的事，而他在五祖门下仅"服勤六年"，也就是说在六年后就离开了东山法门。宇井伯寿氏考察张说碑中"涕辞而去，退藏于密"八字时认为，这大概指的是神秀龙朔元年到仪凤元年（661—676）隶荆州玉泉寺这一段时间，而弘忍正是在此期间逝世，神秀当时并不在弘忍身边，也没有资格自任"掌门人"，倒是法如"至咸亨五年，祖师灭度，始终奉侍，经十六载"[31]，自然顺理成章地被禅众推为"掌门"大师。

第三个误解，就是以为神秀的宗门领袖地位，尚有作为思想领袖的身份支撑。就如同武侠小说中那个篡位弟子，尽管名不正但毕竟继承了正宗功夫，总是有师资血脉关系一样。其实，当时禅门并不是一个组织严密、思想整齐的宗派，虽然东山门下人才众多，但十大弟子各自为政，并不听统一指挥，虽然法如被推为精神领袖，

---

[31]　《唐文拾遗》卷六七阙名《唐中岳沙门释法如禅师行状》，《全唐文》第五册后附，334页。

但未必是组织首脑,天下凡修禅定的僧人均是"定门",皆称禅师,以神秀一系的思想一统禅众,使天下禅师奉其为宗主也是不可能的。像法持(635—702)先从弘忍、后事惠方,既信念佛,又修禅定,成为牛头四祖。《宋高僧传》卷八记载他重事方禅师"传灯继明,绍述山门,大宣道化"后,便说"是知两处禅宗,重代相袭",并没有把恪守祖师门墙看得那么严重。又如,智诜(609—702)自立门户,并由其弟子在四川开"净众"一派,在万岁通天二年(697),他曾一度被召入京,当时自称得受五祖衣钵。可见,他也不承认有什么"天下共主"的六祖,就连第二代弟子中的李元圭(庞坞圭,644—716)一系后人,也在《大唐中岳东闲居寺故大德圭和尚纪德幢》里无视当时神秀的权威,公然称"如来在昔,密授阿难。自达摩入魏,首传慧可,可传粲,粲传信,信传忍,忍传(法)如,至和尚(庞坞圭)凡历七代,皆为法主"[32]。而老安门下的净藏(675—746)则在老安圆寂后(709)去了韶州惠能门下;怀让(677—744)则在老安的启发下,成了惠能的大弟子;净藏灭度后,弟子所撰塔铭居然还有"可、粲、信、忍,宗□密传,七祖流通,起自中岳"的字句,其中"七祖"二字,绝不是指神秀、普寂这一支的禅师[33]。

新发现的梁肃《唐常州天兴寺二大德比丘尼碑》中曾经记载了一件事情,其中说到,先天初年,"大照寂公(即神秀的弟子普寂)禅门方炽,二德(即碑主黄氏姐妹)谒问",但是相当失望,"退而

---

[32]《八琼室金石补正》卷五三智严《大唐中岳东闲居寺故大德圭和尚纪德幢》,收入《全唐文补编》(北京:中华书局,2005),卷三十,360—361 页。

[33] 净藏事,见《唐文拾遗》卷五〇慧云《嵩山故大德净藏禅师身塔铭并序》,《全唐文》第五册后附,252 页。怀让事,见《宋高僧传》卷九《唐南岳观音台怀让传》,200 页。

告人曰：彼之所论，未尽善也。其势且盛，吾焉能辨之"。可是这种不赞成的态度却受到打压，"大照之徒，闻而恶焉……"[34]可见，在神秀的时代，尽管他这一支已经成了禅门中最大的一派，他本人也成了禅门中最重要的领袖，但是，这只是因为他背靠着朝廷，培养了大批弟子，重新占据了洛阳和嵩山这个禅门的传统中心，有了很大的势力，却并不是因为他的禅思想征服了禅众，或是他的禅思想得到了五祖真传，当然，更不是因为他是法定继承人，就连他自己，恐怕也没有这个自我意识。

他作为五祖之后的禅宗正统"掌门"，倒可能是他的弟子时代的事情了。

三、西蜀与东吴

南、北分宗，当然是禅思想史上最引人注目的事情，不过东、西二脉也是不容忽视的历史，因为东、西二脉分别是禅门在思想与方法上各持一端的两支，只有把东西与南北合观，才是7世纪末8世纪初的中国禅宗的全景。

在西蜀弘传东山禅法的，当然首推智诜。不过，他在弘忍的门人中，属于半路出家的一个。据《历代法宝记》的记载，他先曾在玄奘那里学过经论，后来才到弘忍这里学习禅法。在8世纪下半叶撰成的《历代法宝记》中，看不出他有什么特别的思想，在晚唐段成式《酉阳杂俎》续集卷四所引的《诜禅师本传》中所记载的他与日照三藏的对话中，也看不出他有什么特异的禅法，相传"净众"一派用以开法授徒的"无忆、无念、莫忘"，也似乎不是他的发明

---

[34] 此碑见于高丽僧义天《释苑词林》卷一九三，此承陈尚君教授抄示，特此致谢；后收入《全唐文补编》（北京：中华书局，2005），《又再补》卷四，2295页。

而是之后金和尚（无相）的专利。只是《历代法宝记》中关于"传衣"的故事，却颇为重要。据说，武则天于万岁通天元年（696）曾召惠能入京，但惠能坚不应诏，只是把作为传法凭证的袈裟交了出去。第二年，武则天派张昌期到资州（今四川资中）请来了智诜，于内道场供养，大约不久智诜就辞归资州。临行时，武则天把袈裟赐给了他，让他"将归故乡永为供养"，同时又令内侍将军薛简通知惠能，说"将上代信袈裟奉上诜禅师，将受持供养，今别将摩纳袈裟一领，及绢五百匹充乳药供养"[35]。但是，这个传说出自半个多世纪之后，可靠与否很难说。且不说五祖传法是否真的用袈裟为凭据，如果袈裟真的是五祖弘忍传法的凭据，惠能是否能那么轻而易举地交出来还是疑问。如果袈裟真的如此重要，神秀等人及其弟子又何至于一声不吭，让西蜀智诜顺利地收入囊中？就算这件袈裟很重要，《历代法宝记》的这一传说也只有两种可能：一是真有此事，那么有可能是武则天故意在禅宗内部挑起衅端；二是本无此事，那么这是后来逐渐靠向南宗惠能系的智诜后人，为了证明他们是南宗正宗传人而有意编造，想用这一莫须有的凭证，既说自家出身名门，又说自家与南宗有血脉缘分。

与智诜同在西蜀的东山门下，大概还有一个被称为"南山念佛宗"的宣什，不过宣什的资料极少，只是由于宗密《圆觉经大疏钞》的记载，我们才得以知道有这么一个东山门下的弟子存在。据说，他之后又有"果州未和上、阆州蕴玉、相如县尼一乘"[36]，都在今四川境内活动。但是，就连宗密也弄不太清楚他们的具体情况，只好说"余不的知禀承师资昭穆"。

[35]《历代法宝记》，《大正藏》第51册，184页。
[36]《圆觉经大疏钞》卷三之下，《续藏经》第14册，558页。

在智诜身后，还是他自己的弟子处寂较为有名，但这个处寂资料很混乱，《宋高僧传》卷二十记资州的处寂（646—734）[37]，俗姓周，"师事宝修禅师"，似乎与智诜门下的处寂不是同一个人，但他既在资州，又好像与智诜有关系，又记载他收纳无相（金和尚）为弟子，为其取号并授与摩纳衣[38]，显然又应当是智诜门下的处寂。但是，据《历代法宝记》所说，处寂俗姓唐，故称"唐和上"，卒于开元二十年（732）五月，年六十八。无论姓氏、生卒年都大为不同，宗密《圆觉经大疏钞》的记载和《历代法宝记》大体相同，《宋高僧传》的记载从何而来，其中的错乱究竟是怎么回事，现在也无从清理了。

处寂即唐和尚曾是后来著名的净土僧人承远（712—802）和著名的净众禅奠基人无相（金和尚）的老师[39]。真正使这一系开始兴盛的功臣，就是这个从海东新罗来的无相（684—762）和他的弟子无住（714—774）。无相以"引声念佛"的外修方便，与"无忆、无念、莫忘"的内修法门，加上《历代法宝记》所谓"此（袈裟）是则天皇后与诜和上，诜和上与唐和上，唐和上与吾"的护身法符，使得这一系禅法重新赢得信众，《菩提寺置立记》称他"传继七祖，于坐得三昧，以不思议之知见，破群心之蒙惑"。开元二十七年（739），又因为他得到益州长史章仇兼琼的礼请，而到成都净众寺住锡，逐

---

[37] 《宋高僧传》卷二十，507—508 页，此处生卒年是按"（处）寂以开元二十二年正月示寂，享年八十七"算出。

[38] 《宋高僧传》卷十九，486—487。

[39] 承远的生平事迹，见《柳宗元集》（北京：中华书局，1979）卷六《南岳弥陀和尚碑》；无相即金和尚，见神清《北山录》卷六"蜀净众寺金和尚，号无相禅师。本新罗王第三太子，于本国月生郡南寺出家。开元十六年至京，后入蜀至资中，谒诜公学禅定，入蜀止净众（寺）"。《大正藏》第 51 册，611 页。

渐扩大了这一系的影响。章仇兼琼在开元、天宝之间，在四川先后任益州长史、剑南节度使，是一方的军政长官，可能无相就是在他的崇信下，才声誉日隆的[40]。不过，他似乎已经与他的祖师有点分道扬镳的意思，他公然宣称智诜和处寂"不说了教"，所以，他不引师说，还扬言要"许弟子有胜师之义"，也就是说他要在祖师禅法之外另立一套。而这另一套"胜师之义"，可能就是从开元、天宝间声名鹊起的荷泽神会那里转手而来的南宗思想。但是，不知为什么，对禅宗素无好感的中唐和尚神清，却在《北山录》卷六《讥异说第十》中称赞他的净众禅门，"崇而不僭，博而不佞"，是否他这里还有一些传统的色彩呢？我们不太清楚。

无住则是无相选中的传人，他似乎比无相走得更远。他与无相一样很善于利用世俗地方政权的支持，据《历代法宝记》记载，永泰元年（765），副元帅兼剑南西川节度使，"酷好浮屠"的杜鸿渐，在平定安抚了蜀乱之后[41]，亲自去请无住禅师主持佛法。当时的仪式十分隆重，"和上（无住）到州，州吏躬迎，至县，县令引路，家家悬幡，户户焚香"。以杜鸿渐为首，各等官员如杨炎、杜亚、岑参等都出来迎接，据说当时"和上容仪不动，俨然安详，相公顿身下阶，礼拜合掌"。无住也和无相一样不恪守传统的禅法，他曾参访惠能门下的自在和尚和老安门下的陈楚章，大概思想和方法的血脉比无相更杂，所以他很大胆地公然改动老师宣称是"总持门"的箴言，引入了南宗禅的种种思想，与弘扬北宗禅的体无禅师公开翻

---

[40] 无相的弟子除无住外还有惠超，见《全唐文》卷六一七段文昌《菩提寺置立记》，2762页；有荆州明月山融禅师、汉州云顶山王头陀、净众寺神会禅师等，见《景德传灯录》卷四。

[41] 《旧唐书》卷一〇八《杜鸿渐传》，3283页，北京：中华书局，1975；据《景德传灯录》卷四，杜鸿渐迎请无住是在大历元年（766），此据《历代法宝记》。

脸，使得净众一派，后来逐渐融入了南宗禅系[42]。也就是说，当净众一系在无住时代达到最盛的顶点时，它也到了最后消融自身的关头，在无住之后，净众一系就逐渐湮没在南宗禅的主流中了。像无相的弟子中那个与惠能门下荷泽神会同名的神会，他的后人就把自己的血脉，将错就错地移花接木，转到荷泽神会名下，算是南宗后人[43]。而无住的身后人记自己的祖师时，也顺水推舟，半遮半掩地承认荷泽神会了不起，在《历代法宝记》中，全盘接受了荷泽系以惠能承弘忍的祖系排序，以及神会在惠能圆寂二十年后的中兴悬记[44]。

当然，那都是中唐以后的事情了。

下面再看在东方的一支。

在东吴最盛的禅门是所谓牛头宗，这时牛头宗的著名人物是法持与智威，不过，牛头宗开创者法融（594—657）并不是五祖弘忍的弟子，而相传是出自四祖道信门下。因此，我们在这里叙述牛头宗，不是把他们当作五祖门下来为东山法门写血脉谱系，而是把他们当作7世纪末8世纪初广义禅宗的一支，来描述那个时代的禅门大势。其实，如果从狭义的禅宗（即达摩禅系）来看，法融是否可以列入门墙，还是个疑问。他师承出自四祖道信的传说，最早也是在盛唐末中唐初才流传起来的。像李华《润州鹤林寺故径山大师碑铭》中说，"（道）信门人达者曰融大师，居牛头山，得

---

[42] 此外，据前引段文昌《菩提寺置立记》，无相还有弟子彭州天饬山惠悟，曾在大历初被节度使崔宁请到菩提寺主持，见《全唐文》卷六一七，2761—2762页。

[43] 关于这一点，请参见胡适《跋裴休的唐故圭峰定慧禅师传法碑》，《历史语言研究所集刊》（台北，1962）三十四本上册。

[44] 《历代法宝记》，《大正藏》第51册，179页。

自然智慧"[45]；李吉甫《杭州径山寺大觉禅师碑铭并序》也说，"达摩三世传法于信禅师，信传牛头融禅师"[46]。于是，此后有了宗密《圆觉经大疏钞》卷三之下所说的那个故事：

> 四祖（道信）委嘱（弘）忍大师继代之后，方与（法）融相见，（法）融通性高简，神慧灵利。久精般若空宗，于一切法已无所执。后遇四祖，于方空无相体显出绝待灵心本觉，故不俟久学便悟解洞明。四祖语曰：此法从上一代，只委一人，吾已有嗣，汝可自建立。融遂于牛头山，息缘忘情，修无相理，当第一祖[47]。

这个说起来对五祖弘忍颇为不恭敬的故事，很可能是来自牛头禅门自己的说辞。几乎同时，刘禹锡为法融新塔撰记时，又有了一个更神奇的故事：

> 贞观中，双峰（道信）过江，望牛头顿锡曰："此山有道气，宜有得之者。"乃来，果与大师相遇。性合神授，至于无言，同跻智地，密付真印[48]。

这个比宗密更进一步，把"真印"都传给法融的故事，更可能是牛头禅门的文学创作。但是，很多学者都对此不以为然，因为与法融同时代，又专门为法融写过传记的道宣，在《续高僧传》卷二十一

---

[45] 见《文苑英华》卷八六二，4550页。
[46] 见《文苑英华》卷八六五，下面说到"融传鹤林马素禅师，素传于径山，山传国一禅师，二宗之外，又别门也"，4563页。
[47] 见《续藏经》第14册，557页；又《中华传心地禅门师资承袭图》中所记大同小异，《续藏经》第110册，866页。
[48] 《刘禹锡集》（北京：中华书局，1990）卷四，55页。

的《法融传》中，竟然根本没有提到法融与道信有任何关系[49]!

早期牛头宗的传法故事中，有很多这一类的疑问，像法融传智岩，智岩传惠方，看起来都不那么可靠[50]。不过，这并不影响我们对7世纪末8世纪初禅门分布问题的研究，因为在这时，牛头宗已经进入法持（635—702）、智威（653—729）的时代，传承的脉络已经开始逐渐清晰，思想倾向也开始逐渐明晰。

传说中的牛头宗祖师，与奉《楞伽》的禅门和奉《般若》的论师，大都交往甚密，除传说中法融与道信的故事外，在僧传中所见的有，法融的弟子僧瑗（639—689）就"听常乐寺聪法师《三论》"[51]；另一弟子昙璀（631—692）就与"广陵觉禅师"来往，而这个觉禅师很可能就是五祖门下的"扬州觉"[52]。被后人尊奉为牛头四祖的法持，也曾经先后参拜过达摩一系的五祖弘忍和牛头一系的惠方禅师，据《宋高僧传》卷八《唐金陵延祚寺法持传》说，当惠方禅师出山后，是由他率领牛头宗的信徒。"凡是学众，咸悉从其咨禀心要，声价腾远，海内闻知，数年之中，四部依慕。"看来在他的时代，牛头禅影响日益扩大；而他的弟子智威，似乎比他更偏

---

[49] 丘山新、衣川贤次、小川隆在2000年出版的《祖堂集牛头法融章疏证——祖堂集研究报告之一》一文中，进一步指出，牛头宗的法统传说，形成于神秀、普寂大盛的8世纪中叶，因此，要把牛头法融上溯到比北宗所承继的五祖更早的四祖道信，在现存有关牛头宗的著作中，最早的是李华（大历间去世）为天宝十一载（752）圆寂的鹤林玄素（马素）禅师所写的《润州鹤林寺故径山大师碑铭》，其中提到了法融承道信这一谱系，接着是李吉甫为贞元八年（792）去世的法钦禅师所写的《杭州径山寺大觉禅师碑》。而后来所见各种牛头法融的传记，则形成于9世纪，刘禹锡在太和三年（829）作《牛头山第一祖融大师新塔记》，便基本完成了这一轮廓。载《东洋文化研究所纪要》（东京大学东洋文化研究所，2000）第百三九册，70—78页。

[50] 关于牛头禅，印顺《中国禅宗史》第三章的考证最为详尽，这一章是他此书最精彩的一章，可以参看。

[51]《宋高僧传》卷四，81页。

[52]《宋高僧传》卷八，181页。

重经论的研习，也更有文人气息。《宋高僧传》卷八《唐金陵天保寺智威传》说，他"淡然闲放，形容温润，面如满月，言辞清雅，慧德兰芳"。也许是这种个人魅力使他门下聚起了一批出色的禅者，也吸引了不少世俗的文人，所以，他"望重一时，声闻远近，江左定学往往造焉"[53]。

应该注意的是，法持和智威在山中弘法之后，都曾经出山到过当时江东文化中心金陵。这一举措的意义很可能和神秀、普寂入长安一样，带有一种利用世俗权力推动禅法普及的目的。从法融到智威，这批江左的禅师大都出身于上层士族家庭，文化水平较高，对佛教经论颇有研究。自从南朝灭亡后，南方文化表面是处于在政治上被贬斥的地位，例如唐王朝建立之后，李世民虽对南方文人加以任用，对南方文风也心有所好，但他对南方文化在政治和理智上还是有所警惕的。正如牟润孙《唐初南北学人论学之异趣及其影响》所说，李世民时代实际上是"崇实避虚"，他说，"举凡渡江以来南朝之风习，其不合于古而视为乱亡之阶者，悉应在废弃之列，为其时之天经地义"[54]。同样，江左义学尤其是说空近玄的般若系的学问，也每下愈况，唯识之类的义理之学十分昌盛，长安成了佛教的中心。但是在实际上，江左文化与学术，却随着文化重心的转移顺势进入了长安，出现了政治上贬抑的，在文化上卷土重来的现象，历史学者甚至有所谓"南朝化"的说法。特别是在江南，这一文化风气没有消失而仍然延续，牛头一系便是继承江左义学的传统，如法融在牛头山读"七藏经书"，为道俗讲《大品》、讲《大集》，僧瑗从常乐寺法聪学《三论》，昙璀"金经密藏，一日万言"，他们是否

---

[53] 《宋高僧传》卷八，182、185页。
[54] 载牟润孙《注史斋丛稿》（北京：中华书局，1987），398页。

一直就有在义学大本营江左复兴的愿望呢？我们现在不很清楚。

但是，在法持与智威之后，牛头宗由于出现了慧忠、玄素以及他们的弟子佛窟遗则、径山法钦等出色的人物，的确在 8 世纪中叶造成了江左禅学与义学的重兴，使牛头宗成了与北宗、净众宗、荷泽宗并立的一大门派，并在中唐时期极深地影响了后起的洪州宗。

四、惠能及其在大梵寺的开法

关于后世尊奉为六祖的惠能，一直是禅宗史研究者的关注重点。作为南宗禅的开创者，那一首传遍天下的偈语广为人知，数以百计的论著都在研究他的生平与思想，在这里似乎没有必要再重复前人的研究结论。但是，需要分析的，是有关惠能离开蕲州回到岭南之后的行为及影响，因为这才是全面了解 7 世纪末 8 世纪初禅门分布的关键。

这里的一个关键，是王维《能禅师碑》中所说隐遁"十六载"的问题。王维碑中说：

> （弘忍）临终，遂密授以祖师袈裟，而谓之曰：物忌独贤，人恶出己，吾且死矣，汝其行乎。禅师遂怀宝迷邦，销声异域。众生为净土，杂居止于编人；世事是度门，混农商于劳侣。如此积十六载[55]。

按照这一说法，从弘忍圆寂的咸亨五年（674）到永昌元年（689），惠能一直埋名隐姓在岭南民间，并不曾开法收徒，这就是后来《坛经·行由品第一》中所说的，"避难猎人队中，凡经一十五载"故事的由来。在各种版本的《坛经》中，这一故事的时间长短不太一样，

---

[55]《王右丞集笺注》（上海：上海古籍出版社，1984）卷二十五，447 页。

敦煌本引弘忍对惠能的叮嘱说，"努力将法向南，三年勿弘此法，难去，在后弘化"[56]。但敦煌本并没有具体关于惠能隐遁一事的记载。日本兴圣寺本（即惠昕本）引这段话时，"三年"变成了"五年"，后边又多了惠能避难"经五年在猎人中"的故事；到了契嵩本和后来依据契嵩本而来的《坛经》各通行本的时候，"三年"或"五年"的话都没有了，但后边关于惠能隐遁的时间，却变成了"凡经一十五载"，倒与王维碑文大体接上了头[57]。

应该说，王维《能禅师碑》的说法是比较可信的。第一，王维于开元二十八年（740）在南阳见到神会，应神会的请求而写这篇碑文，在可以考知的惠能资料中，它是最早的；第二，王维既应神会之请撰碑，想来惠能的资料，也是神会提供的，这时据惠能圆寂不过二十多年，与惠能有过往来的人，还有很多仍然在世，神会不大可能编一个新奇故事来公之于众而自讨没趣；第三，王维所撰碑文是宗门之外的作品，不会因为宗门之内的兴衰起落而被篡改修正。相反，《坛经》则是宗门内的记录，许多学者都曾指出，它肯定经过后人增删改篡。

这里我想补充说明一点，这种增删改篡不是在神会，而是在荷泽宗弟子的时代出现的。韦处厚《兴福寺内道场供奉大德大义禅师碑铭》里曾说，神会后人"竟成檀（坛）经传宗"，南阳慧忠也说，

---

[56] 《坛经校释》（郭朋校释本，北京：中华书局，1983；以下引《坛经》均此本，不一一注明），20页。

[57] 《坛经》的版本演变很复杂，但大体上说来，是敦煌本、惠昕本、契嵩本三本之间的差异，重要的改变基本上出在这三种本子中间，可以参见杨曾文《六祖坛经诸本的演变与惠能的禅法思想》，《中国文化》（香港：中华书局，1992）第六期；关于惠能隐遁时间的不同说法，这一点早就有人注意到了，如日本学者松本文三郎《佛教史杂考》（大阪：创元社，1944）中的《六祖坛经之研究》中就列出了三者的差异，并作了一些分析，但他的分析不够细致和深入，115—118页。

很多自称南方宗旨的人,"把他《坛经》改换,添糅鄙谭,削除圣意,惑乱后徒"[58]。韦处厚和南阳慧忠这两段话,和现存各种《坛经》中惠能关于"吾灭后二十余年,邪法撩乱,惑我宗旨,有人出来,不惜身命,定佛教是非,竖立宗旨,即是吾正法"这一段话,合起来就说明今本杂糅了神会后人的私货。当年,胡适考证《坛经》是神会的作品,他的结论当然有些武断过激,但后来一些学者把胡适的考证倒过来,说《坛经》与神会一系毫无关系,这就是意气用事了。上面那几段话语是一个历史存在,无论如何要对这些事实给予一个合情合理的解释[59]。

　　回到惠能的话题。惠能在弘忍圆寂后即回到岭南,隐遁几乎十六年,我认为,实际上换个说法就是惠能一系在当时,并没有什么影响。除了被神会后人改篡的资料而外,不少材料在这一点上都是一致的。如《历代法宝记》虽然也受了神会一系的影响,但还是记载了惠能"常隐在山林,或在新州,或在韶州,十七年在俗,亦不说法"[60];柳宗元《曹溪第六祖赐谥大鉴禅师碑》也说他"遁隐南海上,人无闻知,又十六年,度其可行,乃居曹溪,为人师"[61];就是自承是神会一系后人的宗密,在《圆觉经大疏钞》卷三之下里面,也说惠能得弘忍传法后,"在始兴、南海二郡,得来十六年,竟未开法"[62]。也就是说,在唐高宗咸亨五年(674)到

---

[58] 韦处厚《兴福寺内道场供奉大德大义禅师碑铭》,见《全唐文》卷七一五,3258页;南阳慧忠关于《坛经》的话,见《景德传灯录》卷二十八,《大正藏》第51册,438页。

[59] 参见胡适《荷泽大师神会传》《坛经考之一》《坛经考之二》等,原载《胡适论学近著》(上海:商务印书馆,1935)卷二,后收入《胡适文集》(北京:北京大学出版社,1998)第五册,158—259页。

[60] 《历代法宝记》,《大正藏》第51册,128页。

[61] 《柳宗元集》卷六,150页。

[62] 《圆觉经大疏钞》卷三之下,《续藏经》第14册,277页。

永昌元年（689）之间，后来所谓的南宗禅一系，还无声无息，几乎没有半点动作与影响。

这应当是事实。有一些禅门中人曾试图接受惠能隐遁十六年这一普遍说法，而同时又希望抹去惠能在弘忍之后，多年悄无声息的确凿事实，于是，就用一种时间错位的办法对它进行弥补缝合。他们承认惠能隐遁十六年是实有其事，但又把惠能得到弘忍衣法离开蕲州的时间，提前到龙朔元年（661）。像托名法海的《六祖大师法宝坛经略序》中就是这么写的："五祖器之，付衣法，令嗣祖位，时龙朔元年辛酉岁也，南海隐遁一十六年，至仪凤元年丙子正月八日，会印宗法师……"[63]这是说，惠能离开东山，是弘忍去世（674）前十四年（661），而出山是弘忍去世后的第三年（676）。但这种讲法，有很多疑点无法解决：第一，龙朔元年时，弘忍弟子众多，自己年岁未老，他为什么要匆匆忙忙找一个文化水平不高，到东山不久的年青俗家弟子为接班人？通常，临终嘱咐或年老寻嗣，才是僧人中的常事，半路委托或转交外人，却不太合佛教的常情。第二，如果说惠能隐遁时，弘忍还在世，那么，他有弘忍的庇护何必东躲西藏？如果说，东山法门因为传衣钵而有争论甚至于争斗，那么，弘忍还能在他的祖师座位上安稳地坐十几年吗？第三，神会曾说，惠能"过岭至韶州居曹溪，来往四十年"[64]，从弘忍圆寂（674）到惠能圆寂（713）正好是四十年，如果惠能是龙朔元年（661）离开蕲州的，那么就不是四十年而是五十多年了，这又如何解释？

我怀疑，很可能改窜者的意图是，既要接上"隐遁十六年"的

---

[63] 见《全唐文》卷九一五，4226页。
[64] 《南阳和尚问答杂征义》，载杨曾文编校《神会和尚禅话录》，110页；《历代法宝记》也说"能禅师至韶州曹溪，四十余年开化"，与神会的说法相近，可见早期的记载差异不大。

史实，又要证明惠能继弘忍直接承袭血脉。他们把惠能离开弘忍的时间提前到龙朔元年，是为了把惠能出山开法的时间提前到仪凤元年（676），抹掉从弘忍去世到惠能出山这一段空白（因为这一段时间里有法如和神秀接替弘忍，作为禅门领袖）。按一种说法，弘忍圆寂于上元二年（675），那么，这时正是弘忍圆寂之后的第二年，惠能毅然现身，这样一来，惠能"受命于危难之际"的形象就圆满了。这一点印顺《中国禅宗史》也已经看出来了，正如印顺法师所说，"弘忍于上元二年（675）去世，惠能于仪凤元年（676）出家开法，这是符合（荷泽神会所说）一代一人主持佛法的观念"[65]。其实，这种做法并没有多大的意义，倒是按照最早的说法，惠能隐遁十六年，于永昌元年（689）出山，还可能有其深意。因为这一年中，承继弘忍的法如，以五十二岁的年纪圆寂，禅门又一次出现了群龙无首的真空局面，这时，惠能的现身才有着"受命于危难之际"的意义。

惠能于永昌元年（689）出山并受具戒，很快引起了世人的瞩目。不久，他先后住锡于韶州曹溪的宝林寺以及广果寺，并被当时韶州行政长官韦据（琚）请到韶州城内的大梵寺说法，敦煌本《坛经》一开始就记载：

> 惠能大师于大梵寺讲堂中，升高座，说摩诃般若波罗蜜法，授无相戒。其时座下僧尼道俗一万余人，韶州刺史韦琚及诸官僚三十余人，儒士三十余人，同请大师说摩诃般若波罗蜜法。刺史遂令门人法海集记。

这次在大梵寺开讲"摩诃般若波罗蜜法"，由法海记录，给后人留下了中国禅宗史上最重要的文献《坛经》，而且直接引出了对惠能一系

---

[65] 印顺《中国禅宗史》，154页。

禅门至关重要的两个结果。

第一，由于他与世俗政权中的官员发生联系，得到韦据等人的推崇，他的声名逐渐传播开来，使得朝廷开始对他重视，这给惠能一系即所谓"南宗禅"日后的兴盛埋下了伏笔。这主要是指朝廷对他的征召一事，关于此事，王维《能禅师碑》中记了这么一笔，"九重延想，万里驰诚……则天太后、孝和皇帝，并敕书劝谕，征赴京城"。这里说的"征赴京城"一事有些含糊，和传世的宗宝本《坛经》中《护法品第九》所说的"则天中宗诏云"一样，让人弄不清是武则天下的诏，还是唐中宗下的诏，不过，稍加分析还是可以搞清楚的。

《历代法宝记》曾说长寿元年（692）和万岁通天元年（696），武则天曾派张昌期和薛简两次到曹溪来敦请惠能，但这似乎靠不住，因为那时连老安、神秀、玄赜都没有被诏请入京，惠能似乎不大可能先被礼请。那时，惠能刚出山不久，名声也不大可能超过那几个老禅师。按《坛经》的说法，是神秀和老安向武则天推荐的惠能。那么，我相信征召的事确实是在神龙元年（705）。《坛经》和日本存唐抄本《六祖惠能传》[66]都说是这一年，注明是本年正月十五日，而这一年正月，恰恰是武则天退位，唐中宗复位之时。所以，王维《能禅师碑》和《坛经》都把武则天和唐中宗一道列出，这时神秀已经在朝廷被尊崇了。这次诏请，虽然惠能托病推辞不赴，但无疑更抬高了他的身份，很可能就是这一次诏请不赴的清高表现，反使人对他另眼相看。似乎此后唐中宗也曾对他加以关顾，于神龙三年（707）再次下诏，赐给他磨衲袈裟等物，并为他专门翻修了寺

---

[66] 日本存唐抄本《六祖惠能传》载《召曹溪惠能入京敕》，陈尚君辑校《全唐文补编》卷二十二，261页。

院，赐额"法泉寺"[67]。据说，还把他的故居改为国恩寺以表彰他的功德。这时，惠能得到朝廷恩宠，虽还不如神秀，但也已是非同小可了。

第二，由于他的声誉日隆，他的门下聚集了一些出色的弟子。佛教史尤其是禅宗史上常有的一个现象是"师以徒显"，一个禅师生前的活动，无论如何紧锣密鼓有声有色，但是一旦圆寂，就可能烟消云散；一个禅师生前无论如何不显赫也不活跃，但如果他有一大批出色的弟子，他就有可能在身后获得意想不到的荣耀。禅宗讲究血脉传承的谱系，所以，显赫的学生总要使自己的前辈也成为显赫的先生。禅宗讲"以心传心"的领悟，所以，出色的学生不一定就是出色的先生教的。有没有出色的弟子，有时候竟是一脉香烟能否大盛的关键。惠能在7世纪末的声名鹊起，使他有了不少出色的弟子，而这些出色的弟子，又使他身后地位水涨船高。现在的各种资料如《坛经》《祖堂集》《景德传灯录》《五灯会元》中所记载的惠能弟子有数十人之多，而敦煌本《坛经》提到的，则只有十人，即法海、志诚、法达、智常、志通、志彻、志道、法珍、法汝（一作如）、神会，此外还有法海的同学道漈，这大概是法海所记的原本和神会一系在中唐之初对《坛经》略加修正之后的说法的混合。通行本《坛经》则可能是吸取了中晚唐禅宗中另一派的说法，加上了行思、怀让、玄觉、智隍等四人。而《祖堂集》的撰者似乎并没有看到或看到而没有理会《坛经》的说法，在卷三中只提到八人，即靖居行思、荷泽神会、南阳慧忠、崛多三藏、婺州智策、司空山本

---

[67] 参见《六祖惠能传》《坛经·护法品第九》《宋高僧传》卷八等文献的记载，关于法泉寺一事，是比较可靠的，因为《唐大和尚东征传》记天宝九载（750）鉴真在韶州时曾到过法泉寺，称"乃是则天为惠能禅师造寺也，禅师影像今见在"，《大正藏》第51册，991页。

净、永嘉玄觉、南岳怀让。到了北宋的《景德传灯录》，撰者就把这种种说法所提到的人统统收录在内，其卷五中惠能弟子共有四十三人，几乎把上述几种资料中的人囊括殆尽，而且增加了守曹溪惠能塔的令韬、北宗忽雷澄撰碑的晓了、传说中与惠能出山有关的印宗、法系不明而又影响很大的慧忠等等。当然，它的记载有很多令人怀疑之处，但除了《历代法宝记》所提到的范阳到次山明和尚外，可以说已经几无遗漏了。其中，与神会先后到唐王朝中心地带弘传南宗禅思想的本净、撰有《禅宗永嘉集》的玄觉、传惠能说法实录《坛经》的法海，以及后来出入于天子王侯间，一直活动到中唐之初的慧忠，这几人都是在禅思想史上很有影响的人物[68]。

当然，相比之下，光大惠能一脉的最重要的弟子还是神会[69]，如果没有神会在唐王朝中心地区的弘传，偏于一隅的惠能禅在8世纪是否能与北宗并驾齐驱都是一个疑问。

第二节　禅思想的分化与转型

如果说从咸亨五年（674）弘忍圆寂，到先天二年（713）惠能圆寂，这四十年中禅宗史上的最大变化，是逐渐从不事王侯的在野教派，转变为依附权力的正统宗门，并分化为若干支脉的话，那么，禅思想的最大变化，则是逐渐从未经整合的禅学方法与理论中，辨析出了各有其思路的好几套体系，并引起了禅思想的分化与

---

[68]　后来在禅宗灯录系统中占有最显赫地位的靖居（青原）行思、南岳怀让，其实在当时并不见得有多大影响，在禅思想的表述方面也并不见得有多少建树，多半是他们那些出色的弟子或弟子的弟子，在发达之后他们也弄得显赫起来，这就是"师以徒显"的结果。

[69]　关于神会，我将在《重估荷泽宗》一章中详细论述，这里从略。

转型。这里我要讨论的，就是这一时期中，北方法如、神秀、老安、玄赜一系、南方惠能一系、西蜀智诜一系，与东吴法持、智威一系之间，在方法与思想上的差异。

不过，先要说明的是下面三点。

第一，这个时代正是佛教义学极盛的时代，经典研习之风几乎使一种以心灵拯救为目标的宗教，蜕化成了以思维辨析为目的的学术。且不说译经三藏的义理探究，就是一些并不知名的佛教僧人，也以对经典稔熟为自豪，不妨看几份常被人忽略的碑文中的记载，例如，智朗擅长"《维摩》《金刚般若》并《中观》等三经二论"，嘉运深通于"《解深密》《法华》"及"《梵网》《成唯识》……三性一乘之妙旨"，康藏"前后讲《华严经》三十余遍，《楞伽》《密严经》《起信论》《菩萨戒经》凡十部，为之义疏"[70]。虽然这种义学之风有其思想史上的深刻意义，但是，它毕竟与宗教本来应当放在首位的救赎目标相去甚远，正像宗密《圆觉经大疏》所说，"爰及贞观，名相繁兴，展转浇讹，以权为实，致使真趣屈于异端"[71]。东山门下禅师，无论是东西南北哪一家，都恰好是对治这一弊病的佛教力量，因为，禅的实践性修行，就是对这种流于名相的偏向的补救，禅的终极性体验，就是对这种沉湎于分析的毛病的修正。所以，禅思想虽然在这一个时代是佛教的边缘，而在下一个时代则势必从边缘成为佛教的中心。

第二，虽然我们说，这时禅门的分化显示了思想与方法的差

---

[70] 智朗见《唐文拾遗》卷六二阙名《大周相州安阳灵泉寺故寺主大德智朗师像塔之铭并序》，嘉运见同上书卷六二阙名《大唐相州安阳县大云寺故大德灵慧法师影塔之铭》，均见《全唐文》第五册后附，308—309页；康藏见《大正藏》五十卷，280页。

[71] 宗密《圆觉经大疏》卷上之一，《续藏经》第14册，227页。

异,但这些差异并不意味着东山门下各支之间,在方法与思想上已经到了泾渭分明的地步。其实,宗派的分立与思想的歧异,常常并不是平行发生的事情,总是有人误认为宗派不同就一定思想不同,思想分化就一定引起宗派分裂。南能、北秀之分,被过多地渲染上了思想路线斗争的色彩,仿佛他们之间见解不同,就必然得有一场你死我活的拼杀。禅宗自己就在一开始,便不断重彩浓墨地渲染差异和分歧,从王维应神会之请而作的《能禅师碑》中所记五祖那段"物忌独贤,人恶出己"箴言开始,《坛经》所记载五祖关于"自古传法,气如悬丝,若住此间,有人害汝,汝即须速去"那段富有预见性的话语,以及慧明在大庾岭向惠能追讨衣钵,特别是神会在滑台大会关于北宗"传承是傍"的声明,使得这种宗派争斗与思想争斗叠影在了一起,害得后来的学者也误以为,这不同宗派之间,从一开始就有真理与谬误的分别。其实,在那个时代,他们的思想虽然有分歧,只不过是各取了弘忍的一端而有所发展,并没有到水火不容的地步[72]。

　　第三,当禅宗作为主流,成为"显学",它就拥有了一定的话语权力。它一方面背靠政治力量,一方面面对世俗听众,这时,不同路数的禅方法与禅思想,就需要证明自己的意义,让供信仰者选择。这个时候的禅门分化与思想差异,才真正开始尖锐起来,成为生死攸关之事。而在这之前,禅门内部宗派与思想的不同,并不像

---

[72] 像神秀和老安都向武则天推荐惠能,也都曾让自己的弟子去向惠能学习。《楞伽师资记》也不讳言惠能在弘忍门下的地位,普寂及其门下最初并不对神会的挑衅认真看待。这一系列事实似乎说明,当时北宗由于有比较稳固的正宗地位,因而态度相对宽容和大度,《坛经》详说弘忍传法之事、神会激烈攻击北宗,以及本净尖锐批评长安禅师,这些事实则说明,当时南宗由于地位偏低而态度比较偏激,但这也并不意味着他们早已自觉意识到在思想学说上有明确的对立。

后人想象的那样,会导致"不惜身命"的拼死相争。后来各派之间的尖锐冲突,恐怕更多的是一种基于门户利害的互相倾轧,而在这种彼此攻击中,思想很容易各持一偏,朝自己所强调的那一方向倾斜,于是,思想才开始真的南辕北辙、各奔东西。

一、念佛禅法

弘忍时代,禅者们在方法与思想上通常有两套方法,即念佛与守心[73]。本来,这两种方法都是禅学中的常用法门,但有时二者却会引出相当不同的思想和理论。

"念佛"是一种用专心念佛使精神焦距于一点,用想象在心中引起对神圣境界向往的方法。在这种方法中,信仰者逐渐排除各种其他的杂想,从而进入精神的忘我状态,在念诵中使心灵产生一种近乎幻觉的光辉感受与崇敬心情。在佛教的方法体系中,它是靠"外力",也就是借助"念诵"的方式强迫心灵专一,用佛陀的形象诱导精神专注。所以,它还是"入门初阶"而不是"甚深般若",仿佛是后来禅者所说的"空拳黄叶"或《法华经》所说的"三车化城",只不过是权宜方便。

"守心"则是一种用心理暗示的方法,使心灵自觉进入无我无他境界,达到精神的空寂安详、无忧无喜,最终得到超越与自由的感受。虽然在佛教的方法体系中,它本来也与念佛一样,是靠外在行为来完成的,但在中国禅门中,它已经逐渐内化为一种自觉的反思与内心的体验,常常并不靠什么具体的和规定的方法,而只是心灵的自觉与意识的转换。所以,它渐渐脱离了传统的禅修行而成了禅

---

[73] 关于弘忍的方法与思想,请参见前面的讨论。

体验,这种越来越心灵化、玄虚化的禅体验,由于它追索的是不可思议的终极境界,所以常常要辨析终极境界的所在,很容易越追越远越析越玄,最终脱离具体的身体力行,而成为抽象的玄想体验。

弘忍时代的禅法,是把这两种内容一股脑儿都合并在了自己的大口袋中,至于其中的矛盾,弘忍只是希望用调和的方法,把它们捏在一道,或用次第先后的方法把它们连在一起。《最上乘论》中说的"初心学坐禅者,依《观无量寿经》,端念正坐,闭目合口,心前平视,随意近远,作一日想",就是想象神圣引发崇敬,"或见身出大光明,或见如来身相"。但是,他又进一层希望人们"摄心莫著",能自觉意识到这也是"空",最终达到"妄念不生,我所心灭",在那一片空寂清净之中,心灵体验到自身的佛性[74]。

《传法宝记》曾说,"自(弘)忍、(法)如、大通(神秀)之世,则法门大启,根机不择,齐速念佛名,令净心",这是事实。其实,在隋唐之间,"念佛"是一个非常普遍的净心法门,并不只是东山门下的特色。隋唐时代三论宗大师吉藏(549—623)虽然倡"诸法性空",但也曾撰《无量寿经义疏》二卷,指出"感机不同,化不一揆",所以,也要用权宜方便,让下根人得到一个"十念愿成,命终则往"的"偏方"。隋代僧人慧远(523—592)虽然撰《大乘义章》讨论大乘般若之旨,但也曾撰《观无量寿经义疏》二卷,承认人有两种,教有顿渐,经有不同,宗趣各异,因此,这种"为凡夫说"的经典和"大从小入"的方法,也是入道的一种方便。天台宗的大师智𫖮(538—597)虽然主要提倡"摩诃止观",但也曾撰《阿弥陀经义记》一卷,开首就说这是佛陀"善权摄诱,引趣菩提"的一种方法,在

---

[74]《最上乘论》,《续藏经》第110册,参看829—833页;又,参见本书第二章关于这方面的详细论述。

"执持名号若一日"句注中，又承认只要一心不乱，"用心恳切""心不颠倒"，佛就会迎接他往生净土[75]。所以，他在《修习止观坐禅法要》卷下《善根发第七》中又将念佛列为使善根开发的方法，说人在念佛时"即发爱敬心生，三昧开发，身心快乐，清净安隐，无诸恶相"[76]。而道绰（562—645）则更是劝人"念弥陀佛名，或用麻豆等物而为数量，每一称名，便度一粒"[77]；其弟子善导（613—681）于贞观十五年（641）至西河"见（道）绰禅师九品道场，讲诵《观经》，喜曰：'此入道之津要也，修余行业，迂阔难成，唯此观门，速超生死。'"据《佛祖统纪》卷三十九《法运通塞志》记载，善导后来到了长安：

> 造《弥陀经》十万余卷，画净土变相三百余壁，满长安中，并从其化，有终身诵《弥陀经》十万至三五十万卷，日诵佛名一万至十万声者[78]。

在这种普遍的念佛习气之中，弘忍及其门下提倡"念佛名，令净心"，其实是很自然的。《大乘无生方便门》相传是北宗的著作，其中记载他们的传禅仪式中，就有一个节目是"和（尚）击木，一时念佛"[79]。

不过，在弘忍东山门下，坚持这一念佛法门最为彻底的，不是北宗，而是西蜀智诜与宣什。宗密《圆觉经大疏钞》卷三之下曾说，

---

[75] 以上均见《无量寿经、观无量寿佛经、阿弥陀经》（上海：上海古籍出版社影印本，1990）。

[76] 智顗《修习止观坐禅法要》，引自《中国佛教思想资料选编》（北京：中华书局，1983）第二卷第一册，103页。

[77] 《续高僧传》卷二十《道绰传》，593页。

[78] 《佛祖统纪》卷三十九，《大正藏》第49册，365页。

[79] 《大乘无生方便门》，《大正藏》第85册，1273页。

宣什的特点是"借传香而存佛",所谓"传香"是礼忏时师徒互相传递香火,象征禅法的脉脉不绝,意思与禅宗常说的"传灯"即一灯燃千百灯差不多;所谓"存佛",就是心中存想佛的形象,为了使心思专一地存佛,而且要"一字念佛",念佛的声调还要有抑扬轻重的变化。"初引声由念,后渐渐没声,微声,乃至无声",在从重到轻从粗到细的诵佛声里,心中有一种与佛同化的感受。按宗密的记载,这里更重要的是心理上的体验,他们要求信仰者的,首先是以自己的心意与佛遇合,其次是念念存想使佛永在心中与心合为一体,最后又必须把这一切都忘掉达到无念,"乃至无想盖得道"。"念佛"是入门之径,"无想"是终极之境,这与五祖弘忍的禅法还是合拍的。智诜及其弟子处寂的念佛方法,大概与此仿佛,据《历代法宝记》和《圆觉经大疏钞》的记载,金和尚(无相)开法的程序是:

一、先教引声念佛,尽一气,念绝声停。

二、说禅法总纲:"无忆、无念、莫忘",其中无忆是戒,无念是定,莫忘是慧。

三、授法了,便令言下息念坐禅。

其中,"引声念佛"和宣什的"一字念佛"可能是一回事,也许,都是从东山门下学来的方法。在人们用心念佛,并在悠长的佛号声中,人们心里所思念、所向往的光辉境界与神圣人格随着那一声庄严的佛号掠过心灵,人们心中所存有的杂念妄想,随着越去越远的缥缈声音消泯无迹,周围的环境有时很能影响人的心境。置身于这样一种庄严神圣的声色之中的人,很容易进入禅境。所以,在智诜、处寂之后的无相那里,就是靠这种念佛来收束人心,然后才让他们进一步坐禅息心。据宗密的记载,这种修行常在夜间,"意在绝外,屏喧乱也"[80]。

说起来,念佛净心是一种比较保守的禅法。我们这里用"保守"一词并不带有通常理解中的贬义,如果我们不以某种简单的进化论来评判思想与方法的价值,那么"保守"只是意味着它在保持传统,恪守旧规,而并不一定破弃传统就比墨守成规要好。作为一个拯救人心的宗教,应该有另一种思想评判的标准。对禅门来说,有这样一个简单易学而又收效迅速的"学禅初阶"是有必要的。过去,传统的说法总是推崇"自觉"而排斥"外力",其实对于普通信仰者来说,完全靠自己内在的自觉来体验佛性境界是不那么现实的。大千世界中的人,都有种种思虑与欲望,说观心自省很容易,但真正做到是很难的。没有一种环境的制约,就有可能意马心猿,倒是念佛一法,还能使人精神集中,使心绪收束到存想的佛陀境界上来。"存想佛陀"也许对有的人来说是一种偶像崇拜式的约束,对后世禅宗来说是一种粘皮带骨的滞着,但对于大多数人来说,却是一种指示方向的有效心理引导。

但是,这种念佛法门在后世禅宗那里,却被当作"着相"而轻蔑地看待。因为它看上去比较简单和实在,所以,它并不吻合越来越虚玄和超越的思想,就连西蜀智诜一系中的传人,也在这种普遍的思想大潮中转了向。处寂的弟子无相虽然还沿用这一套方法,但似乎已经有所怀疑。《历代法宝记》中说道,"缘诜、唐二和尚(智诜、处寂)不说了教,曲承信衣,金和上(无相)所以不引诜、唐二和尚说处",这可能是受到了当时荷泽一系的影响。荷泽神会一系对此总是有一种轻蔑的批评,就因为这些方法只要是方法,就一定会引

---

[80]《圆觉经大疏钞》卷三之下,《续藏经》第14册,556页。

出"拂拭灰尘""渐修渐悟"的理路来。而这一套理路,按南宗禅师的看法,就是否定得不够彻底,不是真"了"。据说,神会曾批评说:"汝剑南诜禅师是法师,不说了教,唐禅师是诜禅师弟子,亦不说了教。"这里所谓"法师",是唐代的通常称呼,指佛教中说义理的僧侣,在后来的禅师看来,他们只能依靠苦苦琢磨理论,来促使自己觉悟,无论如何仍是不能超尘脱俗,所以神会颇有鄙夷之意。但是,他对无相却网开一面,说"益州金(金和尚即无相)是禅师,说了教亦不得,虽然不说了教,佛法只在彼处"[81]。这个记载当然不一定可信,但也可以知道,无相对传统并不是完全接受,而是有所改变的。可能,他的重点是所谓"总持门"三句,即"无忆""无念"和"莫忘"。这三句从《历代法宝记》引无相的话来看,"不言是诜和上、唐和上所说",是他自己的发明,可是,这三句的内容已经与神会以后的南宗禅很接近了[82]。无相之后,到了更转向南宗禅的无住,则干脆连无相依然保留的传统仪式也不再使用,《历代法宝记》载:

> 诸郎官因此问(无住)和尚:"缘何不教人读经念佛礼拜?弟子不解。"和尚云:"自证究竟涅槃。"

所谓"自证究竟涅槃",就是完全地转向内心自觉体验,而摒弃一切外在形象执着,这样一来,念佛是没有必要了,甚至坐禅也即将失去意义。

我们知道,无住曾先跟随"教行不拘"的老安弟子陈楚章学禅,大概已经颇有些偏向于"自然无碍"的思想,后来又参拜南宗禅师

---

[81]《历代法宝记》,《大正藏》第 51 册,185 页。以下引此书,不一一详注。
[82] 印顺《中国禅宗史》已经指出这三句与《坛经》的一致,见 132 页的论述。

自在，学得一句"净中无净相，即是真净佛性"，可能就更接近追求自由超越的南宗风气，对依靠外在方式追求清净无垢心灵的传统禅法更不在意。所以，他对无相"总持门"的三句箴言中末一句"莫忘"，也作了大胆篡改。永泰元年（765），当官僚杜鸿渐请他到成都来接替无相主持净众寺时，他把"亡下心"的"忘"，改成了"亡下女"的"妄"，这样一来，西蜀禅门就比过去自由奔放得多了。我们看无住门下弟子撰《历代法宝记》，批评僧尼轨范违背《楞伽经》，"乃至有所立，一切皆错乱"；批评小乘禅及各种三昧门，"不是达摩祖师宗旨……皆是自心颠倒，系著磨网"；赞扬神会"为人说法，破清净禅，立如来禅"，已经把惠能当成传法正宗。这一系列现象是否已经宣布了他们的转向[83]？宗密《圆觉经大疏钞》卷三之下在谈到无住时，就已经很清楚地指出，无住与无相"指示法意大同，其传授仪式与金（和尚）门下全异，异者，谓释门事相一切不行，剃发了便挂七条，不受禁戒，至于礼忏、转读、画佛、写经，一切毁之，皆为妄想，所住之院不置佛事"[84]。在偏向自然随意的理路上，似乎比荷泽一系还要走得更远。

可是，也正是因此，西蜀的禅门失去了约束人心的规范和诱导人心的理想，也失去了自己特别的方法与思想，在南宗席卷而来的时候，终于无形地淹没在南宗禅的口号之中，而不再有自己的特色了。

---

[83]　《历代法宝记》，《大正藏》第51册，182、183、185页。
[84]　见《续藏经》第14册，556页。

二、心为根本

和西蜀智诜、处寂一样，广义上的北宗禅也保留了念佛法门的传统。不过，他们修行的重心，已经很明显地从外在的"念佛"，偏向了内在的"摄心"。在弘忍的禅方法体系中，本来就是"摄心"重于"念佛"的，而且在"摄心"中，特别重视"守心"，即守护自己原本那个清净无垢的"本心"。在他看来，心灵是唯一实在的本原，而其他一切都是虚妄，人之所以把虚妄当真实，是心灵有"无明"，即"五阴黑云"的遮蔽。"譬如世间云雾，八方俱起，天下阴暗，日岂烂也？"但是，人本来具有一个先天的"真如心"，就好像阴云密布之中，太阳并不因此不发光一样，"何故无光，光元不坏，只为云雾所覆"。所以，他的重心主要就集中在如何调摄不泯的灵明和永恒的真如，以及如何清除心灵中的世俗尘垢污染。相传为他的思想文本的《最上乘论》中，反复说到"凝然守心，妄念不生""了然守心，则妄念不起"。他关于"心"的说法，大体上是"自性圆满清净之心""自心本来不生不灭""自心为本师""守本真心是入道之要门"。所以，整理者说是"此论从首至末，皆显自心是道"[85]。只不过这个"自心"是本真心，而不是生灭心。《宗镜录》卷九十七曾引弘忍的话说，"但守一心，即心真如门"。这一方面可以证明上述的话，的确体现的是弘忍思想；一方面也透露了弘忍思想与《大乘起信论》"一心生二门"理论的关系。

法如、老安、玄赜和神秀，大体沿袭了弘忍的思想。关于法如的思想资料，现在只剩下残片零简，很难窥其全豹。不过，《传法宝记》中记载法如在急流覆舟时，依然"心用弗动，无所挠失"，说明

---

[85] 《最上乘论》，《续藏经》第110册，829—833页。

"守心"与"不动"是他的特点。前引《法如行状》及《庞坞圭纪德幢》中有几句话倒还明白,《法如行状》云:

> 世界不现,则是法界。此法如空中月影,出现应度者心,子勤行之,道在其中矣。

可见,"世界不现"的清净心,就是他所追寻的境界。不过,世界和法界、众生和佛陀,还是不一样的,要消除心中的人性而趋向佛性,还需要"子勤行之",所以说,"故知迷为幻海,悟即妙门"。"迷"和"悟"不同,要做到心中纤尘不染、微澜不动,绝不是一桩轻而易举的事情。

老安的思想资料同样不多,有的学者根据其弟子净藏先后参访老安和惠能,另一弟子破灶堕行为怪诞,及他本人曾指点过南宗禅怀让等传说中的事迹,怀疑他这一系与南宗接近,因而他的"禅法中的直觉神秘主义因素,就是通向南宗的津梁"[86]。其实未必,《唐文续拾》卷三宋儋所撰《大唐嵩山会善寺故大德道安禅师碑》可能是最可靠的第一手资料,其中特意拈出的是老安和神秀的关系,说弘忍曾叹道,"唯秀与安,惜其才难也,将吾传之不至欤?今法要当付,付此二子,吾无忧哉"。又记载说,朝廷征请时,老安"顺退避位,推美于玉泉大通(神秀)"[87],并没有提到后来禅籍中说的他同时推荐神秀和惠能一事,显然他更亲近神秀。同一碑文中,前面引述了他一段似偈非偈的话:

> 尝语如性,因观我心。即照皆空,真空无我。即谈其妙,是妙恒如。

---

[86] 见前引温玉成《禅宗北宗初探》。
[87] 《唐文续拾》卷三,《全唐文》第五册后附,12—13页。

此碑之后，又有一段赞叹老安的话：

> 水实精鉴，激风而扰；心实澄恬，触境而挠。浑回者理定以之清，沄沄者心慧以之明。定复伊何？清照万有；慧复伊何，明彻重垢。

我们无法细细地解析其中义理精微之处，但是可以从中看到，老安虽然提倡"心性本净，无我即真"这种思想，但依然是恪守从《楞伽》到《起信》的理路，把心灵的本原之"净"，和心灵的涉外之"染"，判然划为两种境界，因而提倡"摄心"。因为要使心灵从"染"到"净"，既需"定之以清"，又需"慧之以明"，并不像南宗禅那么简截明了、轻松方便。特别是这段话和《楞伽经》中以猛风吹大海水、明镜现众色像的比喻，有着明显的渊源关系，和神秀"时时勤拂拭，莫使惹尘埃"的偈语，也有着清晰的思想联系。所以，他并不像后人从《景德传灯录》等南宗禅籍里看到的那样，思想和南宗禅一致，倒是和神秀一系更为靠近。也许，有人会怀疑这一点，但是这块碑碣，正是后人认为最接近南宗的破灶堕禅师为老安立的，弟子为其师立碑，总不至于去其师太远，也不至于自己做违心之论。

法如和老安、玄赜的思想，由于史料有阙而不能得窥全貌，所以我们只好详说神秀一系。

神秀的思想资料中，最可靠的无疑是张说《荆州玉泉寺大通禅师碑》里那一段话：

> 尔其开法大略，则专念以息想，极力以摄心。其入也，品均凡圣，其到也，行无前后。趣定之前，万缘尽闭，发慧之后，一切皆如。持奉《楞伽》，递为心要[88]。

---

[88]《文苑英华》卷八五六，4521 页。

这段话里，有三层意思应当注意：第一，神秀的"专念息想，极力摄心"，显然恪守了禅门一贯的实践方式，并没有割断四禅八定途径和品均凡圣境界的因果关系，所以后来神会才说他们的宗旨是"凝心入定，住心看净，起心外照，摄心内证"。其中，"息想摄心"是因，"品均凡圣"是果，没有这个"本真心"是不行的，这是一切的根本。可见，在神秀一系的思想中，是包含了传统禅学内涵的，至少是与传统禅学彼此兼容的；第二，趣定之前和发慧之后，心灵是有差距的，在还没有趣定发慧的时候，心灵中的佛性并不能显现出来，就像阴云翳障青天、灰尘覆盖明镜一样，而修行则是荡涤阴云，拂拭灰尘，使人性趋向佛性的途径，所以，要"入"要"到"；第三，修行所达到的境界，是一切皆如、品均凡圣的无差别境界，用《思益梵天所问经》卷一《分别品第三》的话来说，就是"其心坚不动，譬如须弥山，利衰及毁誉，称讥与苦乐，于此世八法，其心常平等"[89]。据信为神秀一系所作的《大乘无生方便门》《大乘五方便》，也据《思益经》说"诸法正性"是"心不起，离自性，识不生，离欲际"[90]。

无论《坛经》所载神秀那首著名偈语是真是假，"身是菩提树，心如明镜台。时时勤拂拭，莫使惹尘埃"，这二十字确实浓缩了神秀一系的基本思想。《大乘无生方便门》有"心色俱离，即无一物，是大菩提树"，《大乘五方便》有"净心体，犹如明镜"，似乎都证明这首偈语并非无据。"菩提树"也罢，"明镜台"也罢，无非就是说，人心的本来面目是清净无垢、未经污染的，但是，人生在世从一开始就落在红尘之中，心灵会被种种污垢所覆盖。没有人能像佛

---

[89] 《大正藏》第15册，38页。
[90] 《大正藏》第85册，1273页。

陀一样自觉、觉他、觉行圆满，所以，为了从人性趋向佛性，必须时时刻刻通过禅定的方式，掸除灰尘、清除污垢，使人心远离种种分别以消解执着，去除色色欲望以破掉妄想。圭峰宗密在《圆觉经大疏钞》卷三之下中说，北宗"意云：众生本有觉性，如镜有明性，烦恼覆之，如镜之尘，息灭妄念，念尽即本性圆明，如磨拂尘尽镜明"[91]，确实是非常准确的。在他们的思路中，"心"是唯一的落脚处，守住那个清净无垢的本真心，就是修行的根本。

和南宗惠能一系不同的是，在他们的禅修行历程中，有一个时间、等级或者次第的差异，在《大乘无生方便门》中，神秀一系分别了"根本"与"后得"。在他们看来，"离"和"观"是获得根本的前提条件，"先证离身心相为根本"，而达到身心自在境界是结果，"知见自在，不染六尘，见闻觉知为后得"。接下来，还说了一连串这种先后因果的话语：

> 眼见色，心不起，是根本智，见自在是后得智。
> 耳闻声，心不起，是根本智，闻自在是后得智。
> 鼻觉香，心不起，是根本智，觉自在是后得智。
> ……

这就是张说《大通碑》中总结的"趣定之前，万缘尽闭，发慧之后，一切皆如"，也就是后来神会所攻击的"法门是渐"。的确，这种"定""慧"不等的说法，与惠能、神会所提倡的"定慧等"不太一样，但这却是修行经验。其实，南宗禅那种说悟就悟，定即是慧，慧即是定的说法，在般若理路上，也许很能成立，但在修行实践上却是虚无。神会对北宗禅的攻击，有相当大的意气成分，更有相当大的

---

[91]《续藏经》第 14 册，555 页。

门户之见,实际上,没有一个先验标准可以判决"顿"比"渐"好,尤其是在实际的宗教修行实践中,这种好坏还可能恰恰相反[92]。

其实,如果我们不把神会那种偏激之词当作事实的话,我们可以看到,在佛教史的意义上,神秀一系的禅思想与惠能的禅思想一样,也是对传统禅法的改良甚至是改革。

首先,他们以"心"为根本的禅思想,已经使禅修的方法逐渐由外在的形式,向内在的感悟倾斜,小乘禅数学的痕迹,在他们这里已越来越淡。这种以内在理念与直觉体验为手段直探心灵,而不是用外在规范与具体行为收束心灵的禅法,更趋近文人士大夫的趣味,也与古代中国思想中那种重视内在道德良知(儒家思孟一系)和内在超越境界(道家庄子一系)的思路遥遥相应,为禅思想的非宗教化,留下了一个并不狭窄的通道。

其次,他们虽然依照《楞伽经》"如来藏"及《起信论》"一心二门"的说法,为终极境界留下了一个最后的"清净本心",但因为他们一方面保留佛教强调的"心灵"和"清净",一方面又接受了般若学中关于"空"的瓦解性思想,这样就留下了一个需要后人去消解的理论矛盾。例如《大乘无生方便门》中就说到,连"心不动"也不是终极境界,而只是方便权宜,因为一切有求有念,都是着相,都是系缚,真正的解脱应该是依照般若空观,一切都无有自性。可是,如果真是这样,还需要分辨有与无、净与染的差别么?

---

[92] 其实学界逐渐认识到,神秀北宗一系并不是不讲"顿悟"的,神会攻击北宗"法门是渐",也许是一种策略。1920年代,日本学者矢吹庆辉在巴黎发现法藏敦煌卷子 P.2162,题为"沙门大照居士慧光集释"的《大乘开心显性顿悟真宗论》,过去因为其中有"顿悟"说法,都以为是南宗禅的文献,但是近年来学者的考证证明,这份卷子其实是北宗的作品。稍后,又发现法藏敦煌卷子 P.3922《顿悟真宗金刚般若修行达彼岸法门要诀》,作者智达确定无疑是北宗禅系,因此,这证明北宗也在某种意义上在提倡"顿悟",和南宗禅没有太大的区别。

再次，如果不分辨差别，那么，因与果就没有差别。而无因无果，无差无别，那么，在这一理路的尽头，就是极端的"如"，一切皆如，就是彻底的"空"，一切皆空。既然如此，似乎就不必修也不必证。假如说，"有智有慧名曰生死，无智无慧名曰涅槃"，"有为有作名曰生死，无为无作名曰涅槃"[93]，那么，这便把一切都放在否定的位置上了。

最后，当他们把一切都放在否定的位置上，甚至连他们的根本"心"也放到了被不断否定的位置上，当他们用这种方式来表述自己终极境界的玄远幽深时，他们就很容易走到瓦解"心为根本"的理路上去。所以，当他们与南宗禅直面相对，需要明确地凸显自己的个性的时候，就出现了两个可能，弄不好就向前滑到"一切皆空"的理路之中，要不然就向后退回到"三界唯心"的理路之中，因为他们的思路本身就有矛盾，而南宗则在这一思路上比他们多走了一步。

三、本来无事

下面再说牛头宗。

早期牛头宗的思想资料已经流传不多，据《宋高僧传》卷十说，牛头宗禅师佛窟遗则（713—770）曾辑有《融祖师文集》三卷[94]，但今已不存。现存可以基本确定为早期牛头宗作品的，只有《绝观论》和《心铭》。关于《绝观论》的发现过程是这样的，1935年，铃木大拙所刊行的《少室逸书》中，首次发表了北京国立图书馆所藏的题为《观行法为有缘无名上士集》的敦煌卷子本，当时他并没有

---

[93] 《大乘北宗论》，《大正藏》第85册，1281—1282页。
[94] 《宋高僧传》卷十《唐天台山佛窟岩遗则传》，229页。

注意到这就是《绝观论》；1937年，久野芳隆以《富有流动性的唐代禅宗典籍》为题介绍了巴黎所藏三种敦煌写本《绝观论》，这时，铃木大拙也注意到了这些异本，于是撰写了《关于敦煌出土的达摩和尚绝观论》一文，把他在北京所发现的《观行法为有缘无名上士集》重新确定为《绝观论》的异本。稍后，经过久野芳隆、关口真大等人的研究，发现《绝观论》中有相当多的语句与《宗镜录》《万善同归集》《祖堂集》所引的牛头法融的话相同，而《圆觉经大疏钞》《宗镜录》都提到过，"牛头融大师有《绝观论》"。于是，这部《绝观论》为牛头法融的作品，就基本成为禅思想史研究者的共识。虽然也有学者如铃木大拙等并不承认这一结论，而以为《达摩和尚绝观论》应是神会一系的作品，但他们的证据并不能让人信服[95]。而另一篇《心铭》则一直保存在《景德传灯录》卷三十中，但由于《宗镜录》引用它的时候，有时也把它叫作《信心铭》，所以，有人如印顺法师就怀疑传为僧璨所作的《信心铭》也是牛头一系的作品，并推论《信心铭》可能是法融《心铭》的"精治本"，这种说法似乎猜测多于考证，在没有更多证据前，还不能看成是事实[96]。

我们把《绝观论》与《心铭》作为牛头宗思想的重要资料，但是，稍晚的文献《祖堂集》和《景德传灯录》也不应忽视。《景德传灯录》卷四记载四祖道信与法融之间有一段重要的对话：

---

[95] 关于《绝观论》的问题，参见平井俊荣《牛头宗と保唐宗》第一节《绝观论の诸本》，载《敦煌佛典と禅》（东京：大东出版社，1980），199—204页；也可以参见印顺《中国禅宗史》，96—97页；贞元二十一年（805）日僧最澄《传教大师将来越州录》中，记载有《绝观论》一卷，大中八年（854）日僧圆珍《福州温州台州求得经律论疏记外书等目录》中有《牛头山融大师维摩经记》一卷，可能法融的著作在中唐以后，至少在东南一带还很流行，见《大正藏》第五十五卷，1059、1094页。

[96] 印顺《中国禅宗史》，99页。

> 祖（道信）问：在此作什么？
> 师（法融）曰：观心。
> 祖曰：观是何人，心是何物？
> 师无对，便起作礼。

传说，在这一番对话之后，法融对道信极为倾倒。于是，道信给他讲了一通禅的玄理："夫百千法门，同归方寸，河沙妙德，总在心源，一切戒门、定门、慧门，神通变化，悉自具足，不离汝心，一切烦恼业障，本来空寂，一切因果，皆如梦幻，无三界可出，无菩提可求，人与非人，性相平等，大道虚旷，绝思绝虑，如是之法，汝今已得，更无缺少，与佛何殊？更无别法，汝但任心自在，莫作观行，亦莫澄心，莫起贪嗔，莫怀愁虑，荡荡无碍，任意纵横，不作诸善，不作诸恶，行住坐卧，触目遇缘，总是佛之妙用，快乐无忧，故名为佛。"[97]

这段话当然未必真是道信所说，但是，却大体上可以当作牛头宗的思想资料，其中，值得注意的是，从一切都是汝心，到本来空寂；从无三界无菩提，故而不必澄心观行，只须任心而行，最后到心理轻松的快乐境界就是佛的境界。这样的一个环环相续的理路，换句话说，即从"心源"到"空寂"，从"空寂"到"无碍"，从"无碍"到"快乐"这样一个理路，就与弘忍东山门下大不一样了。因为弘忍东山法门是以"心"为根本，"守本真心"还是他们的终极目标。心是清净无垢的，但是，世俗尘埃总会污染它，于是要用种种方法清除污染，使心灵回归原初的清净状态，才能达到佛的境界。

---

[97]《景德传灯录》卷四，《大正藏》第51册，226页。《祖堂集》卷三有相同记载，但文字上略有些差异。

这也是北宗神秀一系的思路。然而，牛头宗却把终极目标更向深处推进了一步，心并不是终极所在，因为它的本原是空，所以，停留在"修心"上，依然是为山九仞而功亏一篑。因为"一切烦恼业障，本来空寂"，修心者用尽心思，清除烦恼，正好比水中捞月、镜中觅头一样，是枉费心机，枉费心机其实正是坠入尘网，凭空给自己套上了烦恼。因而只须荡荡无碍，任意纵横，就能快乐无忧地到达佛陀境界。

这二者之间最大的分别就是以"心"为根本，还是以"空"为根本，以"心"为根本，当然要修心守心，使"心"得到安宁；以"空"为根本，当然并不关注修心守心，因为在"空"即一切是幻象的背景中，心灵也只是一个"空"，尘世也只是一个"空"。《绝观论》第一组问答就是：

问曰：云何名心？云何安心？
答曰：汝不须立心，亦不须强安，可谓安矣。

《心铭》一开始也说道："心性不生，何须知见，本无一法，谁论熏炼"，下面更批评"将心守静，犹未离病"，因为对本质是"空"的任何"分别"，在这里都是"虚妄"，都是堕入"有""无"两边。因此，"烦恼本无，不须用除"，"心无异心，不断贪淫"，就是所谓的心空无念，也不须寻觅，"心处无境，境处无心"，"不用证空，自然明澈"。如果说，过去好比用药治病，把药与病打作两截，那么在"一切皆空"的无差别境界之中，药与病也只是一回事，所以应该是"无病无药"。《绝观论》中说，"虚空为道本"，这虚空对于弘忍一系的"修心"，真可以说是强烈的腐蚀和消解，在"虚空"中，一切落脚根基都不存在，一切追寻目标都被取消，于是，只剩下了随顺漂泊的自由自在。最后反而是处处时时，都可以栖息，这就是《绝观论》的"森罗为法用"。

在他们的思想世界中，佛理中的真空境界就好像成了物理中的宇宙真空，什么也没有但又处处都有，当这种"空"观用于实际人生时，就成了牛头的禅法，"一切莫顾，安心无处，无处安心，虚明自露"。《心铭》里这几句绕口的话语，其实底蕴就是说，修行者应该处于自由无碍、轻松自在的境界。一旦苦苦追踪虚静、乞求清净，就是自寻烦恼。于是，下面几句就是"寂静不生，放旷纵横，所作无滞，去住皆平"。《祖堂集》卷三《牛头和尚》记载法融与人的对话：

> 问师："夫言圣人者，当断何法，当得何法，而言圣人？"答："一法不断，一法不得，此谓圣人。"进曰："不断不得，与凡夫有何异？"师曰："有异。何以故？一切凡夫，皆有所断，妄计所得真心；圣人则本无所断，亦无所得，故曰有异。"[98]

看来，他们与弘忍东山门下尤其是北宗一系，思路真是判若云泥。在他们这里，东山门下千方百计对"真心"的"摄"和"守"、对"妄心"的"断"和"除"，都成了画蛇添足，不是导凡趣圣反而成了导圣趣凡。倒是老庄那种"无心是道"，一切都无所记挂的自由心境，还真是使人由妄返真。

宗密在《圆觉经大疏钞》及《中华传心地禅门师资承袭图》中，都总结过牛头宗思想的特征。他说，牛头宗的宗旨是"体诸法如梦，本来无事，心境本寂，非今始空"。又说，他们是"以一切皆无"，

---

[98] 《祖堂集》卷三《牛头和尚》，137页。

所以，"本无事为悟，忘情为修"[99]。这个观察正如他自己所说的，由于他"性好勘会，一一曾参"，所以很是敏锐深刻。显然，牛头宗禅师是担心修行者被种种分别所惑，而忽略了对终极之空的体验；担心信仰者为了一种固执的追寻目标，而丧失了自由的心境。这种思想，细细追究的话，一方面来自般若一系经典，法融精通《般若》是史有明文的，久野芳隆早就指出，所谓"绝观"一词与三论宗大师吉藏《大乘玄论》中说般若的话语有密切关系[100]，宗密《圆觉经大疏钞》卷三之下也说，他"久精般若空宗，于一切法已无计执"；另一方面则来自江南根深蒂固的玄学传统，他的思想明显与中国老庄一系关系甚深，他的《绝观论》与《心铭》中都有许多来自道家的语言，如"大道冲虚幽寂""道无所不遍""无心合道"之类，似乎都与他早年精读俗书坟典，以及后来在佛窟寺读包括道书在内的七藏有关。在这两方面的影响下，在唐初禅门各系里，牛头一系可能与传统禅学离得最远，因为依着他们的思路走下去，传统禅学的修行方法将被遗弃殆尽。显然，"自由"是他们的追寻终极目标，任何"分别"对他们来说都是一种思想的束缚，任何修行对他们来说也是负担。

这本来并没有错，但是，这种"自由"理念似乎走过了头。当"自由"建立在一切否定的理路上，就使"自由"成了意识玄想的境界，而不是人生实在的经验。特别是对一种要在现实社会中收拾人心、拯救灵魂的宗教来说，这种虚玄和高超的思想，有可能只能成为少数思想杰出、悟性颇高的人的心灵体验，而在多数修行者那里

---

[99]　见《续藏经》第110册，817页。

[100]　参见久野芳隆《牛头法融に及ぼせる三论宗の影响——敦煌出土本を中心として》，载《佛教研究》（东京：1939）三号至六号。

却只能成为逃避约束的遁词。当一切"分别"都泯灭在所谓"空"之中的时候，还有什么来成为人的安身立命处？当那一点实在的心性也被说成是无须约束的时候，还有什么能成为人的行为与思想的最后限度？而当"一切否定"的理路走到尽头处时，这一理路就会大转身，成了"一切肯定"。既然一切是无差别的"空"，那么一切都无所谓染或净，于是般若学说中的"一切无碍"和老庄学说中的"无心是道"，就引出了"触目是道"和"道在屎溺"的极端自然主义。

《绝观论》中说，行道是"高卧放任，不作一个物"，是"不知一个物"，"不见一个物"，"不行一个物"。也就是说在他们这里，宗教就是自由自在、无拘无束。可是，宗教一旦不再有任何使人敬畏、崇拜、向往的光辉处，不再自觉承担人心的拯救者的责任，那么，它还有什么存在的理由？信仰就是不信仰，牛头宗思想的自我瓦解因素，恰恰就潜藏在自己的思想理路中。尽管从理路上说，"万法归一，一归何处"的思想追索，总会使思想者追到那终极的"空"那里去，但是作为宗教徒来说，他们必须守住宗教的最后界限。

7世纪末8世纪初，牛头宗并没有达到它的全盛时期。法融的后人如法持、智威虽然步履艰难地使牛头禅在江东逐渐成了气候，但牛头禅真正有较大影响，则是在智威的弟子慧忠、玄素、玄挺及他们的弟子的时代。在这个时代，法融的思想才逐渐通过这些后人的弘传，对禅门产生了较大的影响，其中，被称为牛头六祖的慧忠（683—769）相当重要。据《景德传灯录》卷四所记，慧忠撰有《安心偈》，此偈虽然也以"安心"为名，但实际上却是与上引《绝观论》"不须强安可谓安矣"大同小异。他说，"人法双净，善恶两忘，直心真实，菩提道场"，这里所谓的"直心"就是《维摩诘经》和《坛经》

中都说到的"直心",就是不加掩饰,不加限制,随顺本性,自在轻松的真实之心。《宗镜录》卷九十八引他答学人问"如何用心"时曾说:"一切诸法,本自不生,今则无灭,汝但任心自在,不须制止,直见直闻,直来直去,须行即行,须住即住,此即是真道。"当学人问到"作何方便而得解脱"时他又说:

> 求佛之人,不作方便,顿了心源,明见佛性,即心是佛,非妄非真。

这种简截明了的说法,一面让人"任心自在"、随心直行,一面把这种不受限制的心说成是佛性,与法融的思想可以说是一脉相承,即所谓"汝莫拣择法,莫存取舍心"[101]。只有玄素(668—752)的行为方式,似乎与慧忠不太一样,他是晚年才到智威那里参拜的弟子,在修行上有些苦行的味道。《宋高僧传》卷九《唐润州幽栖寺玄素传》曾说,他"伏形苦节,交养恬和,败纳衬身,寒暑不易,贵贱怨亲,曾无喜愠"[102]。但是,他在思想表述上,和慧忠并没有太大的差别,李华《润州鹤林寺故径山大师碑铭》曾说到,他教众人时,一面"教习大乘戒妄,调伏自性还源",不是渐也不是顿,一面又高倡"无修无得"的牛头禅思想。"问禅定耶吾无修,问智慧耶吾无得",看来与法融、慧忠毕竟还是一个路数,只不过他的说法,好像不那么明确,"无修无得"是他的定慧,而似乎这种不修不得就是"自性还源"。如果是这样的话,人其实也就不需要"凝心入定,住心看净,起心外照,摄心内证"了,因为"还源"就是保持平常无事的心境。

---

[101] 《宗镜录》卷九十八,《大正藏》第48册,945页。
[102] 《宋高僧传》卷九《唐润州幽栖寺玄素传》,202页。

玄素在当时声名很大，润州刺史韦铣、礼部尚书李憕等人，都对他极为崇敬，一个"来仰真范，忽自感悟"，一个亲去拜访，"斋心跪谒"[103]。就是远在长沙的龙安如海禅师（728—808），在对南北宗之争感到困惑时，也"南求于马素（即玄素）"[104]。而他的弟子径山国一禅师，则与慧忠门下的佛窟遗则禅师一道，开创了牛头禅的鼎盛时代，不过，那已是另一个时代了[105]。

第三节　惠能禅思想的成立及其意味

思想的一统时代，有时候是好事，它使思想保持着一定的稳定性，使人们可以细细体会思想的内涵，成为思想的实践者；有时候又是坏事，它使思想故步自封在一个相对局促的圈子中，使人们失去选择的自由，成为被动的承受者。思想的分化时代也同样如此，它可能使信仰者在众多的说法中目迷五色而无所适从，也可能使信仰者在不同的说法中比较鉴别而有所选择。不过，对于当时的佛教来说，分化也许是更有意味的历史现象，因为一统时代中，时间仿佛凝固而停滞，不存在任何历史与变化，对于中国思想世界来说，可能分化和选择更为重要，因为禅学毕竟是一种自西而东的舶来品，全盘接受是不大可能的，总要挑挑拣拣，而没有分化就好像把各种货色囫囵一团装了一个大口袋，人们无法看清也无法选择。

---

[103]　《文苑英华》卷八六二，4550—4551页。
[104]　《柳宗元集》卷六《龙安海禅师碑》，159页。
[105]　关于中唐时代的牛头禅，请参看本书第五章《禅思想史的大变局》第一节中的《洪州宗与牛头宗》。

当禅门逐渐从方法到思想形成一个组织、理论、实践都日臻成熟的佛教大宗派时，思想的一统是使它们脱颖而出的必要环节；但是，它那匆匆装就的思想大口袋里，却囊括了彼此矛盾的许多货色，仿佛杂货仓库还没有开张，成为专业公司，使得想在里面精心挑选的顾客无法更好地购得自己想要的东西，也使卖主自己没有办法很好地清理自己的货架。但是，当禅宗日益成熟并获得反身思索契机的时候，那些更为深刻的禅门弟子，就要在其中寻源溯流、顺藤摸瓜，把自己的思想武库清理一番。当7世纪末8世纪初禅门处在相对平静的环境中对自己的思想深思熟虑时，各个宗派的思想差异，就逐渐由隐而显地凸显出来了；而当这些思想的差异，又恰好与宗派的世俗教权之争叠合在一起时，思想的差异就不仅是思想的差异，渐渐也就成了门户的差异，于是，分化日渐明朗。

南方惠能禅思想的成立，就是这一思想分化中最引人注目、在后世影响最深远的一个现象。

一、《坛经》的问题

说到惠能的禅思想，就不能不说到《坛经》，但禅思想史上纷争最多的，偏偏就是这部《坛经》的真伪。

本来，自从南宗禅成为中国禅宗的主流，《坛经》便是禅宗第一要籍。它是惠能弟子所记师说，当然就是惠能思想的记录。这在一千多年来本不是问题。但是，20世纪30年代初，胡适在一番考证后，却提出了一个惊天动地的疑问，《坛经》真的是惠能的思想吗？在搜集了各种资料特别是敦煌出土的禅宗资料对《坛经》进行比勘后，他下了一个同样惊人的结论，《坛经》是惠能弟子神会所作！在他的《荷泽大师神会传》里说道：

> ……后世所奉为禅宗唯一经典的《六祖坛经》，便是神会的杰作。《坛经》存在一日，便是神会的思想势力存在一日[106]。

此论一出，顿时大哗。从 20 世纪 30 年代起，围绕《坛经》著作权的争论，就一直没有停息过，不仅是中国学者，日本、法国的学者也卷了进来，直到胡适已作古的 1969 年，还又一次掀起了争论的热潮。钱穆、印顺、澹思、柳田圣山、山崎宏等著名学者都纷纷撰文，对《坛经》及其撰人进行考证，对胡适的说法进行辩论。这种争论至今仿佛尚未有穷期，到了 20 世纪 90 年代，依然有学者著文对这一悬案进行考辨[107]。

看起来，大多数学者对胡适的说法都持否定态度，那么，胡适的说法是凭空虚构吗？显然不是，他有他的证据。首先，他认为，敦煌本中有惠能关于"吾灭后二十余年……有人出来，不惜身命，定佛教是非，竖立宗旨"的话，这是暗示开元二十二年神会在滑台定南北宗宗旨的事情。他认为这不是惠能神异的预见，而是神会后来的伪造，当然伪造的最大受益者，只能是想借机自我抬高的神会；何况敦煌本《坛经》中特意提到神会得道而余者不得，更坐实了这一点。其次，他在《全唐文》中发现韦处厚的《兴福寺内道场供奉大德大义禅师碑铭》里提到，神会虽"得总持之印"，但他的弟子却"习徒迷真，橘柘变体，竟成檀经传宗"。他认为，"檀经"就是《坛经》，"竟成"二字，就是神会一系造《坛经》的证据。再次，

---

[106] 《神会和尚遗集》（台北：胡适纪念馆，1970）卷首，74 页。
[107] 关于《坛经》的辩论文章，过去的，可参看张曼涛主编《现代佛教学术丛刊》之一《六祖坛经研究论集》（台北：大乘文化出版社，1976）；此书收集了钱穆、印顺、杨鸿飞、澹思等人的论文。1990 年以来，有关这方面最近的论文，如潘重规《敦煌六祖坛经读后管见》，载《中国文化》（香港：中华书局，1992）第七期。

他在敦煌发现的《神会语录》和《坛经》之间，找到了不少二者一致的思想，如"定慧等"，"念不起为坐，见本性为禅"，又如批评当时禅学，用《金刚经》，提倡"无念"等等，这些是《坛经》中最重要的几个部分，而它们与神会的说法"不仅内容相同，并且文字也都很相同"。他觉得，这就是"很重要的证据"。有了这些内证与外证，胡适才宣布，"南宗的急先锋，北宗的毁灭者，新禅学的建立者，《坛经》的作者，——这是我们的神会。在中国佛教史上，没有第二个人有这样伟大的功勋，永久的影响"[108]。

也许，胡适确实有急于标新立异的心理，他为神会疾呼，为改写禅思想史奠基的心情太迫切，以至于有的证据并不十分可靠，所以，他的说法遭到了有力的反驳。第一，是《兴福寺内道场供奉大德大义禅师碑铭》那段"习徒迷真，橘柘变体，竟成檀经传宗"，有人认为"习徒"并非指神会的弟子，而是作为神会的对立面出现的，也就是说神会"得总持之印，独耀莹珠"，符合以心传心之旨，而有的人却死守《坛经》，以这种方式作为血脉传宗之凭据；有人则认为"习徒"是指神会的弟子，但这段话只能证明是神会的弟子用《坛经》作为传宗凭证，并不能证明《坛经》是神会或神会弟子的伪造，因为敦煌本《坛经》中已经说道"若不得《坛经》，即无禀受"，"无《坛经》禀承，非南宗弟子也"。所以用《坛经》传宗，可能已是南宗的规矩，更何况过去传宗的凭证袈裟已经不在惠能一系手中，为传递其血脉正宗只有用祖师开法语录来作凭证。这两种反驳，后一说似较有说服力。第二，是关于胡适所说《神会语录》与《坛经》思想一致、文字相近的问题。很多学者也指出，这更不

---

[108] 前引《神会和尚遗集》卷首，90页。

能证明《坛经》为神会所伪造，因为学生（神会）继承老师（惠能）是很正常的，继承者沿用先生的话，自然有很多一致之处，为什么就一定是《坛经》为神会所造的证据，而不能是神会在老师身后亦步亦趋的证据？更何况，胡适所指出的那些思想中有一些是早已有之的，为什么惠能时代不能说，而非要到神会时代才能说？显然胡适的证据有些不大站得住脚跟。

不过，胡适的考证并非一无是处，他的证据也并非一推就倒的。尽管他过分心急地把《坛经》整个儿地都算在了神会的身上，造成了结论的武断，但他却提醒了研究者注意神会与《坛经》的关系。应当说，至今还没有人能完全否定现存诸本《坛经》与神会有关，也没有人能彻底反驳胡适的全部证据。在胡适的考证中，有一个地方是至今难以反驳的，就是上面我们所列举的《坛经》中关于二十年后有人出来定南北宗旨那一个预言。它说明，尽管胡适说《坛经》全是神会所作并不成立，但《坛经》经过神会一系的改篡，则是不可否定的。何况，除了韦处厚《兴福寺内道场供奉大德大义禅师碑铭》之外，《景德传灯录》卷二十八记南阳慧忠的话也说到，"吾比游方，多见此色，近尤盛矣。聚却三五百众，目视云汉"，自称是"南方宗旨"，并"把它《坛经》改换，添糅鄙谭，削除圣意，惑乱后徒"[109]。这里所说改换《坛经》的，从敦煌本《坛经》较凸显神会这一点来看，很可能就是神会的后人。

当然，这里也应该说明，这种改篡并不是神会一系独有的恶习，从敦煌本、惠昕本、契嵩本《坛经》从一万二千字到一万四千字，再到两万多字这一现象，我们就可以知道，典籍流传中的改篡

---

[109]《景德传灯录》卷二十八，《大正藏》第51册，437页。

与添加,实在是一直在进行中的,并不是神会一家的怪癖。所以应该说,虽然《坛经》不是神会所作,但今存各本《坛经》与神会一系确有关系[110]。

二、惠能禅思想的内在理路

可是,惠能思想与神会思想杂糅的现象,却给我们叙述惠能思想带来了麻烦,究竟《坛经》中,哪些是惠能在大梵寺开法时所表述的"真谛",哪些是神会及后人所添加的"鄙谭"?现在确实很难剔理清楚了。所以,我们只有参照一些其他资料,借用一些前人考证,从《坛经》与《神会语录》的细小差异中寻找蛛丝马迹,为惠能禅思想的基本立场和内在理路,勾勒一个笼统的轮廓。

从人心与佛性的关系来看,和弘忍时代的禅门一样,惠能也肯定人本身拥有自我拯救的能力,这是因为人人自有佛性。敦煌本《坛经》第十二则就说到:"菩提般若之知,世人本自有之",而且他也和弘忍一样,尽管也承认人人心中有佛性,但人们不一定就能够安住于佛境,因为他们的心灵常常处在迷惑之中。"即缘心迷,不能自悟,须求大善知识示道见性。"[111]所以,毕竟还要有一个由"迷"而"悟"的契机与过程。我们知道,自从刘宋时代竺道生倡"一阐提有佛性"论以来,虽然有所争论,但很快南北佛教都接受了《大般涅槃经》的思想,而且把它作为佛教解脱与救赎理论的基础。前期禅门自达摩的"含生同一真性"开始,在这一点上也没有异议,因为他们所奉的《楞伽经》也承认"如来藏自性清净……入于一切

---

[110] 在各家的说法中,印顺《神会与坛经》的说法最为公允平实,见前引《六祖坛经研究论集》,136—137页。

[111] 《坛经校释》,24页。

众生身中"[112]。惠能在佛性理论上与他的前辈是一脉相承的,所不同的在于如何使人们由迷而悟,回归到自己本来就有的、与佛陀相同的境界中。

传统的说法,都是因"定"发"慧",通过"念佛净心"或"摄念修心"等禅学早已有之的路数,来收束散逸奔纵的心识,以内省与体验的功夫,使意识无思无虑,从而进入清净境界。

正是从这里开始,惠能显示出了他与传统禅学的差异。在敦煌本《坛经》涉及思想的部分中,除了肯定人有般若智慧的第十二则之外,最先说到的是"以定惠为本"。这是一个关键。"定惠"是禅门中常见的说法,但惠能所说的"定惠",实际上与传统说法有了很大的差异。传统的说法是"由定发慧",禅定是手段或过程,智慧是目的或终点,所以从前期禅门到弘忍都要保持一定的修行,如坐禅、念佛等。在他们看来,定和慧是有次第之差的,就连神秀一系都主张"从定发慧"[113],这就是我们前面说到的传统禅门的方法。然而,惠能批评这种说法,"莫言先定发慧,先慧发定,定慧各别",强调说,"若诤先后,即是迷人"。按他的说法,应该是"定慧等",这就像灯与光的关系,"有灯即有光,无灯即无光",也就是说,定就有慧,慧就是定,并不是说靠了入定来得到智慧。

这是禅思想史上的一大关节。为什么惠能有这样的思想?因为传统禅学在佛性论中尽管也说物是心造,但在修行论中"心"与"物"是一种对峙状态。由于承认外在的俗尘不断来污染心灵,就像黑云蔽日一样,所以"定"就仿佛是用一块抹布在擦拭镜子,只有

---

[112] 《楞伽阿跋多罗宝经》卷二,《大正藏》第16册,489页。
[113] 《大乘无生方便门》中第二门"开智慧门"中多次提到这一点,《大正藏》第85册,1274页。

擦干净了，镜子才会明亮。这就是神秀所说的"时时勤拂拭，莫使惹尘埃"。也就是说，只有在杂念彻底清除之后，清净心灵才能涌出"智"，才得到般若智慧来洞烛一切。但是，惠能却真正地在修行论中也贯彻了"空"的思路，污染心灵的尘缘都是虚幻，都是人的妄念所造，因为人自有灵明觉性，所以，这种"清除"并不是用抹布把镜子擦干净，而是在意识中感悟到镜子本来就是干净的，尘埃却是虚幻假象，即"佛性常清净，何处惹尘埃"。于是，"悟"与"迷"就只是心灵中的一念之转，这就叫"悟人顿修，自识本心，自见本性，悟即元无差别，不悟即长劫轮回"。只要人做到"于一切法不取不舍，即见性成佛道"[114]，由于人的本性就是"空"就是"净"，那么当他"定"时也就是"慧"时，一刹那间意识便进入无差别的自然状态，这就是"定慧"了。

如果说，传统"拂尘看净"的禅门，一直是在寻求一种"绝对清净境界"，那么，惠能的"不取不舍"则在追求一种"绝无差别境界"。如果说追求清净境界，恪守的是"心物二分"观念，与般若空观还有差距，而无差别境界则是进入了"心物皆空"的边缘，基本上吻合般若"八不（不生不灭不常不断不一不异不来不去）中道"的思想。

但是，究竟怎样才能进入这种"无差别"的境界？惠能提出的方法是：

以无念为宗，无相为体，无住为本。

所谓"无念"，不是清除意念，而是既不取善不取恶，不作清净想，不作成佛梦，但也绝不千方百计去排除各种念头。按惠能的解释，

---

[114]《坛经校释》，53页。

就是"于念而不念",因为,一旦有所系念就有所执着,就会被各种思虑所纠缠,而心中如果有一个"排除杂念"的想法,同样也会有"排除杂念"的念头横梗在心上。同样是有所执着,而有所执着,就使得虚妄成真实,引起了种种焦虑与不安。

所谓"无相",也不是把现象世界看作一片白茫茫大地真干净,对一切森罗于眼前的诸相都视而不见,而是惠能所说的"于相而离相"。也就是说,根本不把这些"相"当"相"来对待,如果面对诸相,非得把它们看成是一无所有,那么,心中就有了一个"清除诸相"的念头,有了这个念头,就是心中有所执着,对相而落入相中不能自拔,则又使心灵被种种相所包围,被种种分别相环绕的心,就不能"绝无差别"。

所谓"无住",就是心灵不滞着于任何思想。虽然在经验上,人会有各种想法,纷至沓来的情感、欲念、焦灼、喜悦,在生活中是不可避免的,人无法回避种种的心灵波动,但是,禅宗相信人可以对它们不挂于心,仿佛风过耳、影过眼一样。所以惠能说,"念念时中,于一切法上无住,一念若住,念念即住,名系缚,于一切上,念念不住,即无缚也"[115]。

有了这"无念""无住"和"无相",心灵中就没有什么分别与执着,就好像一个很常见的比喻所说的,"镜对万相,终不住相",那面心镜就永远是清净无垢,甚至于无影无像的了。正如后来丹霞子淳禅师所说,"宝月流辉,澄潭布影,水无蘸月之心,月无分照之意"。人心仿佛澄潭之水,对境而不起心,无论是污染还是月光,都不必拒斥与接纳,最终达到"水月两忘,方可称断"的境界[116]。

---

[115] 《坛经校释》,32 页。
[116] 《五灯会元》卷十四《丹霞子淳禅师》,890 页。

"心量广大，犹如虚空"，这一"虚空"能容纳一切，又不执着于一切。所以，只要人们能够使自己的心灵处于这种"无念无相无住"的"空"中，那些使人焦虑、使人不安、使人激动、使人沮丧的分别诸相，就可以荡然无存。在惠能看来，这就是"般若智慧"，当人们心灵归于"空"时，他就已经与佛无异了，这就叫"一念修行，法身等佛"。由于这种"无念""无相""无住"完全是内在的心理体验与观念转化，它不涉及许多具体而微的思想、欲念、知识的染、净分别，也无须结跏趺坐、苦苦修行，不须要反省过去的罪孽，也不需要追思未来的光明，不需要外力的约束或指引，也不需要神灵的救赎与保护，于是，过去所有的念佛、修心、坐禅，在这里就只剩下了一念之转，"前念迷即凡，后念悟即佛"。

正是在这个理路基础上，后世禅宗高倡的"顿悟说"，就顺理成章地出现了。他们说，若是有大慧根的人，对一切都不应该起念动心执着，而是应该"不假外修，但于自心，令自本性常起正见"，这样，就能使"烦恼尘劳众生，当时尽悟"，所以——

> 当起般若观照，刹那间，妄念俱灭，即是自真正善知识，一悟即知佛也。

据惠能说，这就是从弘忍那里传下来的禅法，"我于忍和尚处，一闻言下大悟，顿见真如本性。是故将此教法流行后代，令学道者顿悟菩提"[117]。

以上，从"自心即佛性""无念无相无住"之"顿悟"，到"空"的绝无差别境界这三部曲，就是惠能禅法思路的主脉，也是他较多地偏向了《般若》思想之后，对传统禅法的重要改造。其中，"无念

---

[117]《坛经校释》，49、56、59、60页。

无相无住"之"顿悟"是关键,它一方面承续"自心即佛"的佛性思想,一方面追踪"空"的终极境界,这与《般若》大有关联。"无念"在《摩诃般若波罗蜜经》卷二十七《法尚品第八十九》中也叫"无念三昧","无相"在《摩诃般若波罗蜜经》卷一《序品第一》中也叫"无相三昧","无住"在《摩诃般若波罗蜜经》卷五《问乘品第十八》也叫"无住三昧"。所谓"三昧"也就是"定",而禅宗的修行中心也就是"定"。《摩诃般若》中的思想核心是说"空",而它说"空"的逻辑理路,就是如下几个环节:首先,一步步否定外在一切的实在性和自在性,把现象世界的一切都归结为感觉,为意识。其次,追溯到意识主体的虚幻性,最终连意识主体也否定;当这一切都被超越和否定之后,就出现了一个无差别的"空"的世界。再次,既然这一切都是"空无自性"的虚幻,所以一切都无差别,也无所谓"空"与"不空"。最后,沿着这一理路,在它的理路终极处是更广阔的绝无差别。由于追求这种绝无差别的境界,因而它最忌讳的就是"分别"与"执着",这种看似抽象的思想,落实到具体的修行中,就是"定即是慧,慧即是定",就是"不修即修,修即不修"。《坛经》中所说的"起心看净,却生净妄",在理路上也是由此而来的。

这一理论的转向对实践的影响太大了。因为传统禅学中的"坐禅",在这时就不再是数息、念佛、观心、清除杂念、收敛意念,而是"一切无碍,外于一切境界上念不起为'坐',见本性不乱为'禅'"[118]。换句话说,只要在意识中不理会那种种分别,在心灵中不执着于某个念头,就可以"于一切时中,行、住、坐、卧,常行直心"。

---

[118]《坛经校释》,37 页。

我揣测,《般若》的影响或许就是使惠能一系与传统禅门有了相当不同的一大原因。我们知道,惠能奉《摩诃般若》是很明显的,这在敦煌本《坛经》题为《南宗顿教最上大乘摩诃般若波罗蜜经六祖惠能大师于韶州大梵寺施法坛经》上就能看出,在敦煌本的开头就是一句:"惠能大师于大梵寺讲堂中升高座,说摩诃般若波罗蜜法",在后面又多次提到,"净心念摩诃般若波罗蜜法",第二十六则中曾说:

> 摩诃般若波罗蜜,最尊、最上、第一,无住、无去、无来,三世诸佛从中出[119]。

可见,惠能奉《摩诃般若》是不容怀疑的。不过,后来各种资料中,惠能却改奉了《金刚经》,上面这段话也在神会那里,变成了"金刚般若波罗蜜,最尊最胜最第一,无生无灭无去来,一切诸佛从中出"[120]。我们猜测,这或许是由于唐玄宗御注《金刚经》而导致《金刚经》盛行,故神会及其后人为了迎合风气而着意修改的说法[121]。神会一系对《坛经》的改篡之一可能就在这里,但惠能本来是依凭《摩诃般若》的。

三、终极境界与宗教生活

惠能的思路向他的后人们指示了一个方向,这就是与牛头禅很

---

[119] 《坛经校释》,51页。

[120] 独孤沛编《菩提达摩南宗定是非论》,此为神会与崇远法师的论辩记录,载《神会和尚遗集》,297页。胡适原称此卷为《神会语录第三残卷》,铃木大拙原曾称此卷为《南阳和尚顿教解脱禅门直了性坛语》。现据杨曾文《神会和尚话录》,34—35页。

[121] 开元二十二年(734),唐玄宗颁布了他注释的《金刚经》,他把《金刚经》与《道德经》《孝经》并称,说这是"不坏之法,常真之性,实在此经",参看《全唐文》卷三十七唐玄宗《答张九龄贺御注金刚经批》,173页。

接近的"不修为修"的自然主义。

在惠能的弟子中,有不少人都在很激烈地批评传统的禅学方法,像崛多三藏的"兀然空坐,于道何益",志诚禅师的"住心观静,是病非禅,长坐拘身,于理何益",南岳怀让的"磨砖既不成镜,坐禅岂得成佛",司空山本净的"若了无心,自然契道"等等[122]。在敦煌出土的一些南宗禅诗歌偈语中,更是有不少这类的话语,如S.4173《南宗赞》中的"行住坐卧常作意,则知四大是佛堂";P.2629等《南宗定邪正五更转》中的"有作有求非解脱,无作无求是空虚";S.646《扬州颙禅师游山遇石室见一女子赠答诗》中的"离缚还成缚,除迷却被迷"等,都与传统禅学所提倡的宗教修行和宗教实践格格不入,似乎他们更看重的是一种自由的心境与自然的生活。

但是,更应该说明的是以下三点:

第一,惠能一系的禅法虽然特殊,但与前期禅门包括北宗禅门的差异并没有到水火不容、势不两立的地步。其实,当时各禅门都有一些彼此相近的地方,从《楞伽》而《般若》,是当时禅门的普遍趋势。像神秀奉《文殊般若》一行三昧,净觉注《般若心经》,北宗禅也在向《般若》靠拢。智诜倡"念佛"的同时,也注释了《般若心经》,并称《心经》为"五乘之宝运"[123]。牛头禅更是早就以《般若》为主要经典。在玄理思辨也就是在终极意义的探寻上,他们都彼此争先恐后地追寻着更本原更超越处。"万法归一,一归何处"的追问,在他们那里都在向"心"的背后延伸。只不过,在北宗禅与净众禅那里,这种对本原和超越的追寻,并没有与修行的实践贯通,理路

---

[122] 参见《景德传灯录》卷五,《五灯会元》卷二、卷三、卷五等,此处不一一注出。

[123] 净觉《般若波罗蜜多心经注》,敦煌卷子,S.4556;智诜《般若波罗蜜多心经疏》,敦煌卷子,P.4940、S.554。

的思考只在理论的表述上，而实践的修行却仍在原来的轨道上，因此与惠能以及后来的南宗显出了差异。

第二，就是在惠能这里，《楞伽》以"心"为根本的思路，与《般若》以"空"为根本的思路，也没有彻底地融会贯通。"清净境界"即为终极境界的思路，与"无差别境界"即为终极境界的思路，也常常双双出现。他时而强调一切都是空相，"烦恼即善菩提"；时而又转回传统说法，强调"自性常清净，日月常明，只为云覆盖，上明下暗"；时而引入《般若》讲"空"；时而不得不讲种种修行方法以严防"有"[124]。于是在惠能时代，禅思想仍在一种难以解开的思路纠缠之中。

第三，惠能思想并不像后人想象中那样，极端地破弃经论、自然放任。在王维为惠能所撰碑文中，有一句话很值得注意，这就是"乃教人以忍，曰：忍者无生，方得无我，始成于初发心，以为教首"。这种"忍为教首"的思想，似乎与痛快简截的"顿悟"格格不入，但这确实也是惠能的思想。敦煌本《坛经》之末，曾记载惠能"凡度誓，修修行行，遭难不退，遇苦能忍，福德深厚，方授此法"[125]，说的正是这种"忍苦"品质，因为这是佛教所有各门的传统。惠能向弟子所传授的"无相戒"，也与北宗禅《大乘无生方便门》的"菩萨戒是持心戒，以佛性为戒性"同样，都是出自《梵网经·菩萨心地品》的大乘戒法，《梵网经》所谓"无受无打无刀杖瞋，心皆如如"的"忍"[126]，就是对信仰者心灵的约束。在授"无相戒"时，

---

［124］《坛经校释》，51、39页等，关于惠能及神会内在理路中的矛盾，我将在后面几章详述，因为这是一个从禅宗一开始就存在的大问题，这里从略。

［125］《坛经校释》，114页。

［126］《大正藏》第24册，998页。经文中还说，"若佛子忍心者，有无相慧体性。一切空空忍一切处忍，名无生行，忍一切处得名如苦忍"。

惠能率弟子所进行的仪式,比如唱"归依自三身佛",发"四弘誓愿",行"无相忏悔"等等,其实与西蜀智诜一系的"念佛"又有多大差别呢?不都是为了使弟子们心念凝聚,产生敬畏之心吗[127]?所以,顿教祖师的思想,本来并不像后人所描画的那么潇洒,真正潇洒的时代还没有到来。

这里有一个终极境界与宗教生活的关系的问题。一个宗教要追寻的,始终是人生超越的终极境界,它作为最神圣的精神本原与心灵目标,在宗教看来,毫无疑问是决定信仰者提升还是堕落的关键。但是,这种超越的终极境界很深奥也很困难,常常只是少数思想最深刻精神最敏感的人,才能得到的心灵感悟,才能进行的理智探究。然而,一个宗教更多面对与处理的,通常是信仰者的具体生活,它作为宗教日常的事务,是宗教进入生活世界的必要途径,没有处理人们生活的能力,宗教就失去了存在的意义。但是,这种宗教生活又常常要落实在琐碎而具体的仪式、规范和活动上。这两种内容,也就是超越的和世俗的东西,如何互相协调并得到一个一以贯之的理论解释?往往是宗教面临的一个难题。中国禅思想史上有一个始终纠缠不清的思想症结,也就是怎样一方面通过越追越深的思索,体验那个形而上的终极境界,一方面通过越来越简截的样式,使这种思索中的境界转化为生活实践。当前期禅门把"心"当作一种终极实在来追寻的时候,由于心灵的清净境界,毕竟还是经验中可以体验或想象的,生活中可以扪摸与找寻的,佛教传统遗留下来的种种仪式与规范,与这种心灵境界的关系是明确的,所以这二者的分裂并不明显,也不成为严重的问题。可是,到了下一个时

---

[127] 参见杨曾文《〈六祖坛经〉诸本的演变和慧能的禅法思想》,《中国文化》(香港:中华书局,1992)第六期。

代，佛教尤其是禅宗内部的这种超越与世俗、理论与实践之间的分裂，就会使他们的思索和行为转型，开出一个新的方向来。

这里只是要说明，在惠能的时代，这一切还只是潜在的趋势，惠能和神秀，或者说南宗和北宗之间的冲突，还没有深刻和彰显到"分裂"这样的程度。

当我们简单地回顾 7—8 世纪中国佛教史时，我们看到，在此前，隋代曾经有过佛门的短暂兴盛[128]，但是，初唐以来，佛教却受到政治的贬抑，高祖、太宗两朝，佛教虽然得到一定的保护，但总体上说地位是在下降。《旧唐书》卷六三《萧瑀传》中记载唐太宗李世民手诏，里面有所谓"至于佛教，非意所遵，虽有国之常经，固弊俗之虚术"[129]。《法琳别传》记载当时社会风气，有所谓"秃丁之消，闾里盛传，胡鬼之谣，昌言酒席"的说法[130]。从最上层到最下层的反应，都表明唐代佛教并不像隋代那样受到那么普遍的尊崇和敬仰，只有武则天时代是个例外。

宗教远离政治权力中心，对它未必是一桩坏事，在中国这个宗教始终不可能成为政治意识形态的国度中，宗教只能在人的精神领域和生命领域指导人生。这种被政治权力暂时疏离的现象，虽然阻

---

[128]《隋书》卷三十五《经籍志》称："开皇元年（581），高祖普诏天下，任听出家，仍令计口出钱，营造经像。而京师及并州、相州、洛州等诸大都邑之处，并官写一切经，置于寺内；而又别写，藏于秘阁。天下之人，从风而靡，竞相景慕，民间佛经，多于六经数十百倍。"其中，禅师似乎在佛教中得到格外的恩荣，智顗为帝传戒，昙迁与帝同榻，所以，《续高僧传》卷二十一"习禅篇·论"说："隋祖创业，偏宗定门……京邑西南置禅定寺，四海征引，百司供给"；又同书卷十九《僧邕传》也说，"开皇之初，弘阐禅门，重叙玄宗"。按道宣的说法，达摩一系与慧思、智顗一系一样，都是属于"虚宗玄旨"一流，应该是受到世俗权力的青睐的。关于隋代崇尚佛教之事，可参见汤用彤《隋唐佛教史稿》（北京：中华书局，1982）第一章第一节，4—10 页；陈寅恪《武曌与佛教》一文推测隋朝崇佛之原因甚有趣，可以参看，载《金明馆丛稿二编》（上海：上海古籍出版社，1980），142 页。

[129]《旧唐书》卷六十三，2403 页。

[130]《唐护法沙门法琳别传》卷上，《大正藏》第 50 册，199 页。

绝了佛教试图充当政治意识形态的热情，但是也有可能促成它的思想理论的总结与深化。在相对平静的 7 世纪中叶，一大批天竺佛教典籍被准确译出，一些总集汇编式的大书被逐渐编成，一段佛教历史得到了系统记述，这似乎与儒家经典有了总结性的《五经正义》，近期历史有了新修的南北各史一样，理论和经典的完成，使得佛教也进入了一个思辨深入的时期。

这一思辨时期的情况不是我们要讨论的内容。这里只是要说明，这一思辨时期对于禅门来说，是加快了它向上层文化靠近的趋势。前面我们说过，禅门有一种逐渐向上层社会渗透与向文化阶层靠拢的趋势，这种文人化的禅思想，常常对具体的宗教仪式与世俗生活如神话、礼仪、戒律、忏悔甚至于一般教义采取鄙夷的态度，把它们看成是形而下的、琐碎的、着相的东西而贬斥，而对于抽象的、玄虚的、空灵的终极境界，却总是有一种特别爱好，他们不断地追问一切的最终本原，并把这种本原视为拯救人生的唯一实在。可是，这种追求形上而鄙弃形下的趋势，从宗教的立场上来看，并不见得完全是一件值得称道的事情。为什么？道理非常简单，宗教如果是大多数人的宗教而不是少数人的思想，那么，它不能没有仪式、方法与信仰，正像基督教需要有牺牲、忏悔、祈祷（Sacrifice, Confession and Prayer）一样，因为这是引起信仰、维持信心、获得解脱，或者说是联系信仰者与绝对存在者的具体途径。如果绝对存在者只存在于少数人的心灵体验与感悟中，那么，这种追寻就失去了大多数信仰者所能理解的具体和明确的途径，成了少数人垄断的专利。

随着般若思想的影响在禅门日渐深入，对于终极境界的追寻，也向着越来越远的玄虚处深入，与日常宗教生活似乎脱节得很远，

"空"的思想把一切都放在了否定的位置，同时又把被否定的一切放在肯定的位置，无差别的境界消解了一切仪式与规范，又容忍了一切世俗的行为与思想，上面所说的理论思辨与修行方式、"空为根本"与"心为根本"、轻松的感悟体验与艰难的持戒忍辱之间的矛盾，都可以看作是终极境界与宗教生活在脱节，处于传统与变革之间的禅思想，在追寻终极境界与恪守宗教生活之间有些左右为难了。

这个时代，无论是西蜀智诜一系、北宗神秀一系、东吴牛头一系还是南方惠能一系，都在试图建立这种沟通宇宙本原、终极境界与宗教生活之间的贯通之路。但是，直到8世纪初，这一条贯通之路仍在建立之中，禅门宗派的分化与思想的分化，它最大的意义，就在于给后来寻找路径的人们提供了几种选择，让他们在不同的选择中，各自建立一个从宇宙本原、宗教生活到终极境界都彼此贯通的禅思想体系。

但是，这是下一个时代的事情了。

第三章　北宗禅再认识

人们很容易接受一些史书上的既成说法，而忽略"历史总是胜利者的历史"这句格言，除非这"胜利者"本身也成了"历史"。如果这些史书上的既成说法，又刚好被后来人所看到的新资料再次复述，那么这种"历史"就可能成为三堂会审后的判决定案。于是，胜利者的叙述语言、评价原则，连同他们撰述的"历史"，就会一而再再而三地被反复强调，使后来者不得不隔着这一层"过滤镜"来理解过去的一切。

北宗禅似乎就遭到了这样的厄运。北宗禅在长距离的竞赛中没有战胜南宗禅，反而逐渐被南宗禅消化，各种出自南宗禅的文献资料，不仅把它放在"旁出"的位置，而且只给予相对简略的记载，这使得后人以为，它真的在南宗禅摧枯拉朽般的打击下，很快就土崩瓦解。而敦煌新出的资料又恰恰证实，南、北宗在盛唐时期的确有过一些辩论，出自神会一系的几种文献当然把神会说得十分雄辩，于是，神会革命推翻北宗王朝的说法，在胡适之后立即成了定论。按照历史因果论的原则和历史前进论的观念，胜利者和存在者是当然的"进步思想代表"。所以，北宗禅思想在遭受了南宗千余年的讥讽之后，又遭受了哲学史家、思想史家几十年的贬斥。

显而易见，一旦我们不再凭依"胜利者历史"的视角，而另寻其历史线索、内在理路、阐释立场,那么北宗禅的历史与思想也许应当重写。不过,这种重写并非通常理解中的"翻案",那种白的翻成黑的、坏的说成好的似的"摔跤",如果不是意气用事,就是不负责任的有意立异,或者心目中有简约化的"二元对立"框架在作怪。我们所说的"重写",只是消解某种习以为常的褊狭视角和偏颇见解,以尽可能"无偏无党"的原初眼光、"入乎其中"的寻绎方式和"同情理解"的解释态度来考证历史、叙述思想及阐释意义。对于北宗禅来说,历史考证、思想叙述、意义阐释都同样需要。第一,应该考证它是否在南宗禅的一击之下就烟消云散;第二,应该寻绎它的理论源流与全景是否那么单调和保守;第三,应该对它在禅思想史上的意义重新进行解释,看看这种历来被贬抑的思想,是否在当时恰恰是禅宗符合历史环境和宗教生存的策略,在后世恰恰是一种值得现代人重新发掘的宗教资源[1]。

第一节　北宗禅史实的重新梳理

思想史上,失败者的命运有两种:一是作为胜利者的对立面遭受贬斥,一是被当作可有可无的事实在历史中消失。如果说,神秀及其主要的继承者义福、普寂是前者,那么,他们之后的北宗禅师就是后者。在南宗禅撰写的各种灯录中,仿佛 8 世纪中叶以后北宗禅一下子就销声匿迹,以至于更后来的研究者也把这种并非历史真

---

[1] 本书初版于 1995 年出版,两年后(1997)在台北见到美国马克瑞(John McRae)教授,并且得到他赠送的有关北宗禅研究的著作:*The Northern School and the Formation of Early Ch'an Buddhism*(University of Hawaii Press, Honolulu 1986),他对北宗禅的一些见解颇有价值,可以参考。

相的记载，当成了禅思想史上的事实。在我所看到的禅宗史或佛教史著作中，有相当一批著作就对8世纪中叶之后的北宗禅，采取了"淡化"处理，尽管这并不符合当时禅宗史与禅思想史的"形势图"。

当然，也有一些禅宗史研究者注意到了这一点，比如宇井伯寿。他在20世纪三四十年代出版的三卷《禅宗史研究》就已经用碑传、僧传等资料，为我们勾勒了北宗禅的后期历史轮廓[2]。也有一些敦煌新出土的禅宗史料，在一些专家的精心考证下，逐渐辨明了它们的宗脉归属与思想内涵，比如柳田圣山《初期禅宗史书の研究》、田中良昭《敦煌禅宗文献研究》，使我们有了更多的北宗禅资料来推测它的后期思想面貌[3]。在这些学者的研究成果基础上，我们已经能够摆脱南宗灯录系统单方面的门户偏见，大略地了解北宗禅的历史与思想，就仿佛从一只眼睛看世界总是平面影像，而从两只眼睛看历史终于看到了立体的图像一样，当北宗禅的后期史实逐渐显现在我们视野中时，我们才算看到了当时中国禅宗的全貌[4]。

上一章中我们已经叙述了"南（惠）能北（神）秀"时代的禅宗概况，下面我们从"南能北秀"之后说起。

---

[2] 宇井伯寿《禅宗史研究》（东京：岩波书店，1939）、《第二禅宗史研究》（东京：岩波书店，1941）、《第三禅宗史研究》（东京：岩波书店，1943）。

[3] 柳田圣山《初期禅宗史书の研究》（京都：花园大学禅文化研究所，1967）。田中良昭《敦煌禅宗文献研究》（东京：大东出版社，1983）。另外可以参见：田中良昭等编《敦煌佛教と禅》（东京：大东出版社"敦煌讲座"之八，1980），这部由多人合作的著作对敦煌禅文献，作了公允而全面的评价。

[4] 现在关于北宗禅的历史有了较多的著作，除了前面提及的马克瑞（John McRae）的 *The Northern School and the Formation of Early Ch'an Buddhism* 在第一部分《历史》中讨论了北宗禅史和禅僧在长安、洛阳的活动，以及降魔藏、普寂、义福和灯录形成史之外，佛尔（Bernard Faure）则在 *The Will to Orthodoxy: A Critical Genealogy of Northern Chan Buddhism*（Stanford University Press, 1997）的前两三章中，也讨论了神秀及其时代、神秀之后的北宗以及有关北宗的禅思想。

一、盛、中唐之间南、北之争的延续

神秀于神龙二年（706）去世。在他之前，法如、法持、智诜已相继辞世，在他之后，老安、惠能也先后圆寂。当先天二年（713）远在南方的惠能离开人世之后，禅宗史便进入了普寂、义福、神会、本净及智威、玄素的时代。

这一时代中，禅门有四支最为重要。第一支是今四川一带的"净众禅"，以智诜门下的处寂（即唐和尚）、无相（即金和尚）为首，承袭五祖念佛法门，并倡"无忆无念莫忘"；第二支是今江苏一带的牛头禅，则以牛头慧忠、鹤林玄素（即马素）为首，倡"诸法本空……于空处显不空妙性"，并逐渐转向自然主义；第三支是今广东、湖南、浙江、江西一带的南方禅，有惠能的若干弟子为首，这一宗大有逐渐向中原逐鹿的势头。其中，司空山本净、荷泽神会都在东都洛阳、西京长安活动。最后，第四支当然是风头最盛的北宗禅，以义福（658—736）、普寂（651—739）为首，占据了当时僧俗两界的中心，包括西京长安、东京洛阳和嵩山的少林寺、会善寺、嵩岳寺等。其中，义福"道望高峙，倾动物心，开元十一年，从驾往东都……所在途路充塞，拜礼纷纷，瞻望无厌"，普寂则"及（神）秀之卒，天下好释氏者，咸师事之"[5]。显而易见，其盛况远远不是以上三家可以望其项背的。

神秀门下众弟子是广义的北宗禅中，势力最大的一支，除普寂、义福在两京之外，景贤（660—723）在嵩山，巨方（646—727）在上党，智封（生卒年不详）在河中，香育（生卒年不详）在鄜州，惠秀（生卒年不详）在洛阳，降魔藏（生卒年不详）在兖州，大福

---

[5]《宋高僧传》卷九，197—198页。

（655—734）在荆州。此外还有事迹不明的崇慎、半律半禅的思恒等，禅风所被，几乎笼罩了整个中国北方。反观法如、老安及玄赜等人，则门庭冷落、车马稀少。像法如继承弘忍之位，占据了禅门的中心少林寺，本来应当兴盛发达，但因为他很快去世，门下又只有庞坞圭及惠超[6]，所以，被神秀尤其是其后的普寂等禅师迅速取代。而老安门下只有义玚、圆寂、净藏和破灶等，玄赜门下只有净觉等寥寥数人[7]，无法与神秀一系争锋。于是北宗禅之名，逐渐成了神秀一系的专称，当然这是在南宗禅兴起之后的事。

开元二十二年（734）正月，惠能的弟子神会在滑台大云寺无遮大会上向神秀一系发出挑战[8]，这当然是北宗禅史上的大事。胡适在《荷泽大师神会传》中说，它"是北宗消灭的先声，也是中国佛教史上的一大革命"[9]。尽管有相当多人对胡适的禅宗史研究总是抱着一种半带鄙夷、半怀嘲讽的偏见，但是私下里却都接受了这个事关重大的绝大判断。但我觉得，这一判断似乎过于夸张，过于夸张则未免近乎戏剧，其效果当然可观，但于事实本相则不免偏离。如果说，一场辩论便掀起一次"革命"，一次没有裁判也没有结果的

---

[6] 《金石萃编》卷七七裴璀《皇唐嵩岳少林寺碑》，又见《全唐文》卷二八〇，1252页。但温玉成氏《禅宗北宗初探》引此碑时将"弟子惠超，妙思奇拔，远契元纵"一语的后半，读成"惠超、妙思、奇拔、远契、元纵"，似乎法如有五弟子，这是不对的。文载《世界宗教研究》（北京）1983年第二期。

[7] 参见《八琼室金石补正》卷五三智严《圭和尚纪德幢》、《全唐文》卷九九七阙名《唐故张禅师墓志铭》、《宋高僧传》卷十以及《王右丞集笺注》（上海：上海古籍出版社，1961）卷二四《大唐大安国寺故大德净觉禅师碑铭并序》等。

[8] 关于滑台辩论的年代，敦煌本独孤沛编《菩提达摩南宗定是非论》有四个写本，其中一作"开元廿二年"，胡适先据此定为开元二十二年，1958年又根据巴黎藏本P.2045重新校定时，改为"开元二十年"。现据前者，另一说姑存之以备考。

[9] 胡适《荷泽大师神会传》，原载《胡适论学近著》第一集，收入《胡适文集》第五册，207页。

辩驳，就能使势头如滚油沃火的北宗"消灭"，那么，这"革命"也太过儿戏，这"消灭"也太过容易。如果说，单以神会一系的资料就可下此判断，仅仅靠后来南宗盛而北宗衰的结果就可作出推论，那么，这可能成为没有"两造之辞"而单凭"一家之言"作出的误判。

其实，这次"革命"的直接效果，远远没有胡适所描绘的那样大。宇井伯寿在《禅宗史研究》第六《北宗禅の人人と教说》中已经指出，"滑台大会并没有对北宗产生直接影响……虽然应该说，神会的排斥有一定作用，但北宗真正的衰落却还远在此后"。关于这一问题，我们将在《重估荷泽宗》一章中，以详尽资料来进行讨论，在这里我们只列举南北宗之间长达数十年的争论中的几个事实来证明，神会在滑台大会那看似雷霆万钧的一击，是很难撼倒北宗禅先天占有的正宗地位和苦心经营几十年的坚实基础的。更不能想象，一次辩论就会使信仰了北宗几十年的中国北方信徒倒戈相向。

如果《祖堂集》卷三的记载靠得住的话，那么，早在开元二十二年（734）神会崛起之前，崛多三藏在太原、智策和尚在北方，就已经针对"观心看静""入定"等颇具关键性的命题，与北宗禅师辩论过了[10]。在开元二十二年之后，辩论仍在继续，南宗禅对北宗禅的攻击也仍在继续。《宋高僧传》卷八《唐金陵天保寺智威传附本净传》记六祖惠能另一弟子司空山本净：

> 天宝中，因杨庭光采药，邂逅相逢，论道终日。（杨）回奏，诏赴京，于白莲华亭安置。帝知佛法幽深，孰堪商榷，敕召太平寺远法师及两街三学硕德，发问锋起，若百矢之逐一兔焉。净举措容与，四面枝梧，譬墨翟之解九攻机械矣。既而辩

---

[10]《祖堂集》卷三《崛多三藏》及《智策和尚》，176—177 页。

若建瓴，酬抗之余，乃引了义教援证。复说伽陀，一无留滞。皇情怿悦，观者叹嗟[11]。

据《祖堂集》卷三、《景德传灯录》卷五的记载，这次辩论是在天宝四载（745）正月十五日举行的，前来质问驳难的，除了主角太平寺远法师（《祖堂集》《景德传灯录》均作"远禅师"，请注意，在唐代被称作法师和被称作禅师的佛教徒，是很不一样的）外，还有慧明（《祖堂集》作"香山僧慧明"，《景德录》作"志明禅师"）、惠真（《祖堂集》作"白马寺惠真"，《景德录》作"真禅师"）、法空、安禅师（《祖堂集》作"福先寺安禅师"）、达性（《祖堂集》作"照成寺达性禅师"），及士人孙体虚（《景德录》作"近臣"，不详姓名），辩论的中心是"无心是道""真妄皆如"这两个相当重要的命题。看来，司空山本净在禅宗向老庄思想和般若思想转向的路头上，可能比神会走得还远，所以这次辩论的激烈程度，绝不亚于滑台大会，何况这次辩论的地点，是在双方必争之地，即唐王朝的中心京城，更何况辩论的参与者是御选的所谓"两街三学硕德"，而主持者则是手握生杀予夺大权的当今天子。

从《宋高僧传》《祖堂集》所记载的资料来看，司空山本净和神会一样，也是理论上的胜利者，最后也得了一个"敕谥大晓禅师"以尽死后哀荣。可是，南北宗之间依然远未分出胜负。显然，这是一次长距离的马拉松式的较量，而不是生死立判、高下顿现的肉搏，决定最后胜者的关键，不仅在于思想的魅力，也在于宗门的后劲。于是，在后来的几十年里，这一较量始终时起时伏地延续着。虽然这类资料现在已经所剩无几，但零零星星依然可以窥见蛛丝马

---

[11] 《宋高僧传》卷八，186页。

迹。《文苑英华》卷八六八卢肇《宣州新兴寺碑》载：

> 吾闻之新兴寺，大历初，有禅师巨伟，南宗之上士也，与北宗昭禅师论大慧纲明实相际于此，始作此山道场[12]。

"巨伟"及"昭禅师"均不详其人，所谓"论大慧纲明实相际"究竟指什么，也不很清楚。但是，我们从中可以知道，在滑台大会三十年后、长安辩论二十年后，南北宗的较量还在持续。紧接着，又二十年后的贞元初（约785年前后），神会一系的弟子慧坚（719—792）再一次与北宗禅师在天子面前进行了辩论。西安碑林现存唐人徐岱所撰《唐故招圣寺大德慧坚禅师碑铭并序》，碑文记载：

> （慧坚）又奉诏与诸长老辩佛法邪正，定南北两宗。禅师以为开示之时，顿受非渐，修行之地，渐净非顿，知法空则法无邪正，悟宗通则宗无南北，孰为分别而假名哉？[13]

这一次较量究竟结果如何，不得而知。虽然他当时颇受提倡"三教合一"（以玄圣冲妙之旨，素王中和之教，稽合内典）的皇帝的重视，也被允许供奉神会画像作为"七祖"，不过在理论上，这个神会弟子的锋芒，显然比起他的老师要收敛得多，那种调和南北顿渐的语气，实际上已经使他在北宗面前先输了一招。倒是南宗新崛起的马祖一系的传人，在与北宗禅的对抗中显得咄咄逼人，取代了神会一系的主角地位，这又是二十年以后的事情了。

《全唐文》卷七一五载有一篇韦处厚《兴福寺内道场供奉大德大义禅师碑铭》，在这篇碑文中记载，马祖道一的弟子鹅湖大义于贞

---

[12] 此文又见《全唐文》卷七六八，3546—3547页。
[13] 徐岱《唐故招圣寺大德慧坚禅师碑铭并序》，载陈尚君辑校《全唐文补编》卷五九，723页。

中（785—805）到长安，深得尚未登基的唐顺宗李诵崇敬，曾以佛性"不离殿下所问"一语，令李诵"默契玄关"，后来，又于永贞年间（805）入内神龙寺法会，与湛然法师等有一场激烈的驳难。碑铭中记载，湛然法师首先发难，攻击大义禅师：

> 佛道迢险，经劫无量，南鄙之人，欺绐后学。

大义禅师则反唇相讥：

> 彼自迷性，盲者何咎白日耶？

早已偏向于大义禅师的顺宗当即裁断，"彼（湛然）不喻至道，其侪吡下"，以至于羞愤交加的湛然竟因此而"数旬而卒"。紧接着，大义又与其他驳难者进行了关于"道"的论辩，这次的南宗禅师不再扮演被质问者的角色，而是主动出击充当质问者，碑载：

> （大义）大师曰："行止偃息，毕竟以何为道？"对曰："知者是道。"大师云："经云：不可以不识识，不可以不知知。安得知者乎？"复曰："无分别是道。"大师曰："经云：善能分别诸法相，于第一义而不动。安得无分别乎？"复曰："四禅八定是道。"大师曰："佛身无为，不堕诸众。安在四禅八定者乎？"问者辞穷，众皆愕眙[14]。

从这几则对答来看，似乎大义禅师的对手不仅仅是北宗禅，大概还有南宗禅神会一系的后人。宗密《中华传心地禅门师资承袭图》和《圆觉经略疏钞》卷四在述荷泽神会思想时，都提到荷泽系的思想中有强调"知"的一面，所以是"知之一字，众妙之门（一作'源'）"。《禅源诸诠集都序》卷下之一也说"今时学禅人多疑云：达摩但说'心'，

---

[14]《全唐文》卷七一五韦处厚《兴福寺内道场供奉大德大义禅师碑铭》，3258页。

荷泽何以说'知'";而延寿《宗镜录》卷二在论述各家宗旨时也提到"荷泽直指知见",因此这里回答"知者为道"的,大概是已经获官方认可的神会后人,而答"四禅八定是道"的,则可能就是北宗后学了。

从碑铭记载来看,大义禅师是这次论辩的获胜者。不过,他所代表的洪州宗马祖一系的最终崛起,还是元和年间章敬怀晖、兴善惟宽入长安之后,这是别一话题,在后面《禅思想史的大变局》一章中,我会作详细叙述。这里之所以一一罗列从开元到贞元长达六七十年间南北宗之间的争论,无非是说明,南宗禅的兴盛和北宗禅的衰微,绝非荷泽神会在滑台一番唇枪舌剑和安史之乱中一次"香水钱"之捐可以成功的,胡适所谓神会是"南宗的急先锋,北宗的毁灭者",恐怕多少有些过甚其辞。

事实上,如果我们再仔细地考察北宗禅在滑台大会之后的二十余年中依然继续昌盛的情状,这一点就会更加清楚。

二、北宗禅的全盛期

义福(大智禅师)圆寂于滑台大会的六年之后,三年后普寂(大照禅师)也辞世而去。

义福门下弟子不多,《景德传灯录》虽记有大雄猛等八人之名,但都有名无录,《宋高僧传》卷二四有思睿其人,传云:"开元中杖锡嵩少问道,时义福禅师禅林密致,造难其人,一言相入,若石投水,既饮甘露,五载而还。"[15] 但似乎并非嫡传弟子。《文苑英华》卷八六一李华《故左溪大师碑》曾载"达摩六世至大通禅师,大通

---

[15]《宋高僧传》卷二四《唐太原府崇福寺思睿传》,613 页。

又授大智禅师,降及长安山北寺融禅师,盖北宗之一源也",但融禅师又事迹不详[16];大概只有《山右石刻丛编》卷七所载复珪《大唐栖岩寺故大禅师塔铭》中所记智通(683—751)可算一个,塔铭载:"师讳智通,姓张氏……请益于大智尊者,晚节当付嘱之。"他曾受刺史裴宽、太守韩朝宗之请,于栖岩寺传法,但毕竟偏于一隅,名声不大。可见,《宋高僧传》记义福"未尝聚徒开法",似乎颇有根据[17]。

可是普寂却截然不同,《宋高僧传》卷九在谈及义福之后马上就说,"洎乎普寂,始于都城传教二十余载,人皆仰之"。同卷本传又说,"天下好释氏者,咸师事之"[18]。他是一个广开门庭的禅门领袖,因而他的弟子极多,《文苑英华》卷八六四独孤及《舒州山谷寺觉寂塔隋故镜智禅师碑铭》曾说:

　　……秀公传普寂,寂公之门徒万,升堂者六十有三[19]。

其中,除宇井伯寿《禅宗史研究》中所考的同光(700—770)、法玩(715—790)、法云(？—766)、灵著(691—746)、景空(669—773)、真亮(701—788)、恒月(702—780)、思公(701—784)、昙真(？—791)、石藏(718—800)、明瓒(生卒年不详)、道睿(生卒年不详)、丁居士(？—725)等之外,宇井氏未曾提及者依然有不少,如《全唐文》卷三一六李华《故中岳越禅师塔记》里"发定光

---

[16] 《文苑英华》卷八六一李华《故左溪大师碑》,4545页;又,此文亦载《全唐文》卷三二〇,1433页。

[17] 胡聘之《山右石刻丛编》卷七载复珪《大唐栖岩寺故大禅师塔铭》后编者按语,碑铭记载他于天宝十载(751)十一月圆寂,春秋六十九,当生于永淳二年(683),见《续修四库全书》(上海:上海古籍出版社影印本)史部907册,134页。

[18] 《宋高僧传》卷九《唐京兆慈恩寺义福传》《唐京师兴唐寺普寂传》,197—199页。

[19] 独孤及《舒州山谷寺觉寂塔隋故镜智禅师碑铭》;又载《全唐文》卷三九〇,1758页。

于大照大师"的常超（按：似应是常越，705—763），卷六八七皇甫湜《护国寺威师碣》里"从照师问佛法"的承威（？—770），以及在《东京大敬爱寺大证禅师碑》中自称"学于大照"的王缙，《（民国）闻喜县志》卷二十下所载于兆《唐绛州闻喜县大兴国寺故智旻禅师塔铭》中"于东都同（中阙二字）大照和尚"的智旻（710—785）[20]，《文苑英华》卷八六四顾况《广陵白沙大云寺碑》中称为"大照大师之上照足"的灵辩（生卒年不详）[21]，后来成为不空的弟子，并被《广付法传》卷二称为"第七祖"的惠果[22]，以及《萧和尚灵塔碑》中记载的乘如（698—778）等[23]。

其中，对于普寂和义福以后的北宗禅来说，尤其重要的，是宏正（生卒年不详）和广德（生卒年不详）两人。可是，偏偏这两位禅师在《传灯录》和《高僧传》中都无记载，我们只能在各种碑志中钩辑一些零星资料。《全唐文》卷三一六李华《故中岳越禅师塔记》中曾提到：

>……七叶至大照大师，门人承嘱累者，曰圣善和上[24]。

这个"圣善和上"即宏正。李华《故左溪大师碑》中说"……菩提达摩禅师传楞伽法，八世至东京圣善寺宏正禅师，今北宗是也"[25]。《全唐文》卷五〇一权德舆《唐故东京安国寺契微和尚塔铭》

---

[20] 于兆《唐绛州闻喜县大兴国寺故智旻禅师塔铭》，《全唐文补编》卷五三，640页。
[21] 顾况《广陵白沙大云寺碑》，《文苑英华》卷八六四，4558页；又载《全唐文》卷五三〇，2382页。
[22] 《大唐青龙寺三朝供奉大德行状》，见《大正藏》第五十卷，294页。又，参看《弘法大师全集》卷八《性灵集》卷二《大唐神都青龙寺故三朝国师灌顶阿阇黎惠果和尚之碑》等。
[23] 参看内田诚一〈〈萧和尚灵塔铭〉の碑文について〉，载《日本中国学会报》（东京：日本中国学会，2006）第五十八辑。
[24] 《全唐文》卷三一六，1419页。
[25] 《全唐文》卷三二〇，1433页。

在谈及契微师承时，也说到其"因初心而住实智，离有相而证空法，乃通四部经于宏正大师"[26]。而独孤及《镜智禅师碑铭》也在神秀、普寂之后，特别提到普寂门下"得自在慧者，一曰宏正"[27]。敦煌本《历代法宝记》中所记载的与净众寺第四代祖师无住辩论的、号称"僧中俊哲"的东京体无禅师，也是宏正的弟子[28]。可见，他应当是普寂之后北宗禅的一个重要人物。

至于广德，《文苑英华》卷八六二王缙《东京大敬爱寺大证禅师碑》记载：

> 夫修行之有宗旨，如水木之有本源。始自达摩，传付慧可，可传僧璨，璨传道信，信传弘忍，忍传大通，大通传大照，大照传广德……[29]

同碑又记，大证（昙真）禅师在普寂去世后，"又寻广德大师"。《全唐文》卷六八七皇甫湜《护国寺威师碣》则记承威年轻时"奋其独知，从照师（普寂）问佛法，次从光师受僧律竟，依同学广师（广德）、证师（昙真）讲习其传"。可见，广德也是普寂之后北宗禅的一个重要人物。可是，后来的禅宗史上却很少记载这两个至关重要北宗禅师，不知是有意还是无意的遗漏。

开元、天宝时期，这本是佛教的黄金时代，北宗禅依然如花团锦簇似的昌盛，并没有因为神会等人的攻击而烟消云散，神秀之后的第一代如义福、普寂自不必说，就是第二代弟子即普寂的门下，

---

[26]　《全唐文》卷五〇一，2261页。
[27]　《全唐文》卷三九〇《舒州山谷寺觉寂塔隋故镜智禅师碑铭》，1758页。
[28]　《大正藏》第五十一卷，190页。
[29]　王缙《东京大敬爱寺大证禅师碑》，《文苑英华》卷八六二，4552页；亦载《全唐文》卷三七〇，1662页。

也一样在僧俗两界稳执牛耳。除上面提到的宏正和广德外,《金石续编》卷八郭湜《唐少林寺同光禅师塔铭》记同光(700—770):

> 演大法义,开大法门,二十余年,振动中外,从师授业,不可胜言,三十余禅僧,尽了心地[30]。

前引王缙《大证禅师碑》则记昙真(?—791):

> 声称浸远,归向如林。

《文苑英华》卷八六一李华《润州天乡寺故大德云禅师碑》则记法云在东南弘法,力持大照(普寂)是禅宗七祖,北宗禅是七祖心法的立场:

> 由是江景禅教,有大照之宗焉[31]。

前引李华《故中岳越禅师塔记》则记常超(当作常越):

> 沿汉至黄鹤矶,州长候途,四辇瞻绕[32]。

即使是在安史之乱中,"狂虏逆天,两京沦翳",也有北宗禅师"奉持心印,散在群方,大怖之中,人获依怙"。所以,前引独孤及《镜智禅师碑》说:"(弘)忍公传惠能、神秀,能公退而老曹溪,其嗣无闻焉。秀公传普寂,寂公之门徒万人,升堂者六十有三,得自在慧者,一曰宏(弘)正,正公之廊庑,龙象又倍焉,或化嵩洛,或之荆吴,自是心教之被于世也。"[33]

---

[30]《金石续编》卷八郭湜《唐少林寺同光禅师塔铭》;亦载《全唐文》卷四四一,1990页。

[31] 李华《润州天乡寺故大德云禅师碑》,《文苑英华》卷八六一,4546页;此文又载《全唐文》卷三二〇,1433页。"景",一作"表"。

[32]《全唐文》卷三一六李华《故中岳越禅师塔记》,1419页。

[33]《全唐文》卷三九〇,《舒州山谷寺觉寂塔隋故镜智禅师碑铭》,1758页。

这就是北宗禅 8 世纪中叶兴盛历史的写照，也是南宗禅 8 世纪前半蛰伏状态的实录。

三、北宗禅的逐渐衰退

但是，在北宗禅于盛唐时代的发展中，也潜藏了衰退的根由。这根由有内在理路的问题，也有外部走向的问题，这两方面的问题共同导致了北宗禅在 8 世纪中叶以后的逐渐衰退。它内在理路中的问题，我们将在后面详细分疏，这里只考证其外部走向中所凸显出来的自我瓦解的迹象。

北宗禅自我瓦解的一个重要原因，也许是内部纷争，敦煌博物院藏唐独孤沛撰《南宗定是非论》敦煌本残卷中有一段胡适校本所缺的文字：

> 从秀禅师已下出，将有二十余人说禅教人，并无传授付嘱，得说只没说；从二十余人已下，近有数百余人说禅教人，并无大小，无师资情，共争名利……[34]

这可能并非神会一系的无中生有，当时神秀门下，普寂虽然盛极一时，但义福、大福、景贤、巨方等人，却未必奉他为宗主。李华《故左溪大师碑》中就以普寂、弘正和义福、融禅师为北宗的两源，普寂门下更是宗师各立门户，弘正、广德都俨然自居正宗，以禅宗第八代传人身份教授弟子。在《（民国）闻喜县志》卷二十载有各书所阙的一份资料，是贞元初绛州闻喜县丞于兆所撰《唐绛州闻喜县

---

[34] 现在，这段文字已经录入杨曾文编校《神会和尚禅话录》28 页，北京：中华书局，1996；又，参杨曾文氏《中日的敦煌禅籍研究和敦博本〈坛经〉、〈南宗定是非论〉等文献的学术价值》，见《中日佛教研究》（北京：中国社会科学出版社，1989），115 页。

大兴国寺故智旻禅师塔铭并序》，其中有：

> 首自达摩，终于八祖[35]。

这"八祖"虽不知所指为何人，但塔铭有"师于东都同□□大照和尚"云云，恐怕应当是普寂门下。《全唐文》卷七九〇张彦远《三祖大师碑阴记》也记载，嵩山澄沼在安史之乱后，住东京大圣善寺，"行为禅宗，德为帝师，化灭，诏谥大譬，即东山第十祖也"。可见，至少在普寂之后，北宗禅就已各树标帜，自开山门，称宗道祖，这一方面造成了自家内部的分崩离析，一方面树大招风，引来了各方的同仇敌忾。例如神会滑台大会的发难，愤愤然针对的，就是普寂一系的"妄称七祖"[36]。

　　北宗禅由盛而衰的另一原因，则恰恰是它在政治势力的支持下过于兴盛。前述北宗禅这种毫无顾忌的称宗道祖之风，在相当大程度上是由于其背靠政治势力，他们大都占据了当时最重要的寺院佛刹。以普寂门下为例，除灵著在西京长安大安国寺外，法玩在东都敬爱寺，承威在东都护国寺，同光在嵩山少林寺，昙真在东都敬爱寺，真亮在东都广爱寺，这是以东都洛阳和嵩山少林寺为中心的北宗禅群体。其中，当然以东都大敬爱寺和大圣善寺的弘正、广德最为显赫，这使他们自然而然地成为禅门正宗。不过，或许这也使他们在安史之乱中，首当其冲地成了战乱的受害者。

　　天宝十四载（755）十一月，安史之乱爆发，仅一个月后，洛阳便失陷。半年后，长安也落入叛军之手。我们对安禄山如何对待佛

---

[35]　于兆《唐绛州闻喜县大兴国寺故智旻禅师塔铭并序》，《全唐文补编》卷五三，640页。
[36]　杨曾文编《神会和尚禅话录》，28页。其中，记载远法师问："普寂禅师口称第七代，复如何？"针对这个问题，神会便滔滔不绝地批判"今（神）秀禅师实非的的相传，尚不许充为第六代，何况普寂禅师是秀禅师门徒，有何承禀充为第七代？"

教的情况不甚清楚,但叛军入洛时曾"纵兵杀掠"。李白《古风》之十九云:"俯视洛阳川,茫茫走胡兵。流血涂野草,豺狼尽冠缨。"叛军入长安时则曾"大索三日……连引搜捕,支蔓无穷";杜甫《述怀》之一云:"比闻同罹祸,杀戮到鸡狗。"佛门显然也未能免此大难,今西安碑林存徐岱《唐故招圣寺大德慧坚禅师碑铭并序》载:

> 幽陵肇乱,伊川为戎,凭凌我王城,荡焚我佛刹[37]。

《全唐文》卷三一六李华《故中岳越禅师塔记》就说,当时"狂虏逆天,两京沦翳,诸长老奉持心印,散在群方"。不仅叛军肆意掳掠,就是官军也同样杀劫。法藏敦煌卷子(P.3608)无名《讽谏今上破鲜于叔明、令狐峘等请试僧尼及不许交易书》载:

> 天下寺舍,翻作军营;所在伽蓝,例无僧饭[38]。

虽然写的是后来的事情,但是安史之乱中的叛军和官军,对佛教想来也是一种摧残的力量。这时,在战乱中心的北宗禅,无疑要比远离战争的南宗禅蒙受更大的打击;依赖政治力量的佛门正宗,当然要比散在民间的南宗禅遭受更多的损失。因为这时朝廷除了卖度牒筹集费用而外,已经顾不上分辨佛教各派的是非,而只是根据实用的目的来对各派施恩赐宠。于是,这一现实改变了佛教各宗的力量对比,使得以往的恩宠一律失效,各宗不得不重新在同一起跑线上开始竞争。日本学者滋野井恬曾以唐宋两部《高僧传》为基本材料,对雍州地区佛教各种势力消长进行统计,他的研究表明,在7世纪后半期到8世纪初(668—713),在长安义解、译经僧最多,而禅僧

---

[37] 徐岱《唐故招圣寺大德慧坚禅师碑铭并序》,《全唐文补编》卷五九,723页。
[38] 陈英英录文,原载《敦煌吐鲁番文献研究论集》第一辑,后收入《全唐文补编》卷五四,651页。

基本是个空白。但是，8世纪初到安史之乱（714—755）之间，以北宗为主的禅宗僧人进入长安，和义解、明律几乎三足鼎立，有普寂、义福、灵著等著名禅师，这表明了北宗禅的崛起和兴盛。可是，8世纪的后半个五十年（756—800）中，在长安的佛教僧人中，著名译经僧四人、义解僧五人、明律僧六人，竟无一个禅师。直到9世纪初马祖门下章敬怀晖、兴善惟宽在西京大阐顿门，禅师才又在京城立足生根，但这已不是北宗，也不是南宗荷泽一系，而是南宗新崛起的洪州马祖道一的一系了[39]。这一统计也从一个侧面证明了安史之乱后，北宗禅遭到的重创。

不过，这并不意味着北宗禅从此就一败涂地，毕竟它在开元、天宝之间是禅门第一大宗。所谓"瘦死的骆驼比马大"，在安史之乱后它虽失去第一把交椅，但依然是禅宗在当时最大的四派之一。前引中唐人韦处厚《兴福寺内道场供奉大德大义禅师碑铭》在叙述禅宗时曾说到：

> 或遁秦，或居洛，或之吴，或在楚。秦者曰（神）秀，以方便显，普寂其允也；洛者曰（神）会，得总持之印……吴者曰（道）融，以牛头闻，径山其裔也；楚者曰（马祖）道一，以大乘摄……[40]

《白居易集》卷四十一《传法堂碑》引兴善惟宽的话，叙述禅宗时也说到：

> 以世族譬之，即师（惟宽）与西堂藏、甘泉贤、泐潭海、

---

[39] 滋野井恬《唐代佛教教线の検讨》，载其《唐代佛教史论》（东京：平乐寺书店，1973）。

[40] 《全唐文》卷七一五《兴福寺内道场供奉大德大义禅师碑铭》，3258页。

百岩晖，俱父事大寂（马祖），若兄弟然；章敬澄，若从父兄弟；径山钦，若从祖兄弟；鹤林素、华严寂，若伯叔然；当山忠、东京会，若伯叔祖；嵩山秀、牛头融，若曾伯叔祖。推而序之，其道属可知矣。[41]

以上两碑提到的禅门，都是荷泽、牛头、马祖和北宗四家。

当然，这时的北宗禅已经不再有半个世纪以前那样耸动天下、一统禅林的权势声威，甚至在民间也开始比不过马祖门下。但是，在8世纪后半叶，普寂门下也就是神秀第二代弟子中，还有不少活跃的人物。例如，慧空不仅在寿春（在今安徽）颇受地方官礼遇，而且"代宗皇帝闻其有道，下诏俾居京师广福寺，朝廷公卿罔不倾信"；昙真为中丞李讽所重，"时聚风亭月观，谈道达旦"，李讽后入京为京尹，还向唐德宗推荐，德宗下诏召其入京，但昙真坚不奉诏；石藏在定州（今河北），"同好者望风而至，蔚成丛众，陶化博陵，人咸欣戴"，州帅李卓也"登山访问，款密交谈，深开昏昧"[42]。显而易见，北宗禅并没有一下子一蹶不振，直到9世纪前半叶，他们依然在禅史上留下了行迹。像神秀下第三代，也就是普寂的再传弟子中，就有在寿春结茅而居的道树（734—825）、受李德裕崇信在北宗故地洛阳"宗（神）秀之提唱"的崇圭（756—841）、在淮南都梁山建立茅舍的全植（752—844）、在扬州化导众生，"同声相应近于千众"的崇演（754—837），以及活到咸通年间，弘传被天下称为"昂头照"禅学的衡山昂头峰日照禅师（755—862）等。也许，正因为北宗禅在9世纪上半叶，仍然是禅门中有影响的一

---

[41]《白居易集》卷四十一，911页。
[42] 以上均见于《宋高僧传》卷九，213页；卷十，238—239页。

支,所以当时评述禅源的宗密,在《中华传心地禅门师资承袭图》中才说它"子孙承嗣,至今不绝"[43]。

宇井伯寿《禅宗史研究》曾指出,北宗禅并不像一般人所想象的那样,只存在了短短一个时期,其实,从神秀706年于洛阳示寂,到日照在862年去世,算来也有一百五十多年之久。更何况,9世纪中叶之后还应该有正顺、宝藏、如泉等北宗弟子在活动。尽管史料匮乏,使我们无法详考他们的事迹,但这并不等于北宗禅已经消失。我想,宇井伯寿的说法应该是对的,尽管他关于北宗禅在10世纪初与唐王朝同时衰亡的结论,还只是一个尚待证实的推想。

第二节　北宗禅思想的重新审视

给思想定位常常是一个很困难的事情,这并不是说对它本身的思路做清晰的描述很困难,而是说如何把它与前后左右的思想系连起来,给它一个恰当的位置,以确定它在思想史上的意义很困难。在这种"定位"中,后人不免要受到前人各种各样的影响。资料留存的不完整,使研究者不得不去艰苦地拼接思想的碎片,就像考古学家用残缺的碎片复原一个年代久远的古物一样,复原的希望固然有,但复原的结果也可能会走样变形;可是你又无法"死生而肉骨"地叫古人从历史中回来为这种复原作证。资料记述的片面性,使研究者不得不小心翼翼地剔除历史的主观,就像法院的法官面对着没有被告的原告陈述,来判断是非一样,一不留神就有可能成了一面之词的受骗者。当然,研究者更应避免个人情感的偏执,这就像法

---

[43]《续藏经》第110册,870页。

官断案如果有个人偏私就不可能公正一样，无论是崇拜胜利者的还是同情失败者的感情，虽然它也许十分纯洁伟大，但是一旦进入研究，就有可能造成视角偏移和立场倾斜。

于是，当一个研究者试图确定某一种思想在历史上的位置时，必须时时注意它与前后左右各种思想的系连和比较；而且在这种系连和比较中，最好能把研究者自己放在稍远一些的地方，从一个较超脱的角度去观察自己的研究对象，这就像物理学中的空间定位不能不借用三维坐标，天文观测不能不依靠望远镜一样，近距离的观看虽然亲切，但"只缘身在此山中"的亲切，往往结果也是"不识庐山真面目"。

对于北宗禅思想的重新审视同样如此。

一、佛性与人心的悬隔

在佛教思想中，"佛性与人心的关系如何"这一命题，始终处于一个中心位置。它可以用许多种不同方式来表达：比如彼岸和此岸，这是一种形象通俗的比喻；又比如净和染，这是一种对心灵境界的说法；又比如超越和沉沦，这是一种现代意味的陈述。佛性可以和上述的彼岸、净和超越互相画等号，人心当然只能与此岸、染和沉沦彼此挂钩。这些彼此对立的语词背后，隐含着的是佛教对人类心灵世界的一个绝大判断，即人与佛、人心与佛性之间，有着巨大的差异。而佛教作为宗教存在的意义，就在于为"人"与"佛"之间的鸿沟架设一道桥梁，让芸芸众生从此岸到彼岸，让世人之心从染而净，让整个人类从沉沦的泥沼中解脱出来，到达超越的境界。

这是佛教得以立足最重要的基石。我们不能想象这块基石被抽去后，佛教将如何建筑其信仰大厦。道理很简单，假如佛性和人心没有差异，此岸与彼岸完全重叠，那么，人类还要佛教做什么？所以，从早期佛教到大乘佛教，在这一点上并无异议，大体上都认定"佛性与人性的悬隔"是一个天经地义的事实。尽管有的认为，"但佛一人有佛性，余一切人皆不说有"[44]，觉得众人与佛陀之间，有不可逾越的障碍；有的认为，"一切众生，无性得佛性，但有修得佛性"[45]，觉得众人可以通过苦修到达佛陀境界；也有的认为，"一切众生皆有佛性……得见如来，常乐我净"[46]，觉得佛陀境界就在众生心中。但是一般说来，不会把此岸和彼岸、染和净、沉沦和超越，也就是众生和佛陀画等号。

在人们十分熟悉的《大般涅槃经》中也是这样。虽然它一再说，"一切众生悉有佛性"[47]，但也不能不同时强调众生、声闻缘觉、菩萨和佛陀的差异。当时尽管人们都接受竺道生"一阐提有佛性"说法，以及《大般涅槃经》对这一点的证明，但也绝没有人错会这层意思。如长安释慧叡《喻疑》在解释此经时，便先说，"一切众生，皆有佛性，皆有佛性，学得成佛"；再说"别有真性，为不变之本，所以陶练既精，真性乃发。恒以大慧之明，除其虚妄。虚妄既尽，法身独存"。既要"学得"，又须"陶练"，众生与佛陀之间，自然总有距离，真性只是众生心中的良知种子[48]。《世说新语·文学》中说，"佛经以为祛练神明，则圣人可致"，这里所说的"佛经"据刘孝标注说，就是提倡"一切众生皆有佛性"的《大般涅槃经》。然而

---

[44] 法藏《华严一乘教义分齐章》卷二，见《续藏经》第103册，道亭《华严经一乘分齐章义苑疏》。

[45] 《佛性论》，《大正藏》第31册，787页。

[46] 《大方等无想经》，《大正藏》第12册，1082页。

[47] 如《大般涅槃经》卷六《如来性品》第四之三、卷十七《梵行品》第八之三等等。

[48] 僧祐《出三藏记集》卷五，《大正藏》第55册，41页。

简文帝仍然强调"不知便可登峰造极不？然陶练之功，尚不可诬"。可见不陶练就不能登峰造极成圣人，当然众生和佛陀就有差别。人必须"修智慧，断烦恼"，这和早期佛教经典所说"邪见者非彼岸，正见者是彼岸"[49]，并没有太大的歧异。渡过这道悬隔人与佛的河流，还是需要艰苦的修行，还是需要佛门的接引。

毫无疑问，大乘佛教在佛性与人心的关系这一问题上，比起早期佛教来，是大大进了一步。它提出佛性与人性的相通，有助于建立佛教徒的信心，使人们看到超越凡俗、登上彼岸、成佛了道的希望。除《大般涅槃经》之外，其他的一些著名大乘经典如《华严经》《维摩诘经》《楞伽经》《思益经》，也都宣称"无一众生而不具如来智慧""心净即佛土净""如来藏自性清净具三十二相在于一切众生心中"等。如果说，那种把佛陀境界远远安置在缥缈鹫峰，有如海市蜃楼的做法，使得众生望而却步，那么这种把佛国净土就近安放在每个信仰者心中的说法，都会使众生满怀期望。不过，仍然应当说明的是，大乘佛教无论何种经典何种派别，都并没有把佛性和人性等同为一。东晋法显译六卷本《佛说大般泥洹经》卷四虽说"一切众生皆有佛性在于身中"，但卷三则说：

> 如一阐提懈怠懒惰，尸卧终日，言当成佛，若成佛者，无有是处[50]。

北凉昙无谶译《大般涅槃经》卷七《如来品》第四之四虽说，"一切众生皆有佛性，以是性故，断无量亿诸烦恼结，即得成于阿耨多罗三藐三菩提"，但当王大臣问比丘，"汝当作佛不作佛耶？有佛性不？"

---

[49]　《杂阿含经》卷二十八之七七一，《大正藏》第 2 册，201 页。
[50]　《佛说大般泥洹经》卷四，《大正藏》第 12 册，871 页。

比丘却说：

> 我今身中定有佛性，成以不成，未能审之。……是人虽言定有佛性，亦复不犯波罗夷也。

可见，人"有"佛性，并不意味着人心"是"佛性。从人心到佛性，还有很遥远的修行之路要走。正如经中所说，人心中的佛性都被无量罪垢缠绕覆盖着，不能凸显充溢，"是故应当勤修方便，断坏烦恼"，只有这样，人心才能渐渐地趋近佛性[51]。

这是早期佛教，也包括禅宗的一个理论支点。正是因为有这个支点，所以禅者都特别重视使心性清净的方法。我们知道，达摩思想中，虽然有"含生同一真性"的一面，但也有"凝住壁观"的一面，它与可疑的《金刚三昧经》与达摩一系遵奉的《楞伽经》可以互相参照。前者说，虽然"众生不异真性……但以客尘之所翳障"，故而需要"凝住觉观，谛观佛性……金刚心地，坚住不移，寂静无为，无有分别"，才能从人性"理入"佛性[52]；后者说，如来藏虽在众生心中，但"如无价宝，垢衣所缠"，故而需要"独处闲静，观察自觉，不由他悟，离分别见"，才能从凡俗"上上升进，入如来地"[53]。同样，这也是早期禅门的一个思想基础，传为弘忍所撰《最上乘论》中就说，"众生身中有金刚佛性……只为五阴黑云之所覆……但能凝然守心，妄念不生，涅槃法自然显现"[54]。弘忍门下当然也沿袭这一思路，无论是法如、老安、玄赜、神秀，还是北宗禅的后人。

---

[51]《大般涅槃经》卷七《如来品》第四之四，北凉昙无谶译本，《大正藏》第12册，404页。
[52]《金刚三昧经·入实际品第五》，《大正藏》第9册，369页。
[53]《楞伽阿跋多罗宝经》卷二，《大正藏》第16册，489页；《大乘入楞伽经》卷三，《大正藏》第16册，607页。
[54]《续藏经》第110册，829页。

法如、神秀、老安和玄赜这一系禅师，正是在这一点上沿袭了弘忍的思路，他们都对心灵的清净给予最大的关注，认为这是修行者由人性而趋向佛性的根本。不过，在他们这里更强调心灵的清净，乃是由心灵的自觉来实现的，而并不是更多地依赖于外在的约束、影响与感染。所以，一切数息、念佛、打坐等实践性的禅法，在他们这里只是辅助手段，更重要的还是心灵中的自觉。当一个人真的能够运用自己的理性来清除杂念，凝守真心，那么，他已经能够得到禅的真谛而超越凡尘了。神秀曾对大众说：

> 一切佛法，自心本有，将心外求，舍父逃走[55]。

但问题是，人的心灵又是很容易滋生杂念的，如果放纵心灵，那么很可能到了不可收拾的地步。据说，神秀曾对他的弟子大福说过一句话："萌乃花，花乃实，可不勉矣？"说得大福当下"惕息"[56]。因为这意思就是说，心之散逸奔纵，就可能招致五阴复盖真如，五阴复盖真如，则沦落于生死途中不得解脱。当然，如果能回归清净之心，则可能获得理性自觉，有理性自觉，则人心复归佛性。正好比"千里之堤溃于蚁穴"或"千里江流始于滥觞"，从人心到佛性或从佛性到人心，都在于一念之间，就看修行者是否能自觉趋向清净。著名的官僚文人张说在为神秀撰碑时，也总结过他的思想是"专念以息想，极力以摄心"[57]，这相当准确。"息想"是因为"想"能想入非非，能"假作真时真亦假"，使人舍真逐妄，坠入幻境，最终迷失自己的本性，而在虚幻的寰尘中追逐奔竞；而"心"则是人

---

[55] 《释氏稽古略》卷三，《大正藏》第49册，822页。

[56] 陆海《大唐空寂寺大福和上碑》，载《唐文续拾》卷三，《全唐文》后附，12页。

[57] 张说《荆州玉泉寺大通禅师碑》，载《文苑英华》卷八五六，4521页；此文亦收入《全唐文》卷二三一，1031页。

的立身之本，只要它回归到原初那种不染不垢的清净状态中去，它就能使人无思无虑，保持一种恬静的心态而体验到永恒。所以，宗密《圆觉经大疏钞》卷三之下说，他们的基本思路是"众生本有觉性，如镜有明性，烦恼覆之，如镜之尘，息灭妄念，念尽即本性圆明，如磨拂尘尽镜明"。不管《坛经》中所记载神秀的那首著名偈语是真是假，"身是菩提树，心如明镜台。时时勤拂拭，莫使惹尘埃"，倒真的是很准确地概括了他们的思想。

关于北宗禅的思想，我已在《7世纪末8世纪初禅宗的分化》一章里有所论述，这里只是要补充说明两点：

第一，北宗禅尤其是神秀一系，对弘忍的思想并不是照猫画虎一成不变，在从人性到佛性的转换中，他们特别凸显了弘忍思想中重视"观心"的一面，而淡化了弘忍思想中恪守外在行迹如"念佛""坐禅"的一面。敦煌卷子中有《观心论》一卷，传为神秀一系的作品，其主旨就在于分析一切诸恶的心理来源，是"贪、嗔、痴三毒"，而断三毒之法即"六根清净不染世尘"，不染世尘的根本还是在于有自觉回归真如的心灵，所以是"若能制得三种毒心，三聚净戒自然成就"。在这篇作品中，也讨论了各种外在行迹，如"修伽蓝，铸形相，烧香散花，燃长明灯，昼夜六时绕塔行道，持斋礼拜"。有人问道，如果是"观心"为总持诸行，那么，这些外在的行迹岂不都是虚妄？他们的说法是，"若不内行，唯只外求，希望获福，无有是处"。但要知道佛开度众生，不得不行种种方便，所以也设立这些外在方法诱导众人。按照他们的说法，"修伽蓝"应是在心中修"清净处地"使"身心湛然内外清净"；"铸形相"应是"以身为炉以法为火（以）智慧为工匠"来"镕炼身心真如佛性"；"念佛"也不是通常意义上的念佛，而是"念在于心不在于言"：

> 因筌求鱼,得鱼忘筌;因言求言,得意忘言;既称念佛,云名须行念佛之体,若心无实,口诵空言,徒念虚功,有何成益?[58]

并引《金刚经》的话说,"若以色见我,以声音求我,是人行邪道,不能见如来",最终的结论还是"观心"。所以,他们虽然不完全排除种种戒律、仪式、方法,但从根本上来说,是把禅引向更偏向内在心灵的自觉自悟。应该说,这一点与南宗禅是大体一致的,可见,把北宗和南宗区分得那么清楚,其实也许是受到南北宗对立印象的影响。

第二,北宗禅尤其是神秀一系在奉持经典上,也比他们的前辈更杂更广,《楞伽师资记》里曾记载弘忍的话,说到神秀时是:

> 我与神秀,论《楞伽经》,玄理通快,必多利益[59]。

这一段记载与张说《荆州玉泉寺大通禅师碑》中所说的神秀"持奉《楞伽》,递为心要"似乎很一致,都说明神秀是传统以《楞伽》为宗经的禅师。但是,这种表面现象并不完全可靠,前一章中我们说过,禅门很早就并不那么单纯地只依一经,而是兼收并蓄地杂采众经。特别是道信以来,更是将《般若》思想引入禅门之中,使禅修行逐渐由身而心,向心灵化发展,使禅方法渐渐成了一种内向的心灵体验。虽然他们依然恪守传统禅法中的种种套数,也相对于其他禅门更恪守《楞伽》,但总的趋势是在思想上从身体到心灵,在经典上则是从《楞伽》而《般若》。到了神秀的时代,似乎并不大可能退回到专守《楞伽》的旧格局。其实,在《楞伽师资记》中记载武则天与神秀的对话中,当武则天问及他"依何典诰"时,神秀就说他"依

---

[58] 《观心论》,《大正藏》第 85 册,1273 页。
[59] 《楞伽师资记》,《大正藏》第 85 册,1289 页。

《文殊说般若经》'一行三昧'"。而在他与大弟子普寂的谈话中，他也力说《楞伽》与《思益》的意义，可见他也是广采众经的禅师，而不是专攻一经的经师。我们看宗密《圆觉经大疏钞》卷三之下所引北宗"方便通经"的所谓"五方便"[60]，以及从敦煌发现的《大乘无生方便门》中的"五门"[61]，就是依了五种经典。总彰佛体一门依据的是《大乘起信论》，开智慧一门依的是《法华经》，显不思议一门依的是《维摩诘经》，明诸法正性一门依的是《思益经》，自然无碍解脱一门，敦煌本《大乘无生方便门》缺失，按宗密的记载叫"了无异门"，依的是《华严经》。这里除了《大乘起信论》外，几乎都是与《般若》相近的大乘经典，和前期禅门过度依赖《楞伽》有很大的差异。

神秀之后的弟子们，基本上延续着神秀的思想，他们特别看重的是"离"和"观"。

所谓"离"，有分离、隔离、疏离之意，就是说，修行者的心灵本原与五阴黑云所象征的尘垢杂念分离，保持一种纯粹清净的心理状态，仿佛把内在心灵与外在虚幻隔离开来，放在一个安全的真空罩中一样，通过这种疏离的方式，使自己得到安宁的感受。这就是《大乘无生方便门》中所说的"总彰佛体门"的"离念"。在他们的心目中，佛体是一种绝对清净的心灵境界，而人的心体之所以不能是佛体，就在于人心中有种种因为五阴而引发的虚幻假象。这虚幻假象通过人心中的三毒与六入，在意识中变假为真，使得人追逐这些妄想、痴想，从而心中不能清净。要想使人心回归佛心即归还本心，就只有"离"，这就叫"离心心如，离色色如，心色具如，即是

---

[60] 《圆觉经大疏钞》卷三之下，《续藏经》第 14 册，553 页。
[61] 《大乘无生方便门》，《大正藏》第 85 册，1274 页。

觉满，觉满即是如来"[62]。而这里所说的"离"是非常彻底的，不仅要与色界尘缘隔离，还要与心念意识隔离。除了"心"之外，一切都是虚幻假象，所以都要"离"。在佛教的术语中，"离"也可以叫"断"，当这一切有可能引发人心混乱的意念，都被信仰者用智慧剑一挥而断的时候，人就可以得到湛然纯净的心灵境界了。

所谓"观"，其实与天台一系的"观"很相似，就是观察之意。观察什么？观察的是自心本原。敦煌本《南天竺国菩提达摩禅师观门》很可能是禅门北宗甚至更早的作品，其中就说到，禅是"心神澄净"，观是"照理分明"。其实不必分得那么清，在北宗禅那里，禅与观是一体两面，就是使人向内直觉观照一种心灵的澄净状态，这种观照是对澄明境界的体验和感受，它有明确的指向性即指向心灵，它也有明确的暗示性即暗示清净。人在这种禅观中，只能向心灵的清净去体验和寻找。所以上引《达摩观门》中所说的七种观门，都是与"心""无"相连的："住心门"是使意念凝住于内心而不旁骛；"空心门"是使意念自己体验空寂而无所凭依；"心无相门"是使意念"澄净无有相貌"，不停滞于具体的声色触味臭而"湛然不动"；"心解脱门"是使意念中感受心灵自由，觉悟本无系缚而心灵解脱；"禅定门"是寂静而无思无虑地体验；"真如门"则是体验到一切虚空平等无二的无差别境界；最后，"智慧门"则是了知一切分别，只不过是"名"，洞察一切本原，究竟是"空"，于是得到超越凡俗的终极智慧[63]。这七种"门"虽然名目复杂，但归根到底，无非是向内体验空寂，而使心灵清净。

由"离"即离念，到"观"即观心，这似乎是北宗禅的法门。

[62]《大乘无生方便门》，《大正藏》第85册，1274页。
[63]《南天竺国菩提达摩禅师观门》，《大正藏》第85册，1270页。

可见，荷泽神会对他们的十六字总结"凝心入定，住心看净，起心外照，摄心内证"，大体还是不错的。据考证为神秀再传弟子寂满所作的《了性句·序》，就有这样一段说得十分明白的话：

> 性虽无暗，妄想云遮。犹如明镜居尘，岂能损污明性？暂时覆障，揩拭还明。明是本明，不由安着，法性亦尔。只缘虚幻尘埃，所以暗来大久。暗因何物？只是无明。无明即是贪根，贪根还同爱本，贪爱久习，生死长时。若欲出离三途，先须割断根本，根本若尽，即见心源……生死即谢，妄想云消，还同旧明，元来朗照。是故《楞伽经》云：不识心及缘，起二妄想，了心及境界，妄想即不生[64]。

应该说，神秀一系的思想中，早期佛教那种苦苦修行的路径，已经被压缩到了最简截的程度。《瑜珈经》的八支实修法（制戒、内制、坐法、调息、制感、总持、禅定、三昧），在早期达摩禅门那里已去除其前四，在神秀这里后四又合而为一，通向佛性的路径，现在只是一步之遥。如果说，过去佛陀境界是在西天灵山，需要步步叩首、处处小心，走个十万八千里，那么，现在佛陀只在我心头，唯需蓦然回首，就可以进入佛的世界。为什么？因为神秀一系已经把"众生本有佛性"的思想阐发到了它可以阐发的极限，这极限就是《大乘起信论》所谓的"一心具真如、生灭二门"，因为这二门之间只是一道门槛，所以从这一门到那一门，已经是非常近了。

但是，我以为特别应该注意的是，毕竟神秀一系还是没有超过这个极限。他们依然要求人们，不可打通这道门槛，使二门合而为一门。因为"生灭心"毕竟不是"真如心"，俗人终究不等于佛陀，

---

[64] 敦煌卷子本，P.3777，参陈祚龙《敦煌学园零拾》（台北：台湾商务印书馆，1986）上册。

世间生活还不是涅槃境界,人心离佛性虽然很近,但总是隔了一道门槛,要迈过这道门槛虽然容易,但总是要先找到钥匙开锁,还得推门抬腿。所以作为佛教徒,他们还有一个使命,即时时刻刻提醒人们该走哪一个门;他们还有一个责任,即时时刻刻告诉人们怎样开这一个门。

于是,由于人性与佛性的悬隔,他们使人心依然有所追求,也使佛教自身的存在依然有其意义,当他们守住了这一道最后防线时,他们就守住了佛教的营垒。

二、渐修与顿悟

以渐、顿为北宗和南宗的别名,虽然来历久远,却实在是很容易造成误会的。

开元年间,荷泽神会与北宗争正统时,说神秀一系"师承是傍,法门是渐"[65],前一句已不够公平,后一句就更易误解。其实,前引《法如行状》中说法如,就有"众皆屈申臂顷,便得本心";张说《大通碑》中说神秀,也有"趣定之前,万缘皆闭,发慧之后,一切皆如"。其实,都已隐隐有"顿悟"之意,而《大乘无生方便门》中,更有"诸佛如来有入道大方便,一念净心,顿超佛地"的说法。敦煌卷子本(P.2799)中,有唐玄宗时刘无得为"初事安阇黎,后事秀和尚"的智达所撰书写的序文,其书名即为《顿悟真宗金刚般若修行达彼岸法门要诀》。而敦煌卷子 P.3717、P.2125,即题为《历代法宝记》的作品,虽是西蜀净众寺一派所作,但卷末所题则为"顿悟大乘禅门门人写真赞并序"。所以,尽管后人以为顿、渐似乎是

---

[65]《中华传心地禅门师资承袭图》,《续藏经》第 110 册,870 页。

南、北宗由来已久的别名，但北宗和南宗，尤其是和马祖道一之后的南宗的区分，不在渐悟和顿悟，而在于渐修和不修。也就是说，它们之间的分界，在于修行的方式与途径，而修行的差异，则来源于他们对人性与佛性的观念分歧。

前面说到，在中国佛教史上，自南北朝以来对人心和佛性的看法，总的趋向是承认人心与佛性的相通。但自从"一阐提有佛性"的说法被人们普遍认可之后，对于人、佛沟通的途径，依然有着两种互相歧异的看法。

以《楞伽》为代表的经典，大体有一种渐修顿悟的趋向，宋译《楞伽阿跋多罗宝经》卷二说，"独一静处，自觉观察，不由于他，离见妄想，上上升进，入如来地，是名自觉圣智相"，便属渐修之论。所以，卷一记载佛答大慧问顿、渐时说：

> 渐净非顿，如菴罗果，渐熟非顿，如来净除一切众生自心现流，亦复如是。

下面，又一连用了"陶家作器""大地生物""人学书画"等几个譬喻，来说"渐净非顿"的道理[66]。但是，在《楞伽》中也承认了"顿"的可能，因为它觉得，"渐"是众生在修行中，逐渐回归本心的过程，而"顿"则是众生在渐修后，心灵中显现自心本有清净境界的方式。所以，它又隐隐地承认了"顿"的意义，如它也说"顿为显示不思议智最胜境界"[67]。

---

[66] 宋译《楞伽阿跋多罗宝经》卷一，《大正藏》第16册，485页。这一段在《大乘入楞伽经》卷二完全一样，《大正藏》第16册，596页。

[67] 在魏译《入楞伽经》卷二《集一切佛法品第三之一》中，一面说"渐次清净，非为一时"，一面说，开悟时则如明镜现一切色相，无有分别，"一时清净，非渐次净"。见《大正藏》第16册，525页。另一部《妙法莲华经》也认为，虽然有一些天生慧根的人，例如八岁龙女可以"于刹那顷，发菩提心，得不退转……须臾顷便成正觉"，但大部分人依然要（转下页）

但是，以《般若》为代表的经典，则潜藏了瓦解渐次修行的理论趋向。《般若》的中心语词是"空"，它有消解一切的意味。《放光般若经》卷一《无见品第二》云："五阴则是空，空则是五阴，何以故？但字耳。以字故名为道，以字故名为菩萨，以字故名为空，以字故名为五阴，其实亦不生亦不灭，亦无著亦无断。"这意思就是说，一切都是空幻假象，就连道、菩萨也是子虚乌有，空、五阴也是镜花水月，满世界宛如一个充满梦幻的真空境界。因而修行也罢，不修行也罢，染也罢，净也罢，此岸也罢，彼岸也罢，人性也罢，佛性也罢，都在"空"中。一个"空"字，把一切必要性和确定性都通通瓦解，所以在"空"中虚幻地存在的人，也没有一定要执着的行为，而应当"不疑不犯，不嗔不忍，不进不怠，不定不乱，不智不愚，亦不施与，亦不有贪"[68]。另一部影响至深的《维摩诘所说经·弟子品第三》中也说，"不断烦恼而入涅槃，是为宴坐，若能如是坐者，佛所印可"。并且说，根本不必于林中独处静坐以修禅定，因为一切皆空。所以，罗睺罗的"出家"也好，优婆离的"戒律"也好，光严童子的"道场"也好，舍利弗的"宴坐"也好，大目犍连的"说法"也好，都是一些粗浅皮毛的东西，而心灵的澄静和感悟才是一种更高的佛陀境界，这就是"随其心净，则佛土净"[69]。

前期禅宗诸禅师大体遵循的，是前一种理路，达摩以四卷《楞伽》传心，以"二入四行"教人，"渐修"是必经的途径。虽然说，慧可的"豁然自觉是真珠"已初露"顿悟"端倪，道信奉"一行三

（接上页）"经无量劫，勤苦积行，具修诸度，然后乃成"，所以是"应以是法渐入佛道"。见《妙法莲华经》卷四《提婆达多品第十二》，卷三《化城喻品第七》，《大正藏》第9册，35、25页。

[68]　《五神通品第五》，《大正藏》第8册，10页。

[69]　《维摩诘所说经》之《弟子品第三》及《佛国品第一》，《大正藏》第14册，538页。

昧"已显示《般若》渗透,但是,一直到弘忍时代,包括戒、定、慧三学在内的种种实践,依然是从"人"到"佛"必不可少的途径。道信有"菩萨戒法一本",虽然没有传下来,但他重视戒律是毫无疑问的。而他倡导"念佛心心相续"的念佛法门,更是一种凭借外力修心的方式。《楞伽师资记》引其《入道安心要方便法门》中说:

> 并除三毒心、攀缘心、觉观心,念佛心心相续,忽然澄寂,更无所缘念[70]。

显然是渐修(念佛)加顿悟(澄寂)的路数;弘忍则继承师说,一方面强调"守心",要"凝然守心,妄念不生",一方面教人"坐禅"。《最上乘论》中说:

> 若有初心学坐禅者,依《观无量寿经》,端坐正念,闭目合口,心前平视,随意近远,作一日想,守真心念念莫住[71]。

虽然他也很宽容地说,若不能入定,也可以"于行住坐卧中常了然守本真心",但是,坐禅入定,毕竟是禅宗到达彼岸的正路。

北宗禅究竟还是禅门正脉,它和南宗禅尤其是马祖道一以后的禅思想的最大差异就在于,它始终坚守佛教最后一道界限,即人与佛、此岸与彼岸、染与净、生灭与永恒之间,有一道虽然很窄,但依然存在的壕沟。所以,你要达到佛的境界,要超越世俗人生,要解脱苦难烦恼,仍然要经历一个艰难的修行过程。《楞伽师资记》记载一个传说,说神秀的临终遗嘱是"屈、曲、直"。这三个字的意思,正是指修行中人心的逐渐伸展,就好像一棵在岩缝中艰难生长

---

[70]《楞伽师资记》引《入道安心要方便法门》,《大正藏》第85册,1286页。

[71]《最上乘论》又名《导凡趣圣道悟解真宗修心要论》,《续藏经》第110册,829—832页。

的小树，先是在夹缝里寻觅生路，几经曲折，屈身而长，最终破土而出，见到天日，由渐修而得顿悟[72]。

当然如前所说，弘忍之后的北宗禅，在修行中越发凸显了"心"的意义，许多外在的戒律威仪、坐禅入定、经典研习在他们这里渐渐淡化。神秀在回答武则天问"依何典诰"时所说"依《文殊说般若经》'一行三昧'"，其实已经向道信开始的偏重心灵的般若修行方向转化，因而那种靠内在感悟而来的无差别境界，在他们这里比在他们前辈那里，就更显出重要性。《圆觉经大疏钞》卷三之下引神秀一系"五方便"中的"第一总彰佛体"一节，即把"如来平等法身"，说成是离念相等虚空界的清净心境，佛陀是觉者，"所谓觉义者，谓心体离念"，佛陀有自觉觉他觉行圆满，而"离心名自觉（原注：觉心无心，为离心也），离色名觉他（原注：觉身无身，为离色也），俱离为觉满（原注：觉自他离身心，离自在知见）"。也就是说，只要心灵达到澄澈空明，千差万别的现象世界在心中已没有分别，就是"与虚空合体"，就是"法界一相"的三昧境界。这是早期禅门到北宗禅的共同处，《法如行状》中记载，法如奉青布明之命到弘忍处学"不动真际，而知万象"的"顿入一乘"禅法，以及他自己所倡"世界不现，则是法界"的禅法，《庞坞圭记德幢》记"余诸禅观并心想不忘，入此门者妄想永息"的所谓"此门"，以及《灵运禅师碑》中所谓"空山苍然，穷岁默坐……岭云无心即我心矣，涧水无性即我性矣"的"凝而不生，澹尔常寂"，追求的就是这种三昧境界。

即使神秀的弟子或再传弟子，也仍然把这种境界视为终极目标，《文苑英华》卷八六一李华所撰《润州天乡寺故大德云禅师碑》

---

[72] 《楞伽师资记》，《大正藏》第85册，1290页。

引大照（普寂）语云：

> 菩提为宝哉，无知无德，涅槃为空耶，常乐我净[73]。

《唐文续拾》卷三陆海《大唐空寂寺大福和上碑》也载大福：

> 以为不生者生，起心即安，无说是说，对境皆空[74]。

而同书卷四李充《大唐东都敬爱寺故开法临坛大德法玩禅师塔铭》又记法玩对门人语：

> 正法无著，真性不起，苟能睹众色、听众声、辩众香、味众味、受众触、演众法，而心恒湛然，道斯得矣[75]。

所以，北宗禅在重视"心"的这一点上，和南宗禅并无二致。所不同的只是，心灵境界是世俗的自然活泼，还是佛陀的湛然澄明，世俗之心究竟是否就等于佛陀之心？如果不等于佛心，那么就需要修行禅定，使蒙在它上面的灰尘扫清，而回复澹然澄澈的原初本相，达到纤尘不染的空明境界。如果等于佛心，那么，当然无须修行禅定，更不须什么严守戒条、研读经典等等，一悟之下，立即成佛。

显而易见，这就是南北之差异。后来的南宗禅——我在这里说的是中唐马祖道一之后的南宗禅，盛唐时代惠能及神会时代的南宗禅，实际上和神秀一系的思想一样，都处在印度早期禅学向中国式禅宗过渡的阶段。关于这一点，我在前面《7世纪末8世纪初禅宗的分化》一章中已有提及，在下面《重估荷泽宗》和《禅思想史的大

---

[73] 李华《润州天乡寺故大德云禅师碑》，《文苑英华》卷八六一，4547页；此文又载《全唐文》卷三二〇，1433页。

[74] 陆海《大唐空寂寺大福和上碑》，载《唐文续拾》卷三，《全唐文》后附，12页。

[75] 李充《大唐东都敬爱寺故开法临坛大德法玩禅师塔铭》，《唐文续拾》卷四，《全唐文》后附，18页。

变局》两章中还将论述——以《般若》的"空"和道家的"无",双剑合璧,消解了人性与佛性之间的分界线,凸显人性的合理及人心的自然,解除了修行之苦,使得俗人在佛陀面前,恢复了尊严和自信,也使得众生在生活之中,得到了愉悦和满足。所谓砍柴担水、吃饭穿衣、屙屎送尿、扬眉瞬目,都成了佛性的显现,这种以"平常心是道"为口号的禅思想,当然有其深刻的意义,但是,特别要提醒注意的是,它抹去人心与佛性的差异,使人心无所附丽,很容易一下子失去了追寻的目标而陷入迷茫,或者一下子解开了思想的约束而流于狂放,同时也自动放弃了佛教制约和指引众生的权力。所以,它虽然使得世俗世界都变成了佛陀境界,但也使得佛陀境界化为世俗世界。

然而,正如前面所说,北宗禅虽然也承认"自心"之中就有"佛性"存在,但是,它毕竟坚守住了最后一道防线,人心中的灰尘遮蔽,终究需要种种自我限制和修行实践才能清除。因而在《大乘无生方便门》中,他们一面说人心中的佛性犹如明珠,一面说人心于世尘之中就如明珠没于浊水里。虽然明珠能以自力使浊水变清,但珠力的显现又必须有种种维护之法。所以,戒、定、慧三学仍是不可或缺的。当然,这里的戒、定、慧,与旧时的三学并不相同,戒是——

> 以佛性为戒,性心瞥起,即违佛性,是破菩萨戒。护持心不起,即顺佛性,是持菩萨戒。

定是——

> 令结跏趺坐,同佛子心,湛然不动……六根清净,六根离障,一切无碍,是即解脱。

而慧则是——

> 以音声为佛事……以光明为佛事……以众香为佛事……以甘露味为佛事……以众花为佛事……以知一切法不动为佛事。

这样，眼、耳、鼻、舌、身、意六根，不但不是使人沦于六欲、陷入生死的感官，反而是可能获得解脱的慧门，这种"慧"，据《大乘无生方便门》说是一种方便法门，"此方便非但能发慧，亦能正定"[76]。

这其实已经颇接近惠能"定惠等"的思路，它使得北宗禅在修行方式上，已经拥有了很大的兼容性。一般来说，北宗禅对于戒律、禅定、研经，并不像马祖道一以下的南宗禅那样，似乎唯恐避之不及。如王维的《大唐大安国寺故大德净觉师塔铭》说，玄颐的弟子净觉"律仪细行，周密护持，经典深宗，毫厘剖析，穷其二翼，即入佛乘"[77]，就是说，"持戒"和"读经"也是达到佛陀境界的必由之路。郭湜《唐少林寺同光禅师塔铭》说，普寂的弟子同光"以修行之本，莫大于律仪，究竟之心，需终于禅寂"[78]，就是说持戒是修行的基础，而禅寂是超越的终极。而李华《杭州余杭县龙泉寺故大律师（道一）碑》则说，禅、律二宗"更相为用"，因为"律行严用奉，则净无瑕缺，戒定光深照，则测见本源，次修定门，而自调伏"[79]。杨叶《唐故禅大德演公塔铭》更记载，天宝间北宗僧人明演的禅法，是"洞达五方便，探赜修多罗"[80]，因为戒律可以将躁动不安的心灵收束起来，经典可以让人从理性中理解意识的本

---

[76] 《大正藏》第85册，1274—1275页。
[77] 王维《大唐大安国寺故大德净觉师塔铭》，《全唐文》卷三二七，1466页。
[78] 郭湜《唐少林寺同光禅师塔铭》，《全唐文》卷四四一，1990页。
[79] 李华《杭州余杭县龙泉寺故大律师碑》，《文苑英华》卷八六〇，4539页；此文亦收入《全唐文》卷三一九，1429页。
[80] 杨叶《唐故禅大德演公塔铭》，载《唐文续拾》卷四，《全唐文》后附，17页。

原，而禅定则可以在万籁俱寂的心境中感悟永恒与自由。正如李邕《嵩岳寺碑》所说：

> （从达摩到普寂）莫不佛前受记，法中出家，湛然观心，了然见性……开顿、渐者，欲依其根，设戒律者，将摄乎乱，然后微妙之意深入一如，广大之功遍满三界[81]。

所以，神秀才郑重地教普寂看《思益》《楞伽》，并说"此两部经，禅学所宗要者"。而普寂临终时，又嘱咐门人说，"尸波罗蜜（持戒）是汝之师，奢摩他门（禅定）是汝依处"[82]。当然，在戒、定、慧三者中，他们最重视的还是定，"拂尘看净"的主要途径还是"凝心入定，住心看净，起心外照，摄心内证"[83]，毕竟他们是追求心灵清净无垢的禅师。

三、清净与自然

心灵的清净，是禅宗一以贯之的追寻目标。达摩所谓的"无自无他，凡圣等一"，僧璨提倡的"心离名字，身等空界，法同梦幻，亦无得无证"，道信所谓的"内外空净，即心性寂灭，如其寂灭，则圣心显"，弘忍提倡的"此识灭已，其心即虚，凝寂淡泊，皎洁泰然"，乃至北宗禅所坚持的"湛然观心，了然见性，学无学自有证

---

[81] 李邕《嵩岳寺碑》，《全唐文》卷二六三，1182页。

[82] 李邕《大照禅师塔铭》，《全唐文》卷二六二，1175页；可能在这一点上，北宗禅很能得到其他佛教徒的支持，参见《全唐文》卷九一八清昼所写的《唐苏州东武丘寺律师塔铭》和卷九一七清昼所写的《报应传序》，其中都提到"陷于偏空，妄拨无耳"，"朋溺妄空，谓无因果"的弊病，很可能就是批评不重戒律仪规的禅者，而北宗禅师大多都没有走到那一步，对于戒律还是很看重的。

[83] 这是神会批评北宗的时候，给北宗禅师总结的思想概要。见独孤沛撰《菩提达摩南宗定是非论》，载杨曾文《神会和尚禅话录》，29页。又，参见胡适校本《神会语录第三残卷》，《大正藏》第85册末附，175页。

明，因非因本来清净"[84]，大体上都是把得到静如止水的"清净心"，作为修行之终极境界的。因为在大千世界中生活的芸芸众生，被种种幻象所迷惑，被种种欲望所支配，结果流转于生死之中，就如同《楞伽经》所说的心海被猛风所鼓荡，"洪波鼓冥壑，无有断绝时"，"种种诸识浪，腾跃而转生"[85]。所以，只有消除这心中的妄想，驱散眼前的幻象，才能使心灵得到宁静。而消除妄想驱散幻相的办法中最彻底的一种，就是釜底抽薪，通过修行禅定，"专念以息想，极力以摄心"，让人的意识回到名、相尚未发生的原初状态。这就是《楞伽经》中那首著名的偈语所说的：

<blockquote>如水大流尽，波浪则不起，如是意识灭，种种识不生[86]。</blockquote>

我们知道，心灵中的妄念也罢，幻相也罢，虽然是佛教要求摒弃的，但这些人人都难以免俗的心理现象，是不言而喻的存在。生活在大千世界的每一个人，自一降生便进入一种生存状态，生存中的人不可能不产生种种念头，不可能不面对外在世界。所以，说人有佛性，说人应该清净，这只是理想境界。虽然它是"应有之境"，但并非"实有之心"。佛教设立这样的理想境界，是宗教提升人性的需要，这种境界也许是玄而又玄的众妙之门，修行必须入门，但是，这门却永远与人若即若离，你进一步它退一步。它的意义也许就好比《妙法莲华经》中的"化城"，幻化出清净无尘的澄澈境界，只是为了使你坚定人性提升和心灵宁静的意志。

---

［84］ 参见前引《楞伽师资记》中的《二入四行》、《文苑英华》卷八六四独孤及《舒州山谷寺觉寂塔隋故镜智禅师碑铭》、《续藏经》第110册（传）弘忍撰《最上乘论》以及《全唐文》卷二六三李邕《嵩岳寺碑》等，此处不一一注出。

［85］ 宋译《楞伽阿跋多罗宝经》卷一《一切佛语心品第一》，《大正藏》第16册，483页。

［86］ 宋译《楞伽阿跋多罗宝经》卷二《一切佛语心品第二》，《大正藏》第16册，496页。

北宗禅继承早期禅宗的传统，恪守心性本净和阴云翳蔽两面兼说的方法，因此，它提倡人们渐修息心摄念之法，以追求"清净"的终极境界，这正如宗密在《圆觉经大疏钞》卷三之下所说，"意云众生本有觉性，如镜有明性，烦恼覆之，如镜之尘，息灭妄念，念尽即本性圆明"[87]。而到达"清净"之境，就可能解脱生死烦恼的纠缠，敦煌写本（P.3777）《了性句》说得明白：

> 终日奔波向外走，不知佛性在心源。
> 精进苦行恒安住，一念不起本来无。
> 心性如空无一物，岂容更被生死罗。

这里的理路是非常清楚的，它一方面和早期佛教"无我无欲心则休息，自然清净而得解脱"的传统衔接[88]，一方面突出禅门"息心摄念"的路数，试图教人通过渐修而悟入佛境，从此建立宗教的信仰。

但是，北宗禅的这一理路却遭到了不少禅者的批评，除了神会等少数禅师的资料之外，禅门内部的批评大多隐藏在正面的理论表述中。其中，南宗禅从佛教《般若》经典和中国老庄思想里，寻找到一种适合于中国文人士大夫的人生哲理，它不再把"清净"作为心灵的终极境界，而是以一种推到极致的"自然"当作人生的最高理想。前面我们说过，《般若》思想对于禅实践的解释，至少在四祖道信时代已经融入禅宗，所谓"空"实在是非常厉害的腐蚀剂。就以神秀和惠能都信奉的"一行三昧"为例，《放光般若经》卷四《问摩诃衍品第十九》说，"住是三昧者，不见诸法有二"，为什么不见有"二"，因为一切法即现象都是空幻假象，人心中的妄念自然是虚

---

[87]　《续藏经》第 14 册，554 页。
[88]　《佛说圣法印经》，《大正藏》第 2 册，500 页。

幻,但是,要摒除妄念的思想也只是虚幻。早在《增一阿含经·马王品第四十三》里就说过,空是"观一切法,皆悉空虚",这种空观又叫"空三昧";得空三昧者又得"无相三昧",一切现象在这里都没有实相;不存在分别,因而又得"无愿三昧";而无愿就是"不求死此生彼,都无想念"。《般若》中称这"三三昧"就"是为菩萨摩诃萨摩诃衍"[89]。

按照这一理路,妄想和清净是虚幻,不必硬去分别染、净,任何欲念和想法都是空,只能顺其自然而然,不必硬求解脱。因为分别等于自投罗网,而求解脱就仿佛自寻烦恼。后来南宗禅有一句话头"佛头着粪"就是这个意思。老庄思想中最重要的一点,即后来禅宗特别喜爱的"无心",也是对修行功夫及清净境界的溶蚀。虽然《老子》非常重视"复归于虚静"(第十六章),但他又把"自然"看作是最高本原,即所谓"道法自然"(二十五章);《庄子》所说的浑沌七窍、庖丁解牛、佝偻承蜩、郢匠挥斤等比喻,似乎都指向这种自然无心的人生。到了魏晋时代的王弼、郭象,对于这种倾向的推崇和追求就更加明显。王弼认为,真正的圣人境界是"应物而无累于物",也就是顺其自然的境界[90];而郭象的《庄子注》更明白地说圣人境界是:

> 常游外以冥内,无心以顺有,故虽终日见形,而神气无变,俯仰万机而淡然自若[91]。

虽然无心,但并不一味回归封闭的内心,排斥与万物的接触;虽然

---

[89] 《放光般若经》卷四《陀邻尼品第二十》,《大正藏》第 8 册,25 页。
[90] 《三国志》卷二八《钟会传》注引何劭《王弼传》,795 页。
[91] 郭庆藩《庄子集释》(北京:中华书局,1961)卷三上《大宗师》引,268 页。

挥形,但总是淡然自若地仿佛无所事事,内心的恬静始终如一。这就好像《维摩诘经》里的那个维摩诘居士一样,既潇洒又通脱。所以东晋支道林解《庄子·逍遥游》时说,"至人乘天正而高兴,游无穷于放浪,物物而不物于物",使得名士佩服得五体投地,"遂用支(道林)理"[92]。

按照这一思路推下去,任何人为都是"伪",原来宗教要求的克制、压抑、追索,都属于矫情和做作,只能使自然之心变成不自然。因而有人问神会,你说人性中的"无明"是"自然",岂不是等于外道的自然了吗?神会就说,这"自然"和道家的"自然"相同,虽然见解略有不同。当有人再追问,这"自然"二字是道家话语,僧家的"自然"是如何时,神会则辩解道"僧家自然者,众生本性也"[93]。既然众生本性就是佛性,而众生本性又是自然,那么,顺其自然就是顺从佛性,何必苦苦持戒禅定读经?"修定住定被定缚,修静住静被静缚,修寂住寂被寂缚",只需对境而无心便可,所以南宗禅说,"无心是道",这"无心"不是波澜不起如古井的纯粹清净之心,而是对任何外在现象都不执着的自然之心。

关于这一点,有一个故事很说明问题,当唐王朝中使杨光庭问惠能弟子司空山本净(667—761)"如何成佛"时,本净道:"若欲求佛,即心是佛,佛因心得。若悟无心,佛亦无佛。若欲会道,无心是道。"这使得杨氏顿时大悟,说:"京城大德皆令布施、持戒、忍辱、苦行等求佛,今和尚曰,无漏智性,本自具足,本来清净,

---

[92]《世说新语·文学》引,徐震锷《世说新语校笺》(北京:中华书局,1984)120页。
[93]《南阳和尚问答杂征义》,杨曾文《神会和尚禅话录》,117页;又见胡适校本《神会语录第一残卷》,143页,《大正藏》第85册末附。

不假修行，故知前虚用功耳。"[94]之所以说过去那些"布施、持戒、忍辱、苦行"是"虚用功"，就是因为他们提倡"不须用功"。因为人性就是佛性，自然的人生就是最好的生活，自然的心灵无须任何矫正，它直面大千世界，而不被大千世界所诱惑。在他们看来，这就是心灵的超越境界，在这种境界中的人，才是绝对自由的。所以，南宗禅批评坐禅观心是"兀然空坐，于道何益"，住心观静是"长坐拘身，于理何益"[95]。惠能在《坛经》第十八则中，一而再再而三地强调："起心看净，却生净妄""净无形相，却立净相，言是功夫……却被净缚""起心看净，却是障道因缘"[96]，就是担心修行者沉溺于住心看净的专注之中，反而被自己的执着所纠缠，不能得到活泼泼的自然和自由。

南宗禅依据《般若》和老庄的理路对北宗乃至整个佛教的批评，当然有其意义。第一，它使禅宗信仰者从艰难的宗教修行中解放出来，似乎找到了一种简截明快的入道途径，从而吸引了更多的信仰者，尤其是文人士大夫信仰者。第二，它把存在于禅思想内部来自《楞伽》和《般若》不同理路的矛盾彻底解决，使禅宗摆脱了其早期思想的笼罩和限制，进入中国思想世界的天地。第三，它以"自然"为终极境界的思想，消解了此岸与彼岸的界限，也沟通了世俗世界和宗教世界的通道，使得般若生活化，宗教人间化。这当然是非常重要的。的确，由于北宗禅门基本上仍然恪守传统佛教立场，把人性和佛性清楚地划出一道界线，让信仰者通过苦修苦行去

---

[94] 《祖堂集》卷三《司空山本净和尚》，179页。又，《五灯会元》卷二所记略有不同。94页。

[95] 前一句出自《五灯会元》卷二《西域崛多三藏》，83页；后一句出自同上书卷二《吉州志诚禅师》，84页。

[96] 郭朋《坛经校释》，36页。

追求解脱，又把那种在心理经验上并非实有的绝对清净当作终极境界，这使得生活在世俗世界的人们，常常会对它感到失望，容易挫伤信仰者的信心。尤其是古代中国的文人士大夫，一般来说，他们对宗教并没有绝对的信仰，对于信仰又没有绝对的服从，他们对于宗教信仰多是来自一种兴趣，采取很实际的态度。在信仰中，他们需要得到的是适意与轻松的心境，以缓解人生中难以承受的心理重负。所以，北宗禅这种宗教色彩严格的思想与实践方式，尽管是来自印度的佛教正宗传统，却未必是对症下药满足中国文人需要的好处方。

人们也许会追问，既然俗人永远做不到圣人的无情，既然佛陀那种无喜无怒心如止水的心灵是镜花水月般永无希望的境界，那么人们为什么还要在这没有尽头的漫漫长路上耗费精力？佛教初至中国，带来种种清规戒律，就有人对此颇不以为然，因为这与中国士大夫理想中的人生境界相去太远。世俗生活本来就很累，伦理负担本来就很重，还要用绳索捆几道，这无疑等于作茧自缚。正因为如此，使人不拘律仪，不必修定，甚至不需要读经明理的南宗禅，比需要苦苦修行和严守规矩的北宗禅更容易受到文人士大夫的青睐，因为他们喜欢的是追求"纵心调畅""性情自得"。也正因为如此，追寻绝对清净的北宗禅，终于在长时段的竞争中，逐渐败给了随顺人心自然的南宗禅。

但是，我个人觉得应该指出的是，北宗禅追求的"清净之心"毕竟是人们意识中最能理解的一种超越状态。虽然它是实际经验中几乎不存在的，但不存在的境界恰恰最适宜充当宗教修行的终极境界。它也许很虚幻，但它又非常合理，因为在人们的想象中，只有精神本原处于绝对清净之中，它才能免于外在世界的种种干扰，使人的心灵得到平静。因而，它尽管虚幻，但在信仰者的眼前，它始终像一个一伸手就可以拿到的佛果。当然，无论信仰者如何伸长手臂，它总是失之毫厘。于是，就仿佛摘果人不断需要伸长手臂一样，信仰者为了这实际上也许并不可能得到的清净心灵，就会长时间地保持修行热情，而在不断地修行和不断地追寻的过程中，信仰者才能得到一切，即人生的信念、澹泊的心灵、平静的生活。烦恼和焦虑在这种自觉的克制和调整中被逐渐消解，信仰者就在这一过程中，逐渐趋近了佛陀的境界，尽管也许他永远不可能真正达到佛陀的境界。同样，在这种永无止境的修行过程中，佛教禅宗也就赢得了信仰者的崇敬，因为这漫漫路途中，他们还需要引路人的指点提携。传为神秀一系作品的《观心论》就说：

> 一切求解脱者，常以身为灯台，心为灯盏，信为灯炷，增诸戒行，以为添油，智慧明达，喻灯火常然，如是真如正觉灯明，破一切无明痴暗，能以此法转相开悟，即是一灯然千百灯，以灯续明，明终不尽[97]。

这是一个很有趣的比喻，灯要想点亮，就不能不竖起灯芯，灯要想长明，就需要不断地添油，人要求得解脱，就不能不坚定对佛教的信心，人要寻求超越，就需要不断地在佛教规则中自觉提升，而佛教中人就是点亮你心中明灯、提醒你不断添油的护灯使者。没有他们，灯无法点燃。进一步说，虽然灯永远也无法与日月同辉，但灯总是在燃，这烛火微明的持续，便是它存在的明证，人也许永远不会像佛陀那样自觉觉他觉行圆满，但不断的修行过程，就显示着人性向佛性的回归。这由俗归真的心灵，就是扬浊返清的心灵。

---

[97]《观心论》，见《大正藏》第85册，1272页。

相反，南宗禅提倡的"自然"，虽然一时使信仰者们感到了轻松和愉快，但是，它只能使人在原地安坐，除了刹那间的通脱感和永恒感，如电石火花般地闪过之外，它还可能真正地得到什么呢？

人类毕竟需要有某种不断的超越，来慰藉自己的心灵。

第三节　北宗禅意义的重新评价

从达摩到南宗禅的二百多年，是印度禅学逐渐让位和中国禅宗逐渐自立的时期，而这一时期有一条若隐若现的思想脉络贯穿其中。这一思想脉络从所依经典来看，是《般若》凭借老庄的影响力，逐渐取代《楞伽》为主的思想支配地位；从思想关键词来看，是以瓦解力极强的"空"，逐渐取代了始终恪守本体的"心"；从修行方式来看，是简截方便的领悟，逐渐取代了艰难辛苦的修炼；而从终极境界来看，则是人心与佛性了无差别的"平常心"，逐渐取代了人心与佛性彼此悬隔的"清净心"。

这当然是一种来自"后见之明"的概括说法，禅宗史的实际演进过程要复杂得多。因为，古人思想表述所用的语词并不那么明朗，有时候甚至会和它的本意迥然异趣；古代思想的内涵和外延并不那么确定，有时候甚至会难以自圆其说；古代禅师的思想立场并不那么自觉清晰，有时候甚至会游移摇摆。这并不奇怪，如果思想都由那么精确的概念排列成行，都由那么自觉的人物进行表达，思想史就无须研究而自然成立。思想史写作的意义，就在于通过纷纭杂乱的历史和扑朔迷离的语言，表述和寻绎思想的外部走向和内在理路，并为处在这历史过程中的思想，重新确定它的位置。

对于上述达摩以来禅思想的演进轨迹，我们在《从达摩到弘忍的时代》一章已经有所论述,这里需要讨论的,是北宗禅在禅思想史中的意义。

一、从禅思想的历史脉络中看北宗禅

相当于传说中的达摩、慧可、僧璨三祖的时代,通常被视为禅思想史的早期阶段。有人认为,从四祖道信起,《般若》才渗入禅思想。这一说法虽然有文献依据,但也容易引起误会,使人以为禅思想的转型完全是由于《般若》之力。其实,《般若》之所以得以渗入禅门,一方面是借助了中国思想世界中老庄的影响推波助澜,一方面则是由于禅思想从一开始就有趋近"空"的因素在。前面说过,达摩虽然以"二入四行"教人,以《楞伽》四卷传心,但他的禅观中已有很浓重的纯心理色彩。他的"大乘安心之法",首先凸显了"含生同一真性"。而这"真性",一方面是在"凝住壁观,无自无他,凡圣等一"的反思中,呈现出来的无差别境界;一方面是在四种从情感克制到思想领悟的修行过程中,心灵获得的纯清净状态。无论是前者还是后者,它都指向一个绕不开的终极,就是"空"。这就是《金刚三昧经·入实际品第五》所说的佛性:

> 不有不无,无己无他,凡圣不二,金刚心地,坚住不移,寂静无为,无有分别[98]。

这种佛性境界,实在是很难说它属于"心"还是"空"。佛教各宗之间的差异,其实远没有互相辩论时所说的那么大,何况早期禅宗并不像其他宗派,死死守住一部经典进行阐释。达摩一系依据的经典,除了《楞伽》,实际还有《涅槃》甚至《维摩》,这些经典要严

---

[98]《金刚三昧经·入实际品第五》,《大正藏》第9册,369页。

格按佛教各家立场分疏，则旨趣往往不同。然而，在达摩这里，却并无大异。所以，他既说悟真的智者是"安心无为，形随运转"，又是"万有斯空，无所愿乐"；是"行檀舍施，心无吝惜"，又是"达解三空，不倚不著"；全不管"空"这一思想如果普遍化和极端化，是否会造成对"心"的瓦解和否定[99]。在他这里，"三界唯心"可以引出"心本空无"的结论，"一切皆空"的思想似乎也可以与"金刚心地"的观念互相融通。所谓"无自无他、凡圣等一"的无差别，可以在清净无垢的心灵体验中实现，也可以在万法皆空的思路延伸中解释，佛性所有的清净境界，可以和如来藏、阿赖耶识、心真如门挂钩，也可以和"空三昧"之类的般若境界相比附。而所谓无差别和清净心，恰恰又可以和庄子思想水乳相融，《庄子·齐物论》云：

> 物无非彼，物无非是。自彼则不见，自知则知之。故曰彼出于是，是亦因彼……虽然，方生方死，方死方生；方可方不可，方不可方可；因是因非，因非因是。是以圣人不由，而照之于天，亦因是也[100]。

就是说，万事万物都没有永恒的性质，始终处在流转变化的过程中，彼此没有区分，由于常人沉溺于外在差异上，所以，是非彼此、爱憎喜恶的偏执心理，便使人不能以人（心）御物，反而为物所御。然而圣人却不同，他洞察和把握的，是一种无差别的永恒境界，守住"道枢"，以一统万，以不变应万变，这样就不会为物所御，而可以得其环中，超其象外。这种说法和达摩的"无自无他"、

---

[99] 传达摩语，见《景德传灯录》卷三十引《菩提达磨略辨大乘入道四行》，《大正藏》第51册，458页。又，参见《续高僧传》卷十六，551页。

[100] 《庄子·齐物论》，郭庆藩《庄子集释》（北京：中华书局，1961）卷一下，66页。

《般若》的"空无有人我",以及佛教"照物心空",追求超越差别的更高境界,显然可以形成互相阐释的循环圈。

但是,在南宗禅即马祖道一时代以前,禅宗却始终在"有心"和"无心"、求"清净"和顺"自然"的矛盾中摇摆。例如,四祖道信既引用《文殊般若》倡"一行三昧",但又牵惹《观无量寿经》倡"念佛修行"。他借《华严经》倡"一尘具无量世界"的住清净心,既说"是心作佛",又要人心"守一不移,动静常住",既说解悟就是"亦不念佛,亦不捉心,亦不看心,亦不计心,亦不思维,亦不观行"的"任运",但又教人"谛观心,即得明净,心如明镜"[101]。就是六祖惠能,其《坛经》中也一面说"自性常清净",一面说人"妄念浮云盖覆,自性不能明";一面说"何处惹尘埃",一面说人要奉"无相忏悔"。那段关于"顿悟"的著名语录"起正真般若观照,一刹那间妄念俱灭,若识自性,一悟即至佛地",如果仔细分析,其实也隐含了理路上的矛盾。既然"自性"本来与"佛性"无别,那么何必起正真般若观照?既然人心本来清净,又何来妄念俱灭?"若识自性,一悟即至佛地"的背面,显然隐含了另一命题,即若不识自性,则永远不能到达佛地[102]。所以,在六祖惠能这里,依然需要"授无相三归依戒"。王维《六祖惠能碑》说他"以'忍'为教首",很多人把这一句轻轻放过,其实,这一句正包含了他思想的另一方面内涵,虽然说顿悟,却依然没有忘记苦修。而他的弟子、北宗禅的批评者神会,同样是把"无明"和"佛性"分得很清楚的,尽管他说"无明依佛性,佛性依无明,两相依,有则一时有",但他还是

---

[101] 参看《楞伽师资记》有关道信部分,《大正藏》第 85 册,1286 页。

[102] 敦煌本作"当起般若观照,刹那间,妄念俱灭,即是自真正善知识,一悟即知佛也",参看郭朋《坛经校释》,59—60 页。

把"知解久薰习"的"攀缘妄想",和"无念体"中的"智命"打成两橛分别看待的。他叫人"不作意",而不作意即是"无念",其实也是一种修行,世俗之人岂能说无念就无念?因而,依然需要运用理智的力量来产生定力扫清妄念,故而神会一系说,"知之一字,众妙之门"。从无知的那扇门到知的这扇门,就是再近,也还要走上一走,总不可能两扇门叠成一扇,让你不出门就到另一家[103]。

如果我们把北宗禅放入这一禅思想史过程中来考察,那么,我们可以看到北宗禅正是这一思想演进路程中的一环。

前面曾经说到,在人性与佛性的关系上,北宗禅已经使人性与佛性的悬隔距离,缩到最短;在从人性到佛性的途径上,北宗禅已经使修行方式更多地集中在纯粹心理转化,也就是心理自觉平衡,达到极简截的地步。除了始终还要追求和恪守内在心灵的清净之外,早期禅宗如僧稠的"四念处"、达摩的"四行",甚至弘忍的"念佛"等外在实践,其实已经被消解得差不多了。他们说,"性心瞥起,即违佛性,是破菩萨戒;护持心不起,即顺佛性,是持菩萨戒"。持戒已经不再是外在的行为约束,而是内在的心性自觉。"离有离无,身心不起,常守真心……心色俱离,即无一物,是大菩提树",修定已经不再是实践性的克制欲念,而是内在的理念领悟[104]。至于各种经典,他们也不是死守字义,也不是专守一经,而是"方便通经",《思益》《楞伽》《般若》《华严》《维摩》《起信》都可以依凭,却都可以断章取义自出新解[105]。在这些问题上,他们和南宗禅尤其是惠能、神会的思想已经颇为接近,特别是"一行三昧"的心灵修行,

---

[103] 参看下一章《重估荷泽宗》中关于荷泽和神会一系的讨论。

[104] 通常被认为是北宗禅作品的《大乘无生方便门》,《大正藏》第85册,1273页。

[105] 同上《大乘无生方便门》,《大正藏》第85册,1274—1276页。

和"心色俱离即无一物"的境界追求上,与惠能、神会的"一行三昧"及"无念为宗、无相为体、无住为本",其间相去又有多远呢?

在前面曾说过,我一直怀疑,这种理路上的进境除了与《般若》、老庄有关外,与他们兼奉《楞伽》和《思益》也有一定关系。在早期禅宗的资料中,好像基本上没有关于《思益》的痕迹,南北朝隋唐之际的僧人所依经典,其荦荦大者为《涅槃》《维摩》《般若》《华严》及《三论》等[106],《思益》的影响只是在渐渐渗透之中。但是,到了陈、隋之间的智者大师,他撰《法华玄义》,其卷十已说道,北地禅师中奉"无相"者以《楞伽》《思益》为经典,倡"真法无诠次,一切众生即涅槃相"[107]。可见,此时《思益》已与《楞伽》并驾齐驱,而且已经影响到北方禅思想向"众生即佛陀",以及"无诠次"的顿悟理路发展。

从现存资料看,北宗禅确实非常重视《思益》。《全唐文》卷九九七阙名撰《净藏塔铭》记老安门下净藏,从小"持诵《金刚》《般若》《楞伽》《思益》等经";同书卷七二一胡的撰《太白禅师塔铭》亦记太白"初受《楞伽》《思益》等经,便入禅宗性海";《白居易集》卷六九《智如幢记》也记智如"通《楞伽》《思益》心要于法凝大师"。而前面引用过的李邕《大照塔铭》更引神秀语说,《思益》《楞伽》"此两部经,禅学所宗要者",他把《思益》放在禅门传心的传统经典《楞伽》之前,似乎并不是无意之失。

《思益经》是鸠摩罗什所译,其实,它和《楞伽》不太一样。一

---

[106] 比如明睿《大唐灵化寺故大德智该法师碑》中,引述的就是这些经典,见《考古与文物》1985年第四期所载拓本;又,阙名《大周相州安阳灵泉寺故寺主大德智朗师像塔之铭并序》描述他所习经典,就提到"《(维)摩》《金刚》《般若》并《中观》等三经二论",载《唐文拾遗》卷六二,《全唐文》后附,308页。

[107] 智者大师《妙法莲华经玄义》卷十,《大正藏》第33册,801页。

方面，它强调修行之必要，需要持戒、多闻、布施、出家，也需要教人令信罪福、布施不求果报、守护正法、以智慧教诸菩萨，需要久植善根、离诸过咎、善知方便回向、勤行精进等。尤其是"四法"：

> 一者于诸众生起大悲心，二者精进不懈，三者信解生死如梦，四者正思量佛之智慧，菩萨有此四法，坚固其心而不疲倦[108]。

但是另一方面，在《思益经》中又有非常浓厚的否定传统倾向。它解释四谛时说，苦、集、灭、道，并非圣谛，"圣谛者，知苦无生是名苦圣谛，知集无和合是名集圣谛，于毕竟灭法中知无生无灭是名灭圣谛，于一切法平等以不二法得道是名道圣谛"[109]。这样，传统的路数就开始发生变化，"知"也就是自觉理念被凸显了，自心的理解成了上升一路的关键，而"无"也就是无生无灭无差别的"平等不二"境界被突出了，执着外在差异包括心性染净也成了虚妄的想法。所以说"真圣谛者无有虚妄，虚妄者，所谓著我、著众生、著人、著寿命者、著养育者、著有著无、著生著灭著生死涅槃"。因此，要把这些外在着相的修行统统抛弃，"我知见苦是虚妄，我断集是虚妄，我证灭是虚妄，我修道是虚妄"。那么，究竟怎样才是正解正念？它的答案很简单，就是"不忆念一切诸法"。什么是不念诸法？就是"安住于空"，不生众生想，不生法想，不生我想，不生彼我想，"其心常平等"。因为"虚妄颠倒所起烦恼毕竟空性"，那些过去以为是障蔽人心的烟尘，其实并不能染污心性，它只是空幻假象；而心性也如虚空，虚空是不可能被染污的。所以说，"心相实不

---

[108]《思益梵天所问经》卷一《四法品第二》，《大正藏》第15册，35页。
[109]《思益梵天所问经》卷一《解诸法品第四》，《大正藏》第15册，38页。

垢污，性常明净"[110]。

我不能断定《思益》在前期禅思想史的进程中，究竟起了多大的作用。但是，可以推测的是，北宗禅很可能由于《思益》的影响，在理路上比起早期禅宗来，已经更靠近它之后的惠能、神会。过去太过看重所谓南北顿渐差异，其实未必如此。北宗禅师所强调的清净无垢之心、不忆念诸法的自觉修行方式，以及在它理路上逐渐明晰起来的"空"或无差别意识，以及对人性与佛性之间差异的消解，其实和惠能及神会等南宗禅师相去并不远。因为，无论是法如、神秀、老安，还是惠能、神会，他们实在都还没有摆脱人性和佛性、染和净的二元分别，他们都还是与马祖道一之后宣扬绝对自然的南宗禅有着根本差别的"清净"禅。

中唐时代，圭峰宗密曾煞费苦心地为北宗禅和南宗禅划出界线，在《圆觉经大疏钞》卷十二之上他说，静虑是禅定，但不是终极，而涅槃则是寂灭之乐，因而"荷泽（神会）云：空寂是心，不云空静也"[111]。但空寂和空静的境界，究竟能有多大差异呢？充其量它们之间就是一切都归于消泯和一切都归于清净的分别。故而神会一系南宗禅所说的"万法既空，心体本寂，寂即法身，即寂而知，知即真智，亦名菩提涅槃"，其实与北宗禅并未完全脱节，在人性与佛性之间，依然有一个体验空寂和未体验空寂的差异，即"分别是妄心，不分别是自心"的二元对立[112]，关于修行理论依然不

---

[110]《思益梵天所问经》卷三《论寂品第八》，《大正藏》第15册，51—52页。

[111]《续藏经》第15册，5页。

[112]《大乘开心显性顿悟真宗论》，巴黎藏敦煌卷子本（P.2162），见《大正藏》第八十五卷，1278页。按：关于这部作品究竟是神会一系的还是北宗一系的，有种种说法，过去都以为是神会弟子的作品，但日本学者柳田圣山、田中良昭已指出，它实际上是北宗禅的作品，田中良昭《敦煌禅宗文献研究》，255—256页。但是，这里要指出的是，正是这种混杂难辨的现象，使我们意识到，传说中这不共戴天的两派，在思想上其实相去并不太远。

能完全摆脱渐修的理路。神会所说的"一切善恶都不思量,言下自绝念相"虽然说来很容易,实际上仍然要经历长久的修炼。所以,后来的神会一系反而渐渐与北宗靠近,而与取消人佛差异、取消苦修苦炼、完全顺其自然化的马祖一系拉开了距离。其弟子辈的慧坚、乘广,及摩诃衍,都逐渐走上了顿渐合流的路头。比如,慧坚说的"关示之时,顿受非渐,修行之地,渐净非顿",乘广说的"机有深浅,法无高下,分二宗者,众生存顿渐之见,说三乘者,如来开方便之门",你看上去是宽容或博采,就像宗密说荷泽"总判七家,皆有收拣",其实是理路的内在矛盾未得解决而左右摇摆,所以,在用"顿悟"痛击了北宗之后,又悄悄地绕回来主张"渐修",这正如宗密说的"荷泽则必先顿悟,依悟而修"[113]。

从这些迹象来看,虽然惠能与神会在思想上,可能比北宗禅更向前走了一步,但是,我们怎么能用五十步笑百步的方法,否定北宗禅在禅思想史上是环环相扣中的一环?我们又怎么能用保守和进步这样的词语,来给这两个思想史上重叠相续的宗派作盖棺定论呢?如果我们依然用圭峰宗密《中华传心地禅门师资承袭图》中"摩尼珠"的比喻来描述禅思想史的历程的话,那么,从早期禅宗的"离黑觅珠"到马祖禅门的"黑亦是珠",其实有一个相当长的过渡期。其中,北宗禅是这过渡期的第一阶段,它把"离黑"的动力、过程、结果全都压缩到了"心",使禅修行变成了纯粹心性自觉;而惠能、神会则是这转换期的第二阶段,它把这种心性自觉,又提升为自心

---

[113] 以上可参见宗密《圆觉经大疏钞》卷三之下,《续藏经》第 14 册,560 页;徐岱《唐故招圣寺大德慧坚禅师碑铭并序》,载陈尚君辑校《全唐文补编》卷五九,723 页;《刘禹锡集》(北京:中华书局,1990)卷四《袁州萍乡县杨岐山故广禅师碑》;《顿悟大乘正理决》,巴黎藏敦煌卷子本(P.4646),见饶宗颐《选堂集林》(香港:中华书局,1981)中册,705 页。

自悟式的刹那间自我肯认。这给后来的马祖禅取消修行转向自然，开启了一道门径。

从这个意义上，我们又应该如何评价北宗禅在禅思想史上的地位呢？

二、从中国思想史中看北宗禅

思想史上的各种命题，虽然有种种互相歧异的表述方式，但是，你仔细看去却常常大同小异。自古至今的哲人仿佛各有各的关注焦点，但透过一层却发现他们的关怀大体都以"人"为中心。人与自然、人与他人、人与自我，这些总是思想史的中心话题。在古代中国思想世界中，这三个话题似乎被交织在以"人"为支点的主轴上：人与自然要趋向合一，人与他人要追求融洽，人与自我要达到和谐，自然、社会与人的三位一体，似乎是不必讨论的前提。因而，哲人之思多集中在心性本原的检讨上，因为心性本原是自然、社会与人能否融洽和谐的根本所在，心灵明净则上达于天，心灵平和则融通于人，心灵淡泊则使肉体的人和心灵的我，最终化而为一。于是，作为心灵内在的"性"与"情"，就成了古代哲人思考的焦点。

我们知道，魏晋玄学就热衷讨论"圣人"与"俗人"境界的异同，其实更早些从孟子和荀子关于性善、性恶的说法中，这种讨论就已经开始了。性恶的理路必然得出俗人之性与圣人之性相异的结论，而性善的理路自然延续，则通向俗人与圣人相同的思想。然而，无论是孟子还是荀子，都恪守着一道坚定的理性界线，即俗人要想成为圣人，必须经过外在礼法的规范或内在心灵的自觉，这不是一个一蹴而就的过程，而是一个脱胎换骨的转换。只有老庄一流的极端自然主义思想家,才会把圣人境界打作世俗境界,把完全无为的随顺自然,看作天人合一的路径、社会安宁的方式和完成自我的唯一通道。在大多数思想家的心目中,就是无为无心的自然境界,也是需要升华和肯认的,"生而知之"的圣人与"学而知之"的俗人,毕竟不能混为一谈。所以,魏晋之际的王弼一方面说圣人和俗人同,一方面说圣人与俗人依然有差别,因为圣人比起俗人来,天生地有自觉意识存在于心,所以说是"茂于神明者也"。

魏晋南北朝时代,思想世界中的玄学与佛学曾经沿着自然主义趋向发展,放浪形骸、毁弃礼法、饮酒裸裎、躲避责任的士风,也曾经为这种趋向推波助澜。在这一文化氛围中,儒家似乎成了坚守理性的一方,而庄老玄学加上佛教,仿佛成了破弃理性的另一方。表面看这个分野并不错,但实际上却并非如此。虽然郭象注《逍遥游》时说,"圣人虽在庙堂之上,然其心无异于山林之中",注《在宥》时说,无为境界就是"直各任其自为,则性命安矣",但是玄学名士心目中的圣人,还是与俗人不同,真正的超越境界,还是和自然状态有异。虽然,佛教在当时确实有着一定的自然化、世俗化趋向[114],但实际上无论是玄学还是佛教,在思想理路方面基本上还是坚守了那一道最后防线的。彻底的自然,绝非人的超越境界,完全的放纵人性,也绝不等于佛陀之性。所以,融佛、老于一炉、汇般若与庄玄为一体的支道林虽于《大小品对比要钞》大讲"齐物""无

---

[114] 如佛陀跋陀罗于东晋末译《华严》中有"法身常住",鸠摩罗什于姚秦译《法华》有"十界皆成佛"、昙无识于北凉译《大涅槃》有"法性常住"等,使相当多士大夫都接受了"见性成佛""即心是佛""顿悟心源"一类的思想,把众生与佛陀看得一般,当时这些说法比比皆是。参见后魏灵辩《华严经论》,《续藏经》第93册;梁法云《法华经义记》卷四,《续藏经》第42册;梁宝亮《涅槃经集解》引竺道生,《续藏经》第94册;参看忽滑谷快天《禅学思想史》上册,352—353页。

心",但是终归在末了又说,要:

> 设玄德以广教,守谷神以存虚,齐众首于玄同,还群灵乎本无[115]。

而《全晋文》卷一三四习凿齿《又与谢安书称释道安》也说道,释道安"统以大无,不肯稍齐物等智,在方中驰骋也"。要守谷神、还本无,不肯齐物于世俗之中,自然还是染、净二元化,要求俗人提升自己的境界,以求超越与解脱[116]。

这是古代中国思想世界始终恪守的一道理性防线。儒、道、佛三家在各种问题上可能有很多差异,但在这一理性防线上却是同一的。而中唐之后,三家能够融汇的基础也正在于此。尽管南宗禅尤其是马祖之后的南宗禅以呵佛骂祖、毁弃经论、棒打口喝的方式,弄出一副潇洒的面目,开启了纯任自然、追求平常的风气,表面上赢得了文人士大夫的喝彩,但是当一个新时代来临,要求思想和信仰真正负担起人生和社会的重任时,它却无能为力,还得把道德伦理和意识形态的权力拱手相让。为什么?因为它只能解决个人心灵暂时的宁静适意,甚至只能在纯粹心理层面抚慰自己。作为一种人生的艺术化生存方式,它也许不可替代,但是作为一种现实世界中的人生手段,它也许会使人流于平庸或放纵;在人格提升上,它也无法做到让人自觉向上。所以,在中国古典思想大转型的中唐时期,儒道佛全面融汇建设一个新型思想体系时,以儒家思想定位并吸取道释思想的那一批人,表面上看来,由于他们多与当时兴盛

---

[115] 见《出三藏记集》卷八,《大正藏》第 55 册,55 页。
[116] 习凿齿《又与谢安书称释道安》,《全晋文》卷一三四,严可均编《全上古三代秦汉三国六朝文》,2229 页。

的南宗禅师交往，而常常被认为是从南宗禅那里得到思想资源的，但事实上当这些资源汇入新时代的新思想时，却往往会剥落一层，由于要恪守道德和伦理的底线，由于要追寻心灵和精神的超越，所以，常常会还原为近乎北宗禅的理路。

关于这一点，我们可以看以下常被人提及的例子。据说与大颠禅师交好的韩愈，在《原性》里分性、情为二，把"性"视为"与生俱生"的仁礼信义智本原，把"情"视为"接于物而生"的喜怒哀惧爱恶欲[117]；与药山惟俨禅师交好的李翱，也在《复性书》中将"情"与"性"分出等差，认为"人之所以为圣人者，性也，人之所以惑其性者，情也。喜怒哀惧爱恶欲七者，皆情之所为也，情既昏，性斯匿矣"[118]。后来沿韩、李而开宋明理学的那批思想家，他们的"无欲故静"（周敦颐）、"寂然不动"（周敦颐）、"内外两忘则澄然无事"（程颢）的心灵境界，其实，与南宗禅所谓活泼泼自然之心并不相似，倒与北宗禅那种明朗如镜的清净心如出一辙。《宋高僧传》卷十七《唐朗州药山惟俨传》在转述李翱《复性书》时，说它"大抵谓本性明白，为六情玷污，迷而不返，今牵复之……即内教之返本还源也"[119]，这里所说的"六情玷染""返本还源"不正是北宗禅甚至是传统佛教的思想吗？至于他们反复讨论的《伪古文尚书》的"道心""人心"之分，更和北宗禅依据《大乘起信论》而来的"真如心""生灭心"之分，有隐隐约约的渊源纠葛。这一点连晚清的康有为都已经看出来了，《万木草堂口说》里就指出，宋儒中

---

[117] 《韩昌黎文集校注》（上海：上海古籍出版社，1986）卷一，20页。
[118] 李翱《复性书上》，《全唐文》卷六三七，2849页。
[119] 《宋高僧传》卷十七《唐朗州药山惟俨传》，424页。此传中指出李翱的论述，虽然不引用佛教文字，风格像儒家的《易》和《庸》，但是实际上"其理则从真舍妄，彰而乃显自心"。

所说的"不睹不闻是本体，戒慎恐惧是工夫，即佛氏所谓时时勤拂拭，莫使惹尘埃也"[120]。

也许，有的学者注重文献证据，会对这一点提出疑问。固然，从中唐以下，思想家与禅宗中人的交往资料，多出自南宗一系，但这可能是南宗禅文献留存较多，容易形成印象所致，也许是南宗确实风靡，文人多与往来的缘故。不过，似乎不必过于看重这一点，因为思想的传播和接受的多寡，并不一定与人物交往的多寡成正比，思想的资源经过重新解释，未必再是过去的原汁原味，反倒有可能走岔了路，串错了味。中唐之后的儒家思想家，在融汇道、释二家时，他们心底里是有"先入之见"的，在这"先入之见"的过滤下，南宗禅思想脱去了过分自然化的一层外衣，还原了针对人心的那种本色，仿佛思想"退转"了一步似的，他们从南宗那里转手，却挪借到了北宗的其实也是禅宗一贯的思想武器。张载《正蒙·有德》中的"昼有为，宵有得，息有养，瞬有存"，程颐《遗书》第十五中的"视而不见，听而不闻，主于一也"，虽说与禅宗之间，有一个重道德本原、一个重精神本原的差异，但是在修养方式上，却并无太大不同。它绝不是南宗禅所偏向的顺其自然，而是北宗禅所主张的拂尘净心，绝不是南宗禅的刹那顿悟，而是北宗禅的渐修渐悟。且不说程颐教人静坐，就是最接近南宗禅的陆九渊，也主张"学者能常闭目亦佳"，《陆九渊集》卷三十五《语录下》曾记他教学生"安坐瞑目，用力操存，夜以继日"，要"无思无为，寂然不动"[121]，这岂非北宗坐禅功夫？而朱熹论心性主敬时，也曾说到：

---

[120] 康有为《万木草堂口说》（北京：中华书局，1988），153页。
[121] 《陆九渊集》（北京：中华书局，1980）卷三十五《语录下》，471页。

> 收敛身心，整齐纯一，不恁地放纵，便是敬。
>
> 敬不是万事休置之谓，只是随事专一，谨畏，不放逸耳。
>
> 敬只是……所谓静中有个觉处[122]。

如果把这些话放回禅宗文献中，人们会认为它是南宗禅语录呢，还是北宗禅思想呢？据说，朱熹曾一再称赞释氏为学精专，"吾儒这边难得如此，看他下工夫，直是自日至夜，无一念走作别处去，学者一时一日之间是多少闲杂念虑，如何得似他"，又说佛家"大要只是把定一心，不令散乱，久后光明自发。所以不识字底人，才悟后便作得颂偈"。还赞扬佛家尊宿为了得道，"便入深山中，草衣木食，养数十年。及其出来，是甚次第！自然光明俊伟，世上人所以只得叉手看他自动"[123]。这里所说的，显然只能是佛教一以贯之的传统工夫，而这种功夫在南宗禅中早被嗤之以鼻，只在北宗禅中被看作修行正宗。

这里并不是说北宗禅在思想史上由宋代理学而借尸还魂，卷土重来。从历史事实上来看，北宗禅在唐代以后，确实在思想一线上永远消失，但是，北宗禅和马祖之后的南宗禅所提出的关于人心的思想冲突却始终存在，它并不只是禅宗所讨论的命题，在它们之前，在它们之后，这个有关如何提升人类心灵境界的永恒话题，一直在用各种语词花样翻新地被热烈辩论着。只要这一话题依然存在，北宗禅的这一思想就会不断地被有意或无意地拈出来，因为对于中国人尤其是文化人来说，那种使人心有所敬畏、有所追求、有所约束的思想，总是比那种使人心甘居平庸，甚至流于放纵的思

---

[122]《朱子语类》(北京：中华书局，1986)卷十二，208、211页；又，卷六十二，1503页。
[123]《朱子语类》卷一二六，3029、3018、3019页。

想,更吻合一贯遵循的理性原则。虽然自然适意的禅风总是有人从心底里艳羡,虽然偏向狂放的思想总是不时地冲击着中国思想世界的防线,但是,它们始终不曾占据思想的主流。

从这个意义上说,北宗禅不仅在禅思想史,就是在整个中国思想史中,也构成主流思潮的一个支流,就好像融入了巨大主旋律的嗡嗡背景,正是因为有了这些来自异域或流自上古的乐声加入,这主旋律才表现得如此声势宏大,也正因为有了这些来自佛教、道家的思想资源不断渗入,中国思想史的这一主流,才如此绵绵不绝,在每个中国文人士大夫心中留下深深的印迹。

三、北宗禅思想的重新阐释

重新阐释并不是把古代思想"古为今用",而是放在历史语境中重新审视古代思想的意义。对于北宗禅的阐释,首先应该超越的是一种简约化的历史因果论,这种历史因果论把思想史看成是一道直线,各种思想按时间顺序被理解,并分出等级高下,前面的思想必然是后面的思想的垫脚石,后面的思想取代前面的思想,一定就是思想的进步,整个思想史沿着时间轴延伸,于是生物界可以通用的"进化",在这里也成了"规律"。不少思想史著作因为有了这一"规律"而显得"理路"清晰、"条理"分明。可是,这种历史因果论虽然在思想史研究中,可能有其操作上的便利,在思想史长时段的价值判断中,可能有其逻辑上的正确,但是它往往忽略了思想史的具体语境。思想史所讨论的,不是可以积累叠加的知识,而是无法计量的智慧;思想史所关心的,也许是一些永远不可能有确切结论的精神问题,古代人和现代人的讨论,也许有概念的、逻辑的差异,但却没有价值的、等级的分别,有些永恒的话题会反复出现,因果在这里，只有时间前后相续，而没有任何进化的意味。

可是，北宗禅的厄运就在于它被放置在这样一个因果链中进行阐释与评价。正如我们一开始就说到的，由于它在与南宗禅的长距离竞争中是一个失败者，后出的文献资料对它大都采取了一种蔑视的态度，于是，这更给思想史家提供了贬斥的证据。"成者王侯败者寇"常常是一种心理定势，因此理论、证据与心理纠结成了一个难以逃避的大网，把诸如"保守""陈旧""落后"之类的语词，罩在北宗禅的头上。人们或许根本没有注意到，这种评价的尺度和眼光，实际上是透过《坛经》《神会语录》《禅源诸诠集都序》《景德传灯录》，也就是透过惠能、神会、宗密以及马祖以后南宗禅的滤镜来看北宗禅的。其实，如果我们能够使自己的眼光超越历史，也就是摆脱来自"后见之明"的固定视角，也许阐释就会发生极大的变化，当然，这绝不是简单的头足颠倒或左右互易式的"翻案"。

首先，我们应该为北宗禅在思想史上"定位"。当我们意识到它是一个宗教派别，而不是一个通常意义上的思想流派时，我们就要明白，它的首要责任是建立信仰者对终极人生境界的信心。一个禅宗信徒，该由什么来坚定信仰？一方面是可能到达彼岸的希望，大乘佛教把人性与佛性互相沟通，就是为了使信仰者看到这一希望。但是，另一方面也要说明人从此岸到达彼岸的路途遥远，表面上看来，这仿佛会动摇信仰者的信心，但实际上却是维系信仰的必要一环。道理很简单，如果此岸与彼岸之间并没有什么距离，人心自然就等于佛陀境界，那么对于佛教的信仰也就会自动终止。任何宗教，如果它的终极象征与世俗世界没有距离，信徒可以轻而易举地达到终极目标，那么就不存在对宗教的敬畏、崇拜和追求。南宗禅的思想之所以容易导致"狂禅"，而最后不得不回过头来，强调"保任",制定"清规",其原因就在于它过于放大了人性与佛性的同一性,以至于无法约束人性中实际存在的种种情欲,无法维系信仰者对宗教的敬畏、崇拜和追求,终于要危及宗教自身存在的基石即"信仰"。

正因为如此,著名的南宗禅僧百丈怀海在中唐马祖禅极其风靡的时候,就要求人坐禅,达到"心如木石,无所辨别……对一切境,心无静乱,不摄不散"[124],并制《禅门规式》以约束僧人的外在行为,其实就是对南宗禅理路的一种逆挽。当长庆大安禅师问怀海怎样保任心性自觉的时候,回答是,"如牧牛人执杖视之,不令犯人苗稼"。这种出自佛教最重要的戒经《佛遗教经》的成语和战战兢兢地保护心性的方式,和"时时勤拂拭,莫使惹尘埃"已经没有什么不一样,等于是变相重回北宗禅渐修的路数[125]。著名的南宗禅者清凉文益在南宗禅昌盛的五代时作《宗门十规论》,回头肯定"虽理在顿明,事须渐证",并批评"近代之人,多所慢易,丛林虽入,懒慕参求",其实等于已经承认"即心即佛"说在实际修行中的偏差,而公然向北宗路数靠近[126]。

有人曾以为,南宗禅是否定修行坐禅的,似乎凡是坐禅就落入北宗渐门。但坐禅作为禅修行的一个主要实践,在禅僧中是不可省略的,如果觉得人佛一如、我心即佛,从而完全省略坐禅,禅宗将不再是禅宗,禅修行也无法收拾一片人心。我们不能仅仅从南宗禅的口号,来判断南宗禅的真实思想。前面我们曾提到,在《祖堂集》中可以看到百丈怀海"法堂里坐,直到四更"、汾阳无业"行必直视,

---

[124] 《五灯会元》卷三《百丈怀海禅师》,133—134页。
[125] 《五灯会元》卷四《长庆大安禅师》,191页。
[126] 《刊行法眼禅师十规论叙》,《续藏经》第63册,37页。

坐必跏趺"、长庆大安"或坐房廊，凝如株杌，或入灵洞，月十不归"及"洞山（良价）坐禅""雪峰（义存）只管坐禅""（天皇道悟）多闭禅房静坐"的记载，而怀海、无业、大安、良价、义存、道悟等人，却都是南宗禅最著名的禅师。所以，北宗禅的拂尘看净、方便通经，虽然是不如南宗禅"即心即佛""无心是道"来得潇洒痛快，但它毕竟比南宗禅的自然方便，更能够维系信仰者的人心。因为人的心灵在现实中始终被外在现象所扰乱，人们难以单凭自己的一悟就得到解脱，只有在邈远的彼岸设置一个永恒的理想境界，来激励自己的勇气。在宗教信仰的支持下，通过艰辛努力来追寻它，才能排除纷至沓来的干扰，赢得解脱的感觉。而那种自然适意的心境虽然是经验实有，但不具备使人超越世俗的力量；相反，清净无为的心境虽然是经验所无，却是一种可以永久追寻的境界。所以，建立一个超验的境界以维持人生的信念，设立一个普遍认同的终极以坚定人生的理想，这是宗教的需要，宗教也许只能在这个基础上，赢得信仰者的信仰，人类也许只能在这个理想中，获得生命的意义。

其次，人生终极意义的获得，并非像田径竞赛的优胜者夺取锦标，最后一刹那的胜利和领取奖牌时的喜悦是一切艰辛的最好补偿。人生终极意义是在人格境界不断提升的过程中实现的，"终极"也许永远不能到达，只能逐渐"趋近"。宗教也罢，道德也罢，一种充分考虑到人生的思想，从来就不会把人生终极境界画地为牢地限定在某个地界，它只是使人不断地追求。正如宗教心理学所说的，宗教的意义并不在于使信仰者得到什么，而在于使信仰者做到什么，在不断追求与终极境界趋近的过程中所产生的情感和经验，就是给信仰者的宗教承诺，因为宗教的目的就是"引动情绪，激励行动，增强人对信仰的献身精神，引发人向往'光辉层'（order of

Splendor）的感情"[127]。因此，顿悟渐修也好，渐修顿悟也好，渐修的过程就是人性趋近佛性或回归本心，就是以人类理性的力量使人类不断地完善自己。宗密在《禅源诸诠集都序》卷二中评述北宗思想时说：

> 众生虽本有佛性，而无始无明，覆之不见，故轮回生死。诸佛已断妄想，故见性了了，出离生死，神通自在。当知凡圣功用不同，外境内心，各有分限，故须依师言教，背境观心，息灭妄念。念尽即觉悟，无所不知。如镜昏尘，须勤勤拂拭，尘尽明现，即无所不照[128]。

这里正是劝人时时勤修的意思。诸佛是觉行圆满的智者，心性明了，那是人们修行的理想境界，但人佛毕竟悬隔，凡圣各有不同，所以尚须苦苦修行，修行的方法就是摈弃外在世俗世界（境）的蛊惑，体验自己心性未被尘缘污染时的宁静，以清净平和的心境使各种妄想杂念息灭，从而进到从大千世界解脱的感觉中去。这就像镜子拂净灰尘而复明一样，在不断地"专念息想，极力摄心"的拂拭过程中，镜体总是保持着无所不照的明亮，心灵总是处在平静淡然的状态。于是，信仰者在这个心理经验中体会到了解脱与超越的喜悦，这显然是消解修行求证、完全追求自然的南宗禅无法给予信仰者的。

最后，我应该指出的是，北宗禅思想是一种宗教理性主义。一方面，它极力使信仰者意识到自己所生活的现实世界，和自己所

---

[127] 参见威廉·詹姆斯《宗教经验之种种》（唐钺译，上海：商务印书馆，1947）引兰道尔：*The Role of Knowledge in Western Religion*（《西方宗教中的知识角色》），30页。

[128] 宗密《禅源诸诠集都序》卷二，《大正藏》第48册，402页。

向往的理想世界之间的差距，以保持一种知善知恶的基本能力。因此，它不像后来走向极端的南宗禅那样，把一切是非善恶在"空"之一字中统统消解，而流于和光同尘的随顺；也不像马祖道一以后的南宗禅那样，放弃对自己感情的约束而流于放纵或平庸。它对于信仰者来说，仍然具有规范和引导的力量。另一方面，它又努力消除佛教中那些自我折磨、自我虐待的苦行或永无止境、充满绝望的苦求，把解脱和超越的基点，从外在力量挪移到自己内心，于是，它又不像传统佛教那样，把善恶二元化推到极端，而使人陷入一种无法自拔的困境，也不像民众佛教那样，把一切奢望寄托在外在功德的救赎上，而放弃了内心理性的自觉。

我觉得，从某种意义上说，北宗禅倒是保持了平衡与中庸，它对于人性的理解、对于信仰者的约束、对于心灵意义的充分重视都充满了理性，这样，它就既维持了宗教信仰的存在与作用，又给予信仰者心灵以自由权与主动权；既守卫了佛教思想的最后防线，又沟通了老庄道家思想甚至儒家思想。这种理性主义的心性论、修行法及境界观，实际上，与中国古代思想世界普遍认可的一般观念有相当的兼容性，也极容易为上层文人士大夫所接受。所以，这种思想尽管可能不如南宗禅那么有鲜明风格，也可能不如南宗禅那样会风靡一时，但是，它却极易在不知不觉中渗入主流思潮之中，成为人们行为的指南。而那些令人一时新鲜得瞠目结舌的思想，却有可能如风过耳或成为异端，反不易影响实际人生。

因此，如果我们超越历史因果论和历史直线论的观念，来重新看北宗禅思想，我们是否应该比前人对它多一些肯定和理解呢？

第四章　重估荷泽宗

引　言

在传统的禅宗灯录文献中，神会的地位并不高。尽管有中唐佛教大师圭峰宗密以荷泽后裔身份为之揄扬，但是，终究比不过后代人多势众的洪州宗。尤其是，后来师以徒显的洪州后人逐渐形塑出所谓青原（行思）、南岳（怀让）两系，制造出了青原、南岳两大宗主（参看下一章的讨论），并以他们来分派溯源，因此在他们所编写的禅宗灯史中，更将神会一笔带过，仿佛他在禅思想史系列中无足轻重。而依灯录资料撰禅宗史或禅思想史的学者们又受其影响，自然也没有把神会及其门下看成是禅史中的重要角色。

回顾有关禅宗研究的学术史，应当说，最早指出神会在禅宗史上的地位的人，是清末民初的沈曾植（1850—1922），他在《海日楼札丛》卷五中就说过，"南宗克定北宗，为人主崇重，实赖（神）会力"[1]。但是，他的意见好像在当时并没有什么反响。日本同样如此，像忽滑谷快天氏在1923年出版的《禅学思想史》里，虽然也为他设立了《荷泽の神会と南北二宗の诤》一章，但大体是从《显宗记》

---

[1] 沈曾植《海日楼札丛》（沈阳：辽宁教育出版社"新世纪万有文库"本，1998）卷五《禅门师资承袭图》，195页。

中摘录了一些资料，加上《宋高僧传》与《圆觉经大疏钞》拼合而成。尽管他也注意到了宗密对神会崇高的评价，但是，依然没有给予神会那么特别和那么崇高的地位。可是，自从1929年胡适发表《荷泽大师神会传》，提出神会是"南宗的急先锋，北宗的毁灭者，新禅学的建立者，《坛经》的作者"之后[2]，虽然不少人并不同意胡适的具体结论，但是，几乎所有的禅宗史研究者都接受了胡适对神会的特殊重视。除了阿部肇一那部《中国禅宗史の研究》在讲南宗禅时不知为什么略过了神会之外[3]，大多数禅史著作和禅思想史著作，几乎无一例外都对神会格外重视。比如，神会与北宗的论辩、神会与《坛经》的关系、神会与唐王朝政治的瓜葛，都是研究者注目的焦点，仿佛禅宗史上神会已经是最关键的人物，滑台大会也已经是第一等重大事件，荷泽宗思想已经是南宗禅史上最重要的思想了。

　　这显然是由于胡适的影响。一个学术话题确立之后，除非你有特别坚实的证据推翻它，大多数人都不得不在后面追随。就算是批判和反驳，也还是落在这一话题中间。过去，不少学者对胡适的历史和文献考证提出过质疑，如钱穆和印顺[4]，但是，除了宇井伯寿等人外，很少有人对神会的禅思想史地位与荷泽宗的盛衰历史正面提出诘问[5]。近来，虽然有些学者试图对胡适关于神会的结论提出诘问[6]，但似乎又没有能力对胡适的考证进行全面清理，因

---

[2] 胡适《荷泽大师神会传》，《胡适文集》第五册，199—234页；引语见234页。

[3] 《中国禅宗史の研究》（东京：诚信书房，1963）；其1986年增订本有中译本，即关世谦译《中国禅宗史——南宗禅成立以后的政治社会史的考证》（台北：东大图书公司，1988）。

[4] 钱穆《神会与坛经》、印顺《神会与坛经》，见《六祖坛经研究论集》（台北：大乘文化出版社《现代佛教学术丛刊》之一，1976）。

[5] 宇井伯寿《禅宗史研究》第五《荷泽宗の盛衰》，195—268页。

[6] 如郭朋《神会思想简论》，载《世界宗教研究》（北京）1989年第一期。

而，这种诘问就只是来自敏感的直觉，而不是出自客观的研究。

应当说，胡适的神会研究有相当坚实的文献，特别是敦煌文书的基础，也有一个极其清晰的思路，尤其是"辨伪"的方法。我们不妨简单地重复一下他的理路：首先，在新发现的敦煌资料中，关于滑台大会论辩的那一部分说明，神会确实与当时鼎盛的北宗进行过抗争；其次，是《宋高僧传》中关于"香水钱"的记载，说明神会后来确实得到了朝廷的支持；再次，是禅宗史在当时确实出现了南宗压倒北宗的大转折；最后，是神会的思想与六祖惠能相当接近，的确与传统以《楞伽》为依据的禅思想不同，而是后来以《般若》为核心的南宗禅思想的基础。这里逻辑很清楚，要对胡适这一结论进行修正，就必须对这一理路一一回应，而不能以一种笼统而简单的否定来对付。

因此，下面我们将要沿着胡适当年研究神会的理路走上一遭，看看神会在禅思想史上的意义是不是传统灯录中所说的那么轻，是不是胡适所说的那么重。

第一节　神会与荷泽宗的史实疏证

神会本人的早期履历还有很多不甚明了的地方。近年出土的《大唐东都荷泽寺殁故第七祖国师大德于龙门宝应寺龙首腹建身塔铭并序》虽然解决了他的生年问题，即他生于唐中宗嗣圣元年（684）[7]，但仍有一些与思想史研究有关的疑点。第一个疑问是，他早年学禅经

---

[7]　碑文见于洛阳市文物工作队《洛阳唐神会和尚身塔塔基清理》，《文物》1992年第三期，67页，北京：文物出版社。以下简称《神会塔铭》。这一碑铭证明了《宋高僧传》等文献，以及山崎宏《荷泽神会禅师考》等论著，对神会的生卒年之判定都不正确。

历中，参访神秀与惠能的时间究竟是何时？据中唐圭峰宗密《圆觉经大疏钞》和《中华传心地禅门师资承袭图》的记载，他"先事北宗（神）秀三年，秀奉敕追入，和上（神会）遂往岭南和尚（惠能）"。又说他"十四岁来谒和尚（惠能）"[8]。但是，神秀奉敕入京，据张说《大通碑》《宋高僧传》是久视（700—701）年后，这时，神会已经不是十四岁的少年，而是十八岁的青年了。第二个疑问是，敦煌本《南宗定是非论》中神会自己说，久视年神秀奉武则天之命入长安，临行前曾对众人说"韶州有大善知识，元是东山弘忍大师付嘱，佛法尽在彼处，汝等诸人如有不能自决了者，向彼决疑，必是可思议，即知佛法宗旨"[9]，似乎他正是听了神秀这一番话才到惠能处参访的。但是，与神会交往密切的王维在《能禅师碑》中又说，神会"遇师（惠能）于晚景，闻道于中年"[10]，好像神会参访惠能不是在青年时代而是中年时代。如果他是久视年后听了神秀的话来访惠能决疑的，那么，他不可能"闻道于中年"，如果王维说的是他第二次到曹溪之事，那么倒是可能的。因为《圆觉经大疏钞》记载神会在见了惠能后，曾又一次"北游，广其见闻，于西京受戒。景龙年中，却归曹溪"。惠能圆寂于先天二年（713），那时神会差不多已三十岁，勉强可以说是"中年"。但是，这里又来了疑问，为什么敦煌本《坛经》说，神会至曹溪蒙惠能开悟，"神会作礼，便为门人，不离漕溪山中，常在左右"[11]，而不提他曾来了复去的事实？为什么请王维写《能禅师碑》的神会，在王维那里不提第一次"问道"，

---

[8]　见《续藏经》第14册，553页，一一〇册，866页。
[9]　《菩提达摩南宗定是非论》，载杨曾文编《神会和尚禅话录》，32页；又见于《神会和尚遗集》，291页。
[10]　《王右丞集笺注》（上海：上海古籍出版社，1984）卷二十五，第449页。
[11]　《坛经校释》，90页。

而只提第二次"问道"？是不是神会在第一次参访惠能时，根本就不像后来所说的那样"作礼未讫，已悟师言"，"两心既契，师资道合"，而是依然以神秀一系为正宗呢？第三个疑问是，他第一次到曹溪后又回西京长安受戒，《神会塔铭》说，神会"僧腊五十四夏"[12]，也就是说，他的"西京受戒"应在唐中宗神龙元年（705），这前后正是神秀及其弟子普寂在长安的极盛时期，是不是神会还有试图在神秀门下分润圣泽的意思？而神秀于神龙二年（706）圆寂后，他为什么又离开长安回转曹溪惠能处？是不是与普寂等年长同门难以相处的缘故呢？这里实在疑问很多。幸好，这些疑问并不影响禅思想史的大关节，所以，我们可以暂时用括号把它们悬置在一旁。

可是，下面的几个问题却是无论如何绕不过去的。

一、关于滑台大会

开元二十年（732）在滑台（今河南滑县东）大云寺举行的无遮大会上，神会与崇远法师进行了一次关于禅宗正脉、禅宗思想、禅家经典的论辩，这就是胡适所说的"北宗消灭的先声，也是中国佛教史上的一大革命"。但是，关于这次大会，禅宗文献中除了神会一系的《南宗定是非论》外，只有《坛经》中有一点隐隐约约的暗示，敦煌本《坛经》第四十九则载惠能圆寂前，曾说到：

> 吾灭后二十余年，邪法撩乱，惑我宗旨。有人出来，不惜身命，定佛教是非，竖立宗旨，即是吾正法[13]。

从惠能圆寂的先天二年（713）到神会在滑台与崇远论辩的开元二十

---

[12]《神会塔铭》,《文物》1992年第三期, 67页。
[13]《坛经校释》103页。

年（732），正好是二十年，我们不妨把它看成是一种以"预言"形式写下的"历史"。此外，就只有宗密《圆觉经大疏钞》卷三之下和敦煌本《历代法宝记》中一笔带过的两句话了。可是在《神会塔铭》《祖堂集》《宋高僧传》及各种碑铭文献中，滑台大会却从未见提及，倒是天宝四载（745）在洛阳弘法之事却屡见记载。如：

> 有皇唐兵部侍郎宋公讳鼎，迎请洛城，广开法眼。树碑立影，道俗归心[14]。

> 天宝四载，兵部侍郎宋鼎请入东都，然正道易申，谬理难固，于是曹溪了义大播于洛阳，荷泽顿门派流于天下[15]。

> （神）会于洛阳荷泽寺崇树（惠）能之真堂，兵部侍郎宋鼎为碑焉。会序宗脉，从如来下西域诸祖外，震旦凡六祖，尽图缋其影，太尉房琯作《六叶图序》[16]。

> （神会）乃入京（洛阳），天宝四年，方定两宗，乃著《显宗记》盛行于世[17]。

这样，我们就不免要怀疑被神会一系文献，以及格外看重这些文献的胡适所大力渲染的"滑台大会"的重要性了。

很多人读《神会语录》，会产生一种误解，以为神会语录里那么多的言说，都是辩论会的精彩演说，就好像《三国演义》里诸葛亮舌战群儒一样。其实，《神会语录》中的大多数言说，是他在各地与

---

[14] 《神会塔铭》，《文物》1992年第三期，67页。
[15] 宗密《圆觉经大疏钞》，见《续藏经》第14册，553页。
[16] 《宋高僧传》卷八《唐韶州今南华寺慧能碑》，173页。宇井伯寿认为，此事即确立惠能为六祖，建六祖真堂、序宗脉，才是神会攻击北宗最重要的旨趣，山崎宏也同意这一看法，见山崎宏《荷泽神会禅师考》，同氏编《中国の社会と宗教》（东洋史学论集第二，东京：不昧堂书店，1954），436页。
[17] 《景德传灯录》卷五，24页；《五灯会元》卷二同此。

人谈话的记录,时间相当长。比如,圭峰宗密《圆觉经大疏钞》卷三下所说"因南阳答(王赵)公三车义,名渐闻于名贤"那一段对话,是在开元初年。因为王琚拜户部尚书在先天二年(713)至开元初年,而《语录》中正是称王为"户部尚书"的[18]。这时,神会刚从惠能处北上,不过三十岁,从"名渐闻于名贤"这一句也可以看出,当时他尚为一无名之辈。又如,下一段与崔日用的对话,则是在开元十年(722)之前,因为崔日用(齐公)据《旧唐书》卷九九卒于此年。再如,接下去的与侍郎苏晋的对话,也大约在开元三年至十四年之内,因为苏晋任侍郎,据《旧唐书》卷一百大约是在此期之中。再如,与王维在南阳的对话,据陈铁民《王维年谱》是在开元二十八年(740)王维以殿中侍御史知南选途经南阳临湍驿时。而与给事中房琯的对话,则应在天宝五载(746)之后,因为据《旧唐书》卷一百十一,房琯是此年正月才任给事中的,这时上距神会初出道已经是三十几年,离滑台大会已经是十几年了。

其实,与神会在滑台大会正面辩论的人只有一个,即《菩提达摩南宗定是非论》中的崇远法师。

在滑台大会上作为神会对手的辩论者是崇远,但相当多的研究者都把他误当作北宗神秀一系的禅师,因为这样一来,就顺理成章地使这一次僧诤事件具有了南北分宗的意义,从胡适开始,人们就有这一来自直觉的印象。可是,崇远的真实身份实在是一个谜[19]。按照唐代的习惯,凡是以参禅为修行主旨的大都称"禅师",以持律为修行

---

[18] 见《旧唐书》卷一〇六《王琚传》,3250页。
[19] 《南宗定是非论》中的一段话,是目前唯一有关崇远的资料:"当寺崇远法师者,先两京名播,海外知闻。处于法会,词若涌泉,所有问语,实穷其原。提婆之后,盖乃有一。时人号之'山东远'。"这里也看不出他与北宗有何瓜葛,虽然他在与神会论辩时有站在北宗立场上的问话,也只可视为一种代人立论的惯常作法,并不能说明他是北宗禅师。

主旨的大都称"律师",以讲论为修行主旨的大都称"法师"[20]。而有限的关于崇远的资料中,都是把他叫作"法师"的,说他"解义聪明,讲大乘经论更无过者"。可见,宇井伯寿《禅宗史研究》历考北宗禅第一代至第四代弟子,而不将崇远列入,实在不是一时疏忽,而是有道理的谨慎。而印顺《中国禅宗史》说崇远是讲经法师而不是北宗禅师,的确是有根据的说法,而不是有意立异的自出机杼[21]。

如果崇远与北宗禅没有瓜葛,那么,神会在滑台大会上的表演就仿佛是在上演与风车大战的独角戏,或在对手不在的时候作缺席审判。而崇远就仿佛是一个旁边打边鼓的帮腔或当事人不在场的辩护律师。其实,北宗禅高挂免战牌并不是胆怯,而可能只是不屑。当时的北宗禅正如日中天,神秀下面第一代弟子中,义福、普寂、降魔藏等都还在世,第二代弟子也已门庭广大。加上背靠朝廷,又如何会把一个神会放在眼里,更不会为两京之外的一个异端之会而大动干戈。倒是神会,却必须以石破天惊的话头和惊世骇俗的语气,向势大位高的北宗挑战,以引起僧俗两界耸动。所以,他对崇远这个并不是真正对手的法师,也进行了极尖刻的嘲讽,并以他为"假想敌"对"天下知闻,众口共传"的北宗进行了极猛烈的抨击[22]。也许,

---

[20] 日本圆仁著,白化文、李鼎霞校注《入唐求法巡礼行记校注》(石家庄:花山文艺出版社,1992)71页,"说世间无常苦空之理,化导男弟子、女弟子,呼道化俗法师也,讲经论律记疏等,名为座主和尚大德,若纳衣收心,呼为禅师,亦为道者,持律偏多,名律大德,讲为律座主。余皆准尔也"。

[21] 前引宇井伯寿《禅宗史研究》第六《北宗禅人人教说》;又,印顺《中国禅宗史》(南昌:江西人民出版社,1990),262页。可是,仍有不少学者沿袭那种来自印象的说法,以为崇远是北宗禅师,如潘桂明《中国禅宗思想历程》(北京:今日中国出版社,1992)就说,崇远为"神秀一系",不知有何根据。156页。

[22] 胡适在1958年重新校订神会遗著时,也许已经发现了这一问题,对崇远的身份的旧说法作了修正。但同时他又提出了一个极富想象力的猜想,说崇远有可能是神会和尚请来的一位有训练的"配角",但这一说法却没有坚实的根据。见前引《神会和尚遗集》,369页。

正是这种出人意表的激烈态度，让崇远感到大惑不解，便问道："如此相非斥，岂不与身命有仇？""修此论者，不为求名利乎？"神会立刻表演了一个舍生取义的角色，说"身命尚不惜，岂以名利关心"。但是，虽然当时有乾光法师、福先寺师、荷泽寺法师等四十多人在，却不见有真正的北宗禅师在场，神会的这些表演，多少有一些落空的味道。尽管神会也许在论辩中赢了崇远（这还只是神会一系的说法，真情如何还很难说），但正如印顺所说，并不意味着神会就赢了北宗，因为北宗禅师根本还没有正面回应。

不过，滑台大会虽然并没有形成石破天惊的效应，却可能给了神会一次历练的机会。按照独孤沛为《南宗定是非论》卷首所写的题词，神会与崇远的辩论从开元十八年起，每年都在不断地进行着[23]，在这些不断的辩论中，神会逐渐形成并宣布了自己与北宗禅对抗的理论纲领，即：（一）以"念不起，见本性"为坐禅的思想；（二）以般若系《金刚经》为"一切诸佛母经"的经典的立场；（三）以惠能及自己为正脉的传法系统之说。这一系列新提法，可能使北宗不能不认真对应，所以当天宝四载（745）也就是滑台大会十一年之后，神会到了北宗禅大本营洛阳时，北宗禅师就开始运用各种手段对神会进行回击了。

二、洛阳之行及天宝十二载的被逐

天宝四载，神会应侍郎宋鼎之约到洛阳，开始了与北宗的正面对抗。

由于这一次的论辩没有流传下来，使得人们无法窥见其中的内容，也使得一些学者忽略了它的意义，仿佛这一次的对抗还不如滑

---

[23] 独孤沛《菩提达摩南宗定是非论》，杨曾文编校《神会和尚禅话录》，17页。

台大会似的。其实,从我们上引《宋僧传》《圆觉经大疏钞》《神会塔铭》及《历代法宝记》都提及这一次洛阳之行,而未必提及滑台之会,从神会滑台大会之后风平浪静,而洛阳争辩之后屡遭迫害等蛛丝马迹中,就可以知道这一次在北宗老巢、政治中心长达八年的面对面抗衡,实在比那几次在地方寺院的背对背论争要重要、也激烈得多。用《圆觉经大疏钞》《中华传心地禅门师资承袭图》与《神会塔铭》互相参照,大概可以知道,神会与北宗禅师在洛阳的较量中,最主要的大约是"直入东都,面抗北祖"。据说,普寂曾"在嵩山树碑铭,立七祖堂,修《法宝纪》,排七代数",所以神会也在洛阳荷泽寺立惠能的真堂,请宋鼎写碑,自己"序宗脉",并请房琯作《六叶图序》[24]。这完全是针锋相对的做法,而这种做法,又恰恰触犯了北宗的忌讳,于是神会也遭到了极严厉的贬斥。

但是,神会在洛阳的振臂一呼,无疑吸引了一大批佛门弟子,他那种"不惜身命"的激烈言论,也会使一些人感到新颖和刺激。在神会的弟子中,像黄龙山惟忠是"游嵩岳,见神会禅师"而入门下的;灵汤泉志满是先在颍州,后"闻洛下神会禅师法席繁盛,得了心要"的;广敷"登戒毕,游嵩、少、两京,遇神会禅师,大明玄旨";进平在"洛下遇荷泽会师了悟";行觉原在钜鹿永泰寺受业纳戒,"后于洛都遇(神)会禅师开悟玄理";云坦"随父至洛阳,闻荷泽寺有神会大师,即决然蝉蜕万缘,誓究心法";乘广十三岁先依衡岳天柱想公"以启初地",后至洛阳投荷泽神会"以契真乘"[25]。可见,

---

[24] 《宋高僧传》卷八《唐韶州今南华寺慧能传》,173—175页;又参《唐洛京荷泽寺神会传》,179—180页。

[25] 以上见《宋高僧传》卷九、卷十、卷二十、卷二十九,208页、223页、514页、725页、731页。又《全唐文》卷七三一贾悚《扬州华林寺大悲禅师碑铭并序》,3344页;《文苑英华》卷八六七刘禹锡《袁州萍乡县杨岐山故广禅师碑》,4574页。

洛阳的八年传教生活，对于神会来说，实在是一个极重要的时期，荷泽系正是在这样的情况下逐渐形成，并作为禅门的异端力量，在神会生前身后开始产生了影响。特别是，一些不属于神秀系统的禅门宗派，也渐渐地汇聚到了神会的旗帜与思想之下。

很可能神会的活动颇有成效，许多达官贵人及平民百姓都对这种新鲜的禅说很感兴趣。虽然《宋高僧传》所谓"致普寂之门盈而后虚"，《圆觉经大疏钞》所谓"曹溪了义大播于洛阳，荷泽顿门派流于天下"是过甚其词，但他的势力威胁到北宗的根基，倒是无可怀疑的。《神会塔铭》说的"树碑立影，道俗归心"，对于在东都经营许久的北宗禅来说，实在是卧榻之侧的肘腋之患。不过，当时的北宗毕竟"势力连天"，于是在天宝十二载（753），神会被御史卢弈以"聚众"的罪名贬出洛阳。据《祖堂集》卷三、《宋高僧传》卷八说，卢弈是普寂的门下或与普寂有私交，所以，党同伐异给神会安了这种罪名。当然，以上这些是神会或南宗一脉的说法，不一定是事实真相[26]。据《旧唐书》卷一八七下及《新唐书》卷一九一记载，卢奕是一个有"清节"，性"刚毅"的官员，由于他在安史乱中的坚贞立场，赢得当时及后世的一致赞扬，被史家列入《忠义传》。所以他是否"阿比于（普）寂"实在很难说，也许，其中别有一番隐情也未可知[27]。正

---

[26] 《祖堂集》卷三，159页；《宋高僧传》卷八，180页。

[27] 大胆地作一个猜想。我怀疑神会之贬，也许与天宝年间政坛风云有某种关系。作为神会的支持者并为之撰写争正宗的《六叶图序》的房琯，据《旧唐书》卷一一一本传称，他平时就好"高谈虚论，说释氏因果，老子虚无"，又从《太平广记》（北京：中华书局，1961）卷一四八"房琯"条、卷九七"义福"条、卷二一五"邢和璞"条可以看出，他对道教、北宗禅同样有浓厚的兴趣，所以，并不一定是神会禅法的坚定信仰者，但是，由于他对神会的支持鼓吹，他被当作南宗荷泽的靠山，天宝五载至六载间（746—747），由于李适之与韦坚被李林甫排挤，他受牵连而罢官，贬为宜春太守，于是，神会失去了朝廷中的支柱，而一直试图将神会逐出洛阳的北宗禅则少了一分顾忌，也许就是这一契机，造成了神会的被逐。当然，这只是一种猜想。又，对于召神会来洛阳的宋鼎，我至今未能查到有关的史料。

因为如此,《宋高僧传》的系词才极郑重地总结道,神会"旁无力轮,人之多僻,欲无放逐,其可得乎"。同时,又批评他"犯时之忌""失其所适"。这里所说的"犯忌"和"失适",大概正是前面所指的"自异"(标新立异)和缺乏"外护"(政治保护)。因为对于"聚众"的新兴宗教门派,传统中国的官方历来是心怀戒惧的,尤其是在当时两大政治中心之一的东都洛阳,而《圆觉经大疏钞》中恰恰说道,神会被控的罪名就是"聚众"。

不管事实真相究竟如何,神会是被赶出了洛阳。《祖堂集》《宋高僧传》等沿袭南宗说法的文献,都记载了一个极不可信的故事,说当神会被逐时,唐玄宗曾召见他,由于他的陈述"言理允惬",所以"圣情郑重",把他"敕移往均部"(《祖堂集》作"有司量移均州")。可是,如果唐玄宗对神会有如此关照,又为什么依然要把他放逐在外,而不顾神会在洛阳的数年惨淡经营呢?显然,这是神会一系自我解嘲的粉饰之词,不过是为神会挽回面子而已。倒是宗密《圆觉经大疏钞》说得直率一些,他根本不提此事,直截了当地写道:

> 天宝十二年,被谮"聚众",敕黜弋阳郡,又移武当郡,至十三载,恩命量移襄州,至七月,又敕移荆州开元寺,皆北宗门下之所(毁)也。

可见,根本不存在唐玄宗恩宠有加的事情,就是这连续四次的"量移",看来也是一次比一次令神会沮丧,否则他们不会认为这都是"北宗门下"的阴谋。对于神会来说,这真是一次灾难,用宗密的话说,神会当时是经历了"百种艰难"的[28]。《全唐文》卷七三一保

---

[28] 宗密在《圆觉经大疏钞》卷三之下(《续藏经》第14册,553页)、《中华传心地禅门师资承袭图》(《续藏经》第110册,867页)曾说到:"大师遭百种艰难等事,(转下页)

存了一篇关于神会弟子云坦的《扬州华林寺大悲禅师碑铭》,其中也恰恰记载了天宝十二载(753)神会被逐时的情况:

> 后十五日,而荷泽被迁于弋阳,临行谓门人曰:吾大法弗坠矣。遂东西南北,夫亦何恒?

从中可以看得出来的是,他的心境是一种失败的悲凉与苦撑的悲壮,而不是一种蒙恩的欣喜与胜利的骄傲。事实也证明,在神会被逐之后,洛阳依然是北宗禅极其兴隆的局面。

这种局面一直到安史之乱的铁蹄踏破洛阳才宣告结束[29]。

三、"香水钱"的问题

相当多的禅宗史研究者都相信,神会一系这种被压制的情况的

(接上页)皆如先所呈略传,广在本传,他日具呈",可见宗密另有《神会传》,可惜已不能见到了,但新出《神会塔铭》证明宗密的史料来源相当可靠,所以,宗密没有说到唐玄宗的恩宠,一定有其道理。

[29] 参看前一章《北宗禅再认识》。这里附带地说明一点,惠能的弟子中,并不是只有神会一人向北宗禅提出挑战,《历代法宝记》中曾说道,天宝年间,范阳有明和上、东京有神会和上、太原有自在和上,"并是第六祖师弟子,说顿教法"。特别是,当神会在唐王朝两大中心之一洛阳与普寂一系争正宗闹得沸沸扬扬的时候,惠能的另一弟子司空山本净在另一中心长安与北宗禅进行了激烈的辩论,本净(667—761)比神会年纪大,入惠能之门也较神会早,据《祖堂集》《宋高僧传》《景德传灯录》各书的《本净传》的记载,天宝三载(744)也就是神会入洛的前一年,他就被召到了长安。第二年的正月十五日,他就在皇帝的主持下与"京城内大师大德"于内道场展开了辩论,与他辩论的有"泰平寺远禅师""香山僧慧明"(《景德录》作志明禅师)、"白马寺惠真"(《景德录》作真禅师)、"法空禅师""福先寺安禅师""照成寺达性禅师""士人孙体虚"(《景德录》作近臣),辩论的主题是"无心无相不一不异"。从本净的话中可以看出,他在禅思想上比神会更加偏向《般若》而疏离《楞伽》,与北宗禅的分歧更大。《宋高僧传》卷八形容这次内道场之争中的本净,"举措容与、四面枝梧,譬墨翟之解九攻机械矣。既而辩若建瓴,酬抗之余,乃引了义教证。复说伽陀,一无留滞。皇情怿悦,观者叹嗟",186页。仿佛本净在此也是大获全胜似的,但是,禅宗灯录都没有这种胜利的记载,只是说了一句"敕谥大晓师"。可能本净的结局,也并不比神会强多少,他的胜利并没有改变北宗禅在长安的统治地位,也许他的胜利就像神会一样,只是使南宗禅思想在北宗老巢打进了一个楔子。所以,南宗后来的成功,并不能说是神会一人荷泽一系的功劳。

改变，其契机是神会利用为朝廷募"香水钱"资助军饷，从而获得了政治的支持。这一说法最早是在宋代赞宁《宋高僧传》中出现的，但把它当作南北宗之争的一个大关节，则是20世纪20年代末30年代初，胡适《荷泽大师神会传》提出来的。后来，几乎所有的禅史著作都接受了这一判断，就连印顺《中国禅宗史》也不例外。当然，赞宁此书有不少极有价值之处，撰述态度也颇为严谨，又不大有禅宗内部的党同伐异习惯，想必这一记载自有来源。但从现在的资料看，这一记载很可能是赞宁误信了某种不实之词。

《宋高僧传》关于此事的记载如下：

> ……两京版荡，驾幸巴蜀，副元帅郭子仪率兵平殄，然于飞挽索然。用右仆射裴冕权计，大府各置戒坛度僧，僧税缗谓之香水钱，聚是以助军须。初洛都先陷，（神）会越在草莽，时卢弈为贼所戮，群议乃请（神）会主其坛度。于时寺宇宫观，鞠为灰烬，乃权创一院，悉资苫盖，而中筑方坛，所获财帛顿支军费。代宗、郭子仪收复两京，（神）会之济用颇有力焉[30]。

表面上看来，这是顺理成章的。但是仔细追究下去，问题就出来了。第一，这一记载为什么既不见于《神会塔铭》，又不见于唐五代对神会作详细介绍的《圆觉经大疏钞》和《祖堂集》，而出现在宋代的《宋高僧传》中？按照惯例，这种荣耀的历史总是会被禅门弟子们搜集到灯录中的。作为一个自认荷泽传人的后学弟子，宗密写过神会传记，也不至于把这等大事忘在一边，但是，他却一字未提。第二，就算这段记载渊源有自，它也不可全信，神会当时究竟是在

---

[30]《宋高僧传》卷八，180页。

洛阳还是在荆州？《宋高僧传》很含糊地说了一句"越在草莽",草莽显然不是洛阳。据《圆觉经大疏钞》说,自天宝十三载(754)七月神会量移至荆州开元寺,至乾元元年(758)五月他去世仍在荆州开元寺;出土的《神会塔铭》也说神会"行迈江表之际,方有羯胡乱常","乾元元年五月十三日,荆府开元寺奄然坐化"。可见安史之乱中神会一直在荆州而不可能在洛阳。那么,他会不会有一次短暂的洛阳之行呢？当然有可能,但是,至今没有证据可以表明高僧荟萃的东都,要到荆州去请一个被贬的和尚来主持大计。退一步说,就算如此,在安史乱军占领洛阳之时,他又如何进入洛阳为卢弈主其坛度,又开坛度僧,再把筹集的款项送到郭子仪处,以支持他收复洛阳与长安呢？难道他在洛阳有过一段类似间谍做地下工作的历史不成？而卢弈,则是当年迫害神会的首要人物,为什么人们偏偏要请被害者来主持其坛度？是表示佛门的宽宏大量,还是为这两个冤家在生死歧路上结一个欢喜缘？第三,也是最重要的一点是,即使有神会的那点香水钱,它是否真的能使朝廷对南宗给予特殊的恩遇？

关于这第三点,我们不妨分三层来看。

首先,度僧筹款是唐代一个常用的经济手段,据法国学者谢和耐(Jacques Gernet)的研究[31],从安史之乱一开始(755年年底),唐王朝就为筹集军费而采取了这一策略,最早实施这种卖度牒以收钱缗的是太原地区。《旧唐书》卷四十八《食货志上》、《新唐书》卷五十一《食货志一》都记载安史之乱初期,杨国忠"遣侍御史崔众至太原纳钱度僧尼道士,旬日得百万缗而已"。唐肃宗即位(756年年底)后,又有御史郑叔清与宰相裴冕建议,诸道卖"空

---

[31] 谢和耐《中国五——十世纪的寺院经济》,耿昇译,兰州:甘肃人民出版社,1987。

名告身"和"官勋邑号",结果是"度道士僧尼不可胜计"。到了安史之乱即将结束,两京收复时(约758年年初),又在"关辅诸州,纳钱度道士僧尼万人"[32]。那么,神会在这种普遍开坛度僧以换钱缗的风气中,是否又占了什么重要的位置呢?显然不能这么说,因为据我们考证,当时度僧收"香水钱"的州郡至少有二十处,不仅河东(太原等地)、关辅(关中诸州)及神会所在的荆州,就连远在西北的敦煌,都有资料表明曾度僧收钱[33]。所以,神会在"香水钱"一事中取得朝廷决定性的支持,并以此获得压倒北宗的契机这一说法显然是成问题的。况且就佛教的规矩来说,一般开坛度人的主持者应当是律师,而不应是禅师,就连法如、惠能等禅家领袖虽然得五祖弘忍的印可,他们正式受具戒,都要另请律僧开坛。神会的弟子中,慧坚是在洛阳跟随神会后又到汾州受具戒的,如果神会能临坛授戒,又何必舍近求远?就算神会是被当作"高行"而被推举出来的人选,他也只是参与者之一,为什么朝廷要对他格外青睐?

其次,《宋高僧传》所谓肃宗诏入内供养一事也是极其可疑的。前引《神会塔铭》等资料已证明神会在被逐出洛阳后一直在荆州,最后圆寂在荆州开元寺,是死后才迁葬于洛阳龙门宝应寺之塔的,并不是由于神会用"香水钱"支持了朝廷,唐肃宗就以恩报恩,把他供养起来。这一想当然的逻辑,是建立在神会在支持朝廷上拔了头筹的基础上的,如果神会在香水钱上只是作了一些普通的事,那么,朝廷又有何必要一定让他在佛教中独占鳌头?

---

[32] 《旧唐书》卷四十八,2087页;《新唐书》卷五十一,1347页。

[33] 法藏敦煌卷子本 P.4072、P.3952,后一份文件中引述了乾元元年(758)的敕令,说明唐肃宗的确曾颁令各州郡度僧纳钱。

最后，退一步说，就算朝廷召神会入东都供养，是不是就意味着神会一系得到了绝对的支持？也未必如此，在当时的资料中，我们还可以看到，其他得到朝廷恩宠的僧人不少，比如，被认为是神会后台的郭子仪，就举荐过北宗普寂、广德的弟子常超为"东京（洛阳）大德"；表奏过北宗另一支老安的弟子义琬"禅行素高为智海舟航"，使代宗赐谥"大演禅师"；肃宗时，曾从北宗"大照禅师所习定宴坐"的法津禅师，更得到皇帝的恩宠，在收复两京后立即"飞锡上国，权住荷恩寺，奏免常住两税，至今不易，又还官收地廿二顷"，并屡次下诏表彰，赐给紫袈裟及金钩[34]。稍后，代宗又曾召牛头宗径山国一，"授以肩舆，迎于内殿，既而幢幡设以龙象图绕……于章敬寺安置"[35]。是否可以说北宗、牛头宗也都得到了朝廷的绝对支持呢？如果佛门几家都可以得到如此的恩荣，那么，这种恩荣除了表示得到官方认可的合法性外，又有什么特殊的意义？

显而易见，"香水钱"之捐的意义远不像有的学者所说的那么显著。

四、荷泽门下的地理分布及其影响的评估

神会于天宝十二载（753）被逐出东都洛阳后，再也没有能重返唐王朝的中心。虽然如此，正如我们前面所说的，他所提出的惊世骇俗的禅思想、禅世系的新说，毕竟已经发生了影响，而他在洛

---

[34]《大唐荷恩寺故大德法津禅师塔铭》，载《唐代墓志汇编》1596页，上海：上海古籍出版社，1992。

[35]《文苑英华》卷八六五李吉甫《杭州径山寺大觉禅师碑铭并序》，4564页。又参《全唐文》卷三一六李华《故中岳越禅师塔记》，1419页；《全唐文》卷九九七阙名《唐故张禅师墓志铭并序》，4580页（参校《唐代墓志汇编》1764页）。

阳以其个人魅力所吸引的弟子，也逐渐形成了门派。尽管他在天宝十二载之后的活动以及安史之乱中的努力，并不能改变当时北宗独盛的局面，但是，已经没有人能无视他与荷泽宗的存在了。特别是安史之乱佛门遭到浩劫后，北宗禅势力渐衰，神会弟子的影响就逐渐凸显起来，成了与北宗、牛头以及后来的马祖鼎足而立的荷泽一宗，使惠能南宗禅系迅速崛起。

现存神会门下诸弟子的传记，有无名（722—793）、行觉（708—799）、皓玉（生卒年不详，约700—784）、光瑶（716—807）、进平（699—779）、福琳（704—785）、志满（715—805）、广敷（695—785）、圆震（705—790）、神英（693—767）、道隐（707—778）、慧演（718—796）、云坦（一作灵坦，709—816）、乘广（后为马祖门下，717—798）、惟忠（705—782）、慧坚（719—792）等。值得注意的是，这些荷泽门下的禅师的地理分布几乎与北宗禅重叠，如志满在宣城黄山（今安徽）、云坦在扬州（今江苏）、光瑶在沂蒙（今山东）、无名在洛阳（今河南）、广敷和乘广在宜春（今江西）、神英在五台（今山西）、进平在唐州（今山西）、道隐在宁州（今甘肃）、福琳在黄陂（今湖北）、行觉在荆州（今湖北）、皓玉在衡山（今湖南）、慧演在沣阳（今湖南）、慧坚在长安（今陕西）。如果再加上《中华传心地禅门师资承袭图》所记的河阳空、涪州朗、潞州弘济、凤翔解脱、西京法海等，可以说，神会的门下覆盖了当时唐王朝的中心大部分地区。

这里顺便讨论摩诃衍的师承，自从敦煌文书尤其是《顿悟大乘正理决》公布之后，很多人都认为神会的禅思想，由于摩诃衍的活动，占领了西域，传到了吐蕃，因为据宗密《中华传心地禅门师资承袭图》的记载，神会门下有一个弟子就叫摩诃衍。但是，这一巧合有些让人感到疑惑，因为这个影响吐蕃的摩诃衍在几道表章中，并没有提到神会,倒是屡屡提到几位北宗禅师。他自己说,"摩诃衍依正法和上,法号降魔、小福、张和上,准仰大福六和上,自从闻法以来,经五六十年……"[36]这段话虽然有些难解之处,但大体上可以明白,这个摩诃衍是师承了神秀门下第一代弟子的,降魔即泰山降魔藏,小福即《景德传灯录》卷四有名无传的京兆小福,张和上可能就是后面所说的大福,《八琼室金石补正》卷六十七有其碑。总而言之,从这一点上来看,这个摩诃衍不像是神会门下,倒肯定是北宗神秀第二代后学。如果从他的思想上来看,他一再引述《楞伽》和《思益》,让人想起李邕《大照塔铭》中神秀对普寂所说的,《楞伽》与《思益》"此两部经,禅学所宗要者"的话[37];而他特别强调的"坐禅看心",也让人想起北宗禅"凝心入定,住心看净"的宗旨。按《南宗定是非论》中崇远法师的引述,这正是普寂和降魔藏教人的"教门",那么,这个摩诃衍会是与北宗闹得沸沸扬扬的神会的学生么[38]?

当然,我们说摩诃衍不是神会门下,只是说明北宗禅并没有在神会的一击之后土崩瓦解,而是依然实力雄厚,在前面《北宗禅再

---

[36]《顿悟大乘正理决》,转引自戴密微《吐蕃僧诤记》,耿昇译,203—204页,兰州:甘肃人民出版社,1984。

[37]《全唐文》卷二六二《大照禅师塔铭》,1174页。

[38] 关于摩诃衍的问题,可以参看前引法国汉学家戴密微那本功力深厚的著作《吐蕃僧诤记》,但是,戴密微对他的门派问题采取了模棱两可的叙述方法,也没有考出他所提及的几位北宗禅师,在1970年《通报》第六十一卷一至三期(中文译本载《敦煌译丛》第一期,兰州:甘肃人民出版社,1985)评述上山大峻与柳田圣山两部著作时,虽然已经看到了问题,但是,依然没有对他的师承做进一步的分析。日本学者对此的态度也大体如此,见《敦煌佛典与禅》,402、423页,东京:大东出版社,《敦煌讲座》第八种,1980。关于小福,不少人都以为指的是义福,其实《景德传灯录》中已经有"京兆小福"之名,与赫赫有名的义福不是一回事,宇井伯寿《禅宗史研究》怀疑他就是《楞伽师资记》中所说的神秀弟子"蓝田玉山惠福禅师",可备一说。

认识》一章中，我曾以"瘦死的骆驼比马大"来比喻北宗禅在安史之乱后的情况，北宗禅在安史乱后虽然不再独享朝廷的恩宠，但也不曾受到政府当局的迫害。虽然经营已久的两京禅门受到了战乱冲击，但"散在群方"的高僧依然很多。尤其是它一直以政治权力为背景，以禅门正宗为支柱，早已将门庭廊庑建得广大。所以应该说，8世纪后半即中唐之初的禅门大势是，北宗依然维持着它第一大派的局面。当然，也应该看到北宗正在逐渐失去它独领风骚的优势，而荷泽宗虽然不能在一时间很快将北宗摧垮并取而代之，但力量的对比却在悄悄变化。

这里有一个对荷泽宗，特别是其第二代弟子的影响进行评估的问题。我们前面说，神会的影响并不足以改变南北宗地位，而南宗与北宗真正分庭抗礼的现象，实际上出现在荷泽第二代弟子的时代，也就是中唐之初，这是一个渐变的过程。其原因不仅仅在于神会一系的努力，神会的弟子还不足以产生这么大的影响，也不仅仅是由于安史之乱后北宗禅的衰退，因为从现存资料来看，北宗尤其是普寂门下众弟子在中唐之初仍十分活跃。北宗地位相对下降，恐怕和中唐时代，禅门各宗重新在一个起跑线上竞争，重新争取政权的支持有关，也与其思想是否吻合中唐时代的需要，是否能重建一个从思想到实践都适合士大夫的体系有关。这一问题我们将在第二节里详细讨论，让我们先来看神会门下第二代弟子在这一禅史转折期中的作用与影响。

在现存的史料中，还可以看到十几个神会弟子的传记与碑铭。这些弟子大体可分三部分：第一部分的弟子走的是传统禅门隐居山林静修的路子，如惟忠是在黄龙山"独居禅寂，涧饮木食"，志满是在"黄山灵汤泉所，结茅茨而止"，广敷是在阳歧山"终日瞑目，木食度辰",圆震是在南阳乌牙山隐居[39]。这些弟子虽然禅行高洁,但并不能将南宗禅法广为弘扬,也不能使荷泽宗廊庑变得更大。第二部分弟子,他们走的是四处挂单访学的路子,像神英远走五台,无名"周游五岳、罗浮、庐阜、双峰、皖公、炉岭、牛头、剡溪、若耶、天台、四明,罔不询问",他们可能在四处访学的过程中将神会的禅思想传播开来,但这种流动性很大的游学,并不能使思想影响与宗教组织合二为一,结成一个禅门宗派与当时的各种宗派对抗。特别是还应该考虑到另一面的可能,在四处访学的过程中,他们也会受到其他宗派的影响而淡化了荷泽宗那种性格极为突出的思想特征[40]。最后第三部分弟子,则走的是通常开坛传法的路子,如进平在唐州应刺史郑文简之邀,进城"阐扬宗旨";道隐在宁州"道声洋洋",使"檀施丰洽,郁成精舍";慧演在沣阳传道,据说"江南得道者多矣";行觉于江陵得节度使崔尚书重视;皓玉于衡山受太守王展礼遇;光瑶在沂蒙先后受大夫知重和节度王僚礼请,在当地弘化,传载"学侣憧憧,多沾大利"。特别是云坦,则应丞相赵氏之约,在扬州华林寺九年,据碑铭说,其"门人遍天下"。这类荷泽弟子在各个地方的传法活动,才使得神会的影响有所扩大,成了中唐之初的禅门一大宗派[41]。

不过,尽管中唐以后,地方的实力增强而中央的控制削弱,但对于一个不能不背靠朝廷来赢得正统地位的佛教门派来说,在地方的胜利,依然不能算是最后的胜利。所以,在这些弟子中最重要

---

[39] 惟忠、志满、广敷、圆震分别见于《宋高僧传》卷九,208 页;卷十,223 页;卷二十,514、515 页。

[40] 神英、无名分别见于《宋高僧传》卷二十一,535 页;卷十七,427 页。

[41] 进平、道隐、慧演、行觉、皓玉、光瑶分别见于《宋高僧传》卷二十九,725、726、731、732 页;卷十,224 页。云坦见于《全唐文》卷七三一《扬州华林寺大悲禅师碑铭》。

的，我以为可能是在唐王朝中心长安活动的慧坚（719—792）。宗密的《中华传心地禅门师资承袭图》虽然记了"西京坚"的名字，但《祖堂集》《景德录》《五灯会元》《宋高僧传》这些常见的文献中，却都没有他的丝毫事迹语录。所以，从胡适到宇井伯寿、山崎宏等都不曾注意到他在中唐之初禅史上的意义。所幸的是，西安碑林保留了一块徐岱所撰的《唐故招圣寺大德慧坚禅师碑铭并序》，从这块碑铭中，可以看到我们过去不曾注意到的一些历史——

首先，我们看到，在神会天宝十二载（753）被逐出洛阳之后，是三十五岁的慧坚毅然"去山居，游洛下"，继承了神会的衣钵和理想，在东都传弘禅法。据说，当时嗣虢王李巨"以宗室之重"，正在洛阳，因仰慕慧坚之道，便以门人的身份执弟子礼，并奏请朝廷，令慧坚住东都大寺院圣善寺。

其次，在安史之乱中，当佛门众人纷纷逃离长安时，他却"以菩萨有遘难之戒，圣人存游方之旨"。反倒逆流而上，西至长安，住在化度寺和慧日寺。据说，在安史乱军中感到惊恐的人，都在他那里得到安慰，于是"秦人奉之，如望岁者之仰膏雨"，因此，他在当时赢得了极高的声誉。

再次，也许是他的人格与行为的缘故，中唐之初唐代宗李豫把这位差不多四十岁的中年禅师请入长安招圣寺。据碑铭记载，"大历中……（代宗）闻禅师僧腊之高，法门之秀，特降诏命，移居招圣，俾领学者，且为宗师"，显然他已经获得了他的师傅神会梦寐以求的恩宠与地位。可是，最重要的还不是这些，而是下面两句：

> 遂命造观音堂，并缋七祖遗像。

这就是宗密《圆觉经大疏钞》卷三之下中，特意提到的"大历五年，敕赐祖堂额,号真宗般若传法之堂"一事[42]。这一特别恩宠,表明神会荷泽一系终于得到了朝廷的正式承认,尽管确认神会的七祖身份,还要过若干年[43]。

最后,碑铭中还记载,慧坚在贞元初(785?)曾被唐德宗李适召入宫中,不仅回答了皇帝与太子关于"见性"的问题,而且"奉诏与诸长老辩佛法邪正,定南北两宗"。虽然碑铭资料中没有显示这次辩论的直接结果,但无疑对贞元十二年(796)最后"楷定禅门宗旨,搜求传法傍正",立神会为七祖的事件,产生了间接的影响,因为那一次主持定南北两宗的正是这个皇太子[44]。

五、荷泽宗的盛衰

在中唐之初也就是代宗、德宗两朝的四十年间,是北宗渐渐衰微,荷泽步步昌盛的时期,很可能同时的牛头、洪州两系都难以与其争锋,就连远在四川的净众一派,都在悄悄地向它靠近。但是,这种势头很快就戛然而止,在洪州宗迅速崛起,特别是元和年间也就是9世纪初,章敬怀晖、兴善惟宽在长安大弘马祖禅法之后,荷泽系似乎一下子就衰落了,连神会的再传弟子,乘广门下的甄叔

---

[42]《圆觉经大疏钞》(《续藏经》第14册),553页。又,《中华传心地禅门师资承袭图》(《续藏经》第110册)867页中记载是在贞元十二年(796)由皇太子召集禅师楷定禅门时确立神会为第七祖的。

[43] 慧坚碑铭现存西安碑林,撰碑者徐岱乃中唐代宗、德宗时人,《旧唐书》卷一八九有传,碑文原载《佛学研究》第七辑杨曾文校录文,此引自陈尚君辑校《全唐文补编》卷五九,722—724页,北京:中华书局,2005。

[44] 小川隆《神会没后的南北两宗》认为,在安史之乱后的长安,禅宗史是从北宗到洪州宗的转换,但是从禅思想的形成和展开上讨论,在北宗和洪州宗之间,不能无视荷泽一系的存在,如果仅仅从禅宗在京师是否活跃这一点上看,似乎很难到神会一系的人的活动。但是,其实他自己也提到了慧坚的活动,而慧坚其实恰恰就表现了荷泽系在京师的存在。见《宗学研究》第三十三号,东京,1991。

(？—820）都改弦更张，转投了马祖道一。宇井伯寿《禅宗史研究》第五《荷泽宗の盛衰》曾详细地考证了神会一系的几代弟子，他的考证也说明，神会一系的时代与北宗禅大体相仿佛，在9世纪初即进入了衰退期。此后，其第三代、第四代都不曾有出色的人物，841年之后，就只有一个圆绍（811—895）尚存记载。虽然还有圭峰宗密为神会荷泽宗阐扬，但还是比不了北宗禅的血脉绵长，也比不上洪州马祖道一门下如滚油沃火。中国禅宗史从此进入了马祖的时代。

这一变化的原因很复杂，洪州马祖一派对荷泽神会一派的挤压，当然会是一个因素，我在下一章《禅思想史的大变局》中将专设一节来讨论洪州宗与荷泽宗的紧张关系。简单地说，从宗密《禅源诸诠集都序》中"何以南能北秀水火之嫌，荷泽、洪州参商之隙"一语中，就可以看出端倪。但是，洪州宗的挤压和争锋，毕竟还是外在因素，更深一层的内在因素，恐怕不是在宗派之间而是在思想之间。

神会及其弟子争正宗的心思似乎格外重，对"七祖"头衔的争夺也看得过于重，从神会到慧坚，从慧坚到宗密，总在这一问题上纠缠不清，投入了过多的精力。他们对北宗普寂一系尊普寂为七祖，几乎是抵死相争，在朝廷未承认时就自称"七祖"，朝廷承认了就急忙建七祖堂立七祖碑。其原因是什么呢？是他们心目中对七祖之"七"有一种迷信。圭峰宗密在《圆觉经大疏钞》《中华传心地禅门师资承袭图》中，至少四五次提到：

> 今约俗谛，师资相传，顺世之法，有其所表。如国立七庙，七月而葬，丧服七代，福资七祖，经说七佛，持念遍数，

坛场物色，作法方便，礼佛远佛，请僧之限，皆止于七……

古来皆目七祖禅印为心地法门。

从第七代后不局一人……初且局者，顺世规矩。世谛之法，多止于七，经教亦然[45]。

本来，是"七祖"还是"八祖"在本质上并没有差异，关键是这祖师的称号是否能得到朝廷的肯认。在古代中国这种宗教没有世俗权力的社会中，一个宗教门派要想取得正统的地位，在各门派中独领风骚，必须得到皇室的认可。可是，他们偏偏觉得得到皇权承认必须在关键的第七代，这可能并不是神会一家的看法，中唐人沈亚之在《灵光寺僧灵佑塔铭》中就说，当时佛教徒"必祖自佛，派分诸系于七祖，各承其师之传，以为重望"[46]。正因为如此，从神会起，荷泽宗就在"争七祖"方面花了太多的精力。

但是，注意到世俗权力的荷泽宗禅师，却忽略了宗教思想的个性与魅力，在他们争夺"七祖"称号的时候，他们原来与北宗禅针锋相对的、惊世骇俗的新思想，却在逐渐蜕化之中。本来，神会的思想中就有着一定的矛盾，他从旧禅法到新禅法的转换，就不是那么彻底干净，楞伽系思想与般若系思想在他那里就有纠缠不清之处。到了他的弟子辈，这种现象就越发凸显。我们不妨看一个例子，"顿悟""渐悟"是神会划分南、北宗的一道界线，高倡"顿悟"的简截方便法门，不仅是吸引信徒的方法，也是依据《般若》之"空"与道家之"无"，理顺禅思想的捷径，它是神会南宗思想的标志之一。可是，从神会时代这一思想就有些吞吞吐吐，而在慧坚得到唐

---

［45］ 分别见于宗密《中华传心地禅门师资承袭图》，《续藏经》第110册，867页；《圆觉经大疏钞》，《续藏经》第14册，445页，又，第15册，262页。

［46］ 《全唐文》卷七三八，3377页。

代宗的肯认之后,也许是为了消解其他门派的批评,也许是为了表示自家门径的宽广,他更从神会原来的立场上后撤一步。在与北宗及其他宗派的长老"辩佛法邪正,定南北两宗"时,来了一个和稀泥的说法:

> 开示之时,顿受非渐,修行之地,渐净非顿。知法空则法无邪正,悟宗通则宗无南北,孰为分别而假名哉[47]?

也就是说,他现在承认启示的时候虽然是顿悟,但修行过程是一个渐进的过程,那么,神会当年拼死攻击北宗"法门是渐",岂不是有一半落了空?而南、北之分岂不是有大半白费气力?如果一个信徒能在意识中自觉地知法空、悟宗通,即使是奉北宗渐修之旨,也属于禅门正宗,那么,当年又何必南北相争自命"七祖"?似乎神会一系在站稳了脚跟之后,有相当多的弟子都在作这种高瞻远瞩式的姿态,像乘广也曾表示,"机有深浅,法无高下,分二宗者,众生存顿渐之见,说三乘者,如来开方便之门,名自外得,故生分别,道由内证,则无异同"[48]。宗密也曾明确承认"荷泽则必先顿悟,依悟而修"[49]。这种看似公允的说法,固然十分合理与正确,但是,它往往不能产生对人的吸引力,就好像说今天可能下雨也可能不下雨一样,正确虽然不容置疑,但没有人愿意总听这种绝对正确的废话。据宗密说,神会当年之所以采取激烈的态度提倡"无念",是因为"当时渐教大兴,顿宗沉废,务在对治之说,故唯宗无念,不立诸缘"。而现在呢?则应当回到"圆融为一"的立场上来,不应当"执

---

[47] 前引《慧坚碑铭》。
[48] 《文苑英华》卷八六七,刘禹锡《袁州萍乡县杨岐山故广禅师碑》。
[49] 《中华传心地禅门师资承袭图》,《续藏经》第110册,874页。

各一宗，不通余宗"，否则，就会像盲人摸象一样，只知其一不知其二了[50]。

赢得正宗地位后的荷泽宗，它表现的那种宽容包含了在思想上一统禅门的急切欲望，这种欲望在圭峰宗密笔下表现得非常清楚。他的《禅源诸诠集都序》《圆觉经大疏》《中华传心地禅门师资承袭图》中，反复论证荷泽思想的"会通"意味。他曾一一列举北宗、牛头、洪州等派的思想，并分别进行批评，批评的尺度是荷泽宗的观念，批评的归宿是纳入荷泽宗的大口袋。他把荷泽神会的思想说成是"遍离前非，统收俱是"，并解释说，在禅宗各家中，北宗等"滞于染净缘相，失天真本净性德"，洪州宗等则"阙于方便事行，而乃尽于有为"，而荷泽宗是"以寂知为本，而随缘修前方便之行……此乃所（有）其所通，无其所病也"。还解释说，人们不应该用荷泽宗的"后人局见"来看待它，荷泽与其他禅门各宗不同，不是诸家之"一"，而是统摄各家的宗师。它之所以有与诸家辩论的偏激之说，那也是不得已而为之的方便权宜，"如对未识镜体之人，唯云净明是镜，不言青黄是镜"，其实，它说法与各家都可以兼容，都可以涵盖，当然更可以超越[51]。

兼容也罢，涵盖也罢，超越也罢，都意味着它要修正或调整它的原来立场，与原先抵死相争的对手互相靠近，磨去自家思想的棱角与锋芒，用一种无所不包的姿态去握手言和。但是，同时也意味着它要容纳种种矛盾。可是，当人们尤其是深入其中的信仰者在进一步梳理其中理路时，这里的问题就会凸显起来，使人产生怀疑：佛性究竟是实有还是空无？修行究竟是见性之顿悟还是拂尘之渐

---

[50]《圆觉经大疏钞》卷三之下，《续藏经》第 14 册，559 页。
[51]《圆觉经大疏钞》卷三之下，《续藏经》第 14 册，558—559 页。

悟？终极境界究竟是寂知之沉静还是自然之凸显？

请注意，这三个问题之间，是有一种极严密的理路串连起来的。表面上的顿、渐之争背后，其实有相当大的理论歧异，不可能说兼容就兼容，说涵盖就涵盖，更谈不上简单的超越。对于一种人生的理论来说，那种大而无当的思想尽管有不容置疑的合理性与公正性，却不具有任何可行性与可信性。也许，正是因为神会的弟子们逐渐失去了昔日的锋芒与锐气，消解了过去的激烈与个性，所以，也泯灭了他们与旧禅宗的界限，反而不如把思想推到极端的洪州马祖禅，来得痛快淋漓。乘广的弟子甄叔，弃荷泽而转投洪州，不知是否出于这个原因。不管如何，荷泽宗在9世纪初，已经失去了它的思想冲击力，也失去了它的思想吸引力。

第二节　荷泽宗思想理路中的新与旧

南宗与北宗的名称，很容易使人以为派别之差，就意味着思想之异。其实，"顾名思义"有时候并不对，宗教门派之争未必一定产生于思想分歧。虽然南北宗的时代转换，的确有着思想变化的内涵，但是，新与旧的交替却不是一朝一夕的事情。从禅思想史的角度来看，南北宗的思想转换可以认为是传统印度禅到近世中国禅的嬗变：第一，在所依经典上，是《般若》取代了《楞伽》；第二，在佛性理论上，人的本性就是佛性的说法，取代了人的本性中有佛性的说法；第三，在修行实践上，顺随本性一切无碍的做法，取代了恪守本性清除尘垢的做法；第四，在终极理想上，是自然适意的境界取代了清净空寂的境界。但是，这种意义深远的巨大思想转换，是一个相当长的时期才完成的，从惠能到神会的半个世纪，甚至更长的时期，只是一个过渡期而已，真正的大变局要到8世纪初才到来。所以，尽管神会在与北宗的较量中总是使用激烈的词语表示南、北不同，可在实际上，这种不同远不是"南辕北辙"，甚至没有门户不同来得大。

思想史上一个习惯的做法，是以"人"或以"派"的变化来排列时间顺序。这种以"人"或"派"来分章的权宜写法，又常常使人们误解，以为别属另家的一人或一派崛起，就意味着一个思想时代的开始，于是前后的思想世界就顿时判然两途。这种仿佛很干脆的方式固然有其清楚利索的优点，但无奈思想史却仿佛一条河流，前后相续，很难以刀断水。河流在地图上可以用岸边的都市来划分段落，但是，上游、中游、下游之间，实际并不曾有任何突然的变异。思想史中也有着相当重要的、充满了矛盾的过渡环节，这些过渡环节虽然不是刹那间开新立异，但它却是"旧"与"新"逐渐交替的时代，对于思想史研究来说，这种思想的过渡时代似乎更需要清理。

一、依何经典？

中国佛教的分宗开派，往往以经典为表识，如三论，如华严，如法华，这不是随意拉大旗当虎皮，而是实实在在有思想的依傍关系。所以，经名便是宗称，不仅方便而且明晰。胡适把前期禅宗称作"楞伽宗"，就是因为他们所依经典是《楞伽经》。

前期禅宗所依据的经典自然有《楞伽经》，这在传为达摩与慧可的对话中就有说明。《续高僧传》卷一六《齐邺中释僧可传》中记载，"达摩禅师以四卷《楞伽》授（慧）可，曰：我观汉地，唯有此经，仁者依行，自得度世"[52]。这段话现在很难说是真是伪，但其影响非同小可，所以，奉达摩为祖师的禅门一系，都至少在口头上要以《楞伽》为首选经典，而记载传承的史书也要命名为《楞伽人法志》《楞伽师资传》等。

不过，有时候口号与内容也常常乖异。前期禅宗，如果我们不是沿袭传统的灯史的说法，把禅宗看成是达摩到弘忍的一线单传的话，那么可以肯定，早期习禅者其实有一个与当时其他佛教宗派不同的地方，即并不局限于一经。他们修行定位的中心，在于心灵的安定，即传为达摩所说的"安心"，就是以"禅定"来包容实践性的戒行与理论性的慧行。《续高僧传》中"习禅篇"所记载的禅师，有的奉《楞伽》，有的奉《涅槃》，也有的奉《法华》《华严》《阿弥陀经》。这是因为对于以"禅定"为中心的禅师来说，经也罢，论也罢，都是"言说"；理入也罢，行入也罢，都为"安心"。故而在经典研习和引用上，不像有的门派那样，有强烈的排他性和坚定的逻辑性。这在《从传说中的达摩到历史中的弘忍》一节中，我已有些论述，像现存的各种达摩思想资料中，虽然有很多与《楞伽经》可以互相参证，说明达摩的确颇重《楞伽》，但实际上达摩思想资料中还引述或借用了其他经典的不少文句，比如《维摩》《般若》《涅槃》等，当然还有《金刚三昧经》。

如果严格从经典系统来看，这几种经典似乎泾渭分明地不可相混，但在前期禅门这里并无丝毫问题。因为"禅定"原本就是各种佛教流派都需修行的法门，用这一法门统观各种经典，无需在逻辑理路上单线行驶。虽然通观早期禅师的传记资料，我们可以隐约感

---

[52]《续高僧传》卷一六《齐邺中释僧可传》，《大正藏》第50册，551页。

觉到一些不很清晰的差异，似乎南方禅师有一支专重《法华》，如慧胜、法忍、法隐、法充、法憬、智越，以及慧命、慧思、智顗，后来天台一脉即从此而来。而北方禅师，则有的偏重《华严》，如昙迁、法纯、僧达；有的偏重《涅槃》，如僧稠、法常；有的偏重《楞伽》，如达摩、那禅师、满禅师。按照智者大师《妙法莲华经玄义》卷十之上的说法，北地禅师是分"有相大乘"与"无相大乘"两种，有相大乘教依《华严》《璎珞》《大品》，无相大乘教依《楞伽》《思益》》[53]。但实际上当时分别并不严格，门户并不狭窄，家法也没有那么整齐划一。比如，林法师虽与慧可同学，但兼讲《胜鬘》；玄景从和禅师学，而精于《大品》《维摩》；昙迁精研《华严》之外，又擅长《维摩》《楞伽》《地持》《起信》，并习《唯识》；法纯诵《华严》系的《十地经论》外，又学《金刚般若论》《金光明诸法无行》。正如宗密所说，"一切妙用，万德万行，乃至神通光明，皆由定发"[54]。前期禅师并不拘泥于某种经典而可以广泛灵活地牵用各种经典[55]。

　　许多前辈学者也都看到，就是达摩一支，也并不是死守《楞伽》一经，他们在几代传承中，早已牵用了《涅槃》《般若》甚至《阿弥陀》《无量寿》等，越到后来这种兼采众经的色彩越浓。像神秀这样恪守传统的禅师，其实也在《楞伽》之外，兼用《思益》《文殊说般若经》，这使得禅门教说早已是杂糅众家。

───────

[53] 智者大师《妙法莲华经玄义》卷十之上，《大正藏》第33册，801页。
[54] 《禅源诸诠集都序》卷上之一，《大正藏》第48册，399页。
[55] 宇井伯寿《禅宗史研究》第一《达摩と慧可及び其诸弟子》曾指出这一点，他说，《楞伽经》的要领是所谓"五法三性八识二无我"，但是说法颇为杂乱，"五三八二"本来是唯识学说，在此经中却与如来藏说相混，但是达摩、慧可及其后学并不拘泥于《楞伽》的"五三八二"顶谈，主要突出了诸佛心第一、三界唯心、诸佛不说一字、亲证方为如来禅等说法。

专奉一经的说法并不可靠。所谓"专用一经"倒有可能是为了树一面占山为王的旗帜，神会奉《金刚经》大约就是如此。当然，神会已经不怎么直接引用《楞伽经》了，但在现存神会资料中，除了叙述他自己的祖系世代时，总不忘提上一笔"依《金刚经》"；除了为竖旗开派专门讲一节《金刚经》之外，神会在论述禅思想时并没有真的恪守《金刚经》而不越雷池。在《神会语录》直接涉及经典的近二十条中，《法华》三条、《涅槃》五条、《般若》五条、《维摩》二条、《华严》一条，涉及《金刚经》的主要是三条。其中，第一条是神会与众人说道，"若欲得了达甚深法界"，应当"直入一行三昧"，而要入一行三昧，就要先"诵持《金刚般若波罗蜜经》"；第二条是答苗晋卿问"若为修道得解脱"时，神会说应当依《金刚经》"无所住而生其心"一语，得无住心即得解脱；第三条是乾光法师问到《金刚经》说人持诵此经，若受人轻贱，反可使人先世罪业消灭一段，神会为其解释大意，用因果对消的说法证明其意义。

其实，这三段涉及《金刚经》的语录，都未必是《金刚经》最根本的要义。第一段虽然把诵持《金刚经》说成"修学般若波罗蜜"的前提，但这里《金刚经》也只不过是念诵的课本，其落脚处却是《文殊说般若经》的"一行三昧"，这是前期各系禅师共同的修行法门。比如《楞伽师资记》里说道信除坚持依《楞伽》强调"心"之外，"又依《文殊说般若经》一行三昧"[56]；《摩诃止观》卷一之上智𫖮也说，南岳慧思即天台一系也行"常坐常行半坐半行非坐非行"的"一行三昧"[57]；神会激烈批评的北宗魁首神秀，在武则天问"依何典诰"时，也回答"依《文殊说般若经》一行三昧"。显

---

[56]《楞伽师资记》，《大正藏》第85册，1286页。
[57]《摩诃止观》卷一之上，《大正藏》第46册，11页。

然这不是《金刚经》的特别之处，更不能显示神会一系向《金刚经》转化的思想轨迹。第二段虽然凸显了《金刚经》所谓"应无所住而生其心"的思想，但他最终又加上一句"但得无住心，即得解脱"，反而破坏了《金刚经》的理路，因为《金刚经》是说"空"的经典，而无住心尽管"无住"，依然是"有"，执着于"无住"，依然是"有住"，更何况神会在后面再一次画蛇添足，"无住体上，自有本智，以本智能知，常令本智，而生其心"，把"无住"安在了"本智"基础上。于是，那种空灵的体验，就很容易变成实在的理念，不粘不着的"无相"，就很容易滑向有执有着的"有相"，与《金刚》理路似乎相悖。第三段中神会对诵持《金刚经》的感应做的解释似似是而非，与《金刚经》的思想无关，更不能说明神会思想的主要依据是《金刚经》。他在叙述祖系时反复强调，达摩到惠能都依《金刚》，大约只是一种颇工心计的政治策略。为什么？因为开元二十二年（734），唐玄宗亲自注释《金刚经》，把这部短短的经典与儒家的《孝经》、道家的《道德经》相提并论，称"不坏之法，真常之性，实在此经"[58]。

这不能说神会对《金刚经》的理解不深，敬意不诚。可能神会实在有不得已。特别是在禅思想史的理路上，他正处在一个转换环节，前期禅思想的惯性传递，与后期禅思想的生发崛起，正好冲撞在他这个时代，他不能不前瞻，所以要从时尚引入新说，他也不能不后顾，于是要从传统接续旧说。先前为了与北宗禅争夺正宗，他不能不打出新旗帜，引进别一种经典，正像宗密《圆觉经大疏钞》卷三之下所说，"当时渐教大兴，顿宗沉废，务在对治之说"；后来

---

[58]《全唐文》卷三十七《答张九龄贺御注金刚经批》，173页；参看《御注金刚般若经序》，载《房山云居寺石经》，北京：文物出版社，1978。

为与南宗同门划清界限,他的弟子不能不自清门户,挂出老字号招牌,正像宗密《中华传心地禅门师资承袭图》所说的"荷泽宗者,全是曹溪之法,无别教旨,为对洪州傍出,故复标其宗号"。

所以,他们引经据典,往往有权宜方便之处,一十八般武器,三十六套招数,多是兵来将挡水来土掩,故而神会一系依何经典,似乎不能从他的口号上看,倒应该从他的思想中来分析。

二、"知之一字,众妙之门"

在神会的禅辞典中,"知"似乎是一个引人注目的语词,宗密《禅源诸诠集都序》卷下之一记载:"今时学禅人多疑云:达摩但说'心',荷泽何以说'知'。"[59]可见,这个"知"字与前期禅思想的"心"字一样,在神会禅思想中占据了中心位置,故而引起禅门疑窦丛生、议论纷纷。而这一个"知"字,也成了荷泽一系与其他宗系分别的标志,故而《宗镜录》卷二在简述各家时,也用这一字眼称"天台专勤三观,江西举体全真,马祖即佛是心,荷泽直指知见"[60]。其实,这个"知"字与达摩以来的"心"字是一非二,都是代指禅师所寻觅的那个"佛性"。我想,神会之所以用"知"字,大约是为了与"般若智"相应。在回答礼部侍郎苏晋之问时,他曾说:

> 本空寂体上,自有般若智能知,不假缘起[61]。

在答润州司马王幼琳问时,他又说:

> 般若波罗蜜体自有智,照见不可得体,湛然常寂,而有恒

---

[59] 宗密《禅源诸诠集都序》卷下之一,《大正藏》第 48 册,406 页。
[60] 《宗镜录》卷二,《大正藏》第 48 册,427 页。
[61] 《南阳和尚问答杂征义》,《神会和尚禅话录》,67 页。

沙之用"[62]。

在他的话中，仿佛"知"是清净无垢又灵明不昧的智慧。在答庐山简法师问那一段话里，他用佛教最常见的"明镜"喻做了一个说明，他认为"明镜高台，能照万像，万像即悉现其中"这个古德一直以为高妙的比喻，其实并不精彩。为什么呢？他没有直接说，只是自说自话地另说了一套：如果明镜"能鉴万像，万像不现其中，此将为妙"。这里他才说了原因，"如来以无分别智，能分别一切。岂有分别之心，而能分别一切"[63]。就是说，这个能了知一切而又不存住一切，能分别一切而又无分别之心的明镜，才是荷泽之"知"。

"知"在佛教中本来曾是"心"的一种说法，支谦译《大明度经》卷三中说，旷大心是"知"，无边幅心是"知"，虚空不可计如是"心知"。但是，这个"知"既是纯粹清净的心灵，又是包含欲念的心灵，所以既说"乱心即知""疾心即知"，又说"本经不疾不乱即知"[64]。不过，当神会用这个"知"字时，他的意思是"知"既是超越染、净两端的"众生本性"，也是直追灵明本原的"本觉之智"[65]。他说："本空寂体上，自有般若智能知，不假缘起"[66]，他一则说"众生本有无师智、自然智。众生承自然智得成于佛，佛将此法展转教化众生，得成等正觉"[67]；再则说"般若波罗蜜体自有智，照见不可得体，湛然常寂，而有恒沙之用"[68]；三则说"众生有无师智自

---

[62]《南阳和尚问答杂征义》，《神会和尚禅话录》，84页。
[63]《南阳和尚问答杂征义》，《神会和尚禅话录》，88页。
[64]《大明度经》卷三，《大正藏》第8册，491页。
[65]《南阳和尚问答杂征义》，《神会和尚禅话录》，90页。
[66]《南阳和尚问答杂征义》，《神会和尚禅话录》，67页。
[67]《南阳和尚问答杂征义》，《神会和尚禅话录》，95页。
[68]《南阳和尚问答杂征义》，《神会和尚禅话录》，84页。

然智，此是自然义"[69]；四则说"众生承自然智，任运修习，谓寂灭法，得成于佛"[70]。显然，在神会这里，"知"其实既是人与生俱来的自然的内在本性，也是人生而有之的体验和反思能力。换句话说，"知"是"智慧"，既是发慧生智的来源，又是反身洞察的感悟，这既是人的自然本性，又是每一个人成佛的可能所在。宗密解释得很清楚，也就是心如铜镜，铜之质是自性体，铜之明是自性用，而镜中之影像乃是随缘之用。

到此为止，神会思想似乎开始越出传统笼罩。他特意拈出的这个"知"字，作为人的精神本原与反思基础，与《楞伽》所谓"如来藏"是善不善因、《起信》所谓"一心开真如生灭二门"、达摩所谓"含生同一真性"，并无多大差异。他的"知"说来说去还是那面能鉴万象，而万象不现其中的镜子，就是他所说的众生与佛没有差别的心灵。虽然如此，不同的是，他在内心自性与外在现象之间，加上了一个"知"，这个"知"字成了自然替人阻隔心体与外在尘缘的门户，使得心体有了绝对清净的境界，不再受种种尘埃的污染。这让我们想到惠能的那句偈语："佛性常清净，何处有尘埃。"有的学者说得很好："此心之'知'运用于内返照自身时，它是般若之智，此心之'知'运用于外去分别世间事物时，它又是妄念烦恼的总根源。而所谓清净涅槃境界，则不过是此心之'知'，在未加运用时的空寂状态"[71]。

这个人人心中皆备而个个实则难有的本原之"知"，的确如"众妙之门"一样玄而又玄。用神会的形容词来说，它的特点就是"空

---

[69]《南阳和尚问答杂征义》，《神会和尚禅录》，91页。
[70]《南阳和尚问答杂征义》，《神会和尚禅录》，98页。
[71] 乐九波《论神会的佛学思想》，载《世界宗教研究》（北京）1988年第三期。

寂"。宗密《圆觉经大疏钞》卷三之下称荷泽宗为"寂知指体"是很不错的。神会所谓"本空寂体上，自有般若智能知，不假缘起"，就是说，这个灵明本原既是寂然不动、寥然空廓的一片浑沌，又是无所不觉、洞察一切的一面明镜，与外在现象界既相关联又无牵惹。白居易为荷泽弟子神照写塔铭时说，"其教之大旨，以如然不动为体，以妙然不空为用"，其实就是这个意思[72]。宗密在《圆觉经略疏抄》卷四中说得很清楚：

> 知即心体，了别则非真如，故非识所识，瞥起亦非真知，心体离念无念，非有念可离可无，故云：性本清净，众生等有，惑翳不知，故佛开示，皆令悟入。诸菩萨以即体之用，故问之以知，文殊以即用之体，故答之以性净。知之一字，众妙之门，若虚己而会，便契佛境。

宗密这段话的意思是：第一，"知"本是处于无分别境界的空寂之心，这个空寂之心没有受到理念与欲望的熏染，"空寂之知，无念无形"，是人的一切意念的本原，但又与理念与欲望无关，它是一个永恒的纯粹的"空"。尽管它常常为种种阴云所翳蔽，为种种意念所惑乱，但它本身却不曾垢染。所以，他在《中华传心地禅门师资承袭图》用明珠喻心时说，荷泽一宗是"认得明珠是能现之体，永无变异"。第二，"知"与"清净之性"是一非二，只是"性"是指其体，"知"是说其用，人的清净之"性"是静伏蛰处的"知"，人的广大寥廓之"知"是洞察秋毫之"性"，一体一用乃是"知"的全体。所以《中华传心地禅门师资承袭图》中又说，"荷泽直云心体

---

[72] 《唐东都奉国寺禅德大师照公塔铭并序》，《白居易集》卷七十一，1499—1500页，顾学颉校点本，北京：中华书局，1979。

能知,知即是心"。第三,这个"知"虽然人人本有,与佛无异,但又必须用心体验,只有在意识的空寂状态中,才能虚室生白,趋近佛境,这当然就说到禅门的本色当行了,而神会的法门是"无念"。

从上引"诸菩萨以即体之用,故问之以知,文殊以即用之体,故答之以性净"一语中,我们知道,神会是熟悉并信奉《文殊师利所说摩诃般若波罗蜜经》的。这部经典的"无相""一行三昧"都是禅宗的重要法门。神秀也好、惠能也好,南、北两宗都屡引其说,其经卷下有一段关于"知"的话,则很可能就是神会说"知"的依据与来源。这段话说:"无知无著,是佛所知,不可思议。无知无著,即佛所知,何以故?知体本性,无所有相。……不取生灭,及诸起作,亦不断不常,如是知者,是名正智。"[73]看上去,神会说"知"正是取般若系经典的这一思想,但作为一个实践性的宗教流派,他又必须回答一个问题,即这个绝对纯粹圣洁的"知",是如何抵抗世俗之念的?既然它永无变异,那么是否修行者可以不必苦修苦行,只要回到它那里去,或死守住它就可以解脱?如果苦修苦行可以从世俗之心回归到清净之心,那么这个"知"与"不知"岂不是对立?又如何成为"众妙之门"?

所以说,染、净二分,在理论上也许不甚玄妙深邃,但却易行明白。而在染、净之上叠床架屋,设一"知"字并过分强说,反而难解难行。那么,神会是如何解决这一难题的呢,他是否能解决这一难题呢?

我们先不必急于回答,且让我们再接下去看他的"立无念为宗"。

---

[73] 《文殊师利所说摩诃般若波罗蜜经》,《大正藏》第8册,730页。

三、立无念为宗

按照圭峰宗密充满后见之明的说法，神会思想和北宗禅是很不同的，神会认定一个更超越更纯粹更圣洁的心灵，即所谓"认得明珠是能现之体，永无变异"；而北宗禅则把超越心灵与世俗人性混为一谈，认为这清净心灵有可能被五阴重云遮蔽，于是只能"离黑觅珠"。其实依我看来，这两者的思路大同小异，都还是"清净禅"的路数，都是在追寻一个绝对纯明的、完全内在的心灵境界。

最能说明这一点的，就是许多前辈学者都曾拈出的"立无念为宗"。神会在答嗣道王问"无念法是凡夫修还是圣人修"时说：

> 无念（法）者是圣人法，凡夫若修无念（法）者，即非凡夫也[74]。

那么，"无念"究竟是一种什么样的状态呢？他在《荷泽和尚与拓拔开府书》中说得很简要：

> 不作意即是无念[75]。

而"不作意"又是一种什么样的境界呢？他在答张说的话里，也讲得十分简要：

> 无念法不言有，不言无[76]。

这就是他在另一处所说的"不念有无，不念善恶，不念有边际无边际，不念有限量（无限量），不念菩提，不以菩提为念，不念涅槃，不以涅槃为念，是为无念。是（无念）者，即是般若波罗蜜。般若

---

[74]《南阳和尚问答杂征义》，《神会和尚禅话录》，79页。
[75]《南阳和尚问答杂征义》，《神会和尚禅话录》，119页。
[76]《南阳和尚问答杂征义》，《神会和尚禅话录》，68页。

波罗蜜者,即是一行三昧"。前一句简单得仿佛拍电报的话,和后一段啰唆得近乎绕口令的话,说来说去是一个意思,就是使心灵处于一种无思无虑无善无恶的空寂境界。所以,他又说"无念者,无一切境界。如有一切境界,即与无念不相应"[77]。

毫无疑问,神会在从《楞伽》向《般若》转轨之中,比他的前辈神秀要走得远。他反复强调一种无目的性、无功利性的修行方式。修学空,但不以空为证,修学无作,不以无作为证,因为"修空住空,即被空缚。若修定住定,即被定缚。若修静住静,被静缚。若修寂住寂,被寂缚"[78]。在任何时候,人只要有一念执着,那就不可能达到自由境界。用神会的说法就是,一有用心,就是作意,一有作意,就是有得,一有所得,就有系缚。他追问道,如果这样,"何由可得解脱?"显然,在他的思想中,有一种近乎空无的意识状态,才是他的追求与指向,而这一状态是不可言说不可思议的,他把这一状态看成是"空寂"。宗密《圆觉经大疏钞》卷十二之下有一句话极重要,但历来很少有人注意。宗密说,"静虑是禅,唯静是定,涅槃者,文云:生灭灭已,寂灭为乐。故荷泽云:空寂是心,不云空静也"。依我的理解,"空寂"与"空静"之间,就有荷泽神会与北宗神秀的差异,空寂是一切泯灭无迹无差别相的境界,空静是外缘尘埃扫尽唯存灵明的状态。

但神会这种思想,似乎仍然未达"空"字要义。般若思想在于使人不执,仿佛不断过河拆桥,一块块地抽去你脚下的垫脚石,将你逼入无可凭依的绝境,然后大悟一切均无自性。但是,神会却在遥遥可望处,又为自己留了一个最后的空寂境界。虽然他也知道,

---

[77] 《南阳和尚问答杂征义》,《神会和尚禅话录》,73页。

[78] 《南阳和尚问答杂征义》,《神会和尚禅话录》,72页。

有境界即与无念不相应,但他无可奈何地仍需要一个终极实在的安身之地,为他的"知"留一田地。当神会用"空寂"来安顿他的"知"的时候,他又不由自主地落入了"有",被神会从前门赶出去的那些"空""定""净""寂",便又从后门悄悄地回到了神会的屁股下面,使他不得不坐下来,否则他将无地安身。

我们读《楞伽经》可以知道,楞伽思想的核心,是"三界唯是心"[79]。按《楞伽经》的解释,"心遍一切处,一切处皆心",而如来藏就"在于一切众生心中"。这如来藏是自性清净、具三十二相,一切人得以解脱成佛的根本。但是,这个如来藏却因为"贪嗔痴不实垢染阴界入衣所缠裹",就像一件无价之宝被污垢所包裹一样,不能放出宝光。所以,人应当时时刻刻反省警惕,以禅定来清除污垢,回归清净的本性。这就是《入楞伽经》卷三《集一切佛法品二之三》所说的"独处闲静,观察自觉,不由他悟,离分别见,上上升进,入如来地"的修行方法,也是从达摩以来直到北宗禅神秀一直奉行的禅家正宗法门。它所追寻的是那个清净闲静的心灵世界,那个心灵世界就是他们的出发点和落脚处[80]。但是,《般若经》的理论中心却是"一切皆空",这个"空"是瓦解一切的,就连这个"心"也不例外,它并不认为有什么清净之心可以作为人生的依凭。神会熟悉的《文殊师利所说摩诃般若波罗蜜经》卷上就说,在修般若波罗密时,"不见法是应住是不应住,亦不见境界可取舍相……乃至不

---

[79] 关于这一点,参看渥德尔《印度佛教史》,王世安译,401页,北京:商务印书馆,1987。他不仅指出《楞伽经》的唯心性质,还提到了它的内容中有与中观派调和之处,这对于我们理解禅宗从楞伽向般若转化,有一定的启发。

[80] 此处引用的《入楞伽经》以及下面所引的《楞伽阿跋多罗宝经》,均见于《大正藏》第16册,不一一注明。

见诸佛境界,况取声闻缘觉凡夫境界"[81]。般若系经典特别警惕的,就是有所"着"即执着,因而它经常不用"是什么"来表述它所追求的终极境界,而是用"不是什么"来暗示。它也不对一种事物、一种态度、或一种行为表示否定或肯定,因为任何否定或肯定都意味着另一种肯定或否定。像《放光般若经》卷二《五神通品第五》中的"不疑不犯不瞋不忍不进不怠不定不乱……"就是人们熟悉的例子;而卷四《问摩诃衍品第十九》中,佛所说的"令不入于诸法而观诸法之性而无所倚,是为菩萨摩诃萨般若波罗蜜",这里所说的"无所倚"自应包括人心在内。所以,若依般若思想修行,就容易走向自然主义,因为即使是清净之心,也并非真实,唯一的实在只是空幻假象,那么,又何必执着于同是无自性的清净之心?

　　神会显然是在般若经典上用过功夫的。我们看他在回答无行问"色不异空,空不异色"的疑问时,对义学僧"析物以明空"的尖锐批评,就可以知道这一点。但是,他并没有在申说"一切皆空"的时候,摆脱与"三界唯心"的纠葛。他也是极力向《金刚经》的"无住"靠近的,但在讨论心性本原尤其是"知"的时候,无意中又回到了《楞伽》的立场。四卷本《楞伽阿跋多罗宝经》卷二所谓禅定离妄入如来地的"自觉圣智相"、卷四所谓"正智如如者,不可坏故,名成自性",倒是与他所说的"知"十分相似。神会以"无念"去追寻一颗空明之心的时候,仿佛忘记了《金刚经》里所说的"是实相者,即是非相","诸心皆为非心,是名为心"。于是,上引"不念有无,不念善恶……"那一段出自般若经典的话,就在他"立无

---

[81]《大正藏》第 8 册,727 页,此处引用的各种般若系经典,均见于《大正藏》第 8 册,不一一注明。

念为宗"这一句中,一下子失去了意义。既然要"立",那么就有所"执着";既然要"无念",那么就要远远地避开"有念";既然要以无念为"宗",那么就要苦苦地追寻死死地固守,追寻一颗无思无虑的心灵,固守一个无善无恶的本性。所以他说,"若以众生心净,自然有大智慧光,照无余世界",毕竟"心净"是自然智的前提。为了心净,他还是得要求人们修炼。蒋山义法师问他,既然众生皆有真性,为何有人能见,有人不能见?他说:

> 众生虽有真如之性,亦如大摩尼之宝,虽含光性,若无人磨治,终不明净。差别之相亦复如是。一切众生,不遇菩萨、善知识教令发心,终不能见。差别之相,亦复如是[82]。

这与前期禅师如慧可《答向居士诗》中"本迷摩尼谓瓦砾,豁然自觉是真珠"的说法又有多少不同?罗浮山怀迪禅师问他,既然一切众生本来自性清净,为什么他们不能出离三界?他说:

> 为不觉自体本来空寂,即随妄念而结业,受生造恶之徒,盖不可说[83]。

那么,这与《楞伽》所说的"如无价宝,垢衣所缠",又有什么差别?若按《般若》的说法,五阴是空,空是五阴,其实亦不生亦不灭,所以不必着不必断,"以无所见,故无所入"[84],又何必如此怒气冲冲地作出一副教师爷的架势让人磨治心镜?这倒又让我们想起了神秀那首被惠能批评的偈语:"时时勤拂拭,莫使惹尘埃。"虽然神

---

[82]《南阳和尚问答杂征义》,《神会和尚禅话录》,83页。
[83]《南阳和尚问答杂征义》,《神会和尚禅话录》,84页。
[84]《放光般若经》卷一《无见品第二》,《大正藏》第八卷,4页。

秀是教人"时时"修行,而神会似乎是叫人"刹那"悟本[85],其实在佛性论上、在修行方式上、终极境界上,他们还是五十步与百步之别。一个说的是实践修行的过程,一个说的是意念转换的关头,其实本是一个修行理路上的两个环节。

四、顿、渐之间

历来研究者都把"顿悟"当作惠能、神会一系的标志性口号。胡适《荷泽大师神会传》曾专立一节《顿悟的教义》说,"神会的教义的主要点是顿悟"。又指出,顿悟说是佛教史的一大关节,"顿悟之说一出,则一切仪式礼拜忏悔念经念佛寺观佛像僧侣戒律都成了可废之物了",他把神会这一顿悟说,与马丁·路德的"良知"即"因信起义"说相提并论,马丁·路德的思想使"罗马天主教便坍塌了半个欧洲"。言下之意是神会的顿宗风靡,那么,旧佛教也要失去中国的半壁江山[86]。

但是,有时候人们会把口号当作思想的旗帜,而忽略了它常常是一种宣传。也有时候人们会把口号的倾向当作思想的倾向,而忘记了思想比口号复杂得多。神会是主张"顿悟",但并非神会一家能垄断"顿悟的教义",其实,他的对头北宗也不反对"顿悟"。神会是高倡"顿悟",但他的顿悟并不像后人所想象的那样,是修行的总法门,而只是智慧之"知"访问真如本性时"不立阶级"的迅捷无间。神会是标榜"顿悟",但在理路上他并不能使顿悟的教义从佛性论到

---

[85] 其实,神会所代表的北宗禅,也并不是抱残守缺,死守《楞伽》的,神秀不仅奉《文殊说般若经》之一行三昧,而且兼采《楞伽》和《思益》,而《思益》与般若相近,参见前一章《北宗禅再认识》。

[86] 《荷泽大师神会传》,载《神会和尚遗集》卷首,37、39页。

境界论一气通贯，于是，不得不时时又回转到"渐修"中来。这使他与北宗禅始终藕断丝连拉不开距离，这种思想上的纠葛，就使他的"顿悟的教义"一小半是思想，而一大半是口号，在这面似乎十分鲜亮的旗帜背后，仿佛掩藏着更多的是一种拥立师门的意图，而不是一种捍卫师说的意思。

神会在与北宗争胜中特别强调"顿悟"。如在答崇远法师时，专门攻击"凝心入定，住心看净，起心外照，摄心内证"这一普寂、降魔藏的渐修法门是"障菩提"。的的确确，他也一直在凸显自己的"顿悟论"，即独孤沛集并序的《菩提达摩南宗定是非论》上那句偈语所说的"唯传顿教法，出世破邪宗"[87]。不过，"顿悟"在佛教思想中是属于修行的一种说法，问题是，这种说法必须与心性构成的理论、成佛境界的理论相贯通。例如，唯识学说以阿赖耶识、末那识等"八识"来阐明心性构成，那么，它就必须以分析方式使人理解意识与感觉的构成层次，从而达到理智的"转识成智"，获得智慧，这是一个可以自我完足的理论与实践体系。又例如，北宗禅承继传统禅说，以心性本净，有五阴垢染而蔽，所以要时时拂拭，最终达成心灵清净，这也是一个可以自我完足的理论与实践体系。但是，相当多的学者都不曾再进一步往下看看这"顿悟"的内涵，也就是说在神会思想中，"顿悟"究竟是什么？它在神会的思想系统中，是否已经形成了与心性理论、终极境界相贯通的完整理路？如果没有形成，那么这"顿悟"是否能开出真正禅门的实践方式？

神会的"顿悟"说也是建立在"心性本净"的基础上的，这一

---

[87]《菩提达摩南宗定是非论》，《神会和尚禅话录》，29、17页。

点与传统禅思想并没有任何差别。在他看来，如果心灵真的能够达到"无念"，也就是达到了佛陀境界，这一点与传统禅思想也没有任何差别。但是，由于他特意拈出了一个"知"字，认为人有天生的一种返本复初、回归初心的本来智慧，而且这种智慧就是人所要达到的佛陀境界，这就与传统的说法有了不同。这是神会"顿悟"说的立足处，按神会的说法，正是因为人本来就有这种"知"，所以不必用种种凝心、住心、起心、摄心的方法，给它叠床架屋、画蛇添足，只要一返本知，就是解脱，就可以得到如"布衣顿登九五"似的"不思议"效果。这就是他回答康智圆时所说的"心不生即无念，智不生即无知，慧不生即无见，通达此理者，是即解脱"。在神会与志德法师的对话中，他一一列举了九种"顿悟"：

> 自心从本已来空寂者，是顿悟。即心无所得者，为顿悟。即心是道为顿悟。即心无所住为顿悟。存法悟心，心无所得，是顿悟。知一切法是一切法为顿悟。闻说空不著空，即不取不空，是顿悟。闻说我不著（我），即不取无我，是顿悟。不舍生死而入涅，是顿悟[88]。

显而易见，这里九种"顿悟"都是从般若一系思想中引申出来的，自心本空，一切皆空。所以无得无住，不必执着空我涅槃。正因为如此，传统所谓禅定之"定"，也只是意念之间的空有转换，这一悟入，即已达"知"，也就是智慧境界佛陀境界。所以，他继承惠能的说法，叫"定慧等"："念不起，空无所有，即名正定。以能见念不起，空无所有，即名正慧。若得如是，即定之时，名为慧体；即慧之时，即是定用。"换句话说，定即无念，无念即定，无念即慧，慧

---

[88]《南阳和尚问答杂征义》，《神会和尚禅话录》，80页。

即无念,关键的语词还是"无念"。它既是修行手段,又是终极境界,这一点神会比北宗禅走得要远。

但是,神会虽然口口声声奉持《金刚经》,但正如我在前面所说,他在最后一处却恰恰不能吻合《金刚经》等般若系的宗旨。般若思想的最后一个要紧处是"空亦是空",也就是瓦解人所凭依的最后一个落脚处,到这种无所归依的境界时,便是"色不异空,空不异色,空即是色,色即是空"的浑然一片。所以,《金刚经》才倡"无住"。神会虽然理智上也明白这一道理,但常常不能将这一理路,从终极理论贯穿于具体实践,因为这一理路的最终落脚处,恰恰是最没有落脚处的"顺其自然"。可是,由于神会"立无念为宗",追索一种空寂之心性境界,而这种境界的追索,恰恰也是一种"执着"。于是,"空"即"不空",倒正好落入他所讥讽的"修空被空缚"。他曾批评澄禅师"因定发慧见性"的说法,极尖锐地问道:"修定之时,岂不要须作意否?"[89]一下子就把澄禅师逼上难堪境地,因为"作意"即不能至绝无纤尘之空明,那么,我们也可以追问神会,"立无念之时,岂不要须作意否?"这也许同样会使神会感到难以回答,因为立无念之"立"字就是"作意",也是使心中有了固执的"念头",这是其一。

其二,神会虽然也曾接近了"以不修为修"的随处解脱,但这一"顿悟"学说却在最后关头刹车,又悄悄转回了渐修一路。按照神会的思路,顿悟的原动力是人的"知",但是神会并没有说明这种"知"是如何自行回归清净本性的,也没有说明人的世俗意念是如何从这种本来之"知"里逃逸出来,造成人在"迷"中沉溺的。换句

---

[89] 《南阳和尚问答杂征义》,《神会和尚禅话录》,79、71页。

话说,你怎么使人的"知"只是向内访问清净心灵,而不向外窥探世俗欲念?这里仅仅一个"无念"是解决不了问题的。如果不能说明这一点,那么"顿悟"又如何悟起?如果"顿悟"的原动力来自"无念",那么,人怎么样才能无念?是对佛性清净的仰慕,还是对世俗生活的厌恶?是出于对永恒精神的向往,还是出于对人生意义的思索?对"无念"的清净境界的寻求,是信仰者原本就有的精神动力吗?如果他们并不是"生而知之"的圣人,那么,怎么能使他们的灵明之"知",一下子就闪现在他们心中呢?所以,神会无可奈何地承认,人有"中下根人"与"上根人"的差异,而且无可奈何地承认人"迷悟有殊","人有利钝故,即有顿渐"。这就等于承认"北宗渐修"是为大多数众生,因为众生还必须遇到"真正善知识指示",就像炼矿成金一样需要"烹炼"。于是,他在答蒋山义法师问"众生为何有见佛性不见佛性"差异时,就只好转回"渐修"一路,说"众生虽有真如之性……若无人磨治,终不明净"[90]。

其三,就是"上根之人",是不是能"一念而至佛地"呢?我们知道,观念层面的理路与实践层面的道路是不一样的。从理论上说,神会所说人天然具有的"知",如果真的存在,人当然可以凭借自身的"知",一下子进入"无念"境地。但是,这种"知"只是理论上的设想,而不是生活中的实在,一个人的"知"仿佛一扇门,它可以关上,隔开世俗欲念与清净心灵,但也可以打开,沟通五阴重云与空无本性。神会只说这一"知"字,是防护心灵的"众妙之门",但他怎么保证这扇门只关不开?用神会曾说过的"明镜"为例,他说"终不对像,镜中终不现像",这当然可以,但"知"难道就是

---

[90] 《南阳和尚问答杂征义》,《神会和尚禅话录》,83页。

镜子上的罩布，使它永不对世俗之"像"？如果对"像"，那么，这个"知"又怎么能使心镜不遭外界尘埃污染？神秀是把这块罩布当作抹布来使用的，那么，神会又是怎么使用的？按他的说法，这块东西不是罩布，而是镜面，它是铜体的"用"。但这镜面上的灰尘用什么来擦，这镜面时久模糊又怎么来磨？如果"知"中依然包含了知善、知恶两种可能，那么它又如何称得上是澄明的"般若之智"？

说某某是体、某某是用，其实很容易，在理路上也很方便贯通，但落实到实践上就不那么简单。宋代天台僧人知礼《十不二门指要抄》卷下就曾批评"藉知曰修"说："尚将一念因心阴识，直作真知解之"，并追问道："今问此之'知'字，为解为行？"他说，宗密所说（即神会所奉）的"灵知"，"既非即阴而示，又无修发之相"，既不能代替智慧妙解佛理，以期"理入"，又不能代替禅定摒除思虑，从而"行入"，显然只是一种纯粹理论上的玄想[91]。以神会答神足师的一段话为例，他说，"我心本空寂，不觉妄念起。若觉妄念者，觉妄自俱灭，此即识心者也"[92]。《圆觉经略疏抄》卷十一曾说，这"妄起即觉，妄灭觉灭"是荷泽大师教人的一句话头。但是，这种觉知真的这样灵验？而由知生觉的缘由又是什么？而心中既然觉察妄念生起，那么，此心又如何归于空寂？妄念生起后，是否一经觉知，就能"妄灭觉灭"，心灵重新归于平静？显而易见，这里的"知"之用，似乎还需重加界说。如果说，神会一系像后来的马祖一系那样，承认"人性即佛性"倒也罢了，因为如果是这样，人性中的善不善因，都是自然，觉知中的净不净感，也都是合理，体（心）与用（知）也不存在矛盾。然而，偏偏神会一系与北宗禅一样，特别讲究"清

---

[91] 知礼《十不二门指要钞》卷下，《大正藏》第46册，713页。
[92] 《南阳和尚问答杂征义》，《神会和尚禅话录》，72页。

净",他所说的"以无念为宗",其实,仍旧使他走上了染、净二元的老路。

其实,从人的实际生活来看,大千世界灯红酒绿,滚滚俗尘挟天裹地,人要生存就有欲念,人若处世必有思索,作为终极境界的清净心性,固然是渴望精神永恒的修行者之追求,但它可能永远是悬在近处却永难达到的邈远境界。神会给信仰者提供了这个终极境界,这当然极是,但他所给出的通向终极境界的"顿悟"之路却并不那么可行。为什么?因为"顿悟"仿佛给人一闪而过地看到了这个境界,但这个境界一闪而过,却使人又回到世俗浊地,所以"顿悟"之后,神会无可奈何地依然要"渐修"。就是他在面对崇远法师,针对北宗禅法大加抨击时,也只好承认"顿悟渐修"。在实际修行之中,他更无法用这种经验所无的"顿",来取代实践所有的"渐","譬如其母,顿生其子,与乳渐养育,其子智慧,自然增长。顿悟见佛性者,亦复如是,智慧自然渐渐增长"[93]。那么,我们也可以追问:其母生子,岂不是也要十月怀胎,才能一朝分娩吗?人之"顿悟",难道不要从道理上明白染、净之分,从心理上积蓄悟入之意,从意识中去除世俗之念吗?显然,只要你还坚持最后的境界是绝对超越和清净的,即使对"上根之人"来说,顿悟也只是在理论上的设想,而不是实践上的行路。

上述几方面的一个中心症结,就是神会依然没有放弃从前期禅思想以来一直奉为圭臬的"染""净"之分。"无念为宗"正是寻找一个"净",也就是清净心灵境界。佛教自诞生以来就在这"清净"上纠缠,早期经典《经集》中说,比丘"独自静坐,凝虑深思,控

---

[93] 《菩提达摩南宗定是非论》,《神会和尚禅话录》,30页。

制自我，不让思想外逃"，说如来"凝思静虑，越过水流，洞悉正法，灭寂烦恼"[94]，其实就是让人"无念"。它与瑜伽的八支实修法结合，就构成了后世禅思想和禅实践的基本核心，也形成了后世习禅者的共同原则。从达摩禅到北宗禅，虽思想屡有变迁，经典时时变化，但这一点却大体一以贯之。正因为在经验上人心难清净，所以，禅宗虽肯定人有佛性，但一直坚持修行之必须，神秀、普寂之"拂心看净"正是禅宗正脉。神会虽与北宗争胜逞强，更多偏向《般若》之"空"，但终究在这佛性清净上，与其师六祖惠能一样没有能迈出更大的一步，依然屈从《楞伽》之"唯心"，留一个最后的心灵清净境界让人求索。也许，这与他先参北宗神秀，后参南宗惠能，受到两家影响有关？

在《神会语录》中，我们经常能看到"清净""空寂"的字样，毕竟不是后来的南宗禅那种一切不拘、随顺自然的洒脱。为了寻找这个"清净"心灵，神会不得不要求人"不作意"；为了求得人心的"不作意"，神会就不得不肯定"无念"；为了"无念"这种事实上极难达到的境界，神会就不能不退一步承认修行的必要。于是，"顿悟"说与"渐修"说就不能不妥协。当神会及其弟子在理路与实践上向北宗禅妥协之后，南宗神会与北宗神秀就只有一墙之隔了。神会的顿悟渐修，好像是一下子照见明镜，然后细细拂拭，而神秀的渐修顿悟，则好像是细细拂拭，然后照见明镜。诸多研究者看到这两派的争论，就以为是针锋相对，其实深入看去，原来是五十步与百步之争[95]。《历代法宝记》中虽然说，神会"破清净禅，立如

---

[94] 《经集》，郭良鋆译，北京：中国社会科学出版社，1990，60页。

[95] 其实，前期的禅门也是讲顿悟的，在《楞伽经》中就有顿悟的说法，北宗禅也讲顿悟，参看《北宗禅再认识》一章的讨论。

来禅"[96]，但这恐怕不过是党同伐异的一家之言，算不得数。顿与渐，毕竟都要修要悟，都要从这一世俗生活世界超升另一纯粹精神世界，终究不是一切皆空的百无禁忌。

也许，禅宗史在这个时代曾发生过争正统的大动荡，但禅思想史上真正的大变局，却并不是在这时发生的。

第三节　荷泽宗在禅思想史转型期中的意义

历史常常像一条环环相扣的链条，缺了任何一环，这根链条就会断开。时代也常常像一条蜿蜒流淌的河流，极难在实际上画出截然而止的界线。禅思想史其实从一开始就在逐渐变化之中，虽然我们能极明显地感到前后的不同，但是，让我明确地说出什么时候是前期禅思想，什么时候是后期禅思想，却令我十分为难。当然，为了描述禅思想史的历程，我不得不为读者作一界定，但这一界定只能是宽泛的，甚至是含糊的。所以，我们把整个7世纪也就是几乎两代禅者的活动时期，作为前后禅思想史的转型期。荷泽神会和他的老师六祖惠能就处在这个转型期中，而他们的意义，也正是促进了传统禅思想的变化。或者可以说，他们的思想正好显示与引导了从印度禅转为中国禅。

应该说明的是，在7世纪也就是弘忍之后，达摩禅门已经从众多习禅者中，脱颖而出并开宗立派，形成了一个禅者集团。弘忍之后的所谓"十弟子"也各立门户，形成了禅思想的各种宗风，西川之智诜、处寂、无相，南方之惠能、神会，中原之法如、神秀、老

---

[96]《历代法宝记》，《大正藏》第85册，185页。

安、玄赜及其弟子，其实，都不同程度地开始离开旧禅学的传统，禅思想史之转型就在这时悄悄展开。前面我们虽然说到神会思想中有相当多的理路矛盾，但这些矛盾正说明他处在禅思想史的转型期；由于前期禅思想自我圆足的理路逐渐瓦解，新的禅思想自我圆足的理路尚未完成，这些矛盾才如此集中地存在于神会的思想中。

所以，如果我们把他放置于整个禅思想史中来考察，那么我们应当说，神会的荷泽禅正合了一句古话，叫"昭示丕变"。

一、昭示丕变

在神会及其老师惠能之前，般若思想只是作为禅实践的理论解释，而在禅门流行的，就以一些学者认为是禅宗史上重要转换的关键人物四祖道信来说，我们都知道，道信奉般若"一行三昧"，但其思想底蕴，却是前期禅门以清净自心为本，而"一行三昧"只不过是一种禅修行法门。《楞伽师资记》中说得极明白：

> 信禅师再敞禅门，宇内流布，有菩萨戒法一本。及制《入道安心要方便法门》，为有缘根熟者说，我此法要依《楞伽经》"诸佛心第一"，又依《文殊说般若经》"一行三昧"，即念佛心是佛，妄念是凡夫[97]。

很显然，在道信的心目中，以纯明澄静的人心，追索清净无垢的佛心，是禅法的核心，而"一行三昧"则是追索佛心的一条道路。换句话说，"定"和"慧"是二非一，"一行三昧"只是手段，而求"诸佛心"才是目的。为了目的，手段在选择上是可以权宜方便的。道信既奉"一行三昧"之定，又奉"菩萨戒法"求静，再靠"常忆念佛"

---

[97]《大正藏》第85册，1286页。

安心，其实都是为了消除妄念，趋向佛心，脱离凡夫，而入佛境，终究在他心中仍有一个终极境界[98]。在对这种境界的追索中，他可以用般若一行三昧，可以用律家种种戒条，可以用阿弥陀念佛净心，根本不必深究其背后的理路来源，只需将修行指向心灵，而任何一种修行方式，都必须使心如明镜。"或可谛看心，即得明净，心如明镜。或可一年，心更明净。或可三五年，心更明净。"[99]在道信这里，依然是早期禅一以贯之的"染净二分"的基础，"以定除染""回归净心"的步骤，依然是苦行渐修的途径，依然是追寻清净心灵的目标。他的弟子弘忍则对这一观念、方法、境界做了更明确的论述，《宗镜录》卷九十七引他的话说，"欲知法要，'心'是十二部经之根本"[100]。敦煌本题为"忍和上"所撰，今人多认为是弘忍弟子所记的《导凡趣圣悟解真宗修心要论》中，他进一步说这个"心"需要"守"，"此守心者，乃是涅槃之根本，入道之要门，十二部经之宗，三世诸佛之祖"。为了"守心"，可以依《无量寿观经》"端坐正身，闭目合口，心（前）平观"，可以"念佛名，令净心"，可以依《起信论》"但守一心，即心真如门"。只要使世俗杂念烦恼焦虑"返覆销融，虚凝湛住……流动之识，飒然自灭"，就算禅家门径，不必拘泥于一法，终极指向都在于得到心灵清净[101]。后来的神秀即沿波而下，"时时勤拂拭，莫使惹尘埃"，拭镜的抹布是丝是棉是锦是

---

[98] 参看《从达摩到弘忍的时代》一章中的论述。关于道信在禅思想史中的意义，相当多的研究者都已经注意到了，但是，有时强调太过，而缺少历史分析。例如印顺《中国禅宗史》对道信思想，总结其特色是"戒与禅合一""《楞伽》与《般若》合一""'念佛'与'成佛'合一"，这是很对的，但还需要进一步探究其思想基础是什么，否则抽象地说，似会过高估计其思想史意义。见45—48页。

[99] 《楞伽师资记》引，《大正藏》第85册，1287页。

[100] 延寿《宗镜录》卷九十七，《大正藏》第48册，940页。

[101] 《最上乘论》，又称《导凡趣圣悟解真宗修心要论》，见《大正藏》第48册，379页。

缎无关紧要，抹布与明镜毕竟不是一回事，所以"念佛"也罢、"持戒"也罢、"一行三昧"也罢，都是可以运用的手段，只要它能使焦虑不安的心灵平静。

从道信到神秀，这一思路一直在缓缓伸展，但总的说来并无大的突破。直到惠能出来，神会开始与北宗分庭抗礼，这思路才在"定慧等"这一口号下有了改变，神会在答哲法师问时说：

> 念不起，空无所有，即名正定。以能见念不起，空无所有，即名正慧。若得如是，即定之时，名为慧体；即慧之时，即是定用。即定之时不异慧，即慧之时不异定。即定之时即是慧，即慧之时即是定。即定之时无有定，即慧之时无有慧。何以故，性自如故，是名定慧等学[102]。

在答王维问时，又针对惠澄禅师的"先修定以后，定后发慧"的理论说：

> 《涅槃经》云：定多慧少，增长无明。慧多定少，增长邪见。若定慧等者，名为见佛性。故言不同。……言定者，体不可得。所言慧者，能见不可得体，湛然常寂，有恒沙巧用，即是定慧等学[103]。

他的意思是，"禅定"的"定"，与"智慧"的"慧"，是一非二，定即无念，无念即慧，定是清净心性，慧是心性清净，当修行者进入"空无所有""湛然常寂"境界，就已是定慧等无异的状态，也是定慧俱无有的境界。

---

[102] 《南阳和尚问答杂征义》，杨曾文编校《神会和尚禅话录》，79页。
[103] 《南阳和尚问答杂征义》，杨曾文编校《神会和尚禅话录》，85页。

我们知道，佛教的戒、定、慧三学，虽然在各宗中自有侧重，在唐代已分别出律师、禅师、法师三流，分别以授戒、习禅、义解为业。但是总的说来，都是把"成佛"作为终极目标。戒律是以外在的约束使人遵守一种道德的准则，从而使人心中的欲望收敛，最终进入一种无思无虑的纯明境界；禅定是以内在的自觉使人平息心中的情感波澜，在古井无波的心境中体验到一种无思无虑的纯明境界；义解是以自己的知识和理智，对内在意识与外在世界进行细密的分析，在心里理解这一切无非是虚妄幻相，从而背妄即真，进入一种无思无虑的纯明境界。但是，无论是律也罢、禅也罢、法也罢，都只不过是通向那种纯明境界的"路"，路是很长的，要苦苦修行，不断跋涉，然而是否能到达那个境界还未可知，人只能"不问收获，只问耕耘"。不过，如果不能见到成佛的前景，跋涉的信心就很难树立，特别是对于文人士大夫来说尤其如此。神会的"定慧等"把终极境界与修行实践画上等号，就是说终极的意义就在修行的过程中，一旦人进入了"禅定"，就已经获得了"智慧"。这样，就把过去那扇凡人进一步它就退一步的终极之门，从玄而又玄的遥远处拉到了人们面前，使人意识到，你只要跨出一步，就可以迈进终极之门。于是，苦修苦行的漫漫西天路，就一下子被缩短成了心灵中的一念之转，"顿悟"就有了一种理论上的可能性。尽管我们说，神会的禅理路还有难以贯通的地方，但他毕竟为最简截明快的修行方式奠定了基石。

由于把修行方式与终极境界划上了等号，般若的"一行三昧"就不再仅仅是手段，而兼有了目的的意味。它所进入的"真如法界平等一相"的意识状态，既是禅定修心的方法，也是禅定修心的境界，于是，般若思想就有了取代楞伽思想的基础。

本来，楞伽思想在禅宗这里，主要是心性理论的一个支撑点，在《楞伽经》中，人的心灵深处有一个永恒不变、清净纯明的"成自性"在，但又由于有妄想自性及缘起自性，所以，这个"正智如如，不可坏"的成自性不能彰显，为了回归这一清净纯明的境界，人只能走一条路，就是"净除一切众生自心流现"。这就是——

> 独一静处，自觉观察，不由于他，离见妄想，上上升进，入如来地，是名自觉圣智相[104]。

用那首人们十分熟悉的偈语来说，这个过程即"如水大流尽，波浪则不起，如是意识灭，种种识不生"，到了这"种种识不生"的境界，才到了佛陀的门前[105]。禅宗前辈从般若经典中顺手牵来"一行三昧"，其实本来就只是为了实现"种种识不生"。但是，按《放光般若经》卷四《问摩诃衍品第十九》，以及《陀邻尼品第二十》的说法，"三昧"有各种各样，并非只是"不见诸法有二"这一种"一行三昧"，其他还有"无住三昧""众生所入三昧""空三昧""无相三昧""无愿三昧"等。这些"三昧"绝不仅是入道之途，而且是道本身，因为它们所包含的是一种无觉无观的"空"。像"一行三昧"所说的"不见诸法有二"的"一相"，在般若思想体系中就意味着"非相"，《放光般若经》卷三就说"一相者，则为非相"，因为它的底牌是般若"一切皆空"[106]。特别是所谓"空三昧"，这是一个来历久远而又相当关键的观念，《增一阿含经·高幢品第二十四之三》说：

> 云何名为空三昧？所谓空者，观一切诸法，皆悉空虚，是

---

[104] 《楞伽阿跋多罗宝经》卷二，《大正藏》第16册，492页。
[105] 《楞伽阿跋多罗宝经》卷二，《大正藏》第16册，496页。
[106] 上引《放光般若经》，见《大正藏》第8册，24页，18页。

> 谓名为空三昧。

同上《马王品第四十三》又说，空三昧为最重要，在它看来，只要得空三昧，就可以成菩提，了死生，所以说"知空三昧者，于诸三昧最为第一三昧，王三昧者，空三昧是也"[107]。这里所说空三昧之所以重要，就是因为它不只是"用"，而且是"体"，不仅是修心要道，而且是心体本身，也就是那个没有自性、没有落脚处、没有系着点的"空"。

禅思想史上般若思想的渗透，并不始于惠能、神会，甚至不始于道信。但是，在神会及其老师惠能之前，般若思想却只是"用"而不是"体"，因此禅门虽也说"空"，但多是指心灵的清净无垢，意识的澄明不乱。但是，当惠能与神会以"定慧等"即《坛经》十三则所说的"定慧体一不二"的"一相"，破先定后慧的"二相"后，"定"或般若中的"一行三昧"就有了"体用一如"的意味。因为当修行者真的进入"一行三昧"，如果这状态本身就是"非相"的"空"，而并无一个实在的清净心别在另一处，这样就不会"有所住""有所着""有所泥"，就已经是终极的超越境界。所以惠能说"但行直心，于一切法，无有执著，名一行三昧"[108]，而无所执着的"一行三昧"，就已经是《金刚经》的"无所住"境界了。

当然，正像我们前面反复所说的，神会及其老师惠能在这一禅思想史的转轨中，并没有走到终点，他们看到了"空"，他们追求心性的空无状态，排除人心的执着，并为这种修行方式与终极境界搭起了一条最短的桥梁，这就是"无念顿悟"。不过，最短的桥梁也还

---

[107]《增一阿含经》，见《大正藏》第 2 册，557 页，559 页。
[108]《坛经校释》，26、28 页。

是桥梁，人还是要从此岸到达彼岸，既然彼岸的意识依然存在，那么，他们还是不曾进入真正的"空"，用《庄子·知北游》里光曜的一句话来说，就是"予能有无矣，而未能无无也"[109]。《维摩诘所说经》早就说过了，"以何为空？以空空"[110]。任何"分别"都不是真的"空"，如果他们不能舍弃最后那一个落脚处，不能消解一个和世俗世界对立的清净之心，那么，他就始终不能彻底地"无无"或"空空"。

但从大趋势来说，仍然应当承认，他们的确把禅宗引向了自然主义的起点。惠能把"直心"、神会把"无念"说得那么重，他们的"定慧等"把禅修行（习定）与禅境界（发慧）直接等同起来，无形中凸显了"定"的过程意义而消解了"慧"的终极意义。这样，那个让修行者梦魂萦绕而终究难寻的佛陀境界，《楞伽》一系苦苦寻觅的清净自心，也就渐渐纳入了"空"或"无"。当他们的后辈禅者沿着这一理路，把"定"之修行、"慧"之境界，也依着"空"来消解的时候，禅思想史那惊世骇俗的大变局也就将随之而至。

关于这一点，请看下一章《禅思想史的大变局》。

二、禅宗士大夫化的肇始

神会的"无念"与"顿悟"，在某种意义上说，是给予文人士大夫的权宜方便，前引《南阳和尚问答杂征义》中，他曾对给事中房琯说，"经云佛为中下根人说迷悟法。上根之人，不即如此"。那么，上根之人的入道之途，应当是如何的呢？他说："经云菩提无去来

---

[109]《庄子·知北游》，郭庆藩《庄子集释》卷七下，760页，北京：中华书局，1961。

[110]《维摩诘所说经》卷中《文殊师利问疾品第五》"问：以何为空？答曰：以空空。又问：空何用空？答曰：以无分别空故空。又问：空可分别耶？答曰。分别亦空"，《大正藏》第14册，544页。

今，故无有得者。望此义者，即与给事见（指房琯所说的'烦恼即菩提'）不别。如此见者，非中下根人所测也。"[111] 这里的意思是，上根之人能够意识到"烦恼即菩提"，是因为他们知道烦恼也罢、菩提也罢，都是虚妄假象，所以不必仓惶躲避烦恼，而执着追求菩提。他们尽可以在心里安放一个"空"字，而以这一"空"字应付一切，以不变应万变。这就是他所说的，"有无双遣中道（亦）亡者，即是无念。无念即是一念。一念即是一切智。一切智即是甚深波若波罗蜜。波若波罗蜜即是如来禅"。这一连串的类等推论，在思想的实践中，实际上只是一刹那的电石火花之闪，只要上根之人"有无双遣"，无所系怀，就一悟而至如来地，这就是所谓"无念"的"顿悟"。因此，神会在对著名诗人王维的谈话中说：

> 众生本自心净。若更欲起心有修，即是妄心，不可得解脱[112]。

这是对文人士大夫说的。至于中下根人则不然，他们不能悟到诸法空相，也不知自体本来空寂，所以"即随妄念而起结业"，这是受生造恶之人。用神会答礼部侍郎苏晋的话来说，前一种人是"本空寂体上，自有般若智能知，不假缘起"的上智，后一种人是"若立缘起，即有次第"的下愚，而"无念"与"顿悟"，看来是为前一种人而设的入佛门之捷径[113]。

世俗生活对于古代中国的文人士大夫来说，总是有双重意味的。一方面是责任与义务的完成，责任与义务使他们积极入世参与政治，很多文人其实都是不能那么潇洒的，为了生前事业身后声

---

[111] 《南阳和尚问答杂征义》，《神会和尚禅话录》，94 页。
[112] 《南阳和尚问答杂征义》，《神会和尚禅话录》，97、85 页。
[113] 《南阳和尚问答杂征义》，《神会和尚禅话录》，67 页。

名，他们要埋头案牍，与种种世俗琐事打交道。在这些琐事中实现自己在社会上的价值，这个时候儒家学说常常是他们的精神动力。一方面是精神上对自由与超越的追求，这使他们总是试图寻找一种思想与实践，在这种思想里找到摆脱俗务的依据，在这种实践中寻觅人生的轻松与潇洒，从一开始起，佛教就是在这一心理背景下成为士大夫的信仰的，这与下层民众为现世具体问题与来世生活状况而信仰佛教，其实大不相同。

但是，从我们现在所看到的资料来看，真正能够意识到佛教各宗派思想细微差异的文人士大夫，是中唐之后才逐渐多起来的。即使在盛唐时期，大多数人对于佛教的了解也还未必那么深刻，虽然大抵都知道一些"火宅烟焰，起灭相寻"等普通的佛理，但是，像过去殷浩、郗超、谢灵运那样精通佛理的人并不多。大多数对佛教有兴趣的士人盼望的，不过是"知劳生之有涯，设津梁于彼岸"的人生解脱[114]。那个时代，只有少数深入佛理的文人士大夫，才略知一二，如王维，如李邕，如李华，如房琯。但是，他们未必对佛教各宗派的细微差异有多少兴趣，他们更多的是从自己对人生与宇宙的体验上，从心理与情绪的感受上来领悟佛理的。像王维，《旧唐书》本传中说他晚年"日饭十数名僧，以玄谈为乐。斋中无所有，唯茶铛、药臼、经案、绳床而已。退朝之后，焚香独坐，以禅诵为事"[115]，算是一个极诚心的佛教徒。他也曾与神会在南阳有过长谈，并为神会写了六祖惠能的碑文，似乎是一个南宗的信仰者。但是，他依然为北宗的法舜作《谢御题大通大照和尚塔额表》，为玄颐

---

[114] 李华《杭州余姚县龙泉寺故大律师碑》，《全唐文》卷三一九，1429页；梁高望《云居寺石浮屠铭》，《全唐文》卷三〇五，1371页。

[115] 《旧唐书》卷一九〇下《王维传》，5052页。

的弟子即《楞伽师资记》的撰人净觉作塔铭[116]。他对南、北两宗都不存芥蒂，于禅、律两行都极表赞赏。在他的《夏日过青龙寺谒操禅师》一诗中说："欲问义心义，遥知空病空。"前一句出自《楞伽》，乃是说"第一义心"；后一句出自《维摩》，意思接近《般若》"空空"。但他并不觉得这有什么矛盾，因为他的信仰并不是为了分辨义理与宗派，而是为了自我心灵的自由与解脱。

为了赢得这种自由与解脱，最初他们相信要付出一定的代价，既然心灵是根本，而心灵是会受到污染的，那么当然要遵守戒律，要除尽妄念，要理解经论，要敬仰佛陀，要积德行善，要念佛净心。既然终极是空寂，而空寂是难以扪摸的，那么，当然要坐禅体验，要念佛净心。于是，律、禅两端，便是进入自由清净、虚灵纯明之境的两条必经之路。所以张说《唐陈州龙兴寺碑》说，"圣人有以见三界成坏皆有为壳，故剖之以戒觜，圣人有以见六趣轮回是无明网，故决之以定刃"[117]；稍后的李华《杭州余姚县龙泉寺故大律师碑》也说，"启禅那证入之门，立毗尼摄护之藏"；在《扬州龙兴寺经律院和尚碑》中，他又反复强调这一律禅双修的说法："调伏心者为定慧，调伏身者为律仪……禅律二门如左右翼。"[118]就连王维，也在《请施庄为寺表》中表彰自己的母亲"持戒安禅，乐住山林，志求寂静"；在《大唐大安国寺故大德净觉师塔铭》中表彰北宗禅师净觉"至于律仪细行，周密护持，经典深宗，毫厘剖析，穷其二翼，即入佛乘"[119]。

---

[116]　见《王右丞集笺注》，312、434 页。
[117]　《全唐文》卷二二六，1008 页。
[118]　《全唐文》卷三一九、卷三二〇，1429、1434 页。
[119]　《王右丞集笺注》，320、435 页。

显然，大多数文人士大夫对佛教的道理还是在一般佛教知识水平上来理解的，就是要"背妄即真"，必须"调伏身心"，这好像是一种预支或还债。北宗禅就是在这种知识背景下为人们所接受的。"慧念以息想，极力以摄心"的神秀禅法，实际上已经把这张入门券降到了最低价，但他毕竟还不到免费入场的地步。所谓"时时勤拂拭，莫使惹尘埃"，实际上，还是让人在拥有清净本心的同时，还要坚持修行磨炼，包括对戒律的自觉遵守与对经典的精心研读。李邕为北宗禅所作《嵩岳寺碑》就说："湛然观心，了然见性……开顿渐者，欲依其根，设戒律者，将摄乎乱。"[120]而郭湜为北宗禅师同光所作的《唐少林寺同光禅师塔铭》就说："修行之本，莫大于律仪，究竟之心，须终于禅寂。"[121]

如果仅仅如此，那么北宗禅就已经满足了他们。段成式《酉阳杂俎》续集卷四中引郑符的话说了一个有些神秘色彩的故事，说柳中庸善于易学，能测人之心，但是，他在北宗普寂大师的面前，却无所用其技。一次，他"尝诣普寂公，公曰：筮吾心所在也……柳久之，瞿然曰：至矣，寂然不动，吾无得而知矣"。这就是说，在修行到家的禅者那里，心灵中已经没有了烦恼与痛苦，也没有了负担与焦虑，它好像止水一样平静，仿佛不动的风一样无法察觉，这样它就与宇宙融为一体，进入了空静寥廓的境界，从世俗的喧哗的世界到了那种超脱的宁静的世界[122]。文人如果能够如此，当然也就是解脱。裴休所撰《唐故禅大德演公塔铭》记载了中唐之初有一个姓柳的文人，曾当过濮阳丞，据说很有才能，"芳名振于齐鲁之间"，但有

---

[120]　《文苑英华》卷八五八，4531页。
[121]　《全唐文》卷四四一，1990页。
[122]　段成式《酉阳杂俎》续集卷四，北京：中华书局，1981，236页。

一天与僧人谈及"无生"的话题，便突然醒悟，"喟然叹曰：万法归空，一身偕幻，琐琐名位，何足控抟"，于是弃官为僧，"洞达五方便，探颐修多罗"，成了北宗禅师。可是，对于唐代文人来说，似乎这中间还有所不足，他们似乎还在寻求更大的自由与更多的轻松，他们还希望寻觅一种与中下根人不同的，出自内心自觉的超越之道。

在唐代佛教流传过程中，"迷悟"或"觉妄"的分别，总是一个常见的话题，敦煌卷子《心海集·菩提篇》中有"悟人心里证，迷子历诸方"，《心海集·迷执篇》则批评迷子持戒、礼佛、修禅是"还沉苦海入泥涡"，是"轻欺含识长贪痴"，还有一首诗偈说得极分明：

> 上士一决一切了，中下多闻多不信。
> 但自怀中解垢衣，何劳向外夸精进？

就是说，一个文人士大夫如果是有慧根的聪明人，那么，他无须向外求索，靠种种外在的行迹来换取解脱，一念发动，其实在心。《心海集·解悟篇》说得好，"解悟成佛易易哥，不行寸步出婆婆。观身自见心中佛，明知极乐没弥陁"。然而，中下之人一味靠精进、忍辱、礼佛、持戒求入佛境，其实，都是走的依赖他力救助的偏路，这就是《心海集·迷执篇》所说的"迷子常学修禅戒，昼夜披寻圣教文。勤苦虔诚求至道，自心不肯断贪嗔"了[123]。换句话说，迷与悟之间，并不在外在的苦修苦行、精进禅戒、念佛诵经，而只在于人能否反身向内发掘自己的清净本性。一个有慧根的士大夫应该是可以在一念之间实现这种转换的，他不必靠外力索求，也不必为内心烦恼。因为正如《南宗定邪正五更转》中所说的，"迷则真如是

---

[123]《心海集》诸诗偈，见徐俊《敦煌诗集残卷辑考》，北京：中华书局，2000。

妄想，悟则妄想是真如"[124]。神会的那种"无念""顿悟"，似乎更符合上根之人也就是士大夫的口味。

从学理上来说，"无念"与"顿悟"这种简捷痛快的方式是建立在"一切皆空"的基础上才能说得通。只有染、净两空，才能一悟即入佛地，若是追求清净心，则另有一个终极境界在彼岸，既不可能"无念"，又不可能"顿悟"。所以，般若之"空"是这一禅法的基础，而文人士大夫对般若"空"的理解，是这一禅法传播的条件。但是，在政治氛围相对自由、社会环境相对优渥的时代，人生更多需要的是一种无须多虑的体验，而不是需要一种精深入微的思考。学理的思考虽然深刻而细腻，但作为信仰，却远远比不上内心的体验，因为体验来自心灵对宇宙与人生的切肤感受，它往往对人产生巨大的影响。所以，尽管盛唐士大夫并不见得一下子就能接受南宗禅这种"无念"与"顿悟"的方式，但是，他们心里却对这种方式并无抵触。这不仅仅是因为这种方式迎合了他们的生活兴趣，顺应了他们的心理需要，还因为这一方式所依凭的般若"空"观，与六朝以来作为人生趣味底色的老庄玄学，又恰好水乳交融、丝丝入扣。士大夫借助对老庄思想的理解，很容易在"空"之一字中体验到人生最深处那种超越凡俗的境界。

我们不必把佛教徒与士大夫分得那么清楚。"芒鞋直裰儒生巾"，有不少佛教徒在未出家时就是士大夫，而士大夫出家之后就是佛教徒。禅门有相当多的高僧本来就是习儒业、好老庄的文人。像神秀"少为诸生，游问江表，老庄玄旨书易大义……烂乎如袭孔翠，玲然如振金玉"；神会"从师传授五经，克通幽赜，次寻庄老，

---

[124]《南宗定邪正五更转》，参看敦煌卷子本（S.4654、S.6038、S.6923、P.2045、P.2270），现据杨曾文《神会和尚禅话录》录出，128页。

灵府廓然"[125]。而士大夫中，也有许多人特别习惯于从老庄玄学的角度来观察佛学，所以，对般若空宗尤其能够从心灵中体验。"空"与"无"在他们这里，本不必分出是佛是道，像盛唐一个叫崔琪的士大夫，在说到法如一系的灵运禅师时，就很自然地从佛到玄两端来回移动："幻境非真，泡身是妄，五色令人昏，五音令人聋，五味令人爽，噫！轮彼生灭，无时息焉，吾将归根，以复于正。"[126]这里"空""无"两端，佛、老之间，几乎毫无缝隙地合卯接榫。

也许正是这一缘故，盛唐时代般若之学开始风靡。像张说《石刻般若心经序》论"知心无所得，是真得，见一无不通，是玄通"；王维《能禅师碑》论"无有可舍，是达有源，无空可住，是知空本"；阳伯成《大智禅师碑阴记》论"夫道非言，言以明道也，空非相，相以泯空也"[127]等，都颇得般若学的要领。特别是，当开元年间唐玄宗李隆基御注《金刚经》颁行天下之后，更是推波助澜，使文人士大夫对般若之说，越来越有兴趣，不管他们对此有多少理解，都异口同声地称赞般若之学：

> 夫般若者，乃诸佛之智母，至道之精微。
>
> 窅窅圆机，如如至理。
>
> 显如来之性，明下解脱之门，非智能知，非言可测[128]。

---

[125] 《文苑英华》卷八五六载张说《荆州玉泉寺大通禅师碑》，4521页；《宋高僧传》卷八《唐洛京荷泽寺神会传》，179页。

[126] 崔琪《唐少林寺灵运禅师碑》，《全唐文》卷三〇三，1361页。

[127] 分别见于《全唐文》卷二二五，1002页；《王右丞集笺注》，446页；《全唐文》卷三三一，1483页。

[128] 分别见于孟献忠《金刚般若经集验记序》，《续藏经》第149册，75页；卢季珣《金刚般若经赞》、贞一《金刚般若波罗蜜经后序》，见《全唐文补编》卷二九，344页。按：孟为开元间梓州司马，卢为开元间复州刺史，贞一不详，亦开元中人。

在《全唐文》中，收录了好几篇中唐之初文人写的《空赋》，当他们用文学的笔调来描述"空"的时候，那"空"就仿佛老庄的"无"。如卷四五八所载林琨的《空赋》、卷四〇八赵自勤的《空赋》，里面的老庄话语排衙结队而来。这时，老庄之"无"包裹着般若之"空"，使士大夫感到亲切，对人生的不满，使他们在般若的"空"中尽力地体验出超越与解脱。神会比北宗禅更多地偏向般若空宗，其实既是荷泽宗向士大夫的靠拢，也是时代对荷泽宗的影响。

三、从清净无垢的禅到自然适意的禅

如果神会一系禅思想到此为止，那么依然与北宗禅难分伯仲。

我们在《北宗禅再认识》等章都曾说到，北宗禅也是在从"三界唯心"的楞伽禅向"一切皆空"的般若禅转化之中。虽然他们一直在强调对清净心灵的追求，但在理论上，也是承认"空"观的。外在世界的虚假与内在意识的空幻，都是他们的口号与旗帜，只是他们还没有彻底到连清净无垢的"心"都不存在而已。因此，他们还在人生中保存了一个最后的实践落脚处，让人们还能有一个终极的追求目标。在这一点上，神会与北宗禅并无多大差异，我们在前面也说了，这是"五十步与百步"之别。

但是，神会一系比起北宗来，它的"空"更多一些自然适意色彩。正像我们前面所说的那样，虽然北宗禅与南宗禅都讲"空"，而且都偏向于心灵的澄澈，但北宗之心空，多偏于"空静"，是追求心灵的安静状态，这种"空"是与"有"相对而存在的。这个"空"与"有"换个说法，就是"净"与"染"，为了离"有"寻"空"，为了背"染"觅"净"，难保不落入一个"执"字之中，在实际修行里也难保不落入一个"渐"字之中。但是，神会之心空多偏向"空寂",这"寂"不是"静",而是一种无差别境界,万事万物,苦乐染净,凡俗人我,都在这里消解无痕。只要一入这种空寂之境,便一切都了;只要在意识中泯灭有、无、染、净之分别,他就不必离"有"寻"空",背"染"觅"净"。因为这一切有无和染净也只是"空",这就给修行者以极大的自由。前引神会与房琯的对话中说到的"烦恼即菩提",以及与僧俗所说的"立佛性为自然",就是在这一思想背景下提出的一个命题。

烦恼如何即是菩提?在传统佛教的经典中,烦恼就是烦恼,它是人生不能超越的原因。它来自人的无明,无明使人有情有欲有爱有恨,这些情欲爱恨,又使人心扰扰不得清净,所以才要用种种方法驱除这些恼人的情欲爱恨,回归到无思无虑的清净心灵世界。这清净的心灵世界才是菩提,才是觉智[129]。这烦恼与菩提之间判若云泥,所以他们依然要人"离黑觅珠",也就是割断烦恼,寻找真心,通过"定"来求得"慧"。但在神会这里,虽然还没有彻底填平这二者之间的鸿沟,但已经开始谈论这二者的一致性了。除了他与房琯的这段议论外,如与僧俗所说的"无明与佛性俱是自然而生";与王维论"起心有修即是妄心";与乾光法师论"众生心与佛心,元不别"等,都是这一类话头[130]。因为一切是幻相,所以才能在"空"的背景中,把一切差别都通通泯灭;既然一切都是空幻,那么还有什么烦恼与菩提的分别要执着的呢?《荷泽和尚与拓拔开府书》中说"大乘定者,不用心,不看净,不观空,不住心,不澄心……无怖畏,无分别,不沉空,不住寂,一切妄相不生,是大乘

---

[129] 《大智度论》卷四:"一切诸佛法,智慧及戒定,能利益一切,是名为菩提",又说,"菩提名诸佛道"。《大正藏》第25册,86页。

[130] 均见《南阳和尚问答杂征义》,《神会和尚禅话录》,75、85、90页。

禅定"[131]。这一连串的"不"和"无",解开了文人士大夫学佛时的种种约束,给了他们一个自由伸展的天地。虽然最后一句"一切妄相不生",仍然给这种自由留下了最后一个限制。

这种"烦恼即菩提"的说法虽然激进,但依然不能说是神会一系的独家专利。我们注意到,在稍晚些时候,连北宗禅师也有这种说法。永泰二年(766)即安史之乱之后,李华为一个北宗禅师撰碑时也曾说道:

> 佛性在烦恼之中,佛身即众生之体,大法平等,无所不同。

不过,他没有提到为什么"无所不同",这大概是北宗的底线,在这篇《润州天乡寺故大德云禅师碑》中,他提到了这个法云禅师的两句话,说是有"有志于道"的人来请教,他说"饮甘露者,当净其身";有"涉道未宏"的人来请教,他说"菩提为宝耶,无知无德,涅槃为空耶,常乐我净"[132]。显而易见,还是要"佛性常清净"的。然而,神会一系的禅师则开始倾向"自然",神会在答扬州长史王怡时就说,"性不离妄"[133]。这就是说佛性与常人所谓的"妄心"并无差异。为什么?因为从空宗的看法来观察,一切都是幻象,并无自性,所以,不必执着于佛性与烦恼、净相与染相的差别。"得无住心,即得解脱",这个"无住心",就是了达一切皆空之后,不在任何处住的自由心灵。在这种境界中,"众生心即是佛心,佛心即是众生心",这就是神会所谓的"僧家自然",而这种"自然"在神会看来,本是"众生本性"[134]。

---

[131] 《南阳和尚问答杂征义》,《神会和尚禅话录》,122页。

[132] 《全唐文》卷三二〇,1434页。

[133] 《南阳和尚问答杂征义》,《神会和尚禅话录》,100页。

[134] 《南阳和尚问答杂征义》,《神会和尚禅话录》,75、91页。

那么，又如何"立佛性为自然"？如果佛性就意味着在意识深处是无思无虑的一片空净，"落了片白茫茫大地真干净"，那么它只能是现实所无的虚玄境界。因为在现实世界中生活的人，大多很难达到这种无思无虑。作为一个文人士大夫，他个体生命的价值常常需要社会的肯定才算实现，作为一个世俗世界的参与者，他又不能不面对种种琐事以求生存。可是，传统佛教总是把此岸与彼岸分开的做法，给人们出了一个很大的难题，要自然就不能清净，要清净就不能自然。虽然也有许多佛教中人一再说"空"，但这"空"仿佛是"有"的反义词，就好像"清净"是"污染"的反义词一样。如果一个人把"此岸"与"彼岸"混为一谈，如果一个人把穿脏了的衣服，说成是新从洗衣店里拿出来的干净衣服，那么他非被人说成是瞎子不可。明镜有灰当须拭，这似乎是天经地义，因为明眼人一眼就能看到灰尘。但是，按照神会等禅师的说法，这些人都没有想到的是，人的眼睛真的是明察秋毫的吗？

神会和其他一些禅者，恰恰从般若思想中得到了一个启示，既然"一切皆空"，那么，还有什么是"真有"？既然"空"也是空，那么"真无"也应当与"真有"无别。这样，此岸与彼岸，究竟哪一个是"此"，哪一个是"彼"？干净与肮脏究竟哪一个是"净"，哪一个是"染"？灰是否真的在镜上，这都成了疑问，镜子是否真的存在，也一样有疑问，那么，我们为什么一定要去拂拭？也许那灰尘并不是像我们眼睛看到的那样，真的在镜上，而是我们心中的妄想幻化成一片污垢。就连我们自己，也可能只是像庄周梦蝶那样，并没有什么真实的自性，我们何必执着地追问不休？所以，神会答房琯说：

> 虚空本来无动静,不以明来即明,暗来即暗。此暗空不异明(空),明空不异暗空。明暗自有来去,虚空元无动静。烦恼即菩提,其义亦然。迷悟虽即有殊,菩提心元来不动[135]。

既然没有烦恼用悟,当然可以在尘世潇潇洒洒地过一种轻松而自由的生活,在自然适意中就回归了佛性。

把"众生本性"与"僧家自然"相联系,是神会思想中的一个大关键。虽然他并没有走得那么远,但在他充满矛盾的思想中,确实潜含了这种"自然适意"的内涵,而这又确实与他从"楞伽禅思想"向"般若禅思想"转轨有关。从字面上说,"自然"二字当然是中国老庄一流的思想,在《老子》中"人法地,地法天,天法道,道法自然",自然即自然而然,乃是最终极的境界。这种自然意味着,没有设计者,没有监督者,没有目的地,没有出发点,是一种极其自由的状态。《庄子·逍遥游》中所说的"无待",也是这种极其自由的状态。但在《般若》的思想叙述中,也有很多涉及"自然"的地方,例如《摩诃般若经》卷三《地狱品第五》:

> 佛语须菩提:色无著无缚无解,何以故?色之自然为色。痛痒思想生死识无著无缚无脱,何以故?识之自然为识。……用是故须菩提,般若波罗蜜甚深,少有信者。[136]

又如《光赞经》卷二《行空品》三之二:

> 自然之空自然寂寞,其自然者,则无所起、亦无所得、亦无所念、亦不自念,我得天耳,唯以志于诸通事。[137]

---

[135] 《南阳和尚问答杂征义》,《神会和尚禅话录》,94页。
[136] 《大正藏》第8册,523页。
[137] 《大正藏》第8册,159页。

这里所说的"无著无缚无解"和"无起无得无念"的自然，和老庄一流道家所说的大化流动的"自然而然"还是有些细微差异，老庄思想中的"自然"，与宇宙万物的流转秩序更相关，而般若思想中的"自然"，则更偏向于宇宙万物的无差别境界，但是两者确实可以沟通。《文殊说般若经》卷上说，"修般若波罗蜜，则不舍凡夫法，亦不取圣贤法"，只要你"不见法是应住是不应住，亦不见境界可取舍相"，甚至于"不见诸佛境界"，你就修到了甚深般若波罗蜜，这就是自然，这就是适意[138]；而这种放下一切，自然适意的状态，也恰好符合老庄对大化流转自然而然生活状态的想象。在神会等禅者看来，上根之人的佛性呈现的境界，就是"自然适意"。因此，在中唐禅宗信仰者的心目中，生存状态的"自然"与宇宙状态的"空"有关，这个从宇宙到人生的思想理路，可以外化为一种享受人生的态度。神会的"立佛性为自然"，就是建立在这一基础上，为文人士大夫暗示了一种超越而自由的人生态度。在他看来，众生本性是本来清净，僧家自然是一无系缚，前者是体，后者是用，体用本来就是一。所以，修行者只要悟出这一根本道理，禀承其与生俱来的"自然智无师智"，就可以知道，心体本来"无著无缚无解"，修行本来"无起无得无念"，生活中不必拘泥执着，只需随顺本性而行，因为人天生就有那种"知"。而他所看重的这个"知"，就是"众生本性"，也是"僧家自然"。

当然，正如我们前面反复说过的那样，神会思想中的理路矛盾，使他并没有走到那么远，这里所说的，无非是神会思想中可能的资源和潜在的趋向。说起来，有所限制的修行，是宗教得以

---

[138]《大正藏》第 8 册，727 页。

存在的基础,而过分的行为自由,是宗教瓦解的先兆,这在任何一个宗教都一样。不能想象一个宗教不设立一个目标,不制定一套方法,不建立一种规范。北宗禅以"清净"为目标、以"摄心息念"为方法、以"坐禅持戒"为规范,这是无可非议的宗教家数。但是,神会的"僧家自然者,众生本性也"的思路,却有可能导致目标、方法、规范的瓦解。既然"众生本性"是天然合理的根本,那么,只要不落入种种后来的知识和意识之中,被理智与情欲所驱动,而是用自己本性去行动,就合符了自然。不过,这"自然"极有可能是"随心所欲"或"任性而行",这"本性"极有可能是对宗教目标、方法和规范的破弃。可是,中国文人士大夫的宗教思想后来的走向,恰恰是沿着神会这一思路来的。于是,宗教逐渐转化为思想,信仰逐渐演变为兴趣,文人把宗教修行转化为生活体验,把终极境界转化为艺术境界。在这里,"自然"二字起了相当大的作用,因为中国古代文人一直在心里追求着无拘无束的自由,他们的这一追求在某种意义上说,就是佛教思想嬗变的背景[139]。

在盛中唐之间,南宗禅一直在发展着这种与文人士大夫互相协调的思想。不止是荷泽一系,如南岳怀让对马祖道一所说的"磨砖既不成镜,坐禅岂得作佛";崛多三藏对坐禅僧人所说的"兀然空坐,于道何益";南阳慧忠对紫璘供奉所说的不必觉、无虚实;司

---

[139] 山崎宏《荷泽神会禅师考》曾经指出,神秀一系北宗禅和荷泽一系的南宗禅之间的冲突,与则天武后时代希望保守的旧官僚和参与改新政治的新官僚势力之冲突有关,这一点需要我们仔细考虑和研究,但是,由于史料问题,无法仅仅就趋新和守旧的逻辑来确认北、南宗的迭变,同氏编《中国の社会と宗教》(东洋史学论集第二),450—451页,东京:不昧堂书店,1954。

空山本净对中使杨光庭所说的"即心是佛""无心是道"[140]，其实，都和荷泽宗走得一样远，只是他们都没有成批的资料传世，我们无法了解更多而已。

---

[140] 均见《祖堂集》卷三，166、176、179、191页；参看《五灯会元》卷二、卷三有关记载。

第五章 禅思想史的大变局

引 言

中国禅思想史上一个重大关节，过去似乎研究得还不够，这便是六祖惠能再传弟子马祖道一（709—788）所创的洪州宗一系在中唐的特别兴盛，及其在整个禅思想史上的巨大影响[1]。禅思想史叙述上这一环节的阙略，一方面自然与禅宗灯录系统资料经过"层层积累"而失真，有一定关系，正如前辈学者所发现的那样，《传灯录》系统的文献对于中唐禅史的记载中，有不少伪造的东西，这些伪造的东西在一定程度上，又把史实混淆与淹没了，以至于我们不得不先花大力气进行考辨。另一方面，则是由于大量新的禅宗文献被从敦煌卷子中发掘面世，欣喜若狂的研究者立刻被它吸引，从胡适开始就是这样。于是，敦煌卷子刚好较多涉及的神会一系禅法，登时占据了研究者过大的视野，激发了研究者过多的热情，而珍贵

---

[1] 这种情况现在有所改观。在本书初版的1995年以前，有何云撰《马祖道一评传》，载《世界宗教研究》（北京：中国社会科学出版社）1989年第一期；潘桂明《中国禅宗思想历程》（北京：今日中国出版社，1992）一书，也为马祖道一专立一章；在1995年本书出版以后，关于马祖道一及洪州宗的研究有了更多的论著，但在这些研究中尚存在相当多问题，在文献考证以及思想解释上还不能令人满意，所以，对马祖禅之于禅思想史的意义，仍未有更深入的认识。补注：在我再次修订增补这一新版的时候，对于马祖道一的洪州宗又有更多的研究，这里无法一一列出。

的传世史料如禅宗灯录及同样珍贵的藏外散见碑传序跋等，则在相形之下黯然失色。资料的偏爱造成视点的焦距偏移，视点的焦距偏移又引起评价上的心理倾斜，对于神会在禅思想史上意义的评价，从灯录的淡漠一变而为热烈，至今仍有水涨船高之势，而中唐南宗禅的其他流派及北宗禅，都被有意无意中忽略或看低。显然，灯录系统的禅史著作由于门户之见抹杀神会的意义是不公平的，但是，由于敦煌资料的成册面世，过高地估计神会的意义却无视灯录，则是以不公平对不公平[2]。

近来，我系统地考查藏内藏外的禅史资料，便逐渐感到灯录类史书由于门派之见，固然有出主入奴篡改伪造禅宗历史的嫌疑，但是，现代禅宗史家由于心理倾斜，也会有矫枉过正以偏纠偏，误解禅宗历史的可能。如果从禅宗史和禅思想史两方面综合考察各种资料，我们也许会注意这样一个结论，即马祖道一及其门下弟子，与神会及荷泽宗一样，是六祖惠能之后南宗禅史上最重要的人物和派系，而马祖禅所活动的中唐，才应该是禅思想史上真正大变局的时期。

第一节　中唐南宗禅史实考辨

开元二十八年（740），青原行思圆寂[3]；天宝三载（744），南岳怀让圆寂[4]；乾元元年（758），荷泽神会圆寂[5]；上元二年（761），

---

[2]　参见《重估荷泽宗》一章。
[3]　《祖堂集》卷三《靖居和尚》，110页。
[4]　《全唐文》卷六一九张正甫《衡州般若寺观音大师碑铭并序》，2767页。
[5]　《神会塔铭》，碑文见于洛阳市文物工作队《洛阳唐神会和尚身塔塔基清理》，《文物》1992年第三期，67页。

司空山本净圆寂[6]。

过去习惯上把安史之乱（755—763）以后叫作中唐。在中唐初期，六祖惠能的重要弟子中，只剩下一个师承与思想都有疑问的南阳慧忠，还活跃在僧俗两界[7]。虽然神会、本净先后都为张大南宗进行过不懈的努力与抗争，但事实上在盛唐时代，中心地区并没有出现过"曹溪了义大播于洛阳，荷泽顿门派流于天下"的盛况[8]。因为直到大历五年（770），独孤及撰《舒州山谷寺觉寂塔隋故镜智禅师碑铭》时还说，"忍公传惠能、神秀，能公退而老曹溪，其嗣无闻焉"[9]。特别是在安史之乱中，佛门大遭劫难，不仅"幽陵肇乱，伊川为戎，凭凌我王城，荡焚我佛刹"[10]，而且官军也大肆劫掠，使佛教各宗僧侣都处在蛰伏自保之中。当时"诸长老奉持心印，散在群方"[11]，在战祸中，无论北宗还是南宗都难以自全，更不消说弘法传宗广开门户张大一军了。像荷泽一系的慧坚，虽然毅然冒死前往长安，但其弘法的影响，也要到大历时代才能有所显现，何况战乱中朝廷也根本无暇顾及佛教。

中唐之初，北宗、牛头宗、荷泽宗三足鼎立，各自赢得一块地盘。不过，这种局面也只是维持了很短一段时间，到贞元（785—805）、元和（806—820）年间，情况突然大变，南宗禅以令人惊讶的势头迅速崛起，在禅宗中一枝独秀。不过，这时崛起的南宗并不是

---

[6] 《祖堂集》卷三《司空山本净和尚》作上元三年（762），上元三年即宝应元年。但《景德传灯录》卷五、《宋高僧传》卷八则记其卒于上元二年（761）五月五日。

[7] 《祖堂集》以下禅宗各种灯史均记载，慧忠为六祖弟子，但《宋僧传》卷九称其"法受双峰"，204页。

[8] 宗密《圆觉经大疏钞》卷三下，《续藏经》第14册，553页。

[9] 《文苑英华》卷八六四，4562页。

[10] 前引徐岱《唐故招圣寺大德慧坚禅师碑铭并序》。

[11] 《全唐文》卷三一六李华《故中岳越禅师塔记》，1419页。

早已闻名的荷泽宗,而是以马祖道一禅师为首的洪州宗。自从马祖弟子鹅湖大义禅师到长安使"两宫崇重,道俗宗仰"之后[12],兴善惟宽、章敬怀晖也来到了王朝中心长安。《宋高僧传》卷九《南岳观音台怀让传》末,特笔记载这一事件:

> 元和中,宽、晖至京师,扬其本宗,法门大启,传千百灯。京夏法宝鸿绪,于斯为盛。

宽即兴善惟宽禅师,晖即章敬怀晖禅师,与鹅湖大义一样,是马祖道一门下。据白居易《传法堂碑》,惟宽在贞元年间曾行遍闽越江西及洛阳,元和中,曾被唐宪宗召入麟德殿问法,"徒殆千余"[13]。又据权德舆《故章敬寺百岩大师碑》及智本《百岩寺奉敕再修重建法堂记》的记载,怀晖在贞元中已名声大噪,"凡其所止,道俗如市",曾在今河北、山西等地传授马祖禅法,元和年间,也被宪宗以国师之礼召至长安,"每岁召入麟德殿讲论",时人称为一代"导师"[14]。在鹅湖大义禅师之后,惟宽和怀晖先后深入长安和朝廷,这才使南宗禅顿时成了当时南北方首屈一指风靡一时的佛教宗派,也使得马祖一系的禅法成了南宗禅的不二法门。

但是,这一南宗禅史上的重要史实,却在后世禅宗灯录中被逐渐淡化,在后世研究著述中被轻易忽略,以至于禅思想史中竟缺掉了对中唐禅史上这一大变局的描述与研究。

---

[12] 《全唐文》卷七一五韦处厚《兴福寺内道场供奉大德大义禅师碑铭》,3258页。

[13] 《传法堂碑》,《白居易集》(顾学颉校点本,北京:中华书局,1979)卷四十一,911页。

[14] 《故章敬寺百岩大师碑铭并序》,见《文苑英华》卷八六六,4568页;又见《全唐文》卷五〇一,2260页;《百岩寺奉敕再修重建法堂记》,见《唐文续拾》卷八,《全唐文》后附,36页。

一、灯史马祖、石头两系分派之辩证

传统的禅宗灯史如《景德传灯录》《五灯会元》等，均记载马祖道一上承南岳怀让，石头希迁上承青原行思，身后分别派生南宗两大支。马祖门下，则以百丈怀海、南泉普愿、大珠慧海为首，其中尤以百丈一脉为盛，后世更衍生沩仰、临济二宗；石头门下以天皇道悟、药山惟俨、丹霞天然最为著名，天皇、药山之后，分出云门、法眼、曹洞三宗。这就是所谓南宗禅史上的两派五宗，也叫"一花五叶"。

可是仔细考察各种资料却可以察觉，其中颇有疑窦。这种脉络分明、传承清楚的传灯系统，按照胡适的说法，多半是在宗派分立之后，各自"攀龙附凤"地上溯出来的。换句话说，就是这种传灯系统，多半是后代禅师为了分清师资承袭，而硬性划分的"伪史"，究竟有多少可信，尚需要细细考证。

从一些资料来看，马祖道一与石头希迁的关系颇为密切，本来并无宗派之分野，门下弟子也互相参访，其实并无门户的偏执[15]。这是南宗禅初期的常事，即多方参访、不主一家。如南岳怀让除参六祖外，还向荆州的律宗和尚弘景、嵩山的北宗禅师安和尚请益[16]；荷泽神会先参北宗神秀，后参岭南惠能[17]；而出身四川的马祖道一，据说"先是剑南金和尚弟子"[18]；而石头希迁

---

[15] 也有人如日本学者川口丰司《石头の思想——马祖との対比について》仍认为，石头与马祖思想虽有相同处，都继承惠能的无念、无住、无想，但是"石头看来倾向绝对否定，以现实生活为虚幻，而马祖则看上去倾向绝对肯定，以及现实生活即禅"，载花园大学《禅学研究》(京都，1997年3月) 75号，86页。

[16] 《祖堂集》卷三《怀让和尚》，190页。

[17] 宗密《圆觉经大疏钞》卷三之下，556页。

[18] 宗密《中华传心地禅门师资承袭图》，《续藏经》第110册，867页。

则与南岳怀让颇有渊源[19]。这本来很平常，也无须隐讳。但是由于后来门户渐严，形成祖灯单传，系不旁祧的风气，便常常以讹传讹，篡改删削。因此，后世灯史便对祖师广参博访之事，或不甚了了，或有意掩饰。比如，除较早的《祖堂集》外，《景德传灯录》卷十四、《五灯会元》卷五都删除了石头希迁与南岳怀让交涉的一段史实，也许，这一方面是为了掩盖祖师错认家门，一方面是为了否认祖师看走了眼。只有不属禅门一家一派的宋赞宁撰《宋高僧传》卷九中，还剩下一段"（南岳）有固、瓒、让（即怀让）三禅师，皆曹溪门下，佥谓其徒曰：彼石头，真狮子吼，必能使汝眼清凉"，还略微透露其中消息。

如果说，在石头希迁与南岳怀让的师承上，禅宗灯史只是略有隐讳，而并无大的变乱，那么，在石头希迁与南岳怀让下一代弟子的史传中，由于直接涉及传承谱系，其中的问题就比较多了。其中，最重要的恰恰就是石头门下丹霞天然、天皇道悟、药山惟俨这三大弟子的师资承袭。由于这三位禅师的师承，不仅牵涉到马祖、石头在当时是否平行的两派，而且还关系到后世禅宗主流五家（沩仰、临济、云门、法眼、曹洞）的宗脉渊源及思想传承，因而不能不进一步辩证。

丹霞天然（738—832）在灯史中是石头门下的大弟子之一，本是"少亲儒、墨，业洞九经"的文人，后出家为僧，以烧木佛取暖一事最为著名。他曾写有《玩珠吟》《孤寂吟》《骊龙珠吟》等颇有文学色彩的作品。据《祖堂集》卷四、《景德传灯录》卷十四、《五灯会元》卷五等记载，他是在赴科举途中，先投入马祖门下，又由

---

[19] 《祖堂集》卷四《石头和尚》，198页。

马祖转荐于石头门下的。但是,《宋高僧传》卷十一所记刚好相反,说他是先参见石头,后"造江西大寂(马祖)"的。如果按照禅宗历史记载的惯例,最后参拜并获启悟者为师,那么丹霞天然的师承就成了疑问。特别是与他开悟极有关系的一件事情,即"天然"法名之命名,以及他悟入禅机时的启蒙者究竟是谁这一关键问题上,更有着不同说法。《祖堂集》卷四记石头希迁为丹霞落发:

> 师(丹霞)有顶峰突然而起,大师按之曰:"天然矣。"落发既毕,师礼谢度,兼谢名。大师曰:"吾赐汝何名?"师曰:"和尚岂不曰天然耶?"石头甚奇之,乃为略说法要。师便掩耳云:"太多也!"和尚曰:"汝试作用看!"师遂骑圣僧头。大师曰:"这阿师!他后打破泥龛塑像去。"[20]

但是,《景德传灯录》卷十四却记此事是在马祖道一处:

> (丹霞)往江西再谒马师,未参礼便入僧堂内,骑圣僧颈而坐,时大众惊愕,遽报马师,马躬入堂视之,曰:"我子天然。"师即下地礼拜曰:"谢师赐法号。"因名天然。

偏石头一脉的《祖堂集》和偏马祖一脉的《景德录》之间,为何有此差异?史料缺乏,已无从判断。但《续传灯录》卷四有一段《传灯录》编者之一杨亿的话,倒颇堪玩味。他说,古代禅师"率多参寻",并不严守门户只参一家,他举了雪峰、临济、云岩及丹霞四人为例,说明所谓"师承"并非绝对的思想上的继承关系,这类现象"在古多有,于理无嫌",所以,"丹霞亲承马祖印可,而终作石头之

---

[20] 《祖堂集》卷四,209—210页。

裔"[21]。这前一句自然是师承马祖门下临济宗的杨亿，不甘于史实而为自家祖师抢弟子的争门面话；而后一句，则是门户既定之后无可奈何，只好把丹霞让出去的丧气话。但是，这是否说明丹霞天然的师承谱系，还是多少有些疑问呢？我想，说丹霞双挑马祖与石头两人也许更合理些，从丹霞天然《玩珠吟》等思想、烧木佛等行为所体现的禅风，"放旷情怀""去住逍遥"等态度所表现的人生观念，以及他与马祖一系禅师、居士如伏牛自在、庞居士等的交往上来看，至少把他单承石头而不与马祖，是不那么可信的[22]。

如果说，丹霞天然的师承问题还比较简单，那么，天皇道悟（748—807）的情况就有些复杂了。由于他是后来开出云门、法眼两宗的禅师龙潭崇信、德山宣鉴、雪峰义存等的祖师，因而他的师承从北宋起，就是一桩聚讼不已的公案。在一般的禅宗灯史中，他承袭石头希迁的记载仿佛是一致的，《祖堂集》卷四因"未睹行状，不决终始之要"而记录颇为简略，只说他"嗣石头，在荆南"；《景德传灯录》和《五灯会元》则都记载他的学禅经历，是初参径山国一，次参马祖道一，最后参石头希迁。当然，按照惯例，最后所参并悟禅法的那一位，就应是他的师承所在。

但是，唐丘玄素《天王道悟禅师碑》却记载，龙潭崇信的师承确实是道悟，可是这道悟不是天皇寺道悟，而是天王寺道悟。这个天王寺的道悟虽先参石头希迁于乾元二年（759），但"频沐指示，曾未投机"，随后又去拜访南阳国忠，在乾元三年（760）最后参拜

---

[21] 《续传灯录》卷四，《大正藏》第51册，262页。

[22] 参见《祖堂集》卷四，211页。又《景德传灯录》卷八《古寺和尚》记："丹霞参师，经宿至明，旦煮粥熟，行者（古寺和尚）只盛一钵与师，又盛一碗自吃，殊不顾丹霞"，这里记的就是丹霞在马祖门下的事，"师"即马祖道一，《大正藏》第51册，262页。

的却是马祖道一：

> 祖曰：识取自心，本来是佛，不属渐次，不假修持，体自如如，万德圆满。师于言下大悟。祖嘱曰：汝若住持，莫离旧处。师蒙旨已，便反荆州[23]。

最后，他住在荆州城西的天王寺。因此，这个天王道悟（727—808）以及龙潭崇信，乃至以后的云门、法眼二宗，就应当出自马祖门下。而另外那个天皇寺的道悟（748—807），据唐代符载《荆州城东天皇寺道悟禅师碑》，他确实初参国一，又参马祖，后参石头。但是，他住在荆州城东天皇寺，而且只有慧真、文贲、幽闲三弟子，并没有龙潭崇信[24]！《宋高僧传》卷十在记载天皇道悟时，显然看到了这一歧异，于是在采用符载碑记载其弟子时，既登录了碑中的慧真、文贲、幽闲，又根据门派中的说法，把龙潭崇信也附记在后，造成了合二为一均属石头系的结论。于是，北宋张商英、吕夏卿，以及达观昙颖（989—1060）的《五家宗脉》、觉范慧洪（1071—1128）的《林间录》均引上述二碑，批评《景德传灯录》等拘泥旧说，《人天眼目》卷五所载《梦觉堂重校五家宗脉序》更是直截了当地指出：

> 今《传灯》却收云门、法眼两宗归石头下，误矣！……自景德至今，天下四海，以《传灯》为据，虽列刹据位立宗者不能略加究辨[25]。

直到明清间，禅门仍在为此争论不休。清人刘献庭撰《广阳杂记》，其卷五便有《天王天皇考》，他指出《传灯录》这一讹误使"云门、

---

[23] 丘玄素《天王道悟禅师碑》，见《全唐文》卷七一三，3244页。
[24] 《全唐文》卷六九一，3137页。
[25] 《大正藏》第48册，328页。

法眼（两宗），相随而去，是故混淆之始，由于道源，百世而下，竞起而争，亦始于《传灯》也"。他还针对所谓唐代无丘玄素此人，故《天王碑》应为伪造的说法，以石刻证明丘玄素的确是中唐人：

> 或谓传史无玄素之名，殊不知宋儒避国讳玄素为元素，欧阳□贬夷陵令，尝集《神女庙》诗，李吉甫一首、邱元素一首，贞元十四年石刻黄牛峡下，夔州巫山界石刻亦然。可考也[26]。

但是，旧说先入之见的影响极深，这一说法始终不曾为人接受。如《大元延祐重刊人天眼目序》就一口咬定丘玄素碑为"伪"，但是并没能拿出真凭实据[27]。奇怪的是，现代禅宗史研究者也沿用旧说而不辨，如汤用彤《隋唐佛教史稿》只字不提此事，仍旧依《传灯录》之说叙述禅门宗派[28]；周叔伽《中国佛教史》曾专叙天皇门风，却还是依旧称"希迁之门有惟俨、道悟"，根本不理会另一种说法是否有据[29]；吕澂《中国佛学源流略讲》倒是提及两个道悟之事，但未加细辨就匆匆下一判断，说"并无这样一个天王道悟，碑文也是假的"，并认定这是临济宗后人为贬低云门而伪造[30]；印顺的《中国禅宗史》则避而不谈，仍将"荆州的天皇道悟"当作一人，归属于石头"门下的法嗣"，似乎一笔带过[31]。一直到1988年，顾伟康撰

---

[26] 刘献廷《广阳杂记》（北京：中华书局，1957）卷五，239页。

[27] 《大正藏》第48册，333页；关于这一争论在明清间的延续，请参见陈垣《清初僧诤记》（北京：中华书局，1962）；陈垣先生依然坚持传统的说法，尽管征引资料极为丰富，但我仍然觉得旧案难断。

[28] 汤用彤《隋唐佛教史稿》（北京：中华书局，1982）第四章第六节，189—190页。

[29] 周叔伽《中国佛教史》第五章第十三节，《周叔伽佛学论著集》（北京：中华书局，1991）上册，214页。

[30] 吕澂《中国佛学源流略讲》（北京：中华书局，1979）第九讲，243页。又，参见同书，380页。

[31] 印顺《中国禅宗史》（南昌：江西人民出版社，1990）第八章，272页。

《禅宗：文化交融与历史选择》，仍恪守旧说而不查，进一步指责天王、天皇之分及云门、法眼二宗出自马祖，是洪州宗有意作伪，反倒弄巧成拙，"道悟为石头门下，反成定论"[32]，可依然提不出这一定论的肯定证据和关于丘玄素碑的否定证据。

其实，以上大体均为沿袭灯录旧说，或遵循日本学者忽滑谷快天《禅学思想史》与宇井伯寿《第二禅宗史研究》的考证。但是，二氏的考证并没有提出特别有力的论据，只是依据传灯旧说而已[33]。问题是，为什么这一旧说成立，而那一旧说就不能成立呢？这里我想强调的是，道悟之为马祖道一门下，并非只有丘玄素碑一个孤证！权德舆撰《马祖塔铭》中，列其重要弟子十一人，其中就有道悟；据《林间录》记载，唐人归登撰《南岳怀让碑》中列其再传弟子，其中也有道悟[34]；宗密《中华传心地禅门师资承袭图》开列马祖门下五个重要弟子，其中赫然也有"江陵悟"[35]。显而易见，要否定丘玄素碑所记的马祖、道悟、崇信这一师承渊源，恐怕还须进一步拿出证据来。

丹霞天然、天皇道悟的师承疑问，当然还只是疑问，不能断然便下结论，这主要是因为资料复杂而且歧异。然而，药山惟俨（745—828）的师承也成了疑问，却真是一件很奇怪的事。《祖堂集》卷四、《宋高僧传》卷十七、《景德传灯录》卷十四似乎同出一源，均记其"谒石头大师，密领玄旨"，似乎没有问题，后世所有的禅宗

---

[32] 顾伟康《禅宗：文化交融与历史选择》（上海：知识出版社，1990），140页。

[33] 参见忽滑谷快天《禅学思想史》（东京：玄黄社，1923）上册，448—517页；宇井伯寿《第二禅宗史研究》（东京：岩波书店，1941），457—459页。

[34] 权德舆《唐故洪州开元寺石门道一禅师塔铭》，《全唐文》卷五〇一，2262页；又，石门洪觉范《林间录》卷上，《续藏经》第148册，585—647页。

[35] 宗密《中华传心地禅门师资承袭图》，《续藏经》第110册，867页。

灯史和禅宗研究著作都无异词。可是，《全唐文》卷五三六唐伸所撰《沣州药山故惟俨大师碑》，却明明白白地记载说他是马祖道一的弟子！碑文曰：

> 是时，南岳有迁，江西有寂，中岳有洪，皆悟心契……自是，寂以大乘法闻四方学徒，至于指心传要，众所不能达者，师必默识悬解，不违如愚。居寂之室，垂二十年。寂曰：尔之所得，可谓浃于心术，布于四体。……由是陟罗浮，涉清凉，历三峡，游九江。贞元初因憩药山。……后数岁而僧徒葺居，禅室接栋鳞差，其众不可胜数……有以见寂公先知之明矣[36]。

"寂"就是马祖道一。这一碑是药山惟俨去世八年后，"门人持先师之行（状）"来请唐伸特意撰写的，自然不会有大误。《祖堂集》《景德录》都悄悄地从这里抄撮了一些文字及史料，但是，却把药山参马祖"居寂之室垂二十年"这关键一段，全部删改，换成了"即谒石头，密领玄旨"。不知这究竟是为什么，是早期撰禅宗灯录者未曾细看此碑，还是石头系禅师有意作伪，这就很难说了。也不知为什么，后来研究禅史的学者，都视而不见或见了也断然否认，如日本学者忽滑谷快天的名著《禅学思想史》第三编第十三章采取的是调和的方法，认为药山惟俨与丹霞天然一样，出入于马祖、石头二家门下。但是，宇井伯寿《第二禅宗史研究》第五《药山惟俨と天皇道悟》则拈出一些似是而非的证据，指斥此碑是马祖一系后裔甚至是宋代大慧宗杲之后的禅师为"谄于祖师，自矜法系"而伪造的[37]。但是，他的证据并不确凿，特别是一些关键的证据，更经不起推敲。

---

[36]　《全唐文》卷五三六，2411页。
[37]　宇井伯寿《第二禅宗史研究》，426—427页。

例如他认为撰碑人唐伸是"乌有先生",所以碑文亦为伪造。但是,唐伸其人并非"乌有先生",而是实有其人,不仅《全唐文》有传,《册府元龟》《唐会要》中,也明明记载他是宝历元年(825)贤良方正能直言极谏科入第三等的文人。唐敬宗此年诏书中,还明明白白地提到了他的名字[38]。也许,正是因为发觉此中有破绽的缘故,所以早在宋代的《联灯会要》卷十九及《五灯会元》卷五,就已经采取了弥缝补漏的方法来调和,在参拜石头一段之后,又加上参拜马祖的一段,这倒与忽滑谷快天的方式不谋而合。但是,如果我们承认唐伸不是"乌有先生",就不能把这份碑文斥为"伪作",如果我们不认为唐伸碑为伪作,那么,我们只好承认药山正是马祖的弟子。

其实,我的辨析并无意于重新为马祖、石头划分传灯谱系,而是为了说明中唐之初的禅门实相。在传统所谓"石头系"的禅者中,丹霞天然是其大弟子之一,以"烧木佛"而著称,后世多标其为清狂自然的"丹霞门风";天皇道悟则以门下有德山宣鉴(782—865)、雪峰义存(822—908)等杰出后裔,俨然为南宗禅的大枝,云门、法眼两宗为其所出;药山惟俨门下,则支脉众多而且开出源远流长的曹洞一宗,他更因为与李翱对话而广为研究者注意,被视为影响理学之关键人物。但是,这三人竟都与马祖道一有关,这不能不令人深思,重新勾勒中唐禅史的面貌。印顺《中国禅宗史》第八章《曹溪禅之开展》中曾说:

> 在会昌法难(854)以前,石头一系的兴盛,是比不上荷泽

---

[38]《册府元龟》卷六六四,7118页;《唐会要》(北京:中华书局校点本,1990)卷七十六;又,徐松《登科记考》(北京:中华书局,1984)卷二十亦可参考。

与洪州的，石头一系的思想，也没有被认为曹溪的正宗。

同书并引韦处厚《兴福寺内道场供奉大德大义禅师碑铭》、贾𫗧《扬州华林寺大悲禅师碑铭》、白居易《西京兴善寺传法堂碑并序》、宗密《圆觉经大疏钞》卷三之下，证明石头一系在会昌之前"默默无闻"。

现在看来，这个判断要做一点修正，中唐前期，石头一系的确"默默无闻"，但是，这并非因为它不兴盛，而是因为它根本还没有开宗立派，当时石头一系根本不存在，或者说，在当时石头一系与马祖一系本来就是一回事！只是很快门户之风大开，后学禅师为了自立门户就逐渐把石头一系单独分开，造成"系不旁桃"的宗脉传说。所以，论述中唐前期所谓"洪州宗"的思想，本应包括石头门下在内，而后世五家的宗风，也均与马祖道一有极深的渊源。

二、洪州门下各弟子的地位问题

向来禅宗史均沿袭灯录的传统说法，在马祖弟子中以百丈怀海（720—814）为最重要者论述[39]，但这又是一个误会。

在《祖堂集》《景德传灯录》《五灯会元》中，都看不出怀海在禅思想史上有任何独特之处，除了"一日不作，一日不食"这种拘谨的禅风，以及他为规范弟子行为而制定的《清规》外，他最重要的业绩，大概是培养了黄檗希运、沩山灵祐等著名禅师。由于希运（？—855）与政界名人颇有交情，并且门下有临济义玄（？—866）创临济宗；沩山灵祐（771—853）及其门下仰山慧寂又创沩仰宗，后世宗风大盛，所以，师以徒显，不断被附益各种故事和语录，百

---

[39] 如宇井伯寿《第二禅宗史研究》认为怀海是马祖门下最重要的人物，327页；阿部肇一《中国禅宗史の研究》（东京：诚信书房，1963）第二章在叙述南宗禅史的时候，即专立一节为"马祖、百丈の系统"，直以怀海为马祖的嫡系传人。

丈怀海才俨然成了马祖的衣钵传人，几乎所有灯录系统禅史都把他放在中唐最显要的地位。比如，《景德传灯录》卷六称，他与西堂智藏在马祖门下"同号入室，时二大士为角立焉"；《五灯会元》卷三则说，他与西堂智藏、南泉普愿"同号入室，时三大士为角立焉"。但是，撰于五代末的《祖堂集》，时代比各种灯录早些，里面却根本没有这种说法，而且记载他的事迹也很简略。特别是，更早的撰于中唐的权德舆《唐故洪州开元寺石门道一禅师塔铭》，历数马祖道一门下有慧海等十一名大弟子，其中竟没有怀海的名字在内！所以，后来陈诩为百丈怀海撰碑时提到这一点，还只好特意为他辩解一番说：

（怀海）居常自卑，善不近名，故先师碑文独晦其称号[40]。

但是这恰恰是欲掩弥彰。通常，撰碑文者是会仔细搞清师资传承的，所以，这种说法不过是怀海的撰碑人为了替碑主粉饰所作的掩耳盗铃而已。显然，在马祖在世时，百丈怀海的地位远不如慧海、智藏、惟宽、怀晖，碑文不列其名，岂是因为他的谦虚！可以顺便提到的是，有关他与马祖道一著名的"野鸭子"对话，应当是他在马祖门下最重要的开悟记录，《五灯会元》卷三、《古尊宿语录》卷一、《碧岩录》卷六第五十三则等等，都是把它当作怀海开悟的重要契机来记载的。可是，据早于这些文献的、五代末成书的《祖堂集》卷十五《五泄和尚》条，这明明是百丈惟政的故事[41]！我想，大概是后学为尊崇先师，未加细考就把这百丈当成了那百丈，以至于有意移花接木，或者无意张冠李戴认错了人。

---

[40]《全唐文》卷四四六《唐洪州百丈山故怀海禅师塔铭》，2014页。
[41]《祖堂集》卷十五，670页。

从中唐人的记载来看，贞元、元和年间（785—820），马祖门下最著名的禅师是西堂智藏、兴善惟宽、章敬怀晖，这与后来的灯录系统全然不同。西堂智藏（738—817）是马祖道一的贴身弟子，也是马祖圆寂后，在龚公山收束门下众僧的继承人。《祖堂集》卷十五所记颇为简略，并称"未睹行录，不决终始"。《景德传灯录》卷七所记稍详，但颇有误处，幸好现存有唐技所撰《龚公山西堂敕谥大觉禅师重建大宝光塔碑铭》，碑中记载：

> 大觉禅师，廖姓，智藏号。生南康郡，年十三，首事大寂于临川西里山，又七年，遂受之法。大寂将欲示化，自钟陵结茅龚公山，于门人中益为重。大寂殁，师教聚其清信众，如寂之存[42]。

这与《景德传灯录》卷七所记"连帅路嗣恭延请大寂居府，应期盛化，师（智藏）回郡，得大寂付授纳袈裟，令学者亲近"一段互相参照，可以证明智藏在马祖门下确属指定的接班人。贞元四年（788），马祖去世，三年后（791）智藏应大众再三坚请，开堂说法，虔州刺史李舟，"天下名人也，事师精诚，如事孔颜"[43]，又一次在南方弘传了马祖的禅风。所以，唐技碑铭中称他之于马祖，马祖之于佛陀，如董仲舒之于孟子，孟子之于孔子，是一脉相承的大师，于是"觉（智藏）之巨名，江南众师，在昔生存，厥后巍巍"。元和十二年（817）他以八十高龄圆寂后，唐宪宗诏谥"大宣教禅师"，赐塔名"元和证真之塔"。数年之后（824），唐穆宗再次诏谥"大觉禅师"，

---

[42] 此碑原收于《同治赣州志》卷五十，现已收入陈尚君辑校《全唐文补编》卷七七，952—953页。

[43] 李舟，《景德传灯录》中误为李翱。

赐塔名"大宝光之塔"。他的弟子有虔州处微及国纵等[44]，都不甚出名，以致连累了他的名声在后世也不大响亮。不过，由于他在中唐为洪州禅的正宗传人，倒也有好些来自异域的学生，像被称为"新罗国禅宗初祖"的元寂道仪及实相洪直、桐里慧彻[45]，这又使他在东国名声远扬[46]。

马祖一系出名的另一个禅师是章敬怀晖（756—815）。他曾"抵清凉，下幽都，登徂徕，入太行"，将马祖一系的禅思想扩及北宗及荷泽宗的地盘，特别是，他还最终占据了文化中心长安的讲坛[47]。据资料说，这个号称"百岩大师"的怀晖"凡其所止，道俗如市"[48]。可是，他的事迹从《祖堂集》《景德录》到《五灯会元》竟越来越少，尤其是关于他在长安因唐宪宗征召入对一事，《祖堂集》卷十四载：

> 师（怀晖）契大寂（马祖道一）宗教，缁儒奔趋法会，自以道响天庭，闻于凤阙。元和初，奉征诏对，位排僧录首座已下。圣上顾问，僧首对曰："僧依夏腊。"师当时六十夏（此处所记有误，怀晖当时应当是五十三岁——引者），敕奉迁为座首，对圣上言论禅门法教，圣颜大悦，殷敬殊常，恩泽面临，宣

---

[44]　处微，见《景德传灯录》及《五灯会元》；国纵，仅见于前引唐扶之碑文。

[45]　参见《唐文拾遗》卷六八金颖《新罗国武州迦智山宝林寺谥普照禅师灵塔塔铭》，卷七〇孙绍《唐高丽大安寺广慈禅师碑铭》，《全唐文》后编，339、347页；又，处微、洪直、元寂、道仪等，参看《祖堂集》卷十七，627—629页。

[46]　参看《八世纪末至十世纪初南宗禅的东传》。原载《历史文献研究》（北京新五辑，北京师范大学出版社，1994），现改题为《从〈祖堂集〉看8—10世纪初南宗禅的东传》，作为本书附录。

[47]　章敬寺也是唐代佛教的重心之一，它虽然始建于唐代宗大历元年（766），原为章敬皇后所建，但大历年间，代宗多次光临此寺，令佛道论辩，所以，中唐时期它香火鼎盛，有很多著名僧人在此住锡。

[48]　《文苑英华》卷八六六权德舆《故章敬寺百岩大师碑》，4568页。

住章敬寺，大化京都，高悬佛日。都城名公、义学竞集，击难者如云。师乃大震雷音，群英首伏，投针契意者得意忘言[49]。

可是到了《景德传灯录》卷七只剩下寥寥数语：

唐元和初，宪宗诏居上寺，玄学者奔凑。

到了《五灯会元》卷三，竟一句也不提此事。而再到《古尊宿语录》，就干脆连怀晖之名也不出现了。但是，章敬怀晖在南宗禅尤其是马祖禅的昌盛上，确实是第一大功臣。从《祖堂集》的记载上来看，他不仅将马祖禅引入京都长安，赢得了朝廷的尊崇，而且还与"名公义学"中的"击难者"进行过激烈的论辩。关于他的禅史意义，不仅《宋高僧传》卷十、智本《百岩寺奉敕再修重建法堂记》有所记载，权德舆所撰他的碑文也提到，他在"元和三年有诏征至京师，宴坐于章敬寺，每岁召入麟德殿讲论"的事迹，特别是，碑文还提到他曾撰有《法师资传》一编，论次祖师世系及南能北秀分宗的历史，并以"心本清净而无境者也，非遗境以会心，非去垢以取净"，这种痛快直截的马祖式的"心要"，使"荐绅先生知道入理者多游焉"，故而称之"为代导师"[50]，这更证实《祖堂集》所记大体近实[51]。后世灯录不断淡化其禅史意义，似乎有挟门户之见尊师门之私厚此薄彼之嫌。

与章敬怀晖先后进入长安，并弘传南宗马祖禅思想的，还有另一个赫赫有名的大彻禅师，即兴善惟宽（754—817）。《祖堂集》不

---

[49] 《祖堂集》卷十四《章敬和尚》，654页。

[50] 前引《文苑英华》卷八六六权德舆《故章敬寺百岩大师碑》，4568页。

[51] 《祖堂集》卷十四《章敬和尚》一章，大约不是依照权德舆《故章敬寺百岩大师碑》撰写的，而是依据另一中唐文人、曾当过僧人的贾岛所撰的塔铭而作的，但贾岛碑文今已不存。《祖堂集》在此段末仅引了其铭文三十字："实姓谢，称释子，名怀晖，未详字。家泉州，安集里，无官品，有佛位。始丙申，终乙未"，贾岛也是中唐人，所记应该可信。654页。

知为何失收,由于白居易撰有《传法堂碑》,所以《景德传灯录》卷七、《五灯会元》卷三均据以记载。根据《传法堂碑》,我们知道他在马祖道一禅师圆寂后,曾南下到闽、越等地弘传禅法,贞元十三年(797)之后,又到了北方,在少林寺、卫国寺、天宫寺等处住锡。元和四年(809)继怀晖之后,被唐宪宗召见于安国寺。次年(810),又被唐宪宗请到麟德殿问法,后来一直住在长安最重要的大兴善寺[52]。从白居易的笔下我们还知道,他与怀晖一样,在长安弘法时,一是以问答论辩的方式,在心性本净、无修无念、禅离言说等问题上,传播了南宗马祖一系的禅思想,并赢得了不少文人士大夫的支持;二是特别分清了马祖禅的传承系统,并向大众宣传了马祖为南宗嫡系正宗的思想,碑中载:

> 有问师之传授。(惟宽)曰:释伽如来欲涅槃时,以正法密印,付摩诃迦叶,传至马鸣;又十二叶,传至狮子比丘。及二十四叶,传至佛驮先那。先那传圆觉达摩,达摩传大弘可,可传镜智璨,璨传大医信,信传圆满忍,忍传大鉴能,是为六祖。能传南岳让,让传洪州道一,一谥曰大寂。寂即师之师。贯而次之,其传授可知矣。
>
> 有问师之道属。(惟宽)曰:自四祖以降,虽嗣正法,有冢嫡,而支派者,犹大宗小宗焉。以世族譬之,即师与西堂藏、甘泉贤、勒潭海、百岩晖,具父事大寂,若兄弟然;章敬澄,若从父兄弟;径山钦,若从祖兄弟;鹤林素、华严寂,若

---

[52] 镰田茂雄《中国佛教史》(东京:东京大学出版会,1994)第五卷第二章《唐代佛教の展开》中说,唐代宗即位次年(763)十一月,不空建议在大兴善寺置道场,以祈祷肃清边境、圣寿无穷,这一建议得到代宗支持,置四十九大德。这件事情使得大兴善寺的地位大大提高,被视为国家宗教的中心(原文为"总本山")。104—105页。

伯叔然；当山忠、东京会，若伯叔祖；嵩山秀、牛头融，若曾伯叔祖。推而序之，其道属可知矣[53]。

这里的说法，虽然把禅宗整个儿地说成是一个大家庭，好像维护了彼此血缘亲情，但实际上却是在普遍的亲缘认可中，特别凸显了马祖一系的正宗地位。"有冢嫡，而支派者，犹大宗小宗焉"，大宗小宗，这在讲究家族关系的中国非同小可，那么，谁是冢嫡谁是支派？谁是大宗谁是小宗？当然，在兴善惟宽这里，马祖道一及其门下就是禅宗的冢嫡大宗传人。这种争正统的说法，也许是第一次在唐王朝的政治文化中心向文人士大夫们宣说，它打破了那里所习惯的，来自禅宗北宗或荷泽宗的师承传说，必然会引起石破天惊的震撼，挑起激烈尖锐的论争。

马祖道一不仅禅风简截便利，门下弟子也极多，《五灯会元》卷三称"入室弟子一百三十九人，各为一方宗主，转化无穷"[54]，这就是马祖一系在贞元、元和间大盛的原因。不过，从现存史料来考察，西堂智藏、章敬怀晖、兴善惟宽三人，应当是当时最重要的人物。前引唐技所撰《智藏碑铭》中有一段话值得注意：

> 上都兴善寺禅老曰惟宽，敕谥大彻，亦大寂之门弟子也。与师（智藏）名相差，惟宽宗于北，师宗于南，又若（惠）能与（神）秀分于昔者矣。

这里用惠能与神秀分宗南北来比喻惟宽与智藏，并不是说他们又把马祖禅思想一分为二，而是说他们在南北弘法传禅的名声，已经使

---

[53] 《传法堂碑》，《白居易集》卷四十一，911页。
[54] 《五灯会元》卷三，130页。

马祖禅笼罩了大江南北[55]。其实，南方本来就是南宗禅尤其是马祖洪州宗的"基地"，马祖门下除智藏外，鹅湖大义在信州，东寺如会在长沙，大珠慧海在越州，五泄灵默在婺州，麻谷宝彻在蒲州，茗溪道行与药山惟俨在沣州，龟洋无了在泉州，杉山智坚、鲁祖宝云与南泉普愿在池州，芙蓉太毓在常州，无等禅师在鄂州，石巩慧藏在抚州，南源道明在袁州，归宗智常在江州，盐官齐安在杭州，大梅法常在明州，百丈怀海在奉新。大体上，以江西为中心，辐射到今湖南、湖北、安徽、浙江、江苏、福建，几乎笼罩了南部中国。但更有历史意义的是，马祖一系即洪州宗的势力，已经扩展到了北方并渗入北宗禅及荷泽宗的中心地带，如盘山宝积在幽州，永泰灵瑞在青州，汾阳无业在汾州，隐峰和尚在五台，黑涧和尚、佛光如满、伏牛自在在洛阳。特别是在大历至贞元年间（766—805），鹅湖大义到长安，在北宗、荷泽宗的地盘，打下洪州宗的第一根楔子，使皇室承认了惠能、怀让、道一这一系统的正宗地位。元和年间（806—820），怀晖、惟宽双双进入长安，并住于当时最著名的大寺院即大章敬寺与大兴善寺，更标志着马祖道一禅法的胜利，也使这两个禅师在当时成了洪州宗的代表人物。如张正甫《衡州般若寺观音大师碑铭并序》就特意两次提到，"一公（道一）丕承，峻其廊庑，（惟）宽、（怀）晖继起，重规叠矩"；"一公见性同德，宏教钟陵……施及宽、晖，继传心灯，共镇国土"[56]。而唐伸《沣州药山故惟俨大师碑铭》在说到大崇敬寺大德的声名鼎盛时，也提到这种盛况是

---

[55] 惟宽门下的弟子很多，《传法堂碑》中说"徒殆千余，达者三十九人"。但是，北宋时所修《景德传灯录》，其卷十仅录六人，不仅漏掉了"入室受道"的义崇和圆镜，而且入录的六人，也只有一个名字而已，没有留下任何事迹。

[56] 《全唐文》卷六一九，2767页。

在"兴善宽、(章敬)晖示灭"后[57],可见惟宽与怀晖在生前的威望。

这种威望的获得绝非侥幸,而是因为他们进入政治文化中心与皇帝对话,因为他们在文人士大夫中弘传了新的禅思想,因为他们清理门户争得了正宗血脉的地位。就是这三点,使得马祖禅在贞元、元和间迅速崛起,并成了南宗禅的主流。

三、洪州宗与荷泽宗关系试测

在禅思想史上,荷泽宗衰微之缘故,是一个常常被研究者回避的问题。曾经十分活跃的神会一支在中唐之初突然崛起,但是,不久却逐渐销声匿迹,这是为什么?这是否与马祖一系的兴盛有关?

虽然年代久远史料匮乏,使我们难以对此做十分精细的分析与得出确凿的结论,但现存的少许线索,却可以让我们对此作一个大致的推测。在前面《重估荷泽宗》一章中,我们已经对荷泽宗的衰微过程作了一些叙述,这里从洪州宗与荷泽宗的交涉角度,再做一番分析。

禅宗史研究者都注意过圭峰宗密的《禅源诸诠集都序》《中华传心地禅门师资承袭图》和《圆觉经大疏钞》,但似乎并不注意《禅源诸诠集都序》卷上之一中那句话:

何以南能北秀水火之嫌,荷泽洪州参商之隙[58]?

这句话中透露了一个消息,即中唐南宗禅的两大派,在当时的矛盾是很尖锐的。在灯录系统的史籍中,记载神会一系门人的极为寥寥,《祖堂集》卷六也只是抄撮宗密的叙述,为神会开列了"磁州

---

[57] 《全唐文》卷五三六唐伸《沣州药山故惟俨大师碑铭》,2411页。
[58] 宗密《禅源诸诠集都序》卷上之一,《大正藏》第48册,399页。

如""益州惟忠""遂州圆",一直到宗密一线单传的四世弟子;《景德传灯录》卷十三虽然登录了神会弟子十八人,但十六人有名无录,只剩下黄州大石山福琳禅师和沂水蒙山光宝禅师存少量事实,仿佛神会之后,荷泽一宗就已式微。其实,这与中唐禅宗的历史不符,这一点我在《重估荷泽宗》一章中已经有了详细考证,这里不再多说。只是应该说明,在中唐之初荷泽宗还是当时最有影响的禅门。

不过,荷泽宗在中唐之初没有达到开元、天宝时期北宗禅一枝独秀的那种盛况,虽然它是禅门大宗,但已经不是南宗唯一的代表,除了依然瘦死骆驼比马大的北宗禅、固守于东南的牛头禅外,南宗中的马祖一系也已迅速崛起,虎视眈眈要与荷泽分一杯羹了。尽管马祖系的洪州宗与神会系的荷泽宗,原本同出自南宗曹溪门下,但他们一方面是并肩作战的友军,一方面又是彼此争锋的对头。这四派在中唐之初成了并立的局面。《全唐文》卷七一五韦处厚《兴福寺内道场供奉大德大义禅师碑铭》说到五祖弘忍之后禅宗的大体形势是——

> 脉散丝分,或遁秦,或居洛,或之吴,或在楚。秦者曰(神)秀,以方便显,普寂其允也;洛者曰(神)会,得总持之印,独耀莹珠……吴者曰(法)融,以牛头闻,径山其裔也;楚者曰(马祖)道一,以大乘摄……[59]

这与裴休《释宗密禅源诸诠序》历数众家时的说法,即"荷泽直指知见,江西一切皆真,天台专依三观,牛头无有一法"互相参照,大体可以明白中唐前期禅宗的大体状况,就是分为四大系,即北宗

---

[59]《全唐文》卷七一五,3258页。

普寂门下，牛头径山门下，荷泽神会门下，洪州道一门下。其中，北宗早与南宗分道扬镳，牛头在南宗眼里，是属于四祖道信"旁出一枝"，都可以不算在内，因此中唐南宗禅就是荷泽与洪州的对峙，以争夺南宗曹溪的"冢嫡"。贾餗《扬州华林寺大悲禅师碑铭》中说道：

> 曹溪既没，其嗣法者，神会、怀让，又析为二宗[60]。

可见，在中唐初期南宗禅舞台上唱主角的，就是荷泽与洪州（并没有石头系），而两雄不并立的彼此敌视心理，以及争夺禅门正宗的门户陋习，便造成了"荷泽、洪州参商之隙"。

虽然没有很多资料来证实荷泽与洪州之间的交恶详情，但从宗密《圆觉经大疏钞》等著作中对马祖一系思想的批评，仍可以看出荷泽宗对洪州禅法的不满。宗密站在荷泽宗的立场上，把广义的禅宗分为七派，认为只有荷泽一家是"自然本有之法"，而按照荷泽之法才能将各派"圆融为一"[61]。《中华传心地禅门师资承袭图》中，他又以"明珠"喻心灵，说洪州"云黑是珠"，北宗"拟离黑觅珠"，牛头"明黑都无"，都是偏执狭隘，只有荷泽"认得明珠是能现之体，永无变异"，所以最高明。因此他特意指出，虽同出曹溪，马祖一系是"六祖下旁出"，不是正宗嫡传，而荷泽才是曹溪正脉。就连荷泽之所以以"荷泽"为名，也只是一桩不得已的事：

> 荷泽宗者，全是曹溪之法，无别教旨，为对洪州傍出，故复标其宗号。

---

[60]《全唐文》卷七三一，3344页。
[61] 宗密《圆觉经大疏钞》卷三之下，《续藏经》第14册，558—559页。

言外之意就是说，荷泽是六祖嫡传，洪州是曹溪庶出，神会是名门大宗，马祖是左道旁门。所以，他有意无意地暗示读者，马祖是"剑南金和尚弟子"，并注明"金（和尚）之宗源，即智诜也，亦非南北"[62]，好像要把马祖从南宗门内除名削号，似乎他忘了神会的出身也不很纯正，曾是北宗神秀的弟子。信奉宗密又崇拜希运（马祖门下再传弟子）的裴休，在为宗密《禅源诸诠集》作序时，就好像忘了马祖一系的好处似的声色俱厉地批评道：

> 诸宗门下，通少局多。故数十年来，师法益坏。以承禀为户牖，各自开张；以经论为干戈，互相攻击。情随函矢而迁变，法逐人我以高低。是非纷孥，莫能辨析[63]。

好像是在帮宗密骂洪州宗似的。其实，"以承禀为户牖"的并非洪州一宗，荷泽门下岂非如此？到了宗密的时代，才作出一种总括各家的样子，其实他褒贬各家，本身就是门户之见。他在《中华传心地禅门师资承袭图》中批评马祖门下与北宗门下针锋相对而不能超越圆融，指责洪州与北宗"互相诋诮，莫肯会同，且所见如此相违，争不诋诮？若存他则失己，争肯会同？"就有些得便宜卖乖，忘了神会本身也是和北宗针锋相对起家的。

同样，马祖门下也并不示弱。从韦处厚《兴福寺内道场供奉大德大义禅师碑铭》中一段话中也可以看出洪州宗对荷泽门下的鄙夷，韦处厚此碑为马祖弟子鹅湖大义所作，全是洪州思想，他在叙述中

---

[62] 《圆觉经大疏钞》卷三之下也说"因有剑南沙门道一，俗姓马，是金和上弟子"，但据宇井伯寿《禅宗史研究》考证，马祖道一并非金和上（无相）门下，而是在唐和尚处落发的。落发是受具戒，但为之授戒者不一定就是他思想的师承所在。又，唐和尚在法系上，比金和尚高一辈，不知宗密将马祖派在金和尚门下是记忆有误还是有意贬抑。

[63] 裴休《叙》，载《禅源诸诠集都序》卷首，《大正藏》第48册，398页。

唐之初禅门四派时，对北宗、牛头都无贬词，偏偏对同出曹溪门下的荷泽不假辞色，在对神会略加赞扬后，笔锋一转就严厉批评神会的后人：

> 习徒迷真，橘枳变体，竟成檀经传宗，优劣详矣[64]。

这段话中还有一些不很清楚的地方，但口吻中的轻蔑之意是显而易见的。

从现存资料来看，神会一系自从盛中唐之际逐渐坐稳了名门大派的交椅之后，常常以超越各家的姿态出现，南宗禅锐利简截的特色反不明显。举三个最明显也是最重要的人物为例，比如西京慧坚，他虽在贞元中奉诏与各派论难，"定南北两宗"，但他又融合顿渐两义，提出"开示之时，顿受非渐，修行之地，渐净非顿，知法空则法无邪正，悟宗通则宗无南北"之说，因而颇受欢迎[65]。又如杨岐乘广也试图持调和之论高踞众家之上，称"分二宗者，众生存顿渐之见；说三乘者，如来开方便之门。名自外得，故生分别；道由内证，则无异同"[66]。此外，宗密本人更是禅教合流，失去了南宗禅的本来面目，反而不如提倡"即心是佛""非心非佛""一切皆真""触类是道"，并逐渐走向"平常心是道"的马祖一系来得简明痛快，更能保持自己的独特风貌。

因而荷泽一宗最后竟在这十分高超的圆融中，消融了自己，在来势凶猛的马祖禅的比照之下，他们相形见绌，每下愈况，逐渐地盘缩减，终于式微，连神会的再传弟子，杨岐乘广的首席弟子杨岐甄叔

---

[64]　《全唐文》卷七一五，3258页。
[65]　慧坚碑铭，载陈尚君辑补《全唐文补编》卷五九，722—724页。
[66]　刘禹锡《袁州萍乡县杨岐山故广禅师碑》，《刘禹锡集》(北京：中华书局，1990)卷四，57页。

（？—820），都改换门庭转投洪州门下成了马祖道一的弟子[67]。

四、洪州宗与牛头宗

中唐另一支禅门大宗，是以慧忠（683—769）、玄素（668—752）的弟子佛窟遗则（713—770）、径山法钦（714—792）为首的牛头宗。

在遗则与法钦的时代，牛头一系颇为兴盛，正像我们前面说的那样，它是与北宗、荷泽宗、洪州宗并列的中唐初期的四大门派之一。法钦曾于大历初年被唐代宗李豫请到长安，李吉甫《杭州径山寺大觉禅师碑铭并序》记载当时盛况，"授以肩舆，迎于内殿，既而幢幡设以龙象图绕，万乘有顺风之请，兆民渴洒露之仁"。据说，当时"自王公逮于士庶，其诣者日有千人"，甚至于传说信仰者如果"不践门阈，耻如喑聋"，他似乎得到了上至天子下至百姓的崇敬[68]。更有大批文人士大夫对他佩服得五体投地，《宋高僧传》卷九称他在京师与浙江时，都有许多"令仆公王节制州邑名贤"执弟子礼，如崔涣、裴度、第五琦、陈少游等；而遗则虽然没有法钦那么轰动的影响，但他似乎在禅理上颇有造诣，他整理过法融的遗文，撰写过不少著作，如《宋高僧传》卷十所说的"为《宝志释题》二十四章，《南游傅大士遗风序》，又《无生等义》"，所以，元和年间甚至有"佛窟学"的名称[69]。据说，遗则到天台宗大本营传法，居然与一直在

---

[67] 前引刘禹锡《袁州萍乡县杨岐山故广禅师碑》记载乘广弟子，说甄叔是"服勤闻法之上首"。但据《宋高僧传》卷十、《全唐文》卷九一九至贤《杨岐山甄叔大师碑铭》、《景德传灯录》卷八，他却是"扣大寂（马祖）禅门，一造玄机，万虑都寂"，成了马祖的弟子。宇井伯寿《禅宗史研究》认为，他是先在荷泽，后投洪州的，此说近是。253 页。

[68] 《文苑英华》卷八六五，4564 页。

[69] 《宋高僧传》卷九《唐杭州径山法钦传》，211 页；卷十《唐天台山佛窟岩遗则传》，229 页。

天台的国清寺分庭抗礼，不分上下。《宋高僧传》卷十六《唐天台山国清寺文举传》就说，文举很得信徒崇敬，听他说法者很多，但也不过是"与佛窟（遗）则公禅道并驱而相高也"[70]。据《全唐文》卷七二一胡的所撰《大唐故太白禅师塔铭并序》说，在中唐牛头宗禅师观宗得的时代，"牛头法众，欲近万人"[71]。

前面第二章中我曾经指出，牛头宗之成为达摩一系，牛头法融之被认为是四祖道信门下，这种说法最早只见于盛中唐的一些资料。比如李华《润州鹤林寺故径山大师碑》、李吉甫《杭州径山寺大觉禅师碑》、白居易《传法堂碑》、刘禹锡《牛头山第一祖融大师新塔记》等。这种说法很可能是在法钦、遗则的时代被造出来的[72]，因为牛头宗在禅宗大盛时，攀龙附凤成为达摩一系正统禅门，对它在江南一带的传法自然大有裨益。不过，法钦他们的禅法的确与南宗较为相近，所以，也有人把他们划归到南宗一脉中去，如《宋高僧传》卷五《唐五台山清凉寺澄观传》中就说著名僧人澄观，在大历十年（775）以后，"谒牛头山忠师、径山钦师、洛阳无名师，咨决南宗禅法"[73]。

洪州宗与同出一门的荷泽宗，关系有些紧张，但与血脉传承不清的牛头宗，反而关系颇为融洽。我们可以从《宋高僧传》《祖堂集》《景德传灯录》中，找出许多洪州门下与牛头宗禅师的交涉资料，比如：

---

[70]　《宋高僧传》卷十六，395页。
[71]　《全唐文》卷七二一，3288页。
[72]　参见宇井伯寿《禅宗史研究》第二《牛头法融と其传统》，96页。
[73]　《宋高僧传》卷五，105页。

芙蓉太毓,"礼牛头山忠禅师而师事焉,于是勇猛精进,求其玄旨"[74]。

西堂智藏,"随大寂移居龚公山,后谒径山国一(法钦)禅师,与其谈论周旋,人皆改观"[75]。

天皇道悟,"投径山国一禅师,悟礼足始毕,密受宗要,于言语处,识衣中珠,身心豁然,真妄皆遣"[76]。

伏牛自在,"投径山出家,于新定登戒,及诸方参学,从南康道一"[77]。

东寺如会,"大历八年,止国一禅师门下,后归大寂法集"[78]。

丹霞天然,"造江西大寂会……次居天台华顶三年,又礼国一大师"[79]。

超岸,"先遇鹤林(玄)素禅师,处众拱默而已"[80]。

明觉,"复于径山留心请决数夏,负薪,面默手砥"[81]。

其中,洪州宗的重要人物西堂智藏与径山法钦及另一牛头宗禅师制空都有来往,《景德传灯录》卷四说,他曾奉马祖之命,到径山法钦处询问:"十二时中,以何为境?"法钦道:"待汝回去时有信。"智

---

[74] 《宋高僧传》卷十一,251 页。《景德传灯录》卷七称,他"年十二,礼牛头山第六世忠禅师落发"。

[75] 《宋高僧传》卷十,223 页。《祖堂集》未载,《景德传灯录》卷七说,是奉马祖之命往送书信,同书卷四径山法钦条下,有智藏与法钦的对话。

[76] 《宋高僧传》卷十,231 页。又见《祖堂集》卷四《天皇和尚》,206 页。

[77] 《宋高僧传》卷十一,245 页。又见《景德传灯录》卷七。《祖堂集》未载。

[78] 《宋高僧传》卷十一,249 页。又见《景德传灯录》卷七。《祖堂集》卷十五载"大历八年止国一禅师门下",678 页。

[79] 《宋高僧传》卷十一,250 页。

[80] 《宋高僧传》卷十一《唐南岳西园兰若县藏传》附,253 页。

[81] 《宋高僧传》卷十一,254 页。

藏答："如今便回去。"法钦则说道："传语却须，问取曹溪。"大概他对径山的心法也颇有感悟处，所以，后来有一人向他说："某甲曾参径山和尚来"时，他追问道："径山向汝作么生道？"那人说："他道一切总无。"智藏便教训这人一番，说径山可以说"无"，但你却不能说。也许，在他的理解中，是因为径山早已心境透脱不滞于物的缘故。

牛头宗的思想以说"空"道"无"为终极，其修行以"直行放任"为方便，这在前面我们已经有过论述。在盛唐慧忠、玄素、玄挺的时代，以及中唐法钦、遗则的时代，这种思想与方法，已经越发向追求自由心境的一面发展。《宗镜录》卷九十八引慧忠语有"任心自在，不须制止，直见直闻，直来直去，须行即行，须住即住"的说法，同卷引遗则语又有"只了众生自性，从本已来，无有一法可得，谁缚谁脱？"[82]这可能就是李华《润州鹤林寺故径山大师碑》里所说的，牛头法融从达摩那里得来的"自然智慧"。在这一点上，他们比南宗惠能一系走得还远一些。马祖禅后来逐渐与这一思想接近，终于走上了"非心非佛"，完全以精神与行为的自由为追求目标，以轻松随顺的自然适意为修行手段，用般若空观所描述的无差别境界为终极境界，是否与牛头禅有着直接的关系呢？

第二节 从"即心即佛"到"非心非佛"

贞元、元和年间（785—820），马祖道一所开创的洪州宗，逐渐取代荷泽门下成了南宗禅的主流，江西也成了曹溪之后又一处禅宗

---

[82] 延寿《宗镜录》卷九十八，《大正藏》第48册，945、946页。

圣地而被人称为"选佛场"[83]，正如陈诩《唐洪州百丈山怀海禅师塔铭》所说的"大寂之徒，多诸龙象，或名闻万乘，入依京辇，或化洽一方，各安郡国"[84]。因此，《传法正宗记》卷七说马祖道一：

> 以其法归天下之学佛者，然当时之王侯大人慕其道者，北面而趋于下风，不可胜数[85]。

不过，马祖禅之成为中唐之后的南宗禅正脉，并不仅仅在于他门下禅师众多，广布四方，还因为他的禅思想是对惠能、神会以来"立无念为宗，无相为体，无住为本"的进一步修正，以及对南宗禅"令自本性自悟"这一观念的进一步确认[86]。在马祖道一这里，南宗禅思想才最终消解了禅思想内在理路中一直存在的矛盾。而这一在中唐具有重大意义的思想转换，即表述在过去禅史研究者都不太重视的一段话里。这段话见于《景德传灯录》卷六：

> 僧问："和尚为什么说即心即佛？"师（马祖）云："为止小

---

[83]《祖堂集》卷四《丹霞和尚》说："江西马祖今现住世说法，悟道者不可胜记，彼是真选佛之处。"209页。江西禅宗之盛况，可以从严耕望《唐代佛教之地理分布》一文的统计中，看到一些痕迹。他在统计了禅宗分布情况之后，指出"今江西（禅师）最多，浙江次之"。其中，江西的206人中，"洪州七十五，几占三分之一"。载《中国佛教史论集·隋唐五代篇》，收入《现代佛教学术丛刊》（台北：大乘文化出版社，1977）之六，86—87页。铃木哲雄《唐五代禅宗史》（东京：山喜房佛书林，1985）第五章第二节《江西地方における各派の展开》也指出，"唐至宋初之间，江西禅宗的发展极其引人瞩目，禅门影响后世的人物辈出……五家中的三家，七宗中的五宗来自江西，盛唐以来，以都城长安为中心的禅宗，因而逐渐成为向地方扩散的禅宗"，308页。又，江西禅宗之盛，或许与江西人口增长、经济稳定有关。周振鹤《唐代安史之乱和北方人民的南迁》中指出，安史之乱后全国人口下降，只有十一个州有所增加，其中赣北占了三个，即饶州、洪州、吉州。洪州即马祖禅之基地，天宝时仅五万五千余户，元和时已增长到九万一千余户。载《中华文史论丛》（上海：上海古籍出版社）1987年第二、三期合刊，115—137页。

[84]《全唐文》卷四四六，2014页。

[85]《大正藏》第51册，750页。

[86]《坛经校释》，31—32页。

儿啼。"僧云:"啼止后如何?"师云:"非心非佛。"[87]

有资料表明,马祖道一早年是主张"即心即佛"的,直到大历、贞元年间,才衰年变法而提倡"非心非佛"。《祖堂集》卷三载伏牛自在禅师为马祖给慧忠传递书信,慧忠曾问道:"马师说何法示人?"自在答:"即心即佛。"慧忠又追问:"更有什么言说?"自在又答:"非心非佛。"慧忠圆寂于大历十年(775),对话应在此前。又,《五灯会元》卷三记载,大梅法常禅师初参马祖,曾问:"如何是佛?"马祖答:"即心是佛。"法常在贞元年间(应在785—788年之间)住四明大梅山时,马祖曾令僧人去问讯,此僧告诉法常,"大师近日佛法又别……又道非心非佛"[88]。马祖圆寂于贞元四年(788),可见"非心非佛"是马祖生命最后十来年的深思熟虑。而正是从"即心即佛"到"非心非佛"的命题转换,使中唐禅思想发生了重要的变化,并使马祖禅法超越了惠能、神会,奠定了彻头彻尾的中国禅"自然适意"的思想基调。

一、"即心即佛"说的渊源与传承

通常,禅思想史的研究著作都把"即心即佛"看成是马祖道一及其门下的思想命题[89],这当然也不错。因为,就连马祖道一门下当时也有这一感觉。例如,马祖在世时,汾阳无业(762—823)前往参拜,见面就提问,问的就是"三乘至教,粗亦研穷,常闻禅门

---

[87]《景德传灯录》卷六,《大正藏》第51册,246页。
[88]《五灯会元》卷三,146页。
[89] 如忽滑谷快天《禅学思想史》上册就专立了第七节《即心即佛》,428—429页;宇井伯寿《禅宗史研究》第七《马祖道一石头希迁》则认为"即心即佛"等,是马祖、石头两系的共同思想,412页;印顺《中国禅宗史》也认为"即心即佛"是洪州宗的"原则",见346—347页。

'即心是佛',实未能了,伏愿指示"[90]。马祖圆寂后,大多数参学者仍多记此语,据说"门徒以'即心即佛'之谭,诵忆不已"[91]。所以,释延寿《宗镜录》卷二分述各派要旨时,就把这一命题算在马祖道一身上,说"马祖即佛是心"[92]。所谓"即心即佛",就是《祖堂集》卷十四中记载马祖道一所说的"汝今各信自心是佛,此心即是佛心"。

不过,这一思想并非马祖道一的首创,而是禅宗早已有之的东西。敦煌本《坛经》中六祖惠能说过的"我心自有佛,自佛是真佛";宗宝本《坛经·忏悔品第六》中六祖惠能说过的"自心归依自性,是归依真佛"[93]。这就是"即心即佛"的意思。如果日本所藏中唐抄本《六祖惠能传》中所收唐中宗李显《召曹溪惠能入京敕》可信的话,那么惠能早就用过"即心即佛"的话了。据说,他在曹溪就是"示悟众生,即心是佛"[94]。用现在的话说,这一命题所表述的是,人的清净自性即是佛性,人一旦悟到并归依自己的清净本性,也就与佛性没有什么差别了,所以叫"即心即佛"。

其实,这种把"自性"或"自心"与"佛性"或"佛心"等同起来的说法,在大乘经典中常可见到。如《华严经》之"心、佛与众生,是三无差别"[95];《维摩诘所说经》之"随其心净,则佛土净"[96],都指示了心与佛不二的路数。这在六祖惠能的时代,大约

---

[90] 《祖堂集》卷十五《汾阳和尚》,690页。《景德传灯录》卷八所记文字略有不同,但大意相近,《大正藏》第51册,257页。《五灯会元》卷三与《传灯录》同,164页。
[91] 《景德传灯录》卷七《东寺如会禅师》,《大正藏》第51册,255页。
[92] 《大正藏》第48册,427页。
[93] 见《坛经校释》,109页;宗宝本《坛经》,见《大正藏》第48册,354页。
[94] 《全唐文补编》卷二十二,261页。
[95] 澄观《大方广佛华严经疏》卷二十一,《大正藏》第35册,658页。
[96] 《维摩诘所说经·佛国品第一》,《大正藏》第14册,538页。

已经是很多禅者的共识,据说,法海禅师初见六祖时,所提的第一个请求就是:

> 即心即佛,愿垂指喻[97]。

因此,宋释契嵩《镡津文集》卷三《坛经赞》里,就以这个命题为"《坛经》之宗,尊其心要",并批评那些"谓'即心即佛'浅者",是"以折锥探地而浅地,以屋漏窥天而小天"[98]。也许正是因为六祖惠能已有这一说法,所以六祖门下第一代弟子中也常用这一说法。如南阳慧忠(?—775)在回答"阿那个是佛"一问时,就说"即心即佛"[99];司空山本净(667—761)在回答中使杨光庭问时,也说"若欲求佛,即心是佛……若欲会道,无心是道"[100]。荷泽神会虽然没有直接使用这一词,但也有过类似的说法,他在答魏郡乾光法师问"何者是佛心,何者是众生心"时,便说"众生心即是佛心,佛心即是众生心……若其了者,众生心与佛心元不别"[101]。

前面我曾经说过,在佛教思想中有三个彼此相关的问题最为重要,一是佛性问题即人的自性究竟如何,二是成佛途径即修行方式究竟如何,三是佛陀境界即真正解脱的境界究竟如何。作为一个简约化的命题,"即心即佛"虽然只有四个字,却涉及了上述所有的三个方面:

首先,"即心即佛"说,必须预设人的心灵本来就是清净的,人

---

[97] 《景德传灯录》卷五,《大正藏》第51册,237页。
[98] 《大正藏》五十二卷,663页;此外,传说梁宝志《大乘赞》中也有"不解即心即佛,真似骑驴觅驴",传傅大士《心王铭》中也有"是佛是心,是心是佛""即心即佛,即佛即心"等等,但这两篇作品是否宝志与傅大士的手笔,实在很可疑。
[99] 《景德传灯录》卷五,《大正藏》第51册,244页。
[100] 《祖堂集》卷三《司空山和尚》,179页。
[101] 《神会和尚禅话录》,75页。

的自性本来就与佛性无二，这也是惠能说过的"本性是佛，离性无别佛"，"佛是自性，莫向身外求"。

其次，当人领悟到自心是佛，而回归自己的本性，就能脱胎换骨似的进入超越境界，仿佛"移西方于刹那间，目前便见"，这就是惠能说的"起正真般若观照，一刹那间妄念俱灭，若识自性，一悟即至佛地"的顿悟方式。

再次，人们一旦觉悟，回归自心，这时心中便是一片空明，有如水月朗照，纤尘不生。而这一境界是不可言传的，这就是惠能所说的"内外明澈，不异西方"的佛陀境界，佛境即是心境，心境即是佛境。

显而易见，"即心即佛"与要求持戒、诵律、析理、修心而渐入佛境的传统佛教流派不同，传统佛教一般倾向于认定人有"无明"、有"业因"、有"烦恼种子"，因此，人们或者通过严格地持戒，收束心性，使心性不至于如猿如马奔逸放纵；或者通过坚持不懈地坐禅、念佛、数息、止观，使精神集中专一，不被外在尘缘和内在欲望驱使；或者通过严格复杂的逻辑分析和义理学习，在理智上了知"一切皆空"或"三界唯心"。无论是戒、定、慧，基本上都是"渐修"的路数。前期的达摩禅虽然据《楞伽》"如来藏自性清净"之说和《涅槃经》"一阐提有佛性"之说，认定"含生凡圣同一真性"，但又据《楞伽经》"虽自性净，客尘所覆故，犹见不净"之说，认定自性"为客尘妄覆，不能显了"，所以要通过"二入四行"，或"藉教悟宗"或"凝住壁观"[102]。就连道信也依然坚持修行者要"常忆念佛"，令"攀

---

[102]《二入四行》，见《楞伽师资记》，《大正藏》第 85 册，1285 页。

缘不起"；弘忍也仍旧要求修行者要"凝然守心，妄念不生"[103]。正如我们前面说过的那样，这一理路承认了"自心"与"客尘""清净"与"污染"的二元分立，所以，才引出了神秀那一首著名的偈语：

> 身是菩提树，心如明镜台。时时勤拂拭，莫使惹尘埃。

既然要"时时勤拂拭，莫使惹尘埃"，那么众生自心就一定不等于清净佛性，众生入禅的途径就只能是不断渐修，至于超越境界，也就只能是渐次接近的未来之事。

但是，"即心即佛"的"即"字，却有一种"不假修证，当下即是"的迅疾之意。"心"与"佛"对举，使人领悟到自心本来清净如同佛性，不必渐修苦行，只须反身内省就能获得解脱。所以，前引《祖堂集》卷三记载，中使杨光庭听了司空山本净禅师的"即心即佛"论就恍然大悟，说：

> 京城大德皆令布施、持戒、忍辱、苦行等求佛，今和尚曰：无漏自性，本自具足，本来清净，不假修行，故知前虚用功耳。

这样就与传统佛教、前期禅门以及北宗神秀一系，都划开了界限。前引圭峰宗密论说禅门诸宗时，曾以明珠比心，说北宗是"离黑觅珠"，就是说直到北宗时代，禅宗仍然是在向外寻觅清净心性，因此要苦苦扫除"客尘""黑云"，但是，"即心即佛"说则使南宗禅只需在一悟之间，就可以明珠在握。正如神会在《大乘开心显性顿悟真宗论》中所说的，"分别是妄心，不分别是自心"，也就是从"妄心"

---

[103] 传道信《入道安心要方便法门》，见《楞伽师资记》，《大正藏》第85册，1287页；传弘忍《最上乘论》，《续藏经》第110册，829页。

到"自心",只需要一念之转,就可以超三界、登彼岸。所以说,是"其渐也,积僧祇之劫犹处轮回,其顿也,如屈伸之臂顷旋登妙觉"[104]。正如马祖门下的大珠慧海禅师解释"即心即佛"时所说"见性者即非凡夫,顿悟上乘超凡越圣",对于修行者来说,关键就在那刹那间的意识转换,如果能够在意识中转换到自心本来清净,并体验到这种清净,那么就顿时悟道,如果不能,那么就始终沉沦。这就叫"达即遍境是,不悟永乖疏"[105]。正因为"即心即佛"简约而直接地表达了"顿宗"在佛性论、修证方式、终极境界三方面的独特思想,因而它逐渐成了南宗禅常用的著名命题。

我还要再次说明,在中唐南宗禅两大系即荷泽、洪州两支中,"即心即佛"这一命题都是被接受的,像自称荷泽门下的宗密即一再说到过它。《圆觉经大疏》称,"或有众生,朝发道心,即得成佛……达摩禅宗'即心即佛',是斯意也";《圆觉经大疏钞》卷三之上也说,"即心本是佛,妄起故为众生,一念妄心不生,何为不得名佛"[106]。所以,他十分不满于人们将这一思想划归某一宗,而认为它是佛教的普遍真理。《禅源诸诠集都序》卷上之一就批评"今时弟子彼此迷源",并郑重指出人们"闻说'即心即佛',便推属胸襟之禅,不知心、佛,正是经论之本意"[107]。而禅宗以外的人批评禅宗"即心即佛"之说,也是把它当作南宗禅全体的思想来看待的。像永泰年间(765—766)普门子敬为湛然《止观辅行传弘决》作序

---

[104] 慧光集《大乘开心显性顿悟真宗论》,《大正藏》第85册,1278—1279页,一般都认为这是神会的思想资料,文内载李慧光(大照)居士与和尚(神会)的对话。但经学者考证,这一卷应是北宗禅的作品;又,上引后二句出自佚名《大乘顿教颂》。

[105] 分别见于《景德传灯录》卷二十八、卷六;《大正藏》第51册,441、247页。

[106] 《续藏经》第14册,306、524页。

[107] 《大正藏》第48册,400页。

时，就批评"或谓即心是佛，悟入之门。色不异空，本末谁迹。将冥绝待，章句何施"[108]，显然决非单指洪州一家。而中唐的澄观在《答皇太子问心要书》中，更委婉批评"虽即心即佛，惟证者方知。然有证有知，则慧日沉没于有地，若无照无悟，则昏云掩蔽于空明"[109]，显然也是在总体上指责南宗。因此，尽管马祖及其门下多谈"即心即佛"，但"即心即佛"却并不能说是马祖禅的专利，而只能是惠能以来南宗禅的思想。

二、"即心即佛"说在理路上的缺陷

在考察"即心即佛"这个南宗禅思想的命题时，我们会逐渐发现，甚至在马祖道一本人的早期，也并没有意识到它存在的重大问题，这个问题就是前面我们一再提到的，"心"究竟是指清净无垢绝对空明的佛性，还是人人均具备的自然的人性。如果是佛性，那么，如何解释人人心中存在的种种欲念与分别？人是否要抛开这些欲念与分别以超越俗尘，将自己提升到"无念"境界，才算是"即心即佛"？假如是人性，那么为什么还要反复强调"不作意"的"无念"？如果"有念"与"无念"同出于人的本性，人性的种种欲念与分别是否还是合理的存在？如果是合理的存在，当然可以"即心即佛"，但存在了欲念与分别的人性，又怎能是清净的佛性全体？如果是不合理的存在，那么，要清除这些欲念与分别，又怎能一步登天似的"即心即佛"？

至少在惠能和神会时代，这一理路还是存在着混乱和矛盾的，像敦煌本《坛经》中惠能那两首著名的偈语：

---

[108]《大正藏》第 46 册，141 页。
[109]《全唐文》卷九一九，4247 页。

> 佛性常清净，何处有尘埃。
> 明镜本清净，何处染尘埃。

可是，既然说"佛性常清净"，那么，又何须"于一切境界上念不起为坐，见本性不乱为禅"的"坐禅"？又何须"无念为宗，无相为体，无住为本"的修行法门？既然人性就是佛性，那么佛性又怎能"于外著境，妄念浮云盖覆，自性不能明"，而且要奉"无相忏悔"、受"无相三归依戒"呢？神会在答问"佛性自然"时，虽然非常肯定地说：

> 无明依佛性，佛性依无明，两相依，有则一时有，烦恼与佛性，一时而有。[110]

但是仔细一看，他还是把人心中的"无明"和"佛性"分别看待的。在《荷泽和尚与拓拔开府书》中，他一方面说"不作意即是无念，无念体上自有智命"；一方面又说人们"知解久薰习"而有"攀缘妄想"；在答人们"断烦恼非本"时，他又用"金"和"矿"比喻佛性与烦恼，一则说"金则百炼百精"，一则说"矿则再炼变成灰土"[111]。所以，"心"之一字在他这里，还是有"真心"与"妄心"的分别。"心"既然有二，那么"即心即佛"的"即心"，就只能即"真心""清净心"，而不能即"妄心""分别心"。这样一来，"即心即佛"就首先要分别这两种全然不同的方向，然后从世俗之心出发到佛陀之心。换句话说，修行者必须天然是金而不能是矿，如果是矿，则需要经过烈火锻炼才能成金，即先学无念，再体验这无念之心。可是这样一来，就出现了两个令南宗禅难以躲避的麻烦：第一，靠"顿

---

[110] 《神会和尚遗集》，98—99页。
[111] 《神会和尚遗集》，101—102、105页。

悟"的方式"即心即佛"并不可靠，因为"心"如果要分为清净之心与污染之心，那么，即心即佛就不能成立，现实中的每一个人都不可能是天生的无欲无念，当他无分别地回归自心时，究竟应该回归哪一个心？如果说他要回归那个清净之心，那么，他又怎么舍弃他心中早已存在的欲念与分别？按惠能与神会的说法，要无念、无相、无住，要于一切境界上念不起，可是那岂是一朝一夕，说"即"就可以"即"的？第二，这种对"心"的理解就与般若的"空"发生了冲突，按照般若的思路，人心的最终境界应该是不垢、不净、不住、不乱，一切在般若空的笼罩下，都是无自性的幻相，心也罢、佛也罢，都不是终极的东西，"即心即佛"只不过是说心、佛无别而已。之所以心、佛无别，也只是因为它们都是"空"，但惠能与神秀却把"心"尤其是清净之心，当作了追寻目标，并把这个"心"当成了实在的"佛"，让人苦苦追求，这样就有了"执"。特别是，他们还把"心"又分成清净的一半和污染的一半，无疑还是要人从这一半向那一半转移，这就不仅有"执着"而且有了"分别"，这就不是"空"。那么，南宗禅所谓的"常清净"又如何清净得了？如果按照这种思路推衍下去，倒是北宗"明镜有尘埃"的佛性论和"时时勤拂拭"的渐修论更能自圆其说，更为合理合情。

正像我们在前几章中反复提到的，追根溯源说来，南宗禅这一理路的内在矛盾，其实来自前期禅门思想的延续。从经典依据上来说，南宗禅这一思想的内在矛盾其实仍然来源于宗奉《楞伽》与宗奉《般若》的杂糅，《楞伽》的如来藏学说把人的自性（藏识）看成是"善、不善"的共同本源，稍后《大乘起信论》更以"一心法有二种门"，在抽象肯定"心"本体的同时，承认了"心真如门"与"心生灭门"的二元对立。由于这种"净"与"染"或"真如"与"生灭"

的对立，所以他们不能不承认，人从不觉到觉，从有念到无念，从染到净，从生灭门回真如门，除了"诸佛如来"之外，一般人还是须要"在寂静处，独坐思惟，自内智慧，观察诸法"的，这就是所谓"渐次清净，非为一时"[112]。显而易见，神会所说从矿到金的过程，也同样"不以方便种种，终无得净"。可见，只要持心真如与心生灭、净与染的二元对立观，只要沿着《楞伽》《起信》的内在理路顺流而下，就只能走到类似北宗禅"渐修"的思路[113]。

但是，把一个人人具有的心灵分成两半，其后果是再度在心中制造了一个"彼岸世界"。本来，中国的宗教在"此岸"与"彼岸"、"心灵"与"神灵"、"自觉"与"他觉"之间，一直就有一种偏向前者与背离后者的思路，儒家所谓"道不远人"，道家所谓"圣人之心静"及佛教所谓"圣远乎哉，体之即神"[114]，都显示了中国思想世界偏向将超越境界内在化的趋势。可是，传统禅门到北宗的一心二门的渐修方式，由于需要"凝心入定，住心看净"，毕竟在心灵中又割出了一块"净土"或"彼岸"。为了登上那"心色俱离即无一物"的彼岸，又得以全身心的抑制思虑为筏去苦苦挣扎，为了使心灵达到清净无垢的境界，又得用"打坐"靠"念佛"来自我调节。这样，就不可能做到将现实生活的此岸当作理想境界的彼岸，纯粹以心灵自觉来实现解脱。特别是当"自然"成为文人士大夫的最高理想的

---

[112] 此引《楞伽阿跋多罗宝经》据宋译四卷本，《大正藏》第16册，479—586页，《大乘起信论》据梁译本，《大正藏》第32册，575—583页。

[113] 如弘忍所说的"但守一心，即心真如门"，就是《起信论》的说法，见《宗镜录》卷九十七引；如《大乘无生方便门》中所说的"性心瞥起即违佛性，是破菩萨戒，护持心不起即顺佛性，是持菩萨戒"，就是染净二元论的说法，见《大正藏》第85册，1273页。

[114] 《礼记·中庸》，《十三经注疏》（北京：中华书局影印本，1979），1627、1625页；《庄子·天道》，陈鼓应《庄子今注今译》（北京：中华书局，1983），337页；僧肇《不真空论第二》，转引自《中国佛教思想资料选编》（北京：中华书局，1981）第一卷，146页。

时候，这种以理念把心灵分别为二的方法，就对追求自然的文人士大夫造成了障碍，他们不得不用心力从此岸到彼岸，用修行把此心换彼心，小心翼翼地绕开生灭，背离妄念，于是处在一种被撕裂的痛苦之中。惠能和神会曾一再批评这一思路是"障道因缘"：

> 起心看净，却生净妄。
>
> 净无形相，却立净相，言是功夫，作此见者，障自本性，却被净缚[115]。
>
> 声闻修空被空缚，修定住定被定缚，修静住静被静缚，修寂住寂被寂缚[116]。

就是说，当人们想到要解脱系缚，就有一个"解脱系缚"的念头存在，当人们一旦想到要寻找清净时，就有一个"寻找清净"的理念在思维中缠绕，都不能算真正的"无念""无相""无住"。

惠能和神会时代的南宗禅并没有真正把这一思路贯彻到底，"即心即佛"说的关键立脚处，在于彻底消解心灵本原的二元分立，用般若思想把烦恼与清净，即世俗杂念与清净佛性的鸿沟彻底填平。但是，惠能和神会一方面引入般若思想试图解释烦恼与清净的同一、人性与佛性的同一、有与无的同一，让人不要执着、不要用心、不要偏爱，在一种自然的心态下体验解脱；但另一方面又延续传统说法承认邪正、迷悟、明暗、垢净即此岸与彼岸的实在。尽管神会说"众生心是佛心，佛心是众生心"，但当人进一步追问它们既然没有分别，"何故众生不言佛"时，他还是要分别"了"与"不了"

---

[115] 《坛经校释》，36页。

[116] 《神会和尚遗集》，118页。

的差别,"不了人论众生有佛,若其了者,众生与佛元不别"[117]。于是从"不了"到"了"还是有一段很漫长的距离,"不了"与"了"虽然只是一字之差,但却是从凡到圣的过程,并不可能即心即佛。因此,他们的理路就有了自相矛盾。

从前期禅师到惠能、神会,这一内在理路的矛盾始终未曾消解。宗密在《中华传心地禅门师资承袭图》中曾为荷泽宗辩解,说神会强调的是"自性本用",就像铜镜的明净,洪州宗强调的是"随缘应用",就像铜镜的照物。前者"现有千差,明即自性常明",后者却随相变形。所以,前者是"现量显",后者是"比量显",前者当然高于后者。但是,生活在世俗社会中,心怎么能应物现形,而心仍不动呢?这虽然在理论表述中可能存在,但在生活实际中却是虚玄。所以,当他们提倡"即心即佛"时,人们就会质疑,既然即心就可以即佛,那么这"心"就应该是"佛",那为什么还要"不作意"或"无念无相无住"?如果说"佛性常清净"本来就没有什么客尘污染,禅师为什么还要我们受无相戒、习菩萨禅,而不能随心所欲?倘若分别、执着,都是"心"之妄念,那么我们还要用理智来提醒自己不要分别和执着吗?当我们用了理智使我们警惕分别与执着时,我们岂不是又落入了分别与执着的理智?

宗密在《禅源诸诠集都序》卷下之一有一段记载,说"今时学人多疑云:达摩但说心,荷泽何以说知?"所谓"知"就是理智,理智不是自然的、直觉的、当下即是的感悟,而是艰苦的、自觉的、须待修习的理念,它不可能是"即心即佛"的顿悟,而是回归理智的渐修。神会不说"心"而说"知",其弟子掺和"顿"与"渐",

---

[117] 《神会和尚遗集》,125页。

就透露了他们内在理路上的这一矛盾。

三、"非心非佛"说与中唐禅风巨变

人生对于宗教家来说，常常是一幅有待设计的交通地图。传统佛教告诫人们，这幅地图上的每条道路都不能通行，因为处处都有难填的欲壑，成为人生的陷阱。只有持戒、修定、达慧那一条路，勉强可以让人步履蹒跚地前行。前期禅门及北宗禅，则仿佛把这张地图画成了两半，从这一半到那一半，必须"屈、曲、直"地走很久，才能从"五阴黑云"笼罩的地方脱身而出，踏上清净佛土。惠能和神会则把这分成两半的地图转了个九十度角，仿佛一开步一抬腿那瞬间起，就可以从这半到那半，或者两脚一只在这半，一只在那半，从这半到那半很简单，只在你一念之间的顿悟与否，理智一动就可以弃暗投明。但是，到了马祖道一这里，这幅地图没有了路，也没有了明、暗、净、染的分别，成了"白茫茫大地真干净"。而这没有了路径的大地，恰恰可以不必理会路径纵横，只须自由自在地漫步而行，无论你怎么走，都通向涅槃、解脱或超越，因为这超越境界就是日常境界。

《景德传灯录》卷八载汾阳无业禅师（762—823）初参马祖道一禅师时的情景：

> 问曰：三乘文学，粗穷其旨，常闻禅门"即心是佛"，实未能了。
>
> 马祖曰：只未了底心即是，更无别物。

又，卷六载大珠慧海禅师（生卒年未详）初参马祖时，马祖问："来此拟须何事？"慧海答："来求佛法。"马祖当即喝道：

> 自家宝藏不顾,抛家散走作什么?我这里一物也无,求什么佛法。

慧海又问:"阿那个是慧海自家宝藏?"马祖便说:"即今问我者是汝宝藏,一切具足更无欠少,使用自在,何假向外求觅?"于是,大珠慧海顿悟"本心不由知觉",欢喜踊跃,便师事马祖道一[118]。

在这里,马祖道一与传统禅门,甚至与六祖惠能、荷泽神会等南宗禅门的理路差异,已经初现端倪,"即心即佛"的"心",不再单纯是"了心"或"无念之心",而是"未了心"或者说是杂糅了"烦恼"与"正智"、"无明"与"智慧"的世人之心。按照马祖道一的说法,人人都有的心灵就是"自家宝藏",它"一切具足",与佛心没有差别。不必再用心思向外苦苦觅求,也不必死死守住所谓"真如"那一道并不坚固的防线。于是,世俗世界就是佛国净土,寻常意思就是佛法大意,人在随顺自然时的挥手举足、扬眉瞬目之间,便显示了生活真谛,在心识流转、意马心猿中,也可以有心灵自由。人生的顿悟不再由"知"的追踪寻绎,而只是由"心"的自然流露,这就是圭峰宗密《圆觉经大疏钞》卷三之下里总结的"触类是道而任心":

> 起心动念、弹指謦咳扬扇,因所作所为,皆是佛性全体之用,更无第二主宰,如面作多种饮食,一一皆面,佛性亦尔[119]。

宗密的这段概括非常正确,但他以为这一思路出自《楞伽》"如来藏是善不善因,能遍与造一切,起生受苦乐与因俱",这却是误会。他

---

[118] 《景德传灯录》卷八、卷六,《大正藏》第 51 册,257、246 页。
[119] 《续藏经》十四册,557 页。

的依据大概是马祖道一的一段话,这段话在《祖堂集》《景德传灯录》中都有记载,现据较详细的《宗镜录》卷一引录如下:

> 达磨大师从南天竺国来,唯传大乘一心之法,以《楞伽经》印众生心,恐不信此一心之法,《楞伽经》云:佛语心为宗,无门为法门。何故佛语心为宗?佛语心者,即心即佛,今语即是心语,故云:佛语心为宗;无门为法门者,达本性空,更无一法,性自是门,性无有相,亦无有门,故云无门为法门[120]。

但是,宗密并没有看出,马祖道一虽然沿用了传统禅门奉《楞伽》强调"心"的话头,来支持"即心即佛"的命题,但他所说的"无门为法门",却恰恰将《楞伽》的"心"瓦解为"空",使它变成了《般若》的内涵。换句话说,马祖道一的"楞伽"学说实在是似是而非。

本来,《楞伽》中就有"无相之虚宗"的因素,汤用彤先生曾说它"虽为法相有宗之典籍,(中已有八识义)但其说法,处处着眼在破除妄想,显示实相"[121]。在前期禅门那里,这实相在"一行三昧"的消解下,唯是一相,而这一相即是非相,所以很容易转向空相。但是,毕竟它是守住最后一道壁垒的,所以它仍与瓦解一切、归之于"空"的《般若》不同:

首先,《楞伽》虽标志"佛语心",但在抽象的"心"这里,"心"是非常虚玄的,在真实的"心"这里,"心"却是有分别的。"如来藏自性清净","常住不变"是思辨中的认识,但却不是现实中的真有,在现实人心中,如来藏则为"垢衣所缠","贪欲恚痴不实妄想

---

[120] 《宗镜录》卷一,《大正藏》第48册,418页。
[121] 汤用彤《汉魏两晋南北朝佛教史》(北京:中华书局,1983),564页。

尘劳所污",所以不得不自我抑制。然而,在马祖这里却不加分别,"心"就是心,无论垢、净,都是自家宝藏,所以他说,"心外无别佛,佛外无别心,不取善,不取恶","凡所见色,皆是见心"[122]。

其次,《楞伽》由于认定现实人心有障碍,所以还是要强调修行,它说"虽自性净,客尘所覆故,犹见不净,非诸如来"。但马祖却并不强调人的具体修行,而看重人的自然,"知色空故,生即不生,若了此心,乃可随时著衣吃饭,长养圣胎,任运过时,更有何事?"[123]

再次,《楞伽》是承认"心"本有的,由于"真心"是唯一真实的存在,所以要分别迷、悟,要收心敛性,要修习禅法。但是,马祖则是依据《般若》思想,把"心"也看成是"空"的,所以他说"达本性空,更无一法"。并不要分别,也无须修习,所谓"无门为法门"的"无",就是杂糅了老、庄之"无"与般若之"空"的一个词。本来就在"空"中,人无须寻觅"空",就好像鱼在水中无须寻觅水,骑驴觅驴,毕竟多此一举。本来就在无门中的人,也无须入门或出门,因为这里自由无碍,本来就没有门,到处觅门有可能倒是画地为牢。所以,有人问章敬怀晖禅师"心法双亡,指归何所?"怀晖道:"郢人无污,徒劳运斤。"[124] 又有人拿这个意思去问南泉普愿禅师,南泉道:"心尚无有,云何出生诸法?犹如形影,分别虚空。"[125]

至此,"即心即佛"的命题终于理路贯通毫无矛盾,但"即心即佛"之说也终于走到了尽头,而面临大变!既然"心""佛"都只是

---

[122] 《历代佛祖通载》卷十四引马祖,《大正藏》第 48 册,608 页。
[123] 《景德传灯录》卷六,《大正藏》第 51 册,245 页。
[124] 《五灯会元》卷三《章敬怀晖禅师》,153 页。
[125] 《五灯会元》卷三《南泉普愿禅师》,137 页。

"空""无",那么,有人会追问,何必去"即"去"求"?按照《般若》的思路,一切都应当消解,依着禅师的说法,有"心"即被"心"所缚,有"佛"即被"佛"所缠,心灵中若有"心""佛"这两个字,即不可能自由无碍。口头上有"心""佛"这两个字,就只是口头禅。禅师们常引述的鸠摩罗什译《小品般若波罗蜜经》卷四《叹净品第九》说:

> 分别色空,即名为著,分别受、想、行、识、空,即名为著,分别过去法、未来法、现在法,即名为著[126]。

同样,一旦有了"心""佛"二字,也是一种"着",就是偏执与分别。真正的彻底的无分别境界,在《般若》思想中只有"空"。只有这"无有形,不可见,无有对一相"的虚空幻相,才是唯一的存在。般若系经典中常见的"不……不……"否定语式,便是通向"空"的唯一途径。也就是说,在不断地瓦解理念立足处,在步步后撤的尽头,在那个一无所住的幽冥处,才是心灵的唯一栖息之地。这样,"即心即佛"终于向"非心非佛"转化。在大历、贞元之间,马祖道一禅师首次在禅思想史上提出了这个看似狂悖的命题。

这是一个禅宗史上相当大的转捩点。前引《景德传灯录》卷六中记载,马祖道一说,"即心即佛"是"为止小儿啼",也就是说"即心即佛"的"即",只是为了防止人们"向外驰求"的权宜方便,仿佛是哄哄小孩子,让他不要哭而已。《祖堂集》卷十六中记载,南泉普愿禅师为此解释道,"江西和尚(马祖)说'即心即佛',且是一时间语,是止向外驰求病,空拳黄叶止啼之词"。"空拳"一语,见《大宝积经》卷九十"如以空拳诱小儿,示言有物令欢喜,开手空

---

[126] 《小品般若波罗蜜经》卷四《叹净品第九》,《大正藏》第9册,551、552页。

拳无所见，小儿于此复号啼"[127]；"黄叶"一语见《大般涅槃经》卷二十"如彼婴儿啼哭之时，父母即以杨树黄叶而语之言：莫啼莫啼，我与汝金，婴儿见已，生真金想，便止不啼，然此杨叶实非金也"[128]。可见，那只是一时的权宜方便，并非真的能使人成佛性，当人们一旦停止向外驰求而反观内心时，马祖道一说，这时就应该"非心非佛"。

"非心非佛"立即得到马祖门下一些弟子的响应。南泉普愿（748—834）曾对其门人说："江西马祖说'即心即佛'，王老师（南泉俗姓王）不恁么道，不是心，不是佛，不是物，恁么道还有过么？"[129] 当有人怀疑他这种与祖师相悖的否定式话语，并提出质问时，他竟"抗声答曰：尔若是佛，休更涉疑，却问老僧何处有恁么傍家疑佛来。老僧且不是佛，亦不曾见祖师，尔恁么道，自觅祖师去"[130]。他以此来显示"非心非佛"甚至于非祖师的无所依傍精神；伏牛山自在（生卒年不详）禅师曾对门人说，"'即心即佛'是无病求病句，'非心非佛'是药病对治句"。所谓"无病求病"，就是说人们自心本来具足圆满，觅心觅佛等于画蛇添足，是没病找病；所谓"药病对治"，就是说不仅可以治疗人们将心觅心、骑驴找驴的病，而且可以救拔那些无病呻吟饮鸩止渴者所中药石之毒[131]；马祖的另一个著名弟子东寺如会（744—843）则在马祖圆寂后，针对那些死守"即心即佛"一句的门徒，尖锐批评道，"心不是佛，智不

---

[127]　《大正藏》第 11 册，519 页。
[128]　《大正藏》第 12 册，485 页。
[129]　《景德传灯录》卷八，《大正藏》第 51 册，257 页。
[130]　《景德传灯录》卷二十八，《大正藏》第 51 册，445 页。
[131]　《景德传灯录》卷七，《大正藏》第 51 册，253 页。

是道，剑去远矣，尔方刻舟"[132]，所谓"心不是佛"，自然是说心佛皆空，一切都是空幻假相，所谓"智不是道"，则是批评那些诵习"即心即佛"者，钻头觅缝地以理智追踪虚幻的清净之心，纠缠不清地用理智分别这心是净、那心是染，由于他们不能以自然态度对心佛，于是缚手裹脚，被心佛二字妨碍了自由；特别是大梅法常禅师的说法更有趣，他在马祖门下因听"即心即佛"而悟，后住大梅山，马祖道一让一僧人去询问法常：

> （僧）问云：和尚见马师得个什么便住此山？师（法常）云：马师向我道即心是佛，我便向遮里住。僧云：马师近日佛法又别。师云：作么生别？僧云：近日又道，非心非佛。师云：遮老汉惑乱人未有了日，任汝非心非佛，我只管即心即佛[133]。

切莫以为大梅法常是在坚持"即心即佛"的命题，他不过是用另一种连同"非心非佛"也一起否定的方式，来显示心灵的自由无碍。既然一切都只是虚妄假象，那么就连"非心非佛"也是多此一举。既然色即是空，那么"即心即佛"也无可无不可，绝对的否定背面傅粉，恰恰也是绝对的肯定。一旦承认一切皆空，那么所有一切就无须视为清净或污垢，这样才能凸显心灵自由和超越。正如《五灯会元》卷三里马祖另一个弟子盘山宝积所说，"若言即心即佛，今时未入玄微。若言非心非佛，犹是指踪极则。向上一路，千圣不传，学者劳形，如猿捉影"[134]。什么才是"向上一路"？就是一切不拘，一切不问，不舍恶，不取善的"平常心"，既不是苦苦地"凝心入定，

---

[132]　《景德传灯录》卷七，《大正藏》第51册，255页。
[133]　《景德传灯录》卷七，《大正藏》第51册，254页。又《五灯会元》卷三，146页。
[134]　《五灯会元》卷三，149页。

住心看净",也不是追寻"不作意"以达到"无念"而"顿悟",而是"饥来即食,困来即眠","热即取凉,寒即向火"的平常心,无论是即心即佛的即,还是非心非佛的非,都不应该是固执的追求目标。所以,当马祖道一听得大梅法常的回答后,明白他已经深得其中三昧,便赞叹道:"梅子熟也。"

从僧肇《不真空论》的"道远乎哉,触事而真",到马祖及其门下的"非心非佛""平常心是道",大乘的般若思想中不断瓦解的执着的"空",终于与中国文人士大夫心中最向往的"无"交汇,"自然"真正成了指导人生态度的一般性原则和宇宙论基础。禅宗也终于实现了"般若的生活化"[135],从而以简截痛快、方便高雅的方式,赢得了文人士大夫的欢迎。中唐时期以后,马祖一系禅风大盛,使得禅宗的宗风,由峻洁迅疾转向自然适意,使禅宗的理路由《楞伽》《般若》混杂,转向《般若》与老庄交融,使禅宗的修习,由理智追索、直觉内思,逐渐转向自然体验,使禅宗的思想从自我约束与自我调整,转向自由无碍与随心所欲。

于是,禅思想史从此翻开了新的一页。我们看马祖影响下的第二代,无论是影响巨大的西堂智藏、兴善惟宽、章敬怀晖,还是南泉普愿、大梅法常,还是后来被划在石头门下的丹霞天然、天皇道悟、药山惟俨,以及更后来的赵州从谂、沩山灵祐、临济义玄等,他们那些自由奔放的对答、随心所欲的行为、蔑视束缚的风气和"平常心是道""佛法无用功处,只是平常无事""不费心力作佛去"的思想,我们会发现,那已经是另一个时代的禅风了。

[135] 常盘大定语,参见第二章。

第三节　南宗禅的最后胜利及其他

李肇《唐国史补》卷下曾写到,"天宝之风尚党,大历之风尚浮,贞元之风尚荡,元和之风尚怪也"[136],这虽然讲的是文学风气的转移,但也可以挪借来形容思想文化的变迁。由大历经贞元而元和间这半个世纪(766—820),在唐代乃至整个中古文化史上是一个极为重要的转型时期[137]。释、道、儒这三个在古代中国文化中举足轻重的宗教与思想流派,似乎都在"渔阳鼙鼓"停息后,悄悄开始了转向。在这一转向之中,就出现了让那些习惯于旧思想、旧理路的人感到骇怪的"浮""荡""怪"的行为、口号、命题和风气。前面我们所说马祖道一及其弟子在中唐的崛起与大盛,他们的思想从"即心即佛"到"非心非佛"的转化,就属于大历、贞元、元和这一文化转型的一个侧面。

洪州禅所代表的南宗禅,8世纪末至9世纪初在思想世界的崛起与兴盛,禅思想从心灵清净到自然适意的演变与转化,其意义与影响绝对不是三言两语能说清楚的,其缺陷与后果也不是一时一事能显示出的。如果可以简单概括的话,那么,一方面最令人瞩目的可能是,禅思想逐渐渗入世俗,成了文人士大夫人生理想与生活情趣的一个支点,把本来只属于宗教世界的生活态度,逐渐扩展到了

---

[136]　李肇《唐国史补》(上海：上海古籍出版社,1979),卷下,57页。

[137]　关于这一文化转型期,日本学者如内藤湖南、宫崎市定在讨论"唐宋变革"问题时,常常会涉及,因为这是唐宋之间文化和社会发生转化的关节点,美国学者包弼德(Peter Bol)在《斯文：唐宋思想的转型》(*"This Culture of Ours": Intellectual Transitions in T'ang and Sung China*, Stanford University Press,1992；中译本,刘宁译,南京：江苏人民出版社,2001)一书中也有所涉及,1987年,我在《道教与中国文化》(上海：上海人民出版社,1987)一书中编里也有较为详细论述,虽然已经较为陈旧,但亦可以参看。

宗教世界之外，使过去很难被文人接受的宗教修炼形式，脱胎换骨地成了人人都容易把握的日常生活经验。但另一方面，最令人担忧的也是这一趋向，当般若思想的瓦解性与日常经验的自主性成了禅修行的基石时，那种宗教用来维系信仰与敬畏的支点还能否存在？一旦这种宗教性的约束力完全被内在化心灵化的"自然"二字融解为个人的感受和体验，那么，是否会造成宗教及信仰本身的消失？

一、南宗禅与文人士大夫生活情趣

《全唐文》卷四九二载权德舆《送道依阇黎归婺州序》中，曾经很感慨地说道："予尝欲黜健羡，遗名声，不使尘机世相滑滑灵府，故每随缙绅士则神怠，与依、惠游则性胜。盖循分而动，亦境所由然。"[138]"循分"是说他依自然本性，"境"则是指禅僧话语与禅寺幽境。爱好自然清净的他，在面对禅境时就有超凡脱俗的感觉，这话也许有些矫情做作，仿佛自我表白，不过，倒也说到相当多中唐文人士大夫的兴趣。在世俗琐事并不顺心并导致自己有束缚感时，他们是很愿意到佛教那里去寻找一份宁静与轻松的。寺院也罢，僧人也罢，都能让久在樊笼里的文人士大夫，静心地想一想在世俗之外的人生意味。"见僧心暂静，从俗事多迍"[139]，特别是当他们感到前途充满了坎坷，人生充满了悲辛的时候，"如今刀笔士，不及屠沽儿，少年无事学诗赋，岂意文章复相误，东西南北少知音，终年竟岁悲行路"[140]，他们更相信真的是"浮世今何事，空

---

[138] 《全唐文》卷四九二，2226 页。
[139] 贾岛《落第东归逢僧伯阳》，《全唐诗》（北京：中华书局，1960）卷五七三，6666 页。
[140] 戎昱《苦辛行》，《全唐诗》卷二七〇，3007 页。

门此谛真"[141]，更希望真的是"真源了无取，妄迹世所逐"[142]。在日常生活中，他们常常企盼着"因过竹院逢僧话，又得浮生半日闲"，使自己还有一点儿心情上的自由[143]。

安史之乱后的中唐，世事多变，文人士大夫的心情常常就是这样。不过，我愿意指出一点，其实相当多文人士大夫对佛教的理解并不那么深入，沈亚之《送洪逊师序》曾说到，"自佛行中国以来，国人为缁衣之学多，几与儒等，然其师弟子之礼传为严专，到于今世……其流亦有派别焉，为之师者，量其性之高下而有授说，故有暝坐而短行，毁刑而鼓谈之道，歧于是也"[144]。这是说佛教的学说因人而异，由于师承学脉而理论纷歧，流派互异。但是，很少有文人真正地分派析流，钻研各家义理的细微差异，也未必有所谓宗派之间的成见，他们常常会雾里看花，把佛教看成是"一个"，而又把这"一个"佛教，约化地理解成生死的超越和生活的洒脱。比如像耿㵘的《诣顺公问道》一诗，就对僧人直截了当地提出，"何法住持后，能逃生死中？"为了这一目标，他并不在乎门派之分。所以下面请求顺公说："方便如开诱，南宗与北宗。"[145]因为他们不是佛教中人，也不以思想钻研和宗教传播为职业，而是在生活上的佛教思想接受者，所以他们只关心与自己生活经验冥合的说法，并用它来抚慰自己的心灵。因此，他们特别多地接受的是一些对人生对俗世的批评，与对宁静对空寂的赞扬。这种人生观很简单，也很吻合他们的期待。像李端《同苗发慈恩寺避暑》里说：

---

[141] 耿㵘《春日游慈恩寺寄畅当》，《全唐诗》卷二六八，2985页。
[142] 柳宗元《晨诣超师院读禅经》，《全唐诗》卷三五一，3929页。
[143] 李涉《题鹤林寺僧舍》，《全唐诗》卷四七七，5429页。
[144] 沈亚之《送洪逊师序》，《全唐文》卷七三五，3365页。
[145] 耿㵘《诣顺公问道》，《全唐诗》卷二六八，2993页。

>　　若问无心法，莲花隔淤泥。

这里说的莲花即指心灵，淤泥指的是俗尘，心灵的清净，是以俗尘的清除为前提的，而俗尘的清除，就是靠"无心"。当人把自己的心灵与纷纭的世界隔开，他才能得到宁静，"月明潭色澄空性，夜静猿声证道心"[146]，不艰苦地约束自己，是不能达到这种境界的，不依靠外在的环境与内在的定力，也是不能回归本心的。同样的，还有如钱起《同李五夕次香山精舍访宪上人》：

>　　泠泠功德池，相与涤心耳[147]。

顾况《鄱阳大云寺一公房》：

>　　定中观有漏，言外证无生[148]。

这些佛教的话头是一些常识，无非是以定观心，去除杂念，用在佛教任何宗派上都没有异义，所以很多文人都只是在这一水平上理解佛教的，故而他们与律师交往讲持戒，与法师交往谈义理，与禅师对话论禅定，并不去深究差异。在他们看来，这里说的都是一个"佛"字，在他们心中都是一个"静"字。"一从方外游，顿觉尘心变"[149]，佛寺小息、逢僧夜话、静中沉思，是他们暂息尘劳的调心法门，即所谓"高人留宿话禅后，寂寞雨堂空夜灯"[150]。

但是，大历、贞元、元和年间，南宗禅尤其是洪州宗迅速崛

---

[146] 李端《同苗发慈恩寺避暑》，《全唐诗》卷二八五，3257页；《寄庐山真上人》，《全唐诗》卷二八六，3271页。

[147] 钱起《同李五夕次香山精舍访宪上人》，《全唐诗》卷二三六，2609页。

[148] 顾况《鄱阳大云寺一公房》，《全唐诗》卷二六六，2951页。

[149] 张汇《游栖霞寺》，《全唐诗》卷三六八，4142页；《新唐书》卷三十五《五行二》曾说到过这样一个现象，"天宝后，诗人多为忧苦流寓之思，及寄兴于江湖僧寺"，921页。

[150] 周贺《过僧竹院》，《全唐诗》卷五〇三，5732页。

起，在上层社会及文人中引起的反响非同小可。他们与传统佛教不同的自然主义趋向，在上层社会颇受青睐。在重要的文人中，大概除了梁肃之外，对佛教有了解的文人大多很喜欢南宗禅。权德舆《酬灵彻上人以诗代书见寄》云：

> 莲花出水地无尘，中有南宗了义人[151]。

贾岛《送宣皎上人游太白》云：

> 得句才邻约，论宗意在南[152]。

白居易《答户部崔侍郎书》更说到，他与崔侍郎"在禁中日，每视草之暇，匡床接枕，言不及他，常以南宗心要，互相诱导"。又说他自己此后"随分增修，比于曩时，亦似有得"[153]。而当他们接受了南宗禅尤其是洪州一系思想的时候，洪州宗那种追求"自然适意"的人生，就成了他们的终极理想。

在这里可以提出来的有权德舆。据他自己说，他年轻时曾与陆公佐"息偃于江湖间，练塘镜溪，乐在云水，师心自放"[154]。入仕之后，也只是用"道不远人"的箴言"虚以顺外"，所以在《送浑沦先生游南岳序》中叹息，"予，风波之人，未脱世累"。他深信佛法，与天竺寺元禅师、诗僧皎然、灵澈、信州草衣禅师等都有交往，特别是与洪州宗两大禅师有很深的关系。一个是洪州宗的创始人马祖道一，权德舆虽是天水人，但从他父亲时，权氏就安家洪州，在贞元初年，他作为江西观察使李兼的判官又到洪州，李兼与

---

[151] 权德舆《酬灵彻上人以诗代书见寄》，见《全唐诗》卷三二一，3618页。
[152] 贾岛《送宣皎上人游太白》，见《全唐诗》卷五七三，6656页。
[153] 《白居易集》卷四十五，968页。
[154] 权德舆《送歙州陆使君员外赴任序》，《全唐文》卷四九一，2219页。

马祖道一关系极好。《宋高僧传》卷十《唐洪州开元寺道一传》记载李兼对马祖"素所钦承,于以率徒依归,缅怀助理……辍诸侯之旌旗,资释子之幢盖"[155]。据权德舆为马祖所撰碑文来看,李兼对马祖的禅思想有很深的理解,按权氏的说法,他曾经"承(马祖)最后之说",特别是"佛不远人,即心而证,法无所著,触境皆如"的思想。而权德舆跟随李兼,大概也对这种"如利刃之破绢索"的自然迅捷禅法相当有体会。直到三十年后,他为章敬怀晖撰碑,还回忆起这段经历[156]。第二个就是章敬怀晖,在随李兼参拜马祖之后三十年,他已经是权倾一时的礼部尚书平章事,但他对洪州禅门的信仰仍然如故,他与怀晖交往甚密,在元和十年(815)怀晖圆寂后,他撰碑文说,"德舆三十年前,尝闻道于大寂(马祖)",等到来京师后,又听怀晖说法,"因哀伤似获悟入,则知烦恼不远菩提"。从他引述怀晖的语要,即"心本清净而无境者也,非遗净以会心,非去垢以取净"来看,他对洪州宗自然适意、不假修证的思想,是很熟悉的。正是因此,他对于禅僧与佛寺总感到很亲切,对于人生与生活总有"静每造适"的追求[157]。

在这里可以提出来的还有白居易。白居易与马祖门下的几位禅师都有交往,如佛光如满和兴善惟宽,《景德传灯录》卷十、《五灯会元》卷四,都是把他算在如满门下的,他自己所作的《醉吟先生传》也说自己"与嵩山僧如满为空门友",《佛光和尚真赞》更称佛光如

---

[155] 《宋高僧传》卷十《唐洪州开元寺道一传》,222页。
[156] 权德舆《唐故洪州开元寺石门道一禅师塔铭并序》,《全唐文》卷五〇一,2261页;关于权氏的经历,可参见《旧唐书》卷一四八,4002页,《新唐书》卷一六五,5076页;又,权德舆《故章敬寺百岩大师碑》,《全唐文》卷五〇一,2260页。
[157] 权德舆《送浑沦先生游南岳序》,《全唐文》卷四九三,2227页。

满的"福智寿腊，天下一人"[158]。但是，《传法堂碑》所记他与兴善惟宽的对话，则更能表现他对禅思想的理解。他是从一个最一般的问题开始的。他说，"既曰禅师，何故说法？"然后又进一层问，"既无分别，何以修心？"然后再接着追问："垢即不可念，净无念可乎？"最后更追问，"无修无念，亦何异于凡夫耶？"这四问正好使兴善惟宽由浅而深，彻底地阐发一遍洪州禅的思想。惟宽说，戒、定、慧和律、禅之法，用起来是三，实际是一；不必作茧自缚，妄起分别，心本来就是清净浑然的；不必修理，修理反而是对它的损伤，对于传统所说的垢与净，都不必在意；如果专注于净，则好像眼中有了金屑，金屑虽然珍贵，但在眼中却是病根，无修无证好像是凡夫，但正是心中没有执着念头才算是真正的修行；当你把一切清净与污染都抛在脑后，这就是悟到禅意[159]。这种思想使得白居易大为倾倒，他在很多诗中，都曾流露过这种不须修证，不必执着的南宗禅思想。《感悟妄缘题如上人壁》中说，自己从小到老时而为世事而忙，时而为拜佛而忙，其实"彼此皆儿戏，须臾即色空。有营非了义，无著是真宗。兼恐勤修道，犹应在妄中"[160]。这就是说，有追求清净的心思，有求佛的念头，其实都是有所执着，就是勤苦修道，也可能落入有求有营的妄想之中。"须知诸相皆非相，若住无余却有余。言下忘言一时了，梦中说梦两重虚。空花岂得兼求果，阳焰如何更觅鱼。摄动是禅禅是动，不禅不动即如如。"这是他所作的《读禅经》[161]，末句"不禅不动即如如"，颇得洪州宗思想

---

[158] 《醉吟先生传》《佛光和尚真赞》，分见《白居易集》卷七十、卷七十一，1485、1503页。

[159] 《传法堂碑》，《白居易集》卷四十一，912—913页。

[160] 《白居易集》卷二十五，555页。

[161] 《白居易集》卷三十二，716页。

真髓。在洪州宗看来，真正的自觉和自由，即在自然心态之中，就像凡夫日常所行所为，处处都是禅意。白居易与崔侍郎以南宗心要互相诱导，可能就是在寻求这种自然适意？他的《重酬钱员外》云，"本立空名缘破妄，若能无妄亦无空"[162]，这话说得很彻底，空也是空，既然如此，就不必为空而空，如果为空求空，则被空字束缚不能放松，若要有营有求，就好比有心有佛即心有所碍，非心非佛即一无所有真正达空。在洪州宗看来，人生应该是自然适意，在白居易看来，心灵也一样应该是自然适意，所以他说，"人心不过适，适外复何求"[163]。

在有限的资料中，能发现中唐许多文人与洪州宗禅师的往来。除了权德舆与白居易之外，如紫玉山道通与于頔，黄檗希运与裴休，西堂智藏与李舟，药山惟俨与李翱，芙蓉山太毓与崔群等。在马祖道一所开创的禅风影响下，中唐文人追求自然和自由的人生情趣，有了理论化的支持，这使得他们更容易偏离主流儒家规定的人生理想，在世俗责任和道德压力下，得到一些自我心灵的自由空间。僧人中的文人如皎然，有《山居示灵澈上人》一诗，其中说到，"身闲始觉隳名是，心了方知苦行非"[164]；又有《禅思》一诗，说

---

[162] 《白居易集》卷十四，276页。

[163] 《适意二首》，这首诗撰于元和六年（811），正是他与兴善惟宽禅师对话之后，《白居易集》卷六，111页。当然，应当说明，实际上中唐以后的佛教还有一个潜流是禅和律的合流，这对文人也有影响。在外在生活中，实践性的戒律很有影响，而在内在心灵里，体验性的习禅则相当有影响，很多文人都兼与律师和禅师有交往，比如在白居易的资料中，除了他与禅师的往来之外，还可以看到他与神凑（744—817）、智如（749—834）、如信（750—824）、上弘（739—815）、明远（765—836）等佛教律师的交往，参看《白居易集》卷四十一《唐江州兴果寺律大德凑公塔碣铭》、卷六十九《东都十律大德长圣善寺钵塔院主智如和尚茶毗幢记》、卷六十八《如信大师功德幢记》、卷四十一《唐故抚州景云寺律大德上弘和尚石塔碑铭》、卷六十九《大唐泗州开元寺临坛律德徐泗濠三州僧正明远大师塔碑铭》等文的记载，此处不一一注明页码。

[164] 见《全唐诗》卷八一五，9183页。

到"空何妨色在,妙岂废身存。寂灭本非寂,喧哗未曾喧"[165]。世俗文人如与白居易关系甚好的元稹,也曾有《悟禅三首寄胡杲》,其中说到"有修终有限,无事亦无殃","晚岁倦为学,闲心易到禅"[166],而在《酬知退》中也说道"莫着妄心销彼我,我心无我亦无君"[167]。这些都明显地表现了文人对于苦修渐悟的背弃和对自然闲适的向往。而这种闲适自在生活的合理性,正是因为般若思想所谓"色即是空,空即是色"的无差别,和"相即非相,非相即相"的彻底"空"。一切都被否定,也恰恰是一切都被肯定,被视为污浊的世俗生活和世俗欲望,被视为清净的僧伽生活和空寂心灵,它们之间的差异都被"空"所否定,污浊和清净,世俗与超越就没有了差别,一切都成了合理。贞元、元和之间,在禅僧方面已经开始出现放荡无拘之风,如《酉阳杂俎》前集卷三曾记贞元中荆州"狂僧"些师"善歌《河满子》",吴郡义师"状如风狂",常于废寺中"坏幡木像悉火之",又好活烧鲤鱼"不待熟而食",安国寺僧熟地"常烧木佛"[168];《宋高僧传》卷十九记载扬州孝感寺广陵大师"真率之状与屠沽辈相类……或狂悖性发,则屠犬毵,日聚恶少斗殴,或醉卧道傍",卷二十则记载普化以驴鸣对禅语,"有时歌舞,或即悲号"[169];《全唐文》卷五一〇收有陆长源《僧常满智真等于倡家饮酒烹宰鸡鹅判》,其中也说他们是"口说如来之教,在处贪财,

---

[165] 见《全唐诗》卷八二〇,9250页。
[166] 见《元稹集》(北京:中华书局,1982)卷十四,159页;"胡杲",《全唐诗》卷四〇九作"胡果"。
[167] 见《元稹集》卷二十,227页,"彼我",原作"被我",据《全唐诗》卷四一五改。
[168] 段成式《酉阳杂俎》(北京:中华书局,1981)前集卷三,40页。
[169] 《宋高僧传》卷十九,491页;卷二十,511页。

身著无垢之衣,终朝食肉"[170]。

在文人士大夫方面呢?正如有的学者所指出的那样,"受洪州禅任心、天真的宗风影响……实际上已经将南宗湛然常寂的知体架空,他们不再一味向上寻求内心的空寂清净,而处处在生活中感受着活泼泼的情趣,不再讲究持之以恒的植德与保任,而是一任我心,即事成真"[171]。洪州宗所代表的南宗禅,将本来只属于宗教世界的生活态度,扩展到了宗教世界之外,使得过去很难被人接受的宗教修炼形式,脱胎换骨成了人人都容易把握的日常生活经验,即所谓"般若智慧的生活化"和"终极意义的日常化"。随着禅宗对世俗心灵的彻底承认,原来悬浮在人性之上的"三昧境地"便成了人们时时会有的感悟与兴会,而不再是久觅不得的彼岸景致。"空"这个看上去玄而又玄的终极概念,不再是镜花水月似的远离人类,而是存在于人类心中的某种清澈感受。唐人诗中说,"水止无恒地,云行不计程。到时为彼岸,过处即前生";又说,"云身自在山山去,何处灵山不是归?日暮寒林投古寺,雪花飞满水田衣"[172]。

在元和文人吕温和熊孺登的这两首诗里,我们就能感到这种"自然适意"的人生情怀。

二、文人士大夫对禅思想的选择

尽管我们说,洪州宗为代表的南宗禅在中唐以后影响极深,但并不是说中国文人士大夫就全盘接纳了它的思想。其实,当南宗禅

---

[170] 陆长源《僧常满智真等于倡家饮酒烹宰鸡鹅判》,《全唐文》卷五一〇,2295页。
[171] 赵昌平《从王维到皎然》,《中华文史论丛》(上海:上海古籍出版社)1987年二、三期合刊,237页。
[172] 吕温《送文畅上人东游》,《全唐诗》卷三七一,4167页;熊孺登《送僧游山》,《全唐诗》卷四七六,5419页。

思想从禅门内走向禅门外，它实际上已经发生了变异。因为文化传播是一种双向的选择，如果一种思想与文化的发出者与接受者，都是有思想与文化传统的人，那么，接受者在接受一种思想与文化的时候，原有的传统就是一种对新思想文化进行筛选与分解的基础。宗教传播也不例外，尽管它传播的是一种信仰，而信仰本来是不容置疑的。在宗教始终没有赢得世俗政治权力与意识形态权力的古代中国，宗教由于并不拥有"权力"，所以，在传播中就更是常常被分解与误读。当然这里我们用"分解"并不意味着这种分解是恶意的肢解或有意的曲解，用"误读"也不意味着这种误读是粗心的误会或浅陋的误解。我只是说，潜藏在文人心中那层传统的"筛子"，常常使宗教脱离了原来的宗教轨道，而成为中国思想世界的某种资源。

　　首先，中唐时代佛教宗派门户极多，彼此间也党同伐异，但文人士大夫一般很少介入这种纷争，他们并不是坚定而虔诚的宗教徒，也不承担对某一宗派的责任，在宗教信仰上他们是自由的。因而，佛教禅宗对于他们来说，只是一种思想与人生的兴趣，而不是崇拜与信仰的绝对对象。所以，除了极少数已经深入其中的人之外，大多数文人对于佛教是兼容并蓄的，就像我们前面说过的那样。下边，不妨再看几个当时最深入禅思想的文人，即使是他们，也不像宗门中人那样胶柱鼓瑟。比如裴休，既是自称荷泽后人的圭峰宗密的信徒，又与荷泽宗的对头洪州一系来往颇多。在他为宗密所作碑文中，曾奉荷泽为正宗，以马祖为支脉，说"（裴）休与大师于法为昆仲，于义为交友，于思为善知识，于教为内外护"[173]。

---

[173]　裴休《圭峰禅师碑铭并序》，《全唐文》卷七四三，3409页。

但真的在"护教"上,却要比宗密宽松得多,绝不像宗密评点禅门七派时那样,只护荷泽一家而贬斥其他各家。比如,他与洪州一系的黄檗希运禅师过往甚密,在他为希运《传心法要》作序时,就仍然盛赞马祖一系思想是"独佩最上乘,离文字之印,唯传一心,更无别法"。并说这一系的思想是"证之者无新旧,无深浅,说之者不立义解,不立宗主"[174];又比如像刘禹锡,他为六祖惠能撰碑,为荷泽门下的杨岐乘广撰碑,也为牛头宗法融撰碑。在为南宗禅撰碑时说,"自达摩六传至大鉴(惠能),如贯意珠"[175],而在为律师智俨和牛头法融撰碑时则说,"一为东山宗,(惠)能、(神)秀、(普)寂其后也"[176],"言禅寂者宗嵩山"[177]。显然心里并没有那么森严的南北宗壁垒,也没有那么清楚的南北宗不同的祖传世系表;再比如李华,他在为天台宗惠真禅师、玄朗禅师、牛头宗玄素禅师等撰碑叙述血脉传承时,并不那么专注于正宗旁枝的分别,而是比较留心各宗之同源。《故左溪大师碑》中就曾从佛陀传大伽叶数起,把北宗、南宗、牛头、天台都算成了兄弟;在《荆州南泉大云寺故兰若和尚碑》中又特意引用了惠真的一段对话,"或问:南北教门,岂无差别?对曰:家家门外有长安道"。不加分别也不论高下,这恐怕是他自己的想法[178]。同样,就是我们前面所说与洪州宗最亲近的权德舆和白居易也不例外。权德舆最钟情于洪州一系是

---

[174] 裴休《黄檗山断际禅师传心法要序》,《全唐文》卷七四三,3407页。

[175] 《大唐曹溪第六祖大鉴禅师第二碑》,《刘禹锡集》卷四,51页。

[176] 《牛头山第一祖融大师新塔记》,《刘禹锡集》卷四,55页。

[177] 《唐故衡岳律大师湘潭唐兴寺俨公碑》,《刘禹锡集》卷四,53页。

[178] 李华《衢州龙兴寺故律师体公碑》《荆州南泉大云寺故兰若和尚碑》《润州鹤林寺故径山大师碑铭》《故中岳越禅师塔记》《故左溪大师碑》等,分别见于《文苑英华》卷八六〇、卷八六一、卷八六二等,此处不一一注明页码。

没有问题的,但这并不意味着他就真的完全入了洪州的门户而排斥其他,他所交往的佛教徒中,除了马祖道一与章敬怀晖外,还有惠公、皎然、灵澈、草衣、虚上人,甚至还有北宗契微等人。其中,皎然是南北宗兼修的僧人,草衣是恪守传统禅法的禅僧,契微是"外示律仪,内循禅悦",既通义学,又守禅定的北宗和尚,显然他不像洪州宗或荷泽宗的禅师那样墨守成规。白居易比起权德舆来,虽与洪州宗交往更多,但也更无门户之见,他所来往的僧人中,除了洪州宗的兴善惟宽、佛光如满之外,更有大批的持律僧人,如神凑、明远、如信、上弘等等,很多注意到白居易佛教思想的学者,其实都看到了他在"以南宗心要互相诱导"的同时,还是一个念佛修净土的居士[179]。

其次,中国古代的文人士大夫,也常常对老庄与佛禅不加分别,对"心灵的清净"与"人生的自然"等同看待,并不去细细分辨其中更深层哲理理路的差异。"达磨传心令息念,玄元留语遣同尘",正像白居易《拜表回闲游》所说的一样,他们一直是把人生的自然适意、心灵的清净无垢看成极致境界的[180],所以他们对老庄的"无"、般若的"空"、北宗禅的"清净心"、南宗禅"平常心"都有着极大的兴趣,往往混成一片,并把它们都当作理想境界。一方面,在他们的理想世界中,那种只存在于心灵体验之中,不可触摸、不可言说、不可思议的"自然",总是他们企盼到达而永不能到达的境界。在他们的感受中,"自然"是一种最超越最高明的哲理,似乎呈现着一种玄妙意味,在他们的生活中,"自然"也是一种最潇洒的状态,尽管这种潇洒生活可能是实所未有的,但它却是梦寐以

---

[179] 关于这一点,可以参看《乐邦文类》中所收白氏的各种赞文,《大正藏》第47册。
[180] 《白居易集》卷三十一,711页。

求的。正是为了这种境界，他们总是在诗歌中低吟浅唱。"僧家亦有芳春兴，自是禅心无滞境。君看池水湛然时，何曾不受花枝影。"吕温这首《戏赠灵澈上人》虽然是一首偶然之作，倒也可以看出，他对南宗禅一直向往的自然之境很有领悟。"色即是空"，何必苦苦寻空，"随处是禅"，何必看净为禅，"无滞无著"，不妨有游春之兴，"随意方便"，不必枯守空寂[181]。但是另一方面，当他们把目光转回现实世界时，他们就被理念引到了另一端，他们会感到彻底的"自然"可望不可即。他们明白，现实世界的喧哗与纷扰，使人充满焦虑和不安，完全采取自然而且自流的态度并不能解决心中的烦恼。作为文化的承担者和指导者，他们心中总是有一个终极理想在，这理想背负着道德良心，驱使他们不能和光同尘，与世俗总要隔开一层。正像柳宗元《送僧浩初序》所说，由于僧人之道"不爱官，不争能，乐山水而嗜闲安者为多"，与俗世那种"逐逐然唯印组为务以相轧"恰恰相反，所以当他们在禅思想中寻找资源时，更多地从那里找到的是"暂息尘劳"。张祜《题万道人禅房》所谓"世事静中去，道心尘外逢"，《赠庐山僧》所谓"便知心是佛，坚坐对寒灰"，就是追寻心灵的宁静[182]；柳宗元《晨诣超师院读禅经》所谓"澹然离言说，悟悦心自足"，《巽公院五咏（禅堂）》所谓"万籁俱缘生，宜然喧中寂"，也是追寻心灵的清净[183]。而这种"静"与"净"，恰恰是传统佛教的基石。所以，他们不必专门在南宗禅中寻找，当他们与洪州宗所代表的南宗禅遇合时，他们会把南宗越来越明显的自然趋向，和传统佛教一贯提倡的求静思想，随意地捏在一起。就在这一

［181］　吕温《戏赠灵澈上人》，见《全唐诗》卷三七〇，4162页。
［182］　见《全唐诗》卷五一〇，5816、5821页。
［183］　《柳宗元集》卷四十二，1134页；卷四十三，1235页。

混合中，南宗禅思想成了传统佛教的中介，文人士大夫通过南宗禅学到的，也许并不是原色原味的南宗禅。

再次，作为传统文化的承负者，当文人士大夫在考虑社会问题时，他们也不可能按原样照搬佛教的思想，使中国思想世界来个大换班。中唐以后的文人士大夫当然明白，现实世界终究是需要秩序来整理，整理秩序是他们的责任。但是，在藩镇割据，内政混乱的时代，仅仅靠传统儒学的礼法之制，已经不能维系这个世界，他们也确实相信自己所钟情的佛教，也许能够给予他们新的思想资源。刘禹锡《袁州萍乡县杨岐山故广禅师碑》所谓"儒以中道御众生，罕言性命，故世衰而浸息"，或许正是看到了儒学意识形态的缺陷，所谓"佛以大悲救诸苦，广启业因，故劫浊而益尊"，也许正是看到了佛教对重新整顿人伦秩序的意义[184]。他说，儒、佛虽然不同，但就像"水火异气，成味也同德；轮辕异象，致远也同功"。比如佛教让人"即清净以观空"，让喜欢崇拜偶像的人"怖威神以迁善"，都是"阴助教化，总持人天"。这在中唐，也许是相当多文人士大夫的想法。

但这并不意味着文人对佛教要全盘挪用，他们心中根深蒂固的传统思想，使他们总在寻找儒、佛之间的契合处。前引柳宗元《送僧浩初序》中说到，韩愈批评他爱与佛教来往而不维护儒家，他反驳道：

> 浮屠诚有不可斥者，往往与《易》《论语》合，诚乐之。其于性情奭然，不与孔子异道。……吾之所取者与《易》、《论语》

---

[184]《刘禹锡集》卷四，57页；又参《文苑英华》卷八六七所收此文，文字略有异同。

合，虽圣人复生不可得而斥也[185]。

这里他所谓"与《易》《论语》合"的佛教思想，就是他们在直面社会时，对佛教进行选择的根据所在，而与儒家契合的佛教思想，就是关于心灵寂静的学说。《礼记·乐记》中说，"人生而静，感于物而动"，性本静而情则动，似乎在儒家那里已经是无须论证的事实，而人性作为存在的根本依据与正确方式，似乎在儒家那里也是无须争论的真理。但问题是，人性怎么样才能处于"无思无虑""寂然不动"的状态呢？在这一点上，儒家却不如佛教。佛教种种思辨、分析和方法，大都聚焦于此。例如，三论宗论三中二谛，说一切皆空，说不执无着，就是为信仰者"破妄即真"，达到心中无有牵挂；唯识宗破二执显二空，论八识三性五位，也是为信仰者设立阶梯，使之渐渐心中明白"万法唯识"；华严宗以"金狮子"为喻，明缘起，辨色空，约三性，显无相，也是要使信仰者将"一切归一"，达到心安如海、妄想都尽；天台宗论一心三性，讲染讲净，倡止观修行法门，更是为破分别而归真如，使信仰者心中"无所挂碍"。禅宗当然更不必说，《酉阳杂俎》续集卷四引郑符语说到北宗七祖普寂的一个故事：

> 柳中庸善《易》，尝诣普寂公，公曰："筮吾心所在也。"……柳久之，瞿然曰："至矣，寂然不动，吾无得而知矣。"

又引《诜禅师本传》说了弘忍门下净众宗开山祖师智诜的一个故事：

> 日照三藏诣（智）诜，诜不迎接，（日照）直责之曰："僧何为俗人入嚣湫处？"诜微瞬亦不答，又云："夫立不可过人头，

[185] 《柳宗元集》卷二十五，673—674页。

岂容摞身鸟外?"诡曰:"吾前心于事,后心刹末,三藏果聪明者,且复我。"日照乃弹指数十,曰:"是境空寂,诸佛从自出也。"[186]

本来追求空寂,就是佛教也是禅门的中心,传统禅思想都把这种"空寂"和"清净"当作心性根本,而把"妄念""波动"当作心性的污染,所以才有种种由动归静,从俗返真的禅法。在这一点上,除了"触事而真"的洪州宗外,各派几乎一致。而文人士大夫恰恰对此别有心会,正像权德舆《送元上人归天竺序》所说的,"度门之教,根于空寂"。无论是接触洪州宗的,还是接触其他宗派的都是如此。中唐僧人清昼《唐石圯山故大禅师塔铭并序》中讲了一个故事,有一次李华、崔益曾向神悟禅师(749—811)请教三教的优劣,神悟回答,"路伽(梵语,世间之意)也,典籍皆心外法,味之者劳而无证,其犹泽朽思春,干水取月之相,去天何远乎"[187],意思就是说,儒道佛三家都一样,在面对世间时,如果不能直探心源,而泥于经典,那么,就不能有任何作为,就好像倒在沼泽中的朽木盼望春天,想从月中取水一样。他的话翻过来理解,就是只能用禅家"直指本心"的方法,解决世间的问题。而禅家直指本心的方法,恰恰就与儒家"复归本性"的思想,有异曲同工之处。当他们把这心灵的终极状态定义为"寂静"的时候,和南宗禅接触密切的文人常常并没有坚持洪州宗为代表的南宗禅"性情自然"的思想,反而转过去接受了北宗所代表的传统佛教的性情两分思想。

---

[186] 段成式《酉阳杂俎》续集卷四,236页。
[187] 《全唐文》卷九一七,4238页。

说实在话,"性情自然"固然超绝,但是它并不吻合人的思考习惯,就像"善恶一律"一样很难让人接受。尽管从般若空观的理路上,很顺利地可以推导出这一结果,但在现实中人更容易接受"性情两分"的旧说,因为这是生活中常见的现象。之所以要说明这一点,是因为过去学者论佛教影响时,常常拘泥于文人与僧人的直接关系,似乎某个文人接触了某个禅师,就一定受到了某种理论上的影响。但是,这没有考虑到,作为一个思想的接受者,他本来也是有思想的,他本来的思想就像一道筛子,使新思想变形转身。特别是,中国古代强大的儒家思想,作为一种拥有权力的意识形态,在文人的心中实在是积淀太深太厚,每当异己思想进入,它总是会对这种思想进行再选择和再解释。尽管我们前面说到,中唐南宗禅对文人士大夫影响甚大,但这种直接的影响,大多是在个人的人生态度与生活情趣上,一旦它进入文人的理智抉择,那道筛子就只容"合于《易》、《论语》"的内容通过了。

我们以权德舆和李翱为例,比人们都很注目的李翱更早,权德舆就开始用《周易》和《中庸》来解读禅思想了,他在《故章敬寺百岩大师碑铭并序》中引述了怀晖的"心要"——

> 心本清净而无境者也,非遗境以会心,非去垢以取净,神妙独立,不与物俱[188]。

这几句话的中心,本来是"非遗境以会心,非去垢以取净"。就是说,心在任何情况下都是纯明澄澈的,根本不必排除杂念清除污

---

[188]《故章敬寺百岩大师碑铭并序》,见《文苑英华》卷八六六,4568页;又见《全唐文》卷五〇一,2260页。

染,这是洪州禅的思想。但是,权德舆在下面又加上一段解说:"以《中庸》之'自诚而明',以尽万物之性,以《大易》之'寂然不动',感而遂通,则方袍褒衣,其极致一也。"

其实,《中庸》的"自诚明"是指"由诚而明",本身是一种包含了善恶道德在内的自觉理性,并不是无善无恶超越道德伦理的清净本性;《易·系辞》的"寂然不动",是指操易者无思无为,以神与天地相通的冥合状态,它不是指人心清净的意思[189],但是,经权德舆这一解释,它们成了一回事儿,成了人之为人的基础,成了人安身立命的所在,成了人的原初起点与终极境界。于是,回归这"寂静不动"的本性,就成了人所追寻的终极目标。在《信州南岩草衣禅师宴坐记》中他又说道,人心本来应当"万有嚣然,此心不动",但是"世人感物以游心,心迁于物,则利害生焉,吉凶形焉,牵挛羁锁,荡而不复",所以要成为一个真正的超越者,就要"复",通常人是"返静于动,复性于情",于是有对"夭寿仁鄙之殊",然而真正的修道者就应当反其道,由情复性,从动归静。他引草衣禅师语说,由情复性,从动归静的方法就是"拂拭缨尘,携手接足,洗我以善,得于仪形"[190]。这里让我们想起了北宗神秀的偈语"时时勤拂拭,莫使惹尘埃"。与洪州宗两代大师交往最密的文人权德舆,竟兜了一个圈子又回到北宗禅所代表的传统思想中,不是潇洒地以"自然"为旗帜而是拘谨地以"清净"为目标,这真是有些不可思议。

---

[189] 《礼记·中庸》及郑玄注,《十三经注疏》,1632 页中;《周易·系辞》及王弼注,《十三经注疏》,81 页中。

[190] 《全唐文》卷四九四,2234 页。

在权德舆之后，李翱更写了人所共知的《复性书》来阐发这一思想。李翱与药山惟俨有过交往，也留下过传说是他悟道后所作的偈语，但是，他到底受了药山惟俨多少影响还很难说。从《宋高僧传》卷十《唐荆州天皇寺道悟传附崇信传》可以知道，他倒是对龙潭崇信颇为称道；从同卷《唐唐州紫玉山道通传》可以知道，他对紫玉道通也很是礼重；从卷十一《唐长沙东寺如会传》还可以知道，他对于东寺如会也很尊重。这几位禅师都是中唐南宗禅洪州一系最有名的人物，当然会对李翱的"复性"思想有一定影响。可是，李翱又是一个极为坚定的儒家学者，在接受禅思想影响时无疑会严加甄别和筛选，这种甄别和筛选的结果，偏偏又是与南宗禅不太一样，倒与北宗禅极其合拍的所谓"由情复性、从动归静"之说。首先，《复性书》中认为性是天之命，情是性之动，虽然与权德舆一样用了《周易》"寂然不动"的语词，但实际上却与早期禅门信奉的《楞伽》《起信》站在了一个起点上。其次，表面上他把"性"与"情"当作"体"和"用"，主张"情由性而生"，但实际上却把性、情对立，说圣人之所以为圣人，是因为他依据"性"，俗人之所以是俗人，是因为他顺随"情"，情令性被惑，"情既昏，性斯匿矣"，这又与《楞伽》《起信》及前期禅门走到一路上去了。再次，他在《复性书》中所设立的回归人性之路，是消灭妄情、恢复本性。也就是说，要通过"弗思弗虑"达到"寂然不动"，所谓"人生而静，天之性也"。这又与《楞伽》《起信》、与前期禅门一样，只是他不说坐禅入静，而多说了一些儒家的人伦礼乐罢了。最后，他要达到的"广大清明"的心理境界，是"动静皆离，寂然不动"，依然是传统佛教追求的空寂澄澈的心灵境界。如果我们用北宗的"凝心入定，住心看净"，用《起信论》的"心性不起，即是大智慧光明义"，用《楞伽经》的"如来藏是清净相,客尘烦恼垢染不净"来比照,倒真是丝丝入扣。然而用李翱所接触过的南宗禅师思想,如药山惟俨"无境惑我"[191]、龙潭崇信的无真如般若[192],及前引东寺如会的"非心非佛"来比照,却有些格格不入。他曾说过这样一段话,佛教"论心术虽不异于中土,考教迹实有蠹于生灵"。可见,他只是对佛教的"心术"网开一面,他叹息道,"天下之人以佛理证心者寡矣",但当他用"佛理"来"证心"时,他心里的儒学积淀已经先对佛理进行了一番改造和论证了[193]。

可能,南宗禅思想对后来的陆王心学也曾有过直接影响,不过,从中唐到北宋的思想史看来,在南宗禅最盛的时代,它更多地起了一个为儒、佛思想"搭桥"的作用。不过,在儒、佛思想的互渗中,它那种过分自然与自由的思想,并不能成为儒家意识形态中的有机成分,只能成为文人个人生活情趣的最高理想。所以,在中唐的大变局中,尽管南宗禅尤其是洪州宗对文人的影响很大,但我们不必过于把影响都算在一个禅门身上,而应该把眼光顾及整个佛教;也不必把这变化全看成是思想发出者的输出,也应该稍稍注意思想接受者对它的甄别、筛选与变形。

三、南宗禅的非宗教化

维系虔诚的宗教信仰,需要有强大而坚固的力量。这里所说的

---

[191] 《景德传灯录》卷十四《药山惟俨章》,"僧问:如何不被诸境惑?师曰:听他何碍汝?曰:不会。师曰:何境惑汝?"《大正藏》第51册,311页。

[192] 《景德传灯录》卷十四《龙潭崇信章》,"李翱问:如何是真如般若?师曰:我无真如般若。翱曰:幸遇和尚。师曰:此犹是分外之言"。《大正藏》第51册,313页。

[193] 李翱《再请停率修寺观钱状》《与本使杨尚书请停率修寺观钱状》,《全唐文》卷六三四,2837页。

"力量"可以分为内、外两种。外在的是世俗政治权力和意识形态权力，依靠这种权力迫使人们接受并保持某种宗教信仰，按照它的教诲行事，遵循它的规矩做人，无条件地对它的一切顶礼膜拜；内在的是宗教自身信仰的支点，这一支点是绝对的权威的，就好像一个轴心，无论离心力多大，信仰始终在围绕着轴心，这个轴心是信仰者人生的终极意义所在，无论它是"上帝"，是"佛陀"，还是"天尊"，无论它是"道"，是"心"，还是"理"，它必须有一个与世俗世界与日常生活不同的"定点"，让信仰者安顿自己的追求。只有这样，宗教才拥有对世俗的指导力量，信仰者才拥有对宗教的明确义务，终极意义才有所依附，追寻真理才有目标。

可是，在中国古代思想世界中，政治的影响力太大，而宗教的约束力很小。佛教尤其是禅宗，充当不了世俗社会的意识形态，所以只能匍匐在皇权之下以求生存，只能在文人士大夫的情感世界与生活态度上发生影响，并没有强制性的力量来维系信仰者的信仰，只是靠思想的魅力吸引信仰者的感情。特别是，当禅思想走到了以"一切皆空"为体，以"触处皆真"为用的洪州宗时代，那内在的宗教凝聚力就更不断地被瓦解。原因很简单，因为"一切皆空"与"触处皆真"实在是极锋利的双刃剑，一方面消解了所有的崇拜与追求对象，使信仰无所附丽，成为禅宗自己所说的"不系之舟"，也就是虽然很自由，却永远也没有停靠的港湾；一方面凸显了所有世俗现象与日常生活的合理性，使信仰扩展、泛化，仿佛把原来的唯一支点，变成了处处是支点，其结果倒是无所谓支点。这将导致终极意义的消失，信仰对象的消失，宗教规范的消失甚至是真理的消失。

我们不妨看一个例子。马祖门下并不很激进的大珠慧海禅师曾

在《顿悟入道要门论》中说"心为根本",又引经据典地说:

> 圣人求心不求佛,愚人求佛不求心,智人调心不调身,愚人调身不调心[194]。

看上去,这还是"即心即佛"的思想的表述,他把外在的崇拜对象与理想神格都抛在一边,但还留下了一个最后的支点"心"。于是,信仰者还有一点可以维持信仰的目标,所以他要人以"无念为宗,妄心不起为旨,以清净为体,以智为用"。可是,这一目标太虚玄,对一般的信仰者来说,究竟何为"心",是一个难以界定的标准,是清净的与世俗杂念无缘的心?还是自然的与世俗同尘的心?如果是前者,则在现实人生中又需要艰苦的修炼,而修炼就要按照佛陀的教诲、佛法的规矩、僧人的方式来规范自己。如果是后者,则在现实人生中可以一切不拘,随心所欲,无所谓什么佛陀、佛法、僧人。表面上看来,大珠慧海还是要前者的,但南宗禅瓦解一切的理路,却使这最后一道防线也形同虚设,在消解一切差别的"空"中,任何执着的目标与理性的限制,似乎都是虚妄。于是,这"心"就渐渐向"空"倾斜,走到"非心非佛"一路上去。当大珠慧海沿着《金刚经》的理路再向前迈出一步,就开始发现,不能落入任何一种规定性中去,于是只能说"无一相可得者,即是实相","无法可说,是名说法","无净无无净,即是毕竟净","无得无无得,是名毕竟得"。因为一旦落入任何实在而明确的名相之中,他就不能超乎其上,做到不着不执了。所以,就连大珠慧海都在《诸方门人参问语录》中说,"汝若能谤于佛者,是不着佛求;毁于法者,是不着法求;不

---

[194] 大珠慧海《顿悟入道要门论》,《续藏经》第63册,18页。

入众数者,是不着僧求"[195],把传统佛教所谓三宝"佛法僧"统统放弃,终于引出"直用直行,事无等等","饥来吃饭,困来即眠","用妙者动寂俱妙,心真者语默总真"等充满了自然色彩的话语。

但是,在信仰中没有了崇拜与模仿对象,信仰的情感就无所依附并缺乏方向,在宗教中没有了义理与信条,宗教的思想就不会清晰而有条理,在修行中没有了规矩与纪律,宗教的生活就无法维持而导致自由放纵。宗教收拾的是散乱的人心,它仿佛木桶需要一道桶箍才能把片片木板聚合起来,才能盛起那一桶容易四溢的水。可是,如果"佛、法、僧"三宝都被当作无须崇敬的"干屎橛""拭疮纸",那么,这个时候还有什么可以维系信仰者的信心?一旦"非心非佛"到了无所顾忌的时候,连"心"也不须维系的时候,那么"信"也就随之而去。南宗禅最终走上这种宗教性自我瓦解的历程,正是它们的理路发展的必然趋势。

这形成了两方面结果。一方面这种感受破坏了"理性中心主义"的权威与"宗教中心主义"的权威,因人而异的感受和体验,树立了个人的自主性,使人有可能从重重束缚中解脱出来;但是,另一方面是这种感受与体验,也瓦解了理智与道德的规范,随心所欲的感受一旦冲破规范的界线,自然适意就有可能变成自由放纵,从而导致"狂禅"之风的泛滥。我过去曾经说到,从清净到适意,从适意到自然,从自然到自由,从自由到放纵,前一步与下一步只隔一层纸。当禅宗引发的取向从清净走向自然,从自然走向放纵,一切外在的束缚如偶像与经典似乎都是对心灵的桎梏,传统的途径如持戒禁欲坐禅也只是画蛇添足,禅宗不知不觉刺激了人的个性意识,

---

[195]《诸方门人参问语录》,见《大珠禅师语录》卷下,《续藏经》第63册,26页。

承认了个人思考的至上权威，并演出了一场"呵佛骂祖"、反叛一切教条的运动，在"自然适意""平常心"的旗号下，给七情六欲的放纵开一个方便之门[196]。正是因为如此，它也遭到了来自各方面的激烈批评，就连他们自己，可能也察觉到了这一点。以百丈怀海为代表的另一些马祖弟子，极力主张"心如木石"式的清净境界，提倡修行悟入后的"保任"，建立约束行为的"清规"，出现了向传统佛教思想回归的转向。这正是对南宗禅尤其是洪州宗理路的一种补救，也正是因为这一补救，使百丈怀海这一支比较传统的僧人集团，倒有了一定的凝聚力，从而渐渐地成为南宗禅的主脉。

洪州宗为代表的南宗禅在中唐以后的胜利，对于禅宗来说有幸有不幸。所幸的是，它终于完成了禅思想的中国化历程，使它的理路有了一个终结，把"般若之空"与"老庄之无"，融会贯通成一种自然的人生境界，进入了中国中古文人士大夫的生活。不幸的是，它也淡化了宗教对意识形态层面的影响，成了佛教的宗教性因素瓦解的内在因素，从而无法收拾中唐以来散乱的人心。当历史需要一种思想来约束人心，时代需要一种意识来重建秩序，它就无法起到宗教意识形态的作用。于是，倒是从它那里转手接受了传统佛教思想的宋代新儒家思想，逐渐成了历史与时代的选择。回顾中唐到北宋那段思想史，我们会发现，除了外在的种种原因之外，禅宗内在理路的缺陷与儒家内在理路的变化，也是决定这一时代选择的很重要的原因。因为儒家还必须坚守伦理的最后、也是最重要的防线，心灵有了这一道防线，个人就有道德的安身立命处，个人有这一个安身立命处，就要时时修身养性防微杜渐，人类有修身养性防微杜

---

[196] 参看葛兆光《禅宗与中国文化》（上海：上海人民出版社，1986），107—108页。

渐的要求，社会才有一种可以共存的秩序。

但是，当南宗禅特别是洪州宗在观念上走向瓦解一切的"无心是道"，实践上走向所谓"平常心是道"，把佛教的清净境界转化为生活的日常世界时，这种宗教性功能却消失殆尽。虽然它给文人士大夫留下了人生与艺术方面相当多的精彩思想，但是，它毕竟充当不了重视政治意识形态和社会等级秩序的古代中国思想的主流。

第六章 9—10世纪禅思想史的转型

引言 进入所谓"五宗"时代

从元和十年（815）章敬怀晖去世、元和十二年（817）西堂智藏和兴善惟宽去世，到大和八年（834），南泉普愿、药山惟俨相继圆寂，二十年间，南宗禅惠能一系的传承者中，最风靡的第三代禅师渐渐成为历史，那个把"自然"的生活和"自由"的心灵写在自己旗帜上的佛教思潮，似乎已经渐渐养成了当时文人士大夫中的普遍时尚。

也许是所谓盛极必衰。南泉、药山去世十年之后，就出现了唐武宗会昌五年（845）的灭佛事件。在这一年的夏天，据说，有四千六百座寺庙及四万多处佛教兰若、招提被毁，二十六万多僧尼被迫还俗[1]。那些不愿还俗而坚持信仰的禅宗僧侣，无论是哪一系的禅师，都只好采取各种逃避隐匿的方式，延续他们的宗教活动。像杭州大慈山寰中（780—862）"属武宗废教，（寰）中衣短褐，或请居戴氏别墅焉"；昂头峰日照，"会昌武宗毁教，照深入岩穴，饭栗饮流而延喘息"；洛京广爱寺从谏（？—866）"属会昌四年诏废佛

---

[1]《资治通鉴》（北京：中华书局，1956）卷二四八，8015—8017页。

塔庙，令沙门复桑梓，亦例澄汰。乃乌帽麻衣，潜于皇甫氏之温泉别业"；径山洪諲，则在会昌年间躲在长沙信仰者罗晏家中，《宋高僧传》中所谓"例从俗服，宁弛道情，龙蛇伏蛰而待时，玉石同焚而莫救"，大概是这些僧人的共同方法[2]。

在劫难渐渐过去之后，不仅需要经疏典籍、论辩场所的义学，以及依赖僧团、需要坛场的律师渐渐衰落，相当多的习禅宗门也都先后凋零。北宗禅的最后一位著名僧人于日照在咸通三年（862）辞世；而荷泽一系在这个时代，也只剩下圆绍一人活到了乾宁二年（895）[3]；牛头一系在会昌（841—846）以后，已经不再有出名的僧人[4]；天台一系在会昌之前的道邃和广修时代，就已经渐渐式微，而在广修会昌三年（843）圆寂之后，物外、元琇和清竦等人，虽然还维持着局面，但就连《佛祖统纪》也承认，"会昌之厄，教卷散亡，外、琇、竦三师，唯传止观之道"[5]。

佛教禅门中，真正能够从废墟重新崛起的，是南宗惠能一系第四代的黄檗希运（？—855）、沩山灵祐（771—853）、赵州从谂（778—897），以及第五代的临济义玄（？—866）、洞山良价（808—869）、仰山慧寂（807—883）等[6]。虽然也经历了会昌灭佛的劫难，以及中和元年（881）以后的战乱，但是，他们以及他们的弟子，或弟

---

[2] 参看《宋高僧传》卷十二，273、274、278、284页。又，卷十七，428、430页。又，关于会昌灭佛，可参考道端良秀《唐代佛教史の研究》（京都：法藏馆，1957、1981）第一章第四节，161—177页；铃木哲雄《唐五代禅宗史》（东京：山喜房佛书林，1985），390—393页。

[3] 参见宇井伯寿《禅宗史研究》第六《北宗禅の人人と教说》。参看本书第三章《北宗禅再认识》。

[4] 《祖堂集》卷三是以鸟巢和尚（741—824）为径山国一的直系传人的，但他终于长庆四年（824），145页。《景德传灯录》卷四记载他的弟子杭州会通，但他在会昌四、五年间也不知所终，此后就很少有记载了。《大正藏》第51册，231页。

[5] 《佛祖统纪》卷八，《大正藏》第49册，189页。

[6] 《宋高僧传》卷十三说"咸通之初，禅宗兴盛，风起于大沩也"，308页。

子的弟子，依然先后继起，使南宗禅门再度风靡南北。其中，著名的有如第六代禅师雪峰义存（822—908）、曹山本寂（840—901），第七代禅师云门文偃（864—949），以及第九代禅师清凉文益（885—958）等，这时，中国禅思想史进入了通常被称作"五宗时代"的10世纪。

关于9—10世纪间，沩仰、临济、曹洞、云门、法眼五宗成立前后的历史，其中有相当多的疑问[7]，后来的禅宗信仰者为了开宗立派或张大旗帜，常常逆向上溯，攀附显赫的先辈，这使得禅史中常常充满了疑窦。不过，考证禅宗史文献的层层虚构和处处设伏，需要更细致的文献学和历史学的努力，在这里并不是我们讨论的中心内容。禅思想史应当注意的是，在各种文献中记载下来的晚唐五代各种禅宗资料中，可以察觉的一个变化，也就是当佛教思想在禅门中被日常化、生活化之后，佛教知识、思想与信仰世界，也恰恰有一个深刻的"转向"（turn)，尤其是，禅僧阐发和传播禅思想的途径在变化中。首先，从形式和手段上看，是经典中的书面语言，被生活中的日常语言所替代，生活中的日常语言，又被各种特意变异和扭曲的语言所替代，这种语言又逐渐转向充满机智和巧喻的艺术语言。其次，从思想史的角度看，这意味着语言从承载意义的符号，变成了意义本身，从传递真理的工具变成了真理本身。传统佛教关于真理不在语言中的传统思路，在这时转了一个很大的弯子，似乎真理恰恰就在语言之内。于是，各种暴虐、怪异、矛盾、充满机锋以及有意误解的对话纷纷出现，似乎在这种看似奇特的禅宗语

---

[7] 即使从清凉文益的《宗门十规论》中关于惠能以后禅宗的流派描述也可以看出，在文益所在的10世纪中叶以前，五家的说法并不成立，连德山、雪峰也可以算是独立的宗门，所谓"五家"的划分，显然是由于后人逆溯而成立的。

言中，凸显着更深刻与更直接的真理。最后，中国特殊的知识语境与社会背景，又使这一思想领域内的宗教语言，渐渐演变成了文学中的语言艺术与语言游戏，对于宗教真理的深刻思考，变成了生活中的机智与巧思。

因此，9—10世纪之间，在诠释真理或凸显感悟的禅宗语言中所表达禅思想的新变，需要思想史给予特别的注意[8]。

第一节　经典与真理："不立文字"的传统如何坚持

在9世纪中叶以前的禅思想史中，对语言的抨击、对经典的毁弃和对真理的轻蔑，从表面上看，似乎成了南宗禅不言而喻的取向[9]。理论似乎很难再激起信仰者的兴趣，分析也只能剥开思想的外壳，却不能触及真理的本原。这使得很多禅思想史的研究者记住了"呵佛骂祖"的故事，却不再注意这些故事背后潜藏的佛教理论思考。当这些故事被禅门中人简单模仿后，背后的含义在淡化，关于信仰的深入思索、层层推理与理性理解，被痛快的直觉感悟所替代，这使得"刹那顿悟"成了从思想中逃逸的遁词，也使宗教修炼成了生活艺术。

确实从表面上看，对于理论的嘲讽和对文字的轻蔑，在禅籍中处处可见，像沩山灵祐问其弟子仰山慧寂说，"《涅槃经》四十卷，

---

[8]　思想史应当重视这一次在思想领域中的语言学转向，虽然这种转向只是在语言上兜了一个圈，很快就又转了弯，但是至少，自公元前4—前3世纪出现过墨学以及惠施、公孙龙以后，在中国知识、思想与信仰世界中，一千多年里就再也不曾出现过这样对语言的自觉。

[9]　比如，中唐僧人神清在元和元年（806）撰成的《北山录》（富世平校注本，北京：中华书局，2014）卷六《讥异说第十》中，就曾经这样描述过当时流行的禅门异说，是"除像设，去经法，方称曰顿门。如有所说自我襟臆，临文裁断，何俟章句疏论耶"，514页。

多少佛说，多少魔说？"仰山答道："总是魔说。"而赵州从谂则讽刺那些争论文字差异的弟子，只能当"判官"而不能解脱，是"为汝总识字"[10]。香严智闲（？—898）在沩山，一天应对茫然，就"将诸方《语要》一时煨尽，曰：'画饼弗可充饥也。'"[11]甚至连士人中的信仰者也接受了这种风气的暗示，9世纪上半叶，江州东林寺曾经有法师长讲《维摩经》和《肇论》，受到归宗禅师的调侃和嘲弄后，他只好置状于江州。可是江州刺史李渤非但没有抚慰他，反而批评他是"将智辩智，枉（原作狂）用功夫，将文执文，岂非大错？"还说，你既然精通《维摩》和《肇论》，难道不明白"青青翠竹，尽是真如；郁郁黄花，无非般若"的道理？既然不明白，"如斯之见，何用讲经？高座宣扬，欺他中下"。最后批评他是"空门弟子，不会色空，却置状词，投公断理。只如儒教，尚有不出户而知一切事，不窥窗而知天下明。知之为知之，不知为不知，俱归智也。辩智之义，尚以如斯；学佛之人，何迷佛性"[12]。

但是，实际上相当多的禅者恰恰都很精通佛教经典，也常常使用文字语言，比如南泉普愿（748—834）曾经向嵩山暠律师"习相部旧章，究毗尼篇聚之学"，还到华严义学讲寺中，"抉中百门观之关钥，领玄机于疏论之外。当其锋者，皆旗靡辙乱"[13]；稍后，著名的临济义玄也对那种深奥复杂的哲理下过功夫，据说临济曾经访问大愚，夜间曾在大愚面前"说《瑜珈论》、谭《唯识》，复申问难"[14]；而香严智闲也很善于理论表达，据《祖堂集》记载他在沩

---

[10]《景德传灯录》卷九，《大正藏》第51册，266页。
[11]《宋高僧传》卷十三，303页。
[12]《祖堂集》卷十五《归宗和尚》，687—688页。
[13]《宋高僧传》卷十一，255—256页。
[14]《祖堂集》卷十九《临济和尚》，856页。

山面前对答如流,而沩山虽然知道他"浮学未达根本",但当时却"未能制其词辩"[15]。而投子大同(819—914)早年在保唐满禅师下学安般观,又求《华严》性海,直到后来到翠微山法会,与伏牛元通"激发请益", 才改弦更张地舍弃了经疏讲论之义学[16]。至于法眼一系的清凉文益,不仅撰《三界唯心论》,写《华严六相义》、还作《宗门十规论》;而他的弟子天台德韶(891—972)和灵隐清耸,一个劝南汉主到新罗抄散失的天台旧典,一个琢磨"滴滴落在上座眼里"一句时,觉得要去读《华严经》才能理解真义[17]。

可见在整个南宗禅史上,典籍与文字的重要性,并没有像禅师当时宣称的那样,被彻底抛在九霄云外。各种禅师说解佛法的"语本""语要""别录"仍在到处流行,就连最激烈地破弃文字的马祖,其语录也被到处传抄,以至于东寺如会非常担心"好事者录其语本,不能遗筌领意,认即心即佛,外无别说"[18]。他的弟子丹霞天然更是撰有很多文字,如《玩珠吟》《骊龙珠吟》《弄珠吟》等,那颗心珠虽然"妙难测",但却被他用文字反复吟来吟去[19]。至于9—10世纪的禅思想中,所谓"四宾主""五位君臣""三玄三要"等,其实,也都有相当深奥和复杂的知识背景。细细看来,禅门并不是那么绝

---

[15] 《祖堂集》卷十九《香严和尚》,827页。而沩山本人也研读华严理论,常说"理事不二即如佛",见《景德传灯录》,264—265页;《沩山语录》,《大正藏》第47册,577页。

[16] 《宋高僧传》卷十三,304页。

[17] 《五灯会元》卷十,567、578页;又,同卷记载永明道潜与清凉文益的对话中,也有关于华严六相即总别、同异、成坏的问答,581页。所以,忽滑谷快天《禅学思想史》下卷第四编《禅道烂熟时代(前期)·概说》就指出法眼一系是"以华严圆融妙谛为禅思想的中心,圆融化流而为混融化",下册,1—2页。

[18] 《祖堂集》卷十五《东寺如会》,679页;参见张伯伟释译《临济录》(高雄:佛光山,1997)后附录《源流》,276页。

[19] 《祖堂集》卷四《丹霞天然》,211—219页。又,卷十八《仰山和尚》记载,"自余《法要》及化缘之事,多备《仰山行录》",823页。

对地排斥经典、废除理论和破弃文字。

不过，应当指出的是，传统的经典阅读与语言使用形式，也确实开始被禅门所改变。如果我们回忆佛教历史，在佛教经典思想的诠释、阐扬与传播中，除了佛经的直接翻译与阅读外，有两种语言形式，本来就是在传统中常常被采用的。

第一种是转读唱导。所谓"转读"是用抑扬顿挫的声调吟诵佛教典籍，而"唱导"则是以通俗的形式说唱佛教教义[20]。据《广弘明集》卷二十七说，"造经流法教，燃灯发慧明。习诵及转读，决了诸义趣"[21]，《南海寄归内法传》卷四记载，"每俯涧诵经，便有灵禽萃止，堂隅转读，则感鸣鸡就听"[22]，这是"转读"。它强调声音对意义的辅助性，正如《高僧传》卷十三《经师传论》所说，是"若唯声而不文，则道心无以得生；若唯文而不声，则俗情无以得入"。这是用声音技巧提高听众对佛法的注意力，《续高僧传》卷三十《杂科声德篇论》所说，"清夜良辰，昏漠相阻，故以清声雅调骇发沉情"[23]。比如，南朝僧人立身登座转读，就使得听众"道俗敛襟，毛竖自整"。这种语言形式主要以它的声音效果感染信仰者；而所谓"唱导"，根据现存各种变文的情况来判断，是有设问解答，有敷演解说，又有韵文吟唱，把佛法用通俗语言一一细说，把道理用各种比喻或寓言说出，把佛经铺演成长篇故事，在故事中加上韵文的演唱，"盖以宣唱法理，开导众心也"。在这些讲唱中，被看重的是使

---

[20] 《高僧传》卷十三《经师》"论曰"里说："天竺方俗，凡是歌咏法言，皆称为呗。至于此土，咏经则称为转读，歌赞则号为梵呗。" 508页。

[21] 《大正藏》第52册，320页。

[22] 《大正藏》第54册，232页。

[23] 《高僧传》卷十三，508页；《续高僧传》卷三十，706页。参见葛兆光《关于转读》，载香港浸会大学中文系编《人文中国学报》(1998)第五期。

"四众惊心"的声音韵调,能"适会无差"的道理阐述,显示"文藻横逸"的词采表现,以及"采撮书史"的广征博引。特别是,还要选择不同的方式,对于出家人,要"切语无常,苦陈忏悔",对于上层人士,要"兼引俗典,绮综成辞",对于普通平民,则要"指事造形,直谈闻见",而对于山野之人,则要"近局言辞,陈斥罪目"。

第二种是章句注疏。牟润孙先生的研究表明[24],早在东晋南北朝时代,佛教经论就已经有了一些注疏。《出三藏记集》卷八引僧叡《毗摩罗诘堤经义疏序》记载,"因纸墨以记其文外之言,借众听以集其成事之说"[25],就是把他们理解的经典意思写下来,并对文句进行疏通。这种知识主义的风气特别在义学盛行的南方很普遍,到 7 世纪时,《法华》《般若》《维摩》《涅槃》《十地》《成实》等相当多的佛教经典都有了相当细致的注与疏。有的经论,注外有疏,甚至多种疏本同时流行。注疏或越来越细密,把道理分析再分析,或越来越深入,把各种道理综合再综合。阅读注疏的方式成了信仰者理解佛教的门径,撰造注疏的方式则成了佛教中人知识多寡的表征。在唐代初期,"外义伏文,非疏莫了",似乎成了相当多佛教信仰者的共识,仿佛掌握疏解的义理就掌握了真理的权力[26],而能够撰疏则表明知识与地位。像 7 世纪时,圆测通过偷师学艺的方法,得到对《唯识论》的疏解,就使窥基因为"惭居其后,不胜怅怏",而后来窥基得到玄奘传授,成了"百部论主",就意气洋洋,这正是当时佛教知识状况的一个例子[27]。而唯识系与华严

---

[24] 牟润孙《论儒释两家之讲经与义疏》,载其《注史斋丛稿》(北京:中华书局,1987),248—259 页。
[25] 《大正藏》第 55 册,59 页。
[26] 《续高僧传》卷十三《道岳传》,527 页。
[27] 《宋高僧传》卷四《唐京兆大慈恩寺窥基传》,64 页。

系的各种注疏也确实很多，除了窥基之外，圆测所撰疏解十余种近五十卷，包括了《唯识论》《解深密经》《仁王经》等；法藏所撰疏解二十余种，包括了《华严经》《密严经》《大乘起信论》等；而稍后的澄观，一部《华严经疏》即六十卷，一部《华严经随疏演义钞》则有九十卷；至于再后面的宗密，对一部《圆觉经》就有《大疏》《略疏》，而对于《涅槃》《唯识》《起信》也都有注疏[28]。

不过总的说来，"转读"大体是就经典文句诵读，并不加以解说和发挥，它本身并不能增添佛经的意义内涵，更不能取代经典文本[29]；而"唱导"虽然增加了解释、发挥和通俗化的比喻、故事与韵文演唱，语言似乎变得相当复杂而且变化多端，但是在这种传播形式中，语言的意味依然是如何更巧妙地传达佛教的思想，形式本身却并没有自己的意义[30]。至于注疏说解，它只是佛典内涵与思想的延长，虽然注释也可以通过解说增长知识，但注释如果始终在经典意义的范围内，那么，经典文本恰恰就成了限制它扩张的边界，它必须围绕着经典文句生产知识，却不能脱离经典文句创造思想。虽然疏文可以通过再解释把经典的意思疏通，但是疏文在古代那种"疏不破注"的限制下，始终只是在进行思想复制，仿佛在可以放大的复印机上拷贝文本一样。总而言之，虽然注疏文字越来越庞杂，但意思却并没有增加太多，更没有越出经典的边界。所以，在这样的注疏中，语言也还不是意义，它只是意义的传递符号。

也许正是这样的原因，佛教中主流的语言观念中，还是把语

---

[28] 参见汤用彤《隋唐佛教史稿》（北京：中华书局，1982）第四章，149—173页。

[29] 《出三藏记集》卷十五《道安法师传》中说，"每至讲说，唯叙大意，转读而已"，《大正藏》第55册，108页；可见，转读就是《释氏要览》卷下"都讲"条里说的"但举唱经文，而亡击问也"。《大正藏》第54册，295页。

[30] 《高僧传》卷十三，521页。

言看成是"障",它虽然能够传递意义,但是也能够遮蔽意义。所谓"舍筏登岸"和"得鱼忘筌"还是适当的比喻,从般若学与玄学两方面得到凸显的这一理论,仍然把语言放置在意义之外。这就是禅宗从一开始就"不立文字"的缘故,所谓"不立",就是不确立文字的真实性,因为"文字性离",它并不是意义,有时,它还会遮蔽意义[31]。

第二节　不落空与不渗漏的"活句":
禅宗借语言表现真理的新策略

《祖堂集》卷十八《仰山和尚》记载仰山在回答菀陵道存的问话时,说了一个故事,说惠能在曹溪说法时,曾说,"我有一物,本来无字,无头无尾,无彼无此,无内无外,无方圆,无大小,不是佛,不是物"。于是,问大家道:"此是何物?"众人无话,唯有神会说,"神会识此物"。惠能就喝叱他,"这饶舌沙弥!既云识,唤作什么物?"神会就说,"此是诸佛之本源,亦是神会佛性"。惠能索杖打沙弥数下,说"我向汝道无名无字,何乃安置本源佛性?"仰山解释这个故事时说,自从佛教传到中国,"前王后帝翻译经论可少那?作摩?达摩特来,为汝诸人贪著三乘、五性教义,汩没在诸义海中,

---

[31]　不过,这并不意味着禅放弃语言,有时候人们会把禅与文字的对立看得太严重,如铃木大拙在多种著作中的叙述,常常就刺激了这种误解的生成,他在《禅の见方と行う方》(东京:大东出版社,1941)中就说,"所谓不立文字,乃是因为禅非概念、非知识、非认识对象、也无对应范畴,意味着它是一种前思维状态,积极地说,它是一种直观",7页。在《禅思想史研究》第一《盘珪禅》第三关于"悟"的解说中也说,"悟的直叙就是言语的抹杀"。见《铃木大拙全集》(东京:岩波书店,1968—1970)第一卷,93页。

所以达摩和尚救汝诸人迷情"[32]。

不过话说回来，思想的传递毕竟需要语言，问题只是不要把自然本性"汨没在诸义海中"，被经论文字语言束缚。因为，经论上的语言文字只是在传递意义，它本身并不是意义。就像"指月"故事所说的那样，"指"不是"月"[33]。大珠慧海曾经说，"经论是纸墨文字，纸墨文字者，俱是空设于声上，建立名句等法，无非是空"[34]。但是，毕竟"以心传心"并不能仅仅在心灵之间"传音入密"，镜清道怤曾经问雪峰义存说，"只如不立文字语句，师如何传？"雪峰也无话可答[35]。特别是，在禅宗成为9世纪以后佛教主流之一后，它需要一种制度化的形式，来维持佛教知识的再生产，仅仅是那种宗主与弟子之间的默契与感会，并不能保证思想的传递和宗脉的延续。所以，禅宗中也有一些人承认经典中语言所负载的思想的重要，甚至也能够承认语言本身就具有意义。像那个轻蔑地说"纸墨文字者，俱是空设于声上"的大珠慧海，就曾经转过来说，自己的文字"皆从智慧而生，大用现前，那得落空"。而那个创建曹洞宗的著名禅师洞山良价，则在批判"三渗漏"时，显然在期待一种由智慧呈现的，也就是没有"渗漏"的语言[36]。

语言文字不"落空"，就是说语言文字就是真理和意义本身；语言文字不"渗漏"，就是说语言文字没有误将人心引入历史与理性建

---

[32] 《祖堂集》卷十八，819页。
[33] 参见《五灯会元》卷十关于清凉文益的记载，562页。
[34] 《五灯会元》卷三《大珠慧海》，156页。
[35] 《景德传灯录》卷十八，载《大正藏》第51册，349页。《五灯会元》卷七《镜清道怤》，413页。
[36] 《五灯会元》卷十三《洞山良价》："一曰见渗漏，机不离位，堕在毒海；二曰情渗漏，滞在向背，见处偏枯；三曰语渗漏，究妙失宗，机昧终始，浊智流转。"785页。

构的常识世界中。本来，在8—9世纪的禅门中，禅师常常是用一种自然如话的日常语言来说话的，他们这种自然的"白话"不仅改变了典雅的"文言"在意义传递上的"阻隔"，而且本身也是在暗示，语言与心灵应当都回到日常生活状态，这样才可以避免"扭曲"与"造作"。因为"扭曲"与"造作"，就是违背自然，使心灵受到束缚。但同时的另一个问题是，当人们在相当朴素和自然地使用日常语言时，当日常语言平易地说出一个事实或者意义时，人们往往记住了它所说的，而忘记了它是怎么说的，所谓"顺耳""平常"，实际上就是习惯，习惯成为自然，自然就会被忽略。于是，语言文字总是意义之筏，免不了"登岸舍筏"的命运。特别是，日常语言表达的，如果是日常经验与日常现象，那么，佛教真理的深刻意味，就不能凸显并引起思索，甚至会被这种平淡无奇的语言消解，当这种真理被所谓自然平常所消解时，佛教的存在也就失去了意义。这时，日常语言也同样"落空"，免不了"得鱼忘筌"的结局。按照云门的弟子德山缘密的话说，这就是"死句"。因此，要使语言文字本身成为意义，就必须使语言文字有异于日常，并使这种异常的语句，引起信仰者对语言本身加以关注，这就是"活句"。所以，德山缘密禅师说，"但参活句，莫参死句"[37]。于是，9—10世纪的禅师在这种语言的运用中，创造了好几种有异于日常语言的"活句"。

下面我们就来看三种例子。

第一种"活句"是自相矛盾[38]。这种看似矛盾的话语，在9—

---

[37] 《五灯会元》卷十五《德山缘密》，935页。

[38] 矛盾语（paradox）对于体验的意义，其实在西方宗教中也有，詹姆士（William James）《宗教经验之种种》（*Varieties of Religious Experience*，唐钺译，上海：商务印书馆，1947）中曾经指出西方神秘主义传统中也有如"炫耀的暗昧""繁荣的沙漠""永世是无时间的""静默的声音"等等，439—441页。

10世纪的禅门中非常流行,如"面南看北斗"(云门文偃)、"兔角不用无,牛角不用有"(曹山本寂)等。通常,语言是理智的语言,用符合人们思考习惯的句法与思路,描述一种与现象世界或意义世界切合的心理感觉,于是,人们在接受语言的时候,实际接受的是它传递的那个现象或意义。所谓"名者想也",就是说语言引起人的联想、想象或思想,这种想象背后,是人们的所有历史和知识。说是"东"就往日出处看,说是"西"就往日落处寻,这就是对"东""西"两个词的执着,这仿佛姓名之于人,本来是任意命名,却成了人本身。一次,沩山灵祐(771—853)叫"院主",院主答应,而沩山却说,"我唤院主,汝来作什么?"[39] 就是说,"院主"称呼与院主本人是两回事,院主应声而来,正是所谓"死于句下",这种理解视野中的常识性语言,就是德山缘密所谓的"死句"。那么,什么是活句?看似不通的矛盾语,就是一种活句,当有人问德山缘密"如何是活句"的时候,他说的就是"波斯仰面看",而不按照常理说"波斯向西看"。其实"东"和"西"与"EAST"和"WEST"、"ひがし"和"にし"并没有什么不同,只是两个约定俗成的符号,在北极四处望,哪里是东西南北[40]?同样,洞山良价给弟子出的一个问题就是,"有一人在千万中,不向一人,不背一人,此唤作什摩人?"其实,"向"和"背"也同样如此,如果超越了固定/固执的视觉位置,哪个是正,哪个是反?如果人没有面目,哪方是向,哪方是背?所以,正解就是匪夷所思的"无面目(人)"[41]。

---

[39] 沩山还用同样的方式呼唤过"第一座",当第一座来后,他也说,"我唤第一座,汝来作什么",《景德传灯录》卷九,266页。

[40] 所以,《祖堂集》卷十八《赵州和尚》中那个老婆回答问人"赵州路什么处去"时,就是说东也不是,说西也不是,而是"蓦底去",793页。

[41] 《祖堂集》卷六《洞山和尚》,311页。按:《五灯会元》卷十三略有不同,781页。

可是，正由于人们习惯性地执着于东西南北或正反向背，人的想象力就被限制和确定在一个固定的位置上，就不得超越和自由。也许更极端的例子是，曹山本寂禅师（840—901）问强上座，"佛真法身犹若虚空，应物现形如水中月"的道理，强上座用了一个比喻"如驴觑井"。然而曹山却说他只说到"八成"，而强上座问他应当如何说时，他说，应该是"如井觑驴"[42]。驴可以看水井，水井如何看驴？这明明是有违常识，但曹山禅师的意思正是在提醒人们，人是否忽略了追问，常识究竟凭什么是"常识"？人们为什么一定要相信"常识"？"常识"是从什么时候开始成了不言而喻的真理的？

第二种"活句"是有意误读。这种有意识地误读问话，有的仿佛现在我们常说的"驴唇不对马嘴"。仰山慧寂曾问来者，"官居何位？"回答是"推官"。他便竖起拂子来，追问："还推得动这个么？"[43]他把这个作为官名的"推"与作为动作的"推"有意混淆，便越过了语言上名词与动词的界限，也越过了理念中"事物"与"行为"的差别；有的仿佛我们常说的"顺水推舟"。比如有人问玄沙师备"如何是无缝塔？"原来，是希望他对佛教的"无漏"概念作一番解释。但玄沙师备却顺着"无缝"一语说"这一缝大小？"[44]另一个人也问悟真禅师，"如何是无缝塔"，可是悟真并不随着他的问题顺

---

[42]《五灯会元》卷十三，792页。关于这一则禅语录的意义，铃木大拙在《禅の思想》第二篇《禅行为》中有一个解释，说"这一语瓦解意味，亦瓦解分别，而禅者却在其中读出意味，即分别本无分别的世界的，就是我们的意识"。见《铃木大拙全集》（东京：岩波书店，1968—1970）第十三卷，125页。

[43]《祖堂集》卷十八《仰山和尚》，804页。类似的例子还有如咸泽禅师，保福展和尚问他"汝名什么？"他答"咸泽"，保福又问"忽遇枯涸者如何？"他反问"谁是枯涸者"，保福说"我是"。《景德传灯录》卷二十一，377页。

[44]《景德传灯录》卷十八，347页；《五灯会元》卷七，400页。

势入彀,却反问:"五尺六尺?"[45]顿时便打消了那种追问佛理的执着,破除了对于有问必有答的期待。也有的仿佛我们常说的"装疯似傻",把暗寓深奥的问题当做日常的白话。如有人问招庆道匡说,"法雨普沾,还有不润处否?"道匡说有,人追问道"如何是不润处?"意思自然是问,既然佛光普照,为什么还有黑暗处?这是对人心深处仍有世俗欲念的追问,但道匡却说,"水洒不着"[46]。又有人问赵州和尚,"如何是佛?"如果通常的回答,当然应当解释,佛是一个自觉觉他觉行圆满的大智慧者,以此来开导信仰者的信心。但是,赵州的回答却是"殿里底",佛是神圣的佛陀也是泥雕木塑的佛像,这里就有深刻的意思在。还有人问赵州,"如何是赵州桥",原来,问话者是指望赵州和尚能深一步解说解脱之道,没想到赵州却说,"度驴度马"[47]。当然,也许是"超度"的"度",但也许就是"度过"的"度",他把一个深奥的道理变成了生活常识,却在这看似生活常识的话语中,暗寓了破弃理念、禅在生活的深奥道理。

第三种"活句"是答非所问。这在禅语录中是俯拾皆是的语言现象,如问"如何是超佛越祖之谈?"回答是"蒲州麻黄,益州苻子"(云门文偃)。问"如何是古佛心?"回答是"墙壁瓦砾是"(洞山引南阳忠国师)。问"如何是祖师西来意?"回答是"亭前柏树子"(赵州和尚)。问"万法归一,一归何处?"回答是"老僧在青州作得一领布衫重七斤"(赵州和尚)[48]。这种令人非常不习惯的答非所问

---

[45] 《五灯会元》卷十又记载人问齐云遇臻"如何是无缝塔?"遇臻的回答也是"五六尺",617页。

[46] 《景德传灯录》卷二十一,375页。

[47] 《景德传灯录》卷十,278页。

[48] 分别参见《祖堂集》卷十一《云门和尚》,516页;《五灯会元》卷十三,777页;《祖堂集》卷十八,789页;《景德传灯录》卷十,279页,《五灯会元》卷四,205页。

中，也包含着一种深刻的意义。通常，人们是有问有答，问话与答话之间，有一种连缀的关系，对佛理的问话中，期待着对佛理的解释，对修炼的问话中，期待着对修炼的解释，这是一般的思路。但是，禅却要瓦解这种惯常的思路，所以，首山省念（926—993）曾说，"要得亲切，第一莫将问来问"。为什么？因为"问在答处，答在问处"[49]。如果发问者不能接收到期待的回答，发问者会感到很别扭，但是所谓"别扭"，正好就是它与人们的理性习惯相背离，而禅追求的恰恰就是反常。只有"反常"才能"合道"，当你在百思不得其解中，你才可能会反身寻找超出理性、逻辑和习惯的新境界，这就是后世禅门所谓参话头究公案，何以能够帮助开悟的原因。

本来，由语言构拟的世界，并不是真实的现象世界和意义世界。只是由于这个语言世界是由人类的理性历史地建构起来的，它符合人们已经习惯和认同的知识，而且人们的心智有史以来就生活在这个知识世界中，丝毫不觉得别扭，于是普遍地接受和认同这个由语言传达的世界。当语言表达使这个世界凸显在人们的意识中时，人们就立即有了"想"，在这种联想、想象和思想中，语言和理性所建构的一套知识，就成了人们不必置疑的理解框架，甚至还会取代真实的世界。在这种"常识"框架中，原本应当自由与超越的心灵，就不自觉地束缚在被设定的"常识"中。而在这个日用而不知的常识中，人们以假为真、以虚为实，就会沉沦在海市蜃楼般的世俗欲念中，被各种虚幻的妄念所束缚。

---

[49]《五灯会元》卷十一。后来的芭蕉继彻也说，"莫将问来，我也无答。会么？问在答处，答在问处"。《五灯会元》卷九，555页。又，归宗义柔也说，"一问一答，也无了期"，见《五灯会元》卷十，579页。

佛教从一开始就试图用各种深刻细密的道理瓦解这种虚幻与束缚，他们不断地诱使信仰者反身步步追问，这种虚妄幻相是如何产生的，产生的缘由何在，人的心灵何以会被诱发出这些俗尘妄念，人的心灵本原如何，宇宙的本原又是什么。这种追问是使信仰者的心灵超越的一个途径，信仰者或许可以凭借理智与分析领悟佛理。但是，禅宗始终很警惕的现象，恰恰是人们会沉溺于这种对佛理的无休止追问中，在不断追问中，反而可能忘记追问的意味，把佛教的真正指向变成智力训练或理论竞赛。他们嘲笑的"在册子上讨"或"在文字中寻"，就是这样的误入歧途[50]。同时他们也明白，当人们习惯于这种通过理性和语言的追问时，他已经很难从中脱身，离开了语言文字和对语言文字的理解，他们很难传达和理解这个世界。

有一次，首山省念拈起竹篦问："唤作竹篦即触，不唤作竹篦即背，唤作什么？"[51]也就是说，把竹篦叫作竹篦，就是落入语言的陷阱，不把竹篦叫作竹篦，则违背常理而无法理解，这真是人类的理解困境。因而，9—10世纪间的禅师常常用这种看似"聋子乱打岔"的方法，凭借语言来破坏语言，在表面的矛盾、误读与错答中，瓦解人们接受话语和理解问题的理智，打乱有问有答的习惯，阻断人们期待解释的思路[52]。这里的道理很简单，如果人们听到

---

[50] 鼓山神晏（雪峰弟子）就说，"经有经师，论有论师，律有律师，有函有号有部有帙，各有人传持，且佛法是建立教，禅道乃止啼之说，他诸圣兴来，盖为人心不等，巧开方便，遂有多门，受疾不同，处方还异，在有破有，居空叱空，二患既除，中道须遣，鼓山所以道：句不当机，言非展事，承言者丧，滞句者迷"，《景德传灯录》卷十八，352页。

[51] 《五灯会元》卷十一《叶县归省》，688页。

[52] 语言学家其实也指出，"语言是一连串的暗示……人们听到一个东西老是直来直去地那么一个说法，就会感到厌倦；而那种需要听话人费力去想像或思考的引喻说法，则往往使他感到兴奋"，L.R.帕默尔《语言学概论》（李荣、王菊泉、周焕常等译，北京：商务印书馆，1983）（转下页）

语言传递的是自相矛盾的、完全陌生的、无法解释与理解的现象，便只能反身向源头搜寻；如果在对话中，自己习惯的联想、想象和逻辑突然被阻断，人就会去反复琢磨语言本身，注意这种矛盾究竟如何化解；如果人们听到的回答是与自己期待完全相背的异常结果，就逼迫人们去追问：这种异常是否反而是正常？如果人们听到的回答完全违背习惯的期待，甚至粗暴地打断了信仰者的善意希望，使人在震惊之余感到一种不可思议，那么，他就不得不越出约定俗成的语言习惯，去追问这种习惯的来源。而追问和思考一旦横亘在信仰者心中，那些自相矛盾、有意误解和答非所问的意义，也就在语言中凸显了。为什么？因为它就是在用语言瓦解人们对语言的习惯性执着，而在对语言的习惯性执着中，就有人类对理智、对分别、对名相的真实性执迷不悟的历史。

所以说，禅宗的这些看似奇怪的话头，都是试图用语言文字本身打破语言文字，超越语言中的历史与理性。正如久松真一在《禅の现代意义》中说的，在这时，"历史制造的人类正好摆脱了历史，成了人类制造历史"[53]。在这个时候，人们不再追究语言是否真实地传达了事情，而是关心语言本身有什么意义；不再追究语言表述是否对真理有扭曲，而是关心这种不可避免的语言扭曲中，究竟意义何在？于是，语言本身也具有了意义，语言中就有真理。传说，云门文偃一系有著名的"云门三句"，即"函盖乾坤句""截断众

（接上页）第五章，72页。李泽厚在《庄玄禅宗漫述》对《坛经》的分析中，指出禅宗把"语言的多义性、不确定性、含混性作了充分的展开和运用，而且也使得禅宗的语言和传道非常主观任意，完全不符合日常的逻辑和一般的规范"，《中国古代思想史论》（北京：人民出版社，1985），203页。

[53] 载铃木大拙、宇井伯寿监修《现代禅讲座》（东京：角川书店，1956）第一卷《思想と行为》，318页。

流句"和"随波逐流句"[54]。如果勉强联系的话,也许,正可以对应自相矛盾、有意误读和答非所问。而西方现代哲学中所谓的"用自相矛盾超越相对而趋于绝对","用游戏逃避决断的严肃性","用玩笑瓦解判断的确定性",其实,也正与这些禅语录的意思相仿佛[55]。

第三节 是公案、是机锋也是诗歌:
当宗教信仰成为艺术游戏

禅对于语言的思考和运用,也许是相当深刻的[56]。据说,后

---

[54] 据说,是云门文偃的弟子德山缘密,把云门文偃"函盖乾坤、目机铢两、不涉世缘"变成三句,即"函盖乾坤句""截断众流句"和"随波逐流句"。见《景德传灯录》卷二十二,385页;《五灯会元》卷十五,935页。但从《五灯会元》的记载看,后来的各个弟子之间,对它的理解和解释并不同,缘密的同门信州西禅钦禅师对这三句是这样解释的:"天上有星皆拱北""大地坦然平""春生夏长",见《五灯会元》,962页。再传弟子鼎州普安道禅师的解释则分别是,"乾坤并万象,地狱及天堂,物物皆真见,头头用不伤""堆山积岳来,一一尽尘埃,更拟论玄妙,冰消解瓦摧""辩口利舌问,高低总不亏,还知应病药,诊候在临时",《五灯会元》,971页。再下一代的日芳上座则是用三个动作,即"竖起拄杖""横按拄杖""掷下拄杖",《五灯会元》,999页。而更后来的云居文庆禅师说,是"合""窄""阔",《五灯会元》,1013页。归宗慧通禅师则说,"日出东方夜落西""铁山横在路""船子下扬州",《五灯会元》,1032页。

[55] 施太格缪勒(Wolfgang Stegmuller)在《当代哲学主流》(王炳文、燕宏远、张金言等译,北京:商务印书馆,1986)上卷中讨论"超越世界"时曾经提到,这个"绝对者"应该通过"逻辑上的矛盾、循环论证、以及取消(范畴),也就是通过失败的思想活动,间接地阐明绝对者,并且使它在一瞬间出现在面前"。他还用雅斯贝斯为例,指出"只要一被追求,它就成为荒谬的"。240、242页。这个取向,其实与海德格尔(Martin Heidegger)的问题取向也是相同的,海氏曾经说:"为了超越语言表达而返回到事情那里,我们必须指出,如何去体验和观看这一'有'。"见《面向思的事情》(陈小文、孙周兴译,北京:商务印书馆,1996,5—6页)。又,关于矛盾语,可参见钱新祖《佛道的语言观与矛盾语》,《当代》(台北,1987)第十一期、第十二期。

[56] 见《五灯会元》卷十一叶县归省关于"句到意不到""意到句不到""意句俱到"和"意句俱不到"的说法,689页。同卷汾阳善昭关于"一句中须具三玄门,一玄门须具三要"的论述,685—686页。卷十瑞鹿本先关于问话、拣话、代语、别语、经论中奇特言语、祖师奇特言语的分别,618页。

来的"参公案"就是这样通过语言触摸真理[57]。因为,当信仰者在这些自相矛盾、有意误读和答非所问的话语中,反复思索、苦苦参究时,他会陷入一种前所未有的思想困境之中。如果他是禅门信仰者,确信禅师这种违背常识的话语一定有其意义,那么,在平时用于理解的历史资源、理智判断和语言习惯统统突然失效时,他就只能沉潜在深深的黑暗之中,重新寻找一条心灵超越的生路。正如芭蕉慧清所说,仿佛人在旅途,"忽遇前面万丈深坑,背后野火来逼,两畔是荆棘丛林。若也向前,则堕在坑堑;若也退后,则野火烧身;若也转侧,则被荆棘林碍。当与么时,作么生免得?若也免得,合有出身之路。若免不得,堕身死汉"[58]。也就是说,如果他能够反身回到历史、理智和语言尚未笼罩人类的原初之思处,寻找到"父母未生前,自己的本来面目",领悟禅门破弃语言的深意,他就可能在这种看似违背语言的语言中,既凸显自心,也使真理凸显。只要在这种语言中可以领悟佛法真谛,那么,语言不再仅仅是捕鱼的"筌"而是"鱼"本身,语言就是真理和意义[59]。

问题是,语言既有凸显真理的时候,也有遮蔽意义的时候。本来,充满了深刻意蕴的语言需要从心里涌出,而不能是模仿的结果。机智和巧思常常只属于首创者,对于模仿者来说,却只是显示

---

[57] "公案"本来是指官府的案牍,后来禅门用来指称禅宗启迪信仰者的常用话头。铃木大拙说,公案是"我们用来摆脱分别性认知的纠缠,确立自心本原的光明的一种工夫",并把它与净土宗的名号、天台宗的题目和密宗的阿字观等相提并论。见《禅思想史研究》第四《公案论》,《铃木大拙全集》(东京:岩波书店,1968—1970)第四卷,177页。

[58] 《五灯会元》卷九,551页。

[59] 赵州曾经说,语言是"拣择"和"分别",所以,并不能使人领悟至道。当有人问"如何是不拣择"时,他说,"天上地下,唯我独尊"。这意思就是凸显自心的独断性,不拘泥于语言的规定性。见《五灯会元》卷四,203页。

它的笨拙和迂阔。可是在 10 世纪，很多机智和风趣的对话，已经变成了后学模仿的样本，在反复使用中，它成了"公案"。其中，有的话头被三番五次地使用，如"面南朝北斗"，在第一次被提出时，它也许蕴涵着一种对空间方位的质疑，也蕴涵着对这些方位概念的固执习惯的困惑，它的提出本身，就是对人的困境的挣脱。但是第二次、第三次反复被重复时[60]，禅师就又一次落入了"在死句中讨生活"的窠臼，因为重复就不是来自自心的体悟，而是"寻指而亡月"。同样，第一个以"七颠八倒"回答"如何是佛法大意"的人，也许是在瓦解佛法中那些整齐理论，暗示生活世界本身并不是像理论那样被切得方方正正。但第二个依葫芦画瓢说"七颠八倒"的禅师，可能就是刻舟求剑，他只记得了这四个字，而可能丢掉了这四个字后面的深刻意义[61]。

　　禅在瓦解理论语言对心灵的遮蔽时，曾经引用"青青翠竹，俱是法身，郁郁黄花，无非般若"的思想，它用"触目而真"和"即事而真"的道理，把许多表述自然与生活的文学语言，引进了禅的对话，这曾经使禅的对话充满了生机，也使禅的对话仿佛艺术语言。他们不仅把唐代文人参禅有悟的诗句如"云在青天水在瓶"，写自然山水的诗句如"一条界破青山色"，古人的成句如"相逢欲相唤，脉脉不能语"当做参禅启悟的话头，而且自己还常常把对话和说解，写成富于文学意味的诗。像大龙智洪的警句"山花开似锦，涧水湛如蓝"，像永明延寿的诗偈"孤猿叫落中岩月，野客吟残

---

[60] 如白马行霭，《五灯会元》卷八，493 页；芭蕉慧清，《五灯会元》卷九，551 页。
[61] 第一次使用这句话的，可能是招庆道匡，而模仿者中有大宁可弘，见《五灯会元》卷十，605 页。

半夜灯。此境此时谁得意?白云深处坐禅僧"[62]。从禅语录中看,这种充满深刻智慧的语言,后来却真的逐渐成了一种文学语言。当禅师不再是经过自心体验和深思熟虑,只是模仿前辈开悟的话头,并把它作为一种精致的"公案"来使用时,这种异于日常的语言,就成了反复复制的教条,禅者在反复复制这种话头的时候,只是把它当作一种智力较量而不是智慧涌现,于是,常常费尽心力地在语言词汇上琢磨;当更多的知识人并不是出于对纯粹心灵的超越与自由的深刻认同,而是对禅的艺术生活方式有本能的喜爱,而进入禅的行列,他们就把文人天然的艺术追求和文学偏好带进了对话,这种本来应当拥有深刻哲思的对话,就被当成了表现机智与巧思的文学操练;当禅师与信仰者不能真正地把它当作严肃的思想问题,而误把这种看似游戏的语言机锋当作真正的游戏,它就只能大量地充当文学家的艺术写作素材,而不能对宇宙和人生的思考给予真正的启迪。正如铃木大拙所说,禅宗将汉语文学所具有的一切特征都囊括进来,比如,有意地瓦解逻辑和语法,运用警句,将话语说得很扭曲很含蓄,把意思说得很尖锐很深刻,这是禅与汉语共有的。本来,汉语的魅力就在不拘语法,语词之间关系的松散和自由,使语言富于暗示性,朦胧而恍惚,从中产生一种缥缈感,这与禅恰恰是吻合的[63]。这说得都很对,但这种吻合也正好使禅的语言转向了诗的语言。

　　齐己在给龙牙和尚的偈颂集作序时,提到禅门写作诗偈的风

---

[62] 分别见保福可俦,《五灯会元》卷八,469页;绍宗圆智,《景德传灯录》卷二十一,376页;归宗义柔,《五灯会元》卷十,579页;大龙智洪,《五灯会元》,卷八,493页;永明延寿,《五灯会元》卷十,604页。

[63] 《禅思想史研究》第四《日本禅思想史の一断面——大灯百二十则に因みて著语一般のもつ意味》,《铃木大拙全集》第四卷,9—10页。

气。他说,"咸通初,有新丰、白崖二大师所作,多流散于禅林",而龙牙和尚的颂偈更是富于艺术意味[64]。禅的文学化风气是否就是在这个时候开始的,当然还需要深入研究,不过,9—10世纪的禅者中,确实有很多具有很好文学才能的人。在后世有影响的禅师中,比如香严智闲"有偈颂二百余篇,随缘对机不拘声律,诸方盛行"[65];曹山本寂注释《对寒山子诗》"流行宇内……文辞遒丽,号富有法才";清凉文益"好为文笔,特慕支汤之体,时作偈颂真赞"[66]。据说,南唐国君曾与清凉文益一同赏玩牡丹花,令其赋诗,文益即作"拥毳对芳丛"一首[67]。而在他们的对话中,也常常可以看到相当华丽或清雅的文辞,如"翠竹摇风,寒松锁月""一坞白云,三间茅屋""幽涧泉清,高峰月白""云生碧岫,雨降青天""一塔松萝望海青""雪夜观明月"等[68]。特别是他们身在山林幽深处,闲适的心境也更使他们富有诗的情趣,于是,在他们用来形容自己的心境与处境的语言中,常常有各种很有诗意的语词,或者本来就是诗歌。仅仅以玄沙师备、长庆慧稜等人弟子辈的话语为例,如"三声猿屡断,万里客愁听""鹊来头上语,云向眼前飞""狮子石前灵水响,鸡笼山上白猿啼""谷声万籁起,松老五云披""尘中人自老,天际月常明""惆怅庭前红苋树,年年生叶不生花""城上已吹新岁角,窗前犹点旧年灯""万里白云朝瑞岳,微微细雨洒帘前""风

---

[64] 《禅门诸祖师偈颂》卷一齐己《龙牙和尚偈颂序》,此文收入《全唐文补编》卷一一九。

[65] 《景德传灯录》卷十一,286页;又,《宋高僧传》卷十三说,他"冥有所证,抒颂唱之",304页。

[66] 分别见于《宋高僧传》卷十三,308、314页。

[67] 《五灯会元》卷十,565页。

[68] 以上是龙华契盈、广严咸泽、报慈文钦、万安清运、凤凰从琛语,分别见于《五灯会元》卷八,468、643、470、471页。

送水声来枕畔，月移山影到床前"等，哪一句不是很好的诗歌？[69]

并不是说诗歌式的艺术语言就不能表达和呈现哲理，就是在现代西方哲学中，也有用诗歌、艺术来凸显不可言说之绝对的取向，像海德格对荷尔德林的诗的分析就是一例。施太格缪勒在《当代哲学主流》也说到，"真理的完成是经由宗教、艺术和诗歌之中的原初直观而实现的"[70]。问题是，这里的前提条件是诗歌的写作与阅读者，都必须在心底里预存一个理解取向，当诗歌语言出现在面前，它就会引导人们对宇宙与人生的深刻问题进行反思，而不是把它当作文学的情景表述或单纯感怀。像"落花随流水，明月上孤岑"一句[71]，是把它当作随顺自然和自心凸显的意味来理解，还是把它当作宁静清幽的自然风景来欣赏？虽然说，在诗歌语言中欣赏自然风景也可以感受宇宙与人生，但是这与宗教语言之间是相当不同的。作为一种宗教语言，它总是试图将信仰者引向对于超越和绝对的思考。前引齐己《龙牙和尚偈颂序》中，虽然一再提醒阅读者，禅的偈颂"体同于诗，厥旨非诗"，但是，恰恰就因为语言的相似，人们很容易就把禅思当成诗意，于是，把体验和思绪引向了对人生、自然与生活的一般性感慨。

前面我们曾说到，理论兴趣的衰退，是从 8 世纪以来中国佛教的一个很明显的趋向，对于过分烦琐的概念定位、过分复杂的层次分析、过分抽象的符号运算，信仰者已经表现出相当的厌倦，唯识

---

［69］ 以上是仙宗契符、倾心法瑫、广严咸泽、祥光澄静、后招庆、建山澄、瑞岩师进、大龙智洪的对话中语，分别见于《五灯会元》卷八，451、462、467、473、474、481、493 页。关于禅师的颂偈情况，请参见铃木哲雄《唐五代禅宗史》（东京：山喜房佛书林，1985）后编第五章的统计，535—542 页。

［70］ 前引施太格缪勒（Wolfgang Stegmuller）《当代哲学主流》上卷，255—256 页。

［71］ 洞山弟子白水本仁禅师语，见《五灯会元》卷十三，804 页。

学与华严学的命运就是例证。而通过把宗教生活转变为日常生活，把宗教语言当作艺术语言来体验，把包含着深刻哲理的语句转化为诗歌，禅宗也再一次瓦解了宗教的严肃性和理论的深刻性[72]。

结语　晚唐五代禅宗的文人化和禅思想的文学化

大中年间以后，禅门不仅逐渐从武宗灭佛的隐忍蛰伏状态中恢复过来，而且与中央的皇权或地方的诸侯之间，逐渐有了相当的默契，成了佛教的主流，吸引了相当多的信仰者，很多的文人士大夫与官僚贵族都对禅表现了异乎寻常的热情。比如，雪峰义存自咸通十一年（870）至乾符二年（875）开辟雪峰山后，"天下之释子，不计华夏，趋之若召"，而且得到一系列官员甚至天子的青睐[73]。此后，北方的后唐、后晋、后汉，以及南方诸国的钱氏、李氏、刘氏，都曾经对禅很有兴趣[74]。他们在参禅访师的时候，与禅师进行智力和语言的较量，与禅师斗机锋参公案，把话说得富于机巧和幽默，人们的精力集中在语言的暗示性、丰富性和包容性上。他们充分地运用汉语的特征，在生活中讲述一些意味深长的话语，或写出一些含蓄幽默的诗句，这越来越成为上层文化人的业余爱好。在

---

[72] 参见铃木大拙《禅と念佛の心理学的基础》第十章《看话功夫に关する诸种の一般的叙述》，他举出"一即一切，一切即一"为例，认为与印度的表述比起来，我们能够感到中国禅的表述是如何地平常。《铃木大拙全集》（东京：岩波书店，1968—1970）第四卷，278页。他常常把这种选择归之于中国人的思维方式和生活方式，但是，这种不喜爱抽象思考的习惯本身，也是被历史建构起来的，实际上，7—8世纪间在中国曾经风行的唯识华严思想，其实也是很抽象、细致和烦琐的。

[73] 《宋高僧传》卷十二，287页。

[74] 如玄沙师备、清凉文益、天台德韶、华严休静、天龙重机、清凉泰钦、龙兴宗靖等，都曾经得到南唐、南汉、闽和后唐等政权的支持。

这种时候，它的宗教性就在这些信仰者心中，越来越淡化，倒是它的语言艺术和生活趣味，日益成为信仰者关注的中心。于是，那些精彩绝伦的对话和富于哲理的机锋，也渐渐失去了它对常识和理性的超越性和批判性，成为文人表现生活情趣和文学智慧的语言技巧。

附录　从《祖堂集》看8—10世纪初南宗禅的东传[1]

引　言

比起悬隔海外的日本来，百济、新罗和高丽与华夏帝国的距离更近，由于没有大洋悬隔，它们与中国在文化上的交往更为直接，从8世纪末至10世纪初，中国刚刚兴起的南宗禅立即东传便是一例。正如人们所知道的，南宗禅文献传入日本的时间虽然很早，但日本真正形成自己的禅宗团体，却是在12世纪末，也就是相当于南宋的荣西禅师时代[2]。然而在新罗，却早在中晚唐时代，就已经有了自己的南宗禅流派与大师了。

《祖堂集》是一部至少在宋初就传入东邻，并一直保留在那里的禅宗文献。其中记载了相当多的海东禅师，如桐里慧彻、实相洪直、慧目山玄昱（787—868）、陈田寺无寂（？—821）、通晓大师梵

---

[1]　这篇附录最早以《八世纪末至十世纪初南宗禅的东传》为题，发表在《历史文献研究》（北京新五辑，北京师范大学出版社，1994），127页以下。这是当年撰写《中国禅思想史》和注释《祖堂集》（台湾：佛光山，1996）的副产品，那时，有关这个问题的讨论还不多，当然，那时我对韩国的研究情况了解不多，因此只能依赖中国史料，不免有考证不周处。这次收入本书，作为"附录"。

[2]　参见木宫泰彦《日中文化交流史》（胡锡年译，北京：商务印书馆，1980），337页。

日（810—889）、圣住寺无染（799—888）、瑞云寺顺之等。我现在不能判断，这究竟是《祖堂集》撰者原来的记录，还是在东邻重新刻印时，由海东人士增补。但是，《祖堂集》里记录的海东禅师确实不少，可以略补当时海东禅史之缺憾。当然，仅仅凭《祖堂集》来叙述海东禅史还不完备，如果仔细翻检《全唐文》《唐文拾遗》，还有若干碑志可以补充稍后的一长串名单。例如，双溪寺慧昭（774—850）、凤岩山寺智证（824—882）、宝林寺体澄（804—880）、朗空大师行寂（833—916）、地藏院开清（835—930）、审希（855—924）、广照寺利严（870—936）、五龙寺庆猷（871—920）、菩提寺丽严（861—929）、净土寺元晖（879—941）等。

当然，新罗与禅宗有关的人士中，还有一些时代更早。例如著名的金和尚，也就是净众寺无相（680—756，一说684—762）。据说，他以"无忆、无念、莫忘"三句法门教弟子，并用引声念佛之法令人定心，光大了智诜（609—702）、处寂（646—734）的四川净众寺一派。《历代法宝记》《圆觉经大疏钞》都有关于他的资料。只是他这一派直接源自五祖弘忍门下，并非我们要讨论的惠能以下的南宗禅。另外，《全唐文》卷七一八载金献贞《海东故神行禅师碑》又记有神行禅师（704—779），但他是志空和尚的弟子，志空乃是"大照（普寂）禅师之入室"，属于神秀北宗禅一派，也不是我们要讨论的惠能南宗禅[3]。因此，从现存汉文文献来看，惠能一系南宗禅的东传，最早大约在8世纪末9世纪初，也就是南宗禅在唐王朝刚刚开始兴盛的时代。

---

[3] 金献贞《海东故神行禅师之碑并序》，载《全唐文》（北京：中华书局，1983）卷七一八，7381页。

一　初传海东：马祖的影响

本书有《禅思想史的大变局》一章，在这一章里我讨论了南宗禅的真正兴盛，其实并非在盛唐神会时代，而是在贞元、元和年间。代表这一时代成熟的南宗禅思想的是马祖道一（709—788）及其门下的若干禅师。我也特意指出，石头希迁（700—790）一支，原本与马祖实为一派，只是后来弟子越来越壮大，为了各尊祖师才另分门户。如果我的考证可信，那么在贞元、元和年间，南宗禅刚刚崭露头角时，海东就已经有禅师学了这一派禅思想，尤其是马祖道一的禅思想。例如，西堂智藏（738—817）是马祖门下第一大弟子，也是江西洪州禅门的嫡系传人，他的门下即有：

陈田寺元寂（即道仪大师）
桐里慧彻
实相洪直[4]

章敬怀晖（756—815）是马祖道一门下率先取得朝廷认可，并在京都长安弘传马祖禅的重要人物。而他的门下有：

慧目山玄昱[5]

佛光如满和麻谷宝彻也是马祖门下重要禅师，如满是白居易的朋友，宝彻则与另一大师丹霞天然是朋友，他们的门下则有：

---

[4]　静筠二禅师编撰，孙昌武、衣川贤次、西口芳男点校《祖堂集》（北京：中华书局，2007）卷十七《雪岳陈田寺元寂禅师》《东国桐里和尚》《东国实相和尚》，749、751页。

[5]　《祖堂集》卷十七《东国慧目山和尚》，752页。

圣住寺无染[6]

药山惟俨（745—828）历来都以为是石头希迁门下，但据唐伸《沣州药山故惟俨大师碑铭》，他却也是马祖的弟子[7]，他的门下有：

　　通晓大师梵日[8]

此外，还有法系不明的慧昭。《唐文拾遗》卷四四崔致远《有唐新罗国故知异山双溪寺教谥真鉴禅师碑铭》说，他元和五年（810）于嵩山受具戒，大和四年（830）返回新罗，自称"曹溪之玄孙，是用建六祖影堂"[9]，可见与上述诸人是辈分相同的一代禅师。

其实，当时来华参禅于马祖各弟子座下的，可能还不止这上述数人。《景德传灯录》卷九在章敬怀晖名下尚录有"新罗国觉体禅师"[10]；卷十在南泉普愿名下尚录有"新罗国道均禅师"；盐官齐安名下尚录有"新罗品日禅师"（疑即梵日禅师）；大梅法常名下尚录有"新罗国迦智禅师""新罗国忠彦禅师"，在归宗法常名下还录有"新罗大茅和尚"等[11]。可惜大多数有名无录，也无从得知他们的踪迹与思想。

在这些禅师中，最值得重视的是陈田寺元寂，也就是道仪大

---

[6] 《祖堂集》卷十七《嵩严山圣住寺故两朝国师》，761页。

[7] 药山惟俨的师承，历来均以为是出自石头希迁一系，日本宇井伯寿等学者也一直否认有关他的唐伸碑文的真实性。但据我考证，唐伸碑是真实无疑的，宇井氏的否定论证并不可靠。参见宇井伯寿：《第二禅宗史研究》之五（东京：岩波书店，1941），426—427页；参看本书《禅思想史的大变局》一章。

[8] 《祖堂集》卷十七《溟州崛山故通晓大师》，756页。梵日先参盐官齐安，后参药山惟俨，故可视为双挑两家。

[9] 崔致远《有唐新罗国故知异山双溪寺教谥真鉴禅师碑铭并序》，载陆心源辑：《唐文拾遗》（北京：中华书局，1983）卷四四，10866页。

[10] 《景德传灯录》卷九，《大正藏》第51册，《史传部三》，264页。

[11] 《景德传灯录》卷十，《大正藏》第51册，《史传部三》，273页。

师,他是最早与南宗禅有交涉的海东禅师。据《祖堂集》卷十七记载,他于"建中五年岁次甲子",也就是唐德宗兴元元年(784)过海入唐,先后参西堂智藏与百丈怀海两大师[12]。此时,马祖道一尚未圆寂,南宗禅也尚未大盛,所以,他归国后一度颇受冷遇。据《唐文拾遗》卷六八金颖《新罗国武州迦智山宝林寺谥普照禅师灵塔碑铭》记载,道仪归国后,演说其禅理,但"时人雅尚经教与习观存神之法,未臻其无为任运之宗,以为虚诞,不之崇重",所以他隐居山林多年。但他传法于廉居(?—844),廉居又传法于体澄,体澄又传法于回微(864—917),到了体澄、回微时代,这一系逐渐昌盛。所以,实际上他是海东南宗禅门开创者。前引碑文中说:

> 达摩为唐第一祖,我国则以(道)仪大师为第一祖,(廉)居禅师为第二祖,我师(体澄)为第三祖矣[13]。

体澄之后的回微,是"早闲庄老,□爱琴书"的文人,在9世纪末10世纪初与庆猷、丽严、利严并称海东"四无畏大士"[14]。由此也可见,道仪应当是新罗以及高丽南宗禅首屈一指的开创者。

道仪而下,值得重视的是慧目山玄昱,他于长庆四年(824)入唐。这时正值章敬怀晖和兴善惟宽二禅师在长安大倡马祖禅风,并得到朝廷认可之后,他并没有直接承教于章敬怀晖(怀晖于他入唐前已圆寂),显然是在章敬门风极盛时自认家门的私淑弟子。但他在开成二年(837)随金义宗归国后,极受当时新罗朝廷重视,《祖堂集》

---

[12]　《祖堂集》卷十七《雪岳陈田寺元寂禅师》,750页。
[13]　金颖《新罗国武州迦智山宝林寺谥普照禅师灵塔碑铭》,载《唐文拾遗》卷六八,11134—11135页。
[14]　参见崔彦㧑《晋高丽先觉大师遍光灵塔碑》,载《唐文拾遗》卷七〇,11150—11152页;及阙名《有晋高丽国踊岩山五龙寺故王师教谥法镜大师普照慧光之塔碑铭并序》,载《唐文拾遗》卷七〇,11154—11155页。

卷十七曾说,敏哀大王、神武大王、文圣大王、宪安大王"并执师资之敬,不征臣伏之仪"[15]。而《唐文拾遗》卷四四崔致远《大唐新罗国故凤岩山寺教谥智证大师寂照之塔碑铭并序》历数东归大师,也曾提到"慧目育(昱)"[16],后来他的传法门人审希,也是新罗极有名的禅宗大师。[17]

玄昱而下,则应当提到通晓大师梵日。梵日于大和年间(827—835)随金义宗入唐,先参盐官齐安,后参药山惟俨,深得马祖一系"平常心是道"的宗旨。会昌六年(846)归国,在溟州崛山寺(今韩国江原道)四十余年。据《祖堂集》说,景文大王、宪康大王、定康大王都曾征召他入京,"拟封国师",但他始终未曾奉诏[18]。在他的弟子中,除了亲到大唐五台山参谒他的开清禅师[19],还有被封为两朝国师的行寂禅师。据《全唐文》卷一千崔仁滽《新罗国故两朝国师教谥朗空大师白月栖云之塔碑铭》记载,行寂在新罗曾名盛一时,"孝恭大王遽登宝位,钦重禅宗,以(行寂)大师独步海东,孤标天下",所以,特遣使迎入皇居,成为两朝帝师[20]。

---

[15] 《祖堂集》卷十七《溟州崛山故通晓大师》,758页。

[16] 崔致远《大唐新罗国故凤岩山寺教谥智证大师寂照之塔碑铭并序》,载《唐文拾遗》卷四四,10875页。

[17] 朴升英《有唐新罗国故国师谥真镜大师宝月凌空之塔碑铭并序》,载《唐文拾遗》卷六八,11128页。

[18] 《祖堂集》卷十七《东国慧目山和尚》,752页。

[19] 崔彦㧑《高丽国溟州普贤山地藏禅院故国师朗圆大师悟真之塔碑铭》,载《唐文拾遗》卷七〇,11148—11150页。

[20] 崔仁滽《新罗国故两朝国师教谥朗空大师白月栖云之塔碑铭》,载《全唐文》卷一千,10358—10360页。

二　会昌之后：分系马祖与石头

　　8世纪末9世纪前半叶海东僧人来华参禅问学的高潮，在会昌年间唐武宗灭佛时被迫中止。梵日和无染均于会昌六年（846）被迫回国便是例证[21]。不过，随着"武宗灭佛"成为历史，佛教再度复兴，这种禅文化交往在9世纪末10世纪初又出现一次高峰。

　　不同于前次的是，由于石头一支后学逐渐昌盛，石头希迁在这时被尊为一派祖师，而标榜自家出自石头的禅师，也不再承认与马祖有任何瓜葛，于是便形成了当时马祖、石头分为两系的传说。海东来华的禅师也遵从这种说法，便有了承袭马祖和承袭石头的两枝。其中，参学于马祖一系的禅师如体澄、开清、审希等。参学于石头一系的禅师则有元晖、庆猷、利严、丽严。除元晖参拜的是石霜庆诸（809—888）的弟子九峰道虔外，庆猷、利严、丽严参拜的都是洞山良价（808—869）的弟子云居道膺（835—902）[22]。

　　还值得特别注意的一点是，马祖门下传人，此时在海东似乎已经自成体系，故而传灯续法之中，弟子多由新罗自己的禅师传授，如廉居传体澄、体澄传回微、玄昱传审希、梵日传开清、梵日传行寂。即使是西至唐土，也不过是多方参学之意。只有五冠山顺之，是马祖门下四世仰山慧寂（807—883）的弟子。然而，自称石头一

---

　　[21]　《祖堂集》卷十七《溟州崛山故通晓大师》记梵日"值会昌四年沙汰僧流，毁坼佛宇，东奔西走，窜身无所"，757页。
　　[22]　分见崔彦㧑《有晋高丽中原府故开天山净土寺教谥法镜大师慈镫之塔碑铭并序》，载《唐文拾遗》卷六九，11143页；阙名《有晋高丽国踊岩山五龙寺故王师教谥法镜大师普照慧光之塔碑铭并序》，载《唐文拾遗》卷七〇，11154页；崔彦㧑《高丽国弥智山菩提寺故教谥大镜大师玄机之塔碑铭并序》，载《唐文拾遗》卷六九，11146页；崔彦㧑：《有唐高丽国海州须弥山广照寺故教谥真澈禅师宝月乘空之塔碑铭》，载《唐文拾遗》卷六九，11139页。

系的，则多是新近参学东土的禅师，故而传法统系多直接由中国而来。其中，尤多出自洞山良价门下的云居道膺。所谓海东"四无畏大士"中，除回微外，庆猷、利严、丽严均出于云居门下，又均于云居圆寂后的天祐年间（约在904—911间）陆续归国，故而曹洞一系宗风在新罗高丽大有后来居上之势，这是后话。

从现存汉文文献来看，大约在10世纪初，也就是唐末五代战乱时期，禅文化交流似乎再一次停滞。不过，这时的新罗已经有了自己的禅门，完全可以薪火单传而不需要西来唐土了。

顺便可以说到，新罗（以及高丽）与唐朝（以及五代及宋朝）的文化交往，始终是很密切的，新、旧《唐书》都记载了许多这方面的资料。它使我们了解到在一千多年前，新罗就已经流传"五经及《史记》、《汉书》、范晔《后汉书》、《三国志》、孙盛《晋春秋》、《玉篇》、《字统》、《字林》"等典籍，还让我们知道新罗和唐王朝一样，对《文选》特别偏爱，并从唐王朝这里携去了《吉凶要礼》《文馆词林》等书[23]。但是，应当说这只是官方对文化交往的记录，也只是官修史书对正统文化传播的关注。实际上民间的文化交往，要比史书记载频繁得多，交往的内容也绝不限于正统文化范畴，南宗禅的东传正是一例。还应该指出的是，这种文化传播与交流尽管一开始并不属于官方，但很快就被新罗朝廷认可，而官方认可更促进了民间交往的昌盛，并保证了这种文化交往的生根、开花与结果。

正如前面我们提到的，在8世纪末，新罗"雅尚经教与习观存神之法，未臻无为任运之宗"，大概是佛教义理之学与道教养生之

---

[23] 见《旧唐书》（北京：中华书局，1975）卷一九九《高丽传》及《新罗传》，5320、5336页；《新唐书》（北京：中华书局，1975）卷二二〇《新罗传》，6204页。

术比较盛行。但是到10世纪初，南宗禅在海东已经极其昌盛了。前面提到，玄昱曾是实际上的四朝帝师，而无染（799—888）则座下"僧徒千众，名震十方"。《祖堂集》卷十七曾记载，"两朝圣主，天冠倾于地边；一朝臣僚，头面礼于足下"，也可以说盛极一时[24]。但稍晚一些的体澄和行寂等禅师，则似乎更加自觉地借助官方政治力量来弘大禅门。《唐文拾遗》卷六八金颖所撰体澄塔铭记载，开成五年（840）他随平卢使归新罗后，"檀越倾心，释教继踵"，并于大中十三年（859），被刚即位两年的宪安大王请到京城，此后又屡次遣使请教。达官金彦卿也持弟子礼，出资铸佛，"以壮禅师所居梵宇"，于是，他所在的武州迦智山宝林寺成了当时海东禅宗一大丛林[25]。《全唐文》卷一千崔仁渷所撰行寂塔铭也记载，行寂中和五年（885）归国后，受到孝恭大王礼遇，他也悟到"自欲安禅，终须助化，吾道之流于末代，外护之恩也"的道理，于是毅然入京，为帝王"尊道说羲轩之术，治邦谈尧舜之风"。使得孝恭大王、神德大王非常钦佩，两番诏请入京，并安置于南山实际寺[26]。《唐文拾遗》卷六九崔彦㧑所撰利严塔铭又记载，利严于天祐八年（911）归国后，曾以"道在心不在事，法由己不由人"一语劝诫帝王，"以四海为家，万民为子，不杀无辜之辈"。他同样深明政治力量的重要，曾对大众说："居于率土者，敢拒纶音，倪遂朝天者，须沾顾问。付嘱之故，吾将赴都"，果然得到朝廷重视，于海州须弥山创广照寺，"禅客满

---

[24]　《祖堂集》卷十七《嵩严山圣住寺故两朝国师》，762页。
[25]　金颖《新罗国武州迦智山宝林寺谥普照禅师灵塔碑铭》，载《唐文拾遗》卷六八，11134—11135页。
[26]　崔仁渷《新罗国故两朝国师教谥朗空大师白月栖云之塔碑铭》，载《全唐文》卷一千，10360页。

堂……其众如麻,其门若市"[27]。

禅师与政治力量的联姻,也许有违禅宗思想追寻清净之本义,但却是弘扬禅风、保全禅脉的最佳策略。海东禅师正是以这一策略,使新罗以及后来高丽的禅宗大大兴盛起来。反观唐王朝禅宗的命运,也许正是世难势危的缘故,唐王朝南宗禅的一些禅师,心中都有些惴惴不安的忧患,他们曾把弘法传宗的希望寄托在海东,如百丈怀海曾对道仪说:"江西禅脉,总属东国之僧欤?"[28]麻谷宝彻曾对无染说,马祖当年有识,禅脉东流,"彼日出处,善男子根殆熟矣","我当年作江西大儿,后世为海东大父"[29]。尤其是身处末世的云居道膺,更是一而再再而三地寄希望于东国后人,先称赞庆猷,"吾道衰矣,庆猷一人,起予者商"[30];又称赞丽严(861—929),"飞鸣在彼,且莫因循,所冀敷演真宗,以光吾道,保持法要,知在汝曹"[31];再赞扬利严(870—936),"东山之旨,不在他人,法之中兴,唯我与汝,吾道东矣"[32]。真是拳拳之心,三致意焉。

而他们的愿望,还真在海东得到了实现。

---

[27] 崔彦㧑《有唐高丽国海州须弥山广照寺故教谥真澈禅师宝月乘空之塔碑铭》,载《唐文拾遗》卷六九,11140页。

[28] 《祖堂集》卷十七《雪岳陈田寺元寂禅师》,750页。

[29] 崔致远《有唐新罗国故两朝国师教谥大朗慧和尚白月葆光之塔碑铭并序》,载《唐文拾遗》卷四四,10869—10870页。

[30] 阙名《有晋高丽国踊岩山五龙寺故王师教谥法镜大师普照慧光之塔碑铭并序》,载《唐文拾遗》卷七〇,11154页。

[31] 崔彦㧑《高丽国弥智山菩提寺故教谥大镜大师玄机之塔碑铭并序》,载《唐文拾遗》卷六九,11146页。

[32] 崔彦㧑《有唐高丽国海州须弥山广照寺故教谥真澈禅师宝月乘空之塔碑铭》,载《唐文拾遗》卷六九,11139页。

三 平常心是道：新罗的南宗禅思想

新罗的禅思想，大体继承的是马祖、石头一系"平常心是道"的路数，除五冠山顺之袭沩仰宗风，以四对八相绕路说禅而外[33]，大多禅师均简截明快，生动活泼。

正如前面所说，南宗禅发展到了马祖道一时代，出现一个巨变时期，这一时期禅思想已超越了《楞伽》《起信论》的"一心二门"的局限，引入了《般若》和老庄，消除了人性（染）与佛性（净）之间难以逾越的天堑，从而得到了一个简截方便的修行途径。在马祖一系禅师看来，既然人心即是佛心，人性即是佛性，那么，只要心灵不执着于某种理念或某种欲望，它的活泼泼的跳动，就是佛性的自然显现，而外在的戒、定、慧都是次要的。如果它们妨碍了心灵的自由，那么统统可以抛在一边。反之，无论什么烦恼、愁闷、恼怒，如果它们是心灵的自然，那么也是佛性的表现，这就叫"心、佛、众生、菩提、烦恼，名异体一"[34]。所以石头希迁说"不用听律"，"亦不用念戒"[35]。马祖道一说"此心即是佛心……随时着衣吃饭，长养圣胎，任运过时，更有何事"[36]。于是，无论在佛性理论、修行实践和终极境界上，都与传统佛教甚至禅门大为不同。在佛性理论上他们把基点从追寻佛性，转移到了追寻人性。他们反复凸显的"心"，已不再是早期禅宗那种绝对清净无垢，绝对神圣庄严的佛陀之心，而是自然活泼、自由无碍的普通人心了；在修行方式

---

[33]《祖堂集》卷二十《五冠山瑞云寺和尚》，876页。

[34]《景德传灯录》卷十四引石头希迁语，《大正藏》第51册，《史传部三》，309页。

[35]《祖堂集》卷四《石头和尚》，197页。

[36]《祖堂集》卷十四《江西马祖》，610页；《景德传灯录》卷六，《大正藏》第51册，《史传部三》，246页。

上，就与守戒、坐禅、解经的传统方式彻底脱离，真正实现了惠能以来一直追寻的"顿悟"。因为他们认为，只要领悟了自心即是佛心的道理，就可以一切不拘地依从人的自然本性，"饥来吃饭，困来即眠""热即取凉，寒即向火"；而他们的终极境界也不再是"无念无欲""清净无垢"的纯净境界，而是一种自然适意、任性逍遥的生活境界，这个境界用他们的话来说就是"平常心是道"。

新罗禅宗深受这一系思想的影响，《祖堂集》卷十七载梵日与盐官齐安对话：

> 梵日问曰：如何即成佛？
>
> 大师答道：道不用修，但莫污染，莫作佛见、菩萨见，平常心是道。
>
> 梵日言下大悟[37]。

从盐官的话中，可看到两重含义：一是平常心即是道心，不必修证；二是佛见菩萨见虽然高明，但那是他人的理性，切不可忘了自心感受而用他人理性规范自己，若如此便是污染，因为"金屑虽贵，着眼成翳"（临济义玄语）。这两重涵义其实互为表里，尊重自心流露，破弃理性约束是马祖禅的大特征，梵日显然深明此义，故而归国后有人问他：

> 如何是衲僧所务？

他的回答是：

> 莫踏佛阶级，切忌随他悟[38]。

---

[37]《祖堂集》卷十七《溟州崛山故通晓大师》，757页。
[38]《祖堂集》卷十七《溟州崛山故通晓大师》，758页。

这种凸显自心、不假权威的思想，在无染那里也表现得极为充分。《祖堂集》卷十七记载无染归国后，有人问无染，既然禅宗强调自心，不假外力，那么，为什么西天二十八祖到东土六祖"传灯相照，至今不绝？"无染干脆回答，这些传灯的故事：

> 皆是世上流布，故不是正传[39]。

那么，祖师又是怎么传递禅旨的呢？他引仰山语说，"两口一无舌，即是吾宗旨"[40]。什么是"两口一无舌"？就是两人相对，以心传心，全凭自心感悟，不假言语相授。故而不涉理路，不落言诠，更不靠外在理念的推动。

《唐文拾遗》卷七十收有孙绍所撰的一篇残缺不全的《唐高丽大安寺广慈禅师碑铭》，碑主允多（864—945）是马祖弟子西堂智藏门下的禅师，他有几句话也很能表现马祖禅思想的特点：

> 道非身外，即佛在心[41]。

这其实就是马祖道一"即心即佛"的意思。在马祖看来，人之所以不能得到解脱，并不是种种外在的苦难和生死在束缚他，也不是种种内在的思虑与情欲在限制他，而是人自己没有勘破我心即是佛心的道理。一旦勘破这一层，认识到自我心灵的合理性，实际上就解开了心灵上的种种绳索，人可以不再为生死而烦恼，不再为染净而费心。自然的情感流露是天性必然，而各种清规戒律原则理念才是束缚自然心灵的桎梏。如果人能做到自然适意，人就已经在超越境界，获得了内心的宁静和意志的自由，可以在刹那间感到愉悦。所

---

[39] 《祖堂集》卷十七《嵩严山圣住寺故两朝国师》，762页。
[40] 《祖堂集》卷十七《嵩严山圣住寺故两朝国师》，762页。
[41] 孙绍：《唐高丽大安寺广慈禅师碑铭》，载《唐文拾遗》卷七十，11153页。

以说，是"任性逍遥，随缘放旷……但尽凡心，别无圣解"[42]。而允多也说：

> 不户不牖是大道，不昆不仑是神（仙）[43]。

为什么？因为"户""牖"是理念穿凿而成的逻辑理路，一个凸显自心的人，根本不必按他人设计的理路行走，只要随顺自心自然，就处处是大道坦荡。所谓"昆仑"只是可望不可即的缥缈仙境，是远离人间的彼岸世界。按禅家的见解，一个人若能平常心，不执泥，"不费心力作佛去"，他就保持了完整而健全的人性，他就已是神仙了。临济义玄说得一针见血：

> 佛法无用功处，只是平常无事[44]。

若是一个人大道不肯走，偏要钻户凿牖，一个人平常生活不肯过，偏要无事生非，又岂能达到超越境界！

新罗及高丽初期禅思想的研究，乃是一个大课题，我这里只是依据汉文文献作一个简略的介绍，免不了以偏概全，以浅测深。不过，我想有一点是应该提出来的，即晚唐五代的禅思想也罢，新罗及高丽初期的禅思想也罢，它们都是中唐禅思想的延伸。因此，中唐禅思想正反两方面理路也同样存在于它们之中。什么是中唐禅思想的出发点？即圭峰宗密所说的"一切皆真"，由于肯认人性与佛性的一致，所以，他们强调"起心动念，弹指动目，所作所为，皆是

---

[42]《祖堂集》卷五《龙潭和尚》，247页。
[43] 孙绍《唐高丽大安寺广慈禅师碑铭》，载《唐文拾遗》卷七十，11153页。
[44] 慧然集《镇州临济慧照禅师语录》卷一，《大正藏》第47册《诸宗部四》，498页。普济《五灯会元》（苏渊雷点校本，北京：中华书局，1984）卷十二《云峰文悦禅师》记一人问："如何是佛？"云峰文悦答："着衣吃饭量家道"，也是这个意思。746页。

佛性全体之用"[45]。从这一出发点，产生了正反两种必然的理路：一是承认人的自由心灵及其合理性，承认人性自然流露的伟大与正当，并肯定人类现实生存的意义。这样，人不再为自己的生活与情感而自卑自责，因为"平常心是道"，于是人们对生活充满自信，对世界充满喜悦。一是由于心灵的解放与生存的肯定，凸显了人的情感意志，从而消解了宗教生活中自我约束、追求完美的力量，使宗教信仰的神圣意味日益瓦解，于是导致了放纵狂禅的出现。

　　这正反两种理路都是从"平常心是道"中衍生而来的，中唐之后的南宗禅历史证明，这两种理路都曾在中国禅宗内部滋生过，那么，新罗及高丽的南宗禅是否也有这两种趋向呢？

---

[45] 圭峰宗密《中华传心地禅门师资承袭图》，《续藏经》（台北：新文丰出版公司，1979）第110册，870页。

主要征引文献

【基本文献】

《大正新修大藏经》，台北，新文丰出版公司再影印本，1983。

《续藏经》，参用新文丰出版公司影印本，1983；河北省佛教协会影印本，2006。

《高僧传》，（梁）释慧皎编，汤用彤校注本，中华书局，1992。

《临济录》，张伯伟释译，高雄，佛光山，1997。

《入唐求法巡礼行记校注》，〔日〕释圆仁原著，白化文、李鼎霞、许德楠修订校注，花山文艺出版社，1992。

《神会和尚禅话录》，杨曾文编校，中华书局，1996。

《神会和尚遗集》，台北，胡适纪念馆，1970。

《宋高僧传》，（宋）赞宁撰，范祥雍点校，中华书局，1987。

《坛经校释》，（唐）慧能著，郭朋校释，中华书局，1983。

《五灯会元》，（宋）普济著，苏渊雷点校本，中华书局，1981。

《祖堂集》，（南唐）静、筠二禅师编撰，孙昌武、〔日〕衣川贤次、〔日〕西口芳男点校，北京：中华书局，2007。

《敦煌宝藏》，黄永武编，台北，新文丰出版公司。

《全上古三代秦汉三国六朝文》，（清）严可均辑，中华书局影印本，1958。

《全唐文》，（清）董诰等编，上海古籍出版社影印本，1990；中华书局缩印本，1983。

《全唐文补编》，陈尚君辑校，中华书局，2005。

《四库全书存目丛书》，四库全书存目丛书编纂委员会编，齐鲁书社影印本，1997。

《文苑英华》，（宋）李昉等编，中华书局影印本，1966。

《续修四库全书》，《续修四库全书》编纂委员会编，上海古籍出版社影印本，2002。

《登科记考》，（清）徐松撰，赵守俨点校，中华书局，1984。

《南史》《北史》《魏书》《北齐书》《北周书》《宋书》《南齐书》《梁书》《陈书》《隋书》《旧唐书》《新唐书》，凡引用二十四史，均用中华书局点校本。

《唐会要》，（宋）王溥撰，中华书局，1990。

《资治通鉴》，（宋）司马光编著，（宋）胡三省音注，中华书局，1956。

《洛阳伽蓝记校注》，（北魏）杨衒之撰，范祥雍校注，上海古籍出版社，1978。

《十三经注疏》，（清）阮元校刻，中华书局，1979。

《世说新语校笺》，（南朝宋）刘义庆著，徐震堮校笺，中华书局，1984。

《文子要诠》，李定生、徐慧君校注，复旦大学出版社，1988。

《庄子集释》，（清）郭庆藩撰，王孝鱼点校，中华书局，1961。

白居易《白居易集》，顾学颉校点，中华书局，1979。

程颐、程颢《二程集》，王孝鱼点校，中华书局，1981。

杜牧《樊川文集》，上海古籍出版社，1978。

韩愈《韩昌黎文集校注》，马其昶校注，马茂元整理，上海古籍出版社，1986。

黎靖德编《朱子语类》，王星贤点校，中华书局，1986。

李商隐《樊南文集》，（清）冯浩详注，（清）钱振伦、钱振常笺注，上海古籍出版社，1988。

刘禹锡《刘禹锡集》，《刘禹锡集》整理组点校，卞孝萱校订，中华书局，1990。

汤显祖《汤显祖全集》，徐朔方笺校，北京古籍出版社，1999。

王维《王右丞集笺注》，（清）赵殿成笺注，上海古籍出版社，1984。

李肇《唐国史补》，上海古籍出版社，1979。

段成式《酉阳杂俎》，方南生点校，中华书局，1981。

陈汝锜《甘露园短书》，《四库存目丛书》子部 87 册，齐鲁书社，1995。

【论著类】

A

阿部肇一《中国禅宗史の研究》，东京，诚信书房，1963。中译本有关世谦译《中国禅宗史——南宗禅成立以后的政治社会史的考证》，台北，东大图书公司，1986。

阿部正雄（Masao Abe）：*Zen and Western Thought*, London: MacMillan, 1985；《禅与西方思想》，王雷泉、张汝伦译，上海人民出版社，1989。

B

Brian Victoria：*Zen at War*, Weatherhill, New York, 1997. 日文本《禅と戦争：禅佛教は戦争に协力したか》，东京，光人社，2001。

包弼德（Bol, Peter K.）：*"This Culture of Ours": Intellectual Transitions in T'ang and Sung China*, Stanford University Press, 1992；中译本，《斯文：唐宋思想的转型》，刘宁译，江苏人民出版社，2001。

保罗·蒂利希《文化神学》，"人人丛书"，陈新权、王平译，工人出版社，1988。

彼得·贝格尔《神圣的帷幕——宗教社会学理论之要素》（*The Sacred*

Canopy: Elements of a Sociological Theory of Religion），高师宁译，上海人民出版社，1991。

C

蔡日新《中国禅宗的形成》，台北，云龙出版社，2000。

川口丰司《石头の思想——马祖との对比について》，载花园大学《禅学研究》75号，日本京都，1997年3月。

陈寅恪《金明馆丛稿二编》，上海古籍出版社，1980。

陈垣《清初僧诤记》，中华书局，1962。

D

道端良秀《唐代佛教史の研究》，京都，法藏馆，1957，1981。

篠原寿雄《初期的禅语录》，《讲座敦煌》8，大东出版社，东京，1980。

杜普瑞《人的宗教向度：导论》，傅佩荣译，载《中国文化月刊》（台北）1984年56期，40页。

杜继文等《中国禅宗通史》，江苏古籍出版社，1993。

F

佛尔（或译佛雷，Bernard Faure）：*Chan Insights and Oversights: An Epistemological Critique of the Chan Tradition*，Princeton University Press, 1993。

佛尔（Bernard Faure）：*The Will to Orthodoxy: A Critical Genealogy of Northern Chan Buddhism,* Stanford University Press, 1997；《正统性的意欲：北宗禅之批判系谱》，蒋海怒译，上海古籍出版社，2010。

冯友兰《中国哲学史》，中华书局重印本，1984。

傅伟勋《从西方哲学到禅佛教》，生活·读书·新知三联书店，1989。

傅柯（福柯，Michel Foucault）《知识的考掘》，王德威译，台北，麦田出版，1993，1997。《知の考古学》，中村雄二郎译日文本，东京，河出书房，1981，1994。

G

葛兆光《八世纪末至十世纪初南宗禅的东传》，载《历史文献研究》（北京新五辑），北京师范大学出版社，1994。

葛兆光《关于转读》，载《人文中国学报》第五期，香港浸会大学中文系，1998。

葛兆光《道教与中国文化》，上海人民出版社，1987。

葛兆光《禅宗与中国文化》，上海人民出版社，1986。

龚隽《禅学发微——以问题为中心的禅思想史研究》，台北，新文丰出版公司，2002。

龚隽、陈继东《中国禅学研究入门》，复旦大学出版社，2009。

顾伟康《禅宗：文化交融与历史选择》，知识出版社，1990。

关口真大《禅宗思想史》，东京，山喜房佛书林，1964。

郭朋《神会思想简论》，载《世界宗教研究》1989年第一期。

H

海德格尔（Martin Heidegger）《面向思的事情》，陈小文、孙周兴译，商务印书馆，1996。

忽滑骨快天《禅学思想史》，东京，玄黄社，1923；又，中文本《中国禅学思想史》（上）（下），朱谦之译，上海古籍出版社，2002。

胡适《胡适文集》，北京大学出版社，1998。

胡适《胡适书信集》，耿云志等编，北京大学出版社，1996。

胡颂平《胡适之先生年谱长编初稿》，台北，联经出版事业公司，1984。

洪修平《禅宗思想的形成与发展》，高雄，佛光出版社，1991。

后藤大用《禅の近代的认识》，日文第二版，东京，山喜房佛书林，1935。

J

吉川忠夫《六朝隋唐时代における宗教の风景》，载《中国史学》第二卷，

1992年10月。

吉川忠夫《中国六朝时代にぉける宗教の问题》,载《思想》1994年4月号,东京,岩波书店。

吉川忠夫《社会与思想》,载《魏晋南北朝隋唐时代史の诸问题》,东京,汲古书院,1997。

江灿腾《新视野下的台湾近现代佛教史》,中国社会科学出版社,2006。

久松真一、西谷启治《禅の本质と人间の真理》,东京,创文社,1959。

久野芳隆《牛头法融に及ぼせる三论宗の影响——敦煌出土本を中心として》,《佛教研究》三至六号,东京,1939。

K

卡尔·贝克尔《什么是历史事实》,中文本见《现代西方历史哲学译文集》,张文杰等编译,上海译文出版社,1984。

克罗齐《历史学的理论和实际》,傅任敢译,商务印书馆,1982。

L

乐九波《论神会的佛学思想》,载《世界宗教研究》1988年第三期。

李泽厚《中国古代思想史论》,人民出版社,1985。

李学勤《禅宗早期文物的重要发现》,《文物》1992年第三期。

列维-斯特劳斯《野性的思维》,李幼蒸译,商务印书馆,1987。

刘果宗《禅宗思想史概说》,文津出版社,2001。

镰田茂雄《中国佛教史》,东京,东京大学出版会,1994。

吕澂《禅学考原》,张曼涛主编《现代佛教学术丛刊》第四种《禅宗史实考辨》,台北,大乘文化出版社,1977。

铃木大拙《禅の见方と行ぅ方》,东京,大东出版社,1941。

铃木大拙《禅思想史研究》(一),《铃木大拙全集》第一卷,东京,岩波书店,1968。

铃木大拙《禅と念佛の心理学的基础》,《铃木大拙全集》第四卷,东京,岩波书店,1968。

铃木大拙《禅の思想》,《铃木大拙全集》第十三卷,东京,岩波书店,1969。

铃木大拙《通向禅学之路》,葛兆光译,上海古籍出版社,1989。

铃木大拙、宇井伯寿监修《现代禅讲座》,东京,角川书店,1956。

铃木哲雄《唐五代禅宗史》,东京,山喜房佛书林,1985。

罗厚立《文无定法与文成法立》,载《读书》1997年第4期。

罗柏松(James Robson)《在佛教研究之边界上》,复旦大学文史研究院编《佛教史研究的方法与前景》,中华书局,2013。

洛阳市文物工作队《洛阳唐神会和尚身塔塔基清理》附慧空撰《大唐东都荷泽寺殁故第七祖国师大德于龙门宝应寺龙首腹建身塔铭并序》,《文物》1992年第三期,文物出版社。

柳田圣山《初期禅宗史书の研究》,京都,花园大学禅文化研究所研究报告第一册,1967。

柳田圣山编《胡适禅学案》,台北,正中书局,1975。

吕澂《中国佛学源流略讲》,中华书局,1979。

M

马克瑞(John McRae):*The Northern School and the Formation of Early Ch'an Buddhism*,University of Hawaii Press, Honolulu 1986。

马克瑞(John McRae):*Seeing Through Zen: Encounter, Transformation, and Genealogy in Chinese Chan Buddhism*, University of California Press, 2003。

牟润孙《注史斋丛稿》,中华书局,1987。

P

帕默尔《语言学概论》,李荣、王菊泉、周焕常等译,商务印书馆,1983。

潘桂明《中国禅宗思想历程》，今日中国出版社，1992。

潘重规《敦煌六祖坛经读后管见》，载《中国文化》第七期，香港中华书局，1992。

平井俊荣《牛头宗と保唐宗》，载《敦煌佛典と禅》，东京，大东出版社，1980。

Q

钱新祖《佛道的语言观与矛盾语》，《当代》第十一期、第十二期，台北，1987。

R

冉云华《中国禅学研究论集》，台北，东初出版社，1990。

任继愈《禅宗与中国文化》，载《世界宗教研究》1988年第一期。

S

上田闲照《禅と世界》之二，《铃木大拙全集》第十二卷所附"月报"第十二期，东京，岩波书店，1970。

山崎宏《菏泽神会禅师考》，载《中国の社会と宗教》（东洋史学论集第二），东京，不昧堂书店，1954。

山崎宏《中国佛教·文化史の研究》，京都，法藏馆，1981。

沈曾植《海日楼札丛》，辽宁教育出版社"新世纪万有文库"本，1998。

松本文三郎《佛教史杂考》，创元社，大阪，1944。

斯特伦（F. J. Streng）《人与神：宗教生活的理解》（*Understanding Religious Life*），金泽、何其敏译，上海人民出版社，1991。

施太格缪勒（Wolfgang Stegmuller）《当代哲学主流》，王炳文、燕宏远、张金言等译，商务印书馆，1989。

史华兹（Benjamin Schwartz）：*The World of Thought in Ancient China*,

The Belknap Press of Harvard University Press, Cambridge, Massachusetts, and London, 1985。

石井公成《アジア禅宗史という視点》，载福井文雅编《东方学の新视点》，东京，五曜书房，2003。

T

汤用彤《汉魏两晋南北朝佛教史》，中华书局，1983。

汤用彤《理学·佛学·玄学》，北京大学出版社，1991。

汤用彤《隋唐佛教史稿》，中华书局，1982。

汤用彤《汤用彤学术论文集》，中华书局，1983。

田中良昭《敦煌禅宗文献研究》，第二版，东京，大东出版社，2006。

田中良昭等编《敦煌佛教と禅》，东京，大东出版社《敦煌讲座》之八，1980。

W

王国维《最近二三十年中中国新发见之学问》，收入《王国维全集》第十四卷，浙江教育出版社、广东教育出版社，2009。

王重民《敦煌变文研究》，载《中华文史论丛》1981年第二期，上海古籍出版社。

温玉成《读"禅宗大师法如碑"书后》，载《世界宗教研究》1981年第一期。

温玉成《禅宗北宗初探》，《世界宗教研究》1983年第二期。

沃尔克（Williston Walker）《基督教会史》（*A History of the Christian Church*），孙善玲、段琦、朱代强译，中国社会科学出版社，1992。

吴立民主编《禅宗宗派源流》，中国社会科学出版社，1998。

吴汝钧《佛学研究方法论》，台北，学生书局，1983。

渥德尔《印度佛教史》，王世安译，商务印书馆，1987。

X

夏普（Eric Sharpe）《比较宗教学史》，吕大吉、何光沪、徐大建译，上海人民出版社，1988。

小川隆《初期禅宗形成史の一侧面——普寂と"嵩山法门"》，载《驹泽大学佛教学部论集》第二十号，东京，1989。

小川隆《神会——敦煌文献と初期の禅宗史》，京都，临川书店，2007。

小川隆《语录のことば》，京都，禅文化研究所，2007。

小川隆《语录の思想史》，东京，岩波书店，2010；《语录的思想史——解析中国禅》，何燕生译，复旦大学出版社，2015。

小尾郊一《中国文学中所表现的自然与自然观》，邵毅平译，上海古籍出版社，1989。

谢和耐（Jacques Gernet）《中国五——十世纪的寺院经济》，耿昇中译本，甘肃人民出版社，1987。

Y

严耕望《唐代佛教之地理分布》，载《中国佛教史论集·隋唐五代篇》，《现代佛教学术丛刊》之六，台北，大乘文化出版社，1977。

颜尚文《梁武帝》，台北，东大图书公司，1999。

杨曾文《唐五代禅宗史》，中国社会科学出版社，1999。

杨曾文《宋元禅宗史》，中国社会科学出版社，2006。

杨曾文《〈六祖坛经〉诸本的演变和慧能的禅法思想》，《中国文化》第六期，香港中华书局，1992。

杨曾文《中日的敦煌禅籍研究和敦博本坛经、南宗定是非论等文献的学术价值》，见《中日佛教研究》，中国社会科学出版社，1989。

伊吹敦《禅の历史》，京都，法藏馆，2001。

印顺《中国禅宗史》，江西人民出版社，1990。

余英时《历史与思想》，台北，联经出版事业公司，1976。

余英时《中国思想传统的现代诠释》，台北，联经出版事业公司，1987。

宇井伯寿《禅宗史研究》，东京，岩波书店，1939。

宇井伯寿《第二禅宗史研究》，东京，岩波书店，1941。

宇井伯寿《第三禅宗史研究》，东京，岩波书店，1943。

Z

增永灵凤《中国禅の形成》，见铃木大拙、宇井伯寿监修《现代禅讲座》第二卷，东京，角川书店，1956。

赵昌平《从王维到皎然》，《中华文史论丛》1987年二、三期合刊，上海古籍出版社，1987。

詹姆士（William James）《宗教经验之种种》（*Varieties of Religious Experience*），唐钺中译本，商务印书馆，1947；第2版，2002。

张曼涛主编《现代佛教学术丛刊》，台北，大乘文化出版社，1976—1977。

正果《禅宗大意》，中国佛教协会，1986。

滋野井恬《唐代佛教史论》，京都，平乐寺书店，1973。

周叔迦《周叔迦佛学论著集》，中华书局，1991。

周振鹤《唐代安史之乱和北方人民的南迁》，载《中华文史论丛》1987年二、三期合刊，上海古籍出版社。

重要僧名及生卒年索引

（按汉语拼音顺序）

B

保恭（542—621）76, 77

本寂（840—901）439, 449, 450, 459

本净（667—761）150, 173, 174, 176n72, 210, 220, 222, 223, 259, 297n29, 358, 361, 392, 394

C

常超（按：应是常越，705—763）228, 230, 301

乘广（717—798）271, 294, 302, 307, 310, 312, 384, 385, 421

乘如（698—778）228

承威（？—770）228, 229, 232

崇圭（756—841）235

崇演（754—837）235

处寂（唐和尚，646—734）32, 161, 162, 180, 182, 181, 184, 220, 336, 383n62, 464

从谏（？—866）437

从谂（赵州，778—897）409, 438, 441, 449n40, 451, 456n59

D

大福（655—734）155, 231, 241, 252, 303

道信（580—651）21, 31, 33, 57, 85, 87－92, 101-108, 113, 114－118, 126, 128, 132, 133, 134n126, 138, 144, 150, 151, 156, 157, 163－165, 191, 192, 229, 243, 249, 250, 251, 255, 257, 264, 266, 316, 337－339, 342, 382, 386, 393

道睿（生卒年不详）227

道树（734—825）235

道一（709—788）xu13n20, xu32, 16, 21, 50, 150, 224, 234, 248, 250, 252, 254, 266, 270, 283, 308, 357, 359, 360, 362, 363, 365－367, 369－375, 377－379, 381－383, 385, 387－391, 396, 402－

404, 406—410, 414, 415, 417, 422, 465, 467, 473, 475

道隐（707—778）302, 305

道膺（835—902）469, 470, 472

道悟（天王寺，727—808）16, 366—369

道悟（天皇寺，748—807）16, 106, 281, 363, 364, 366—371, 387, 409, 429

F

法持（635—702）147, 148, 151, 158, 163, 165—167, 175, 196, 220

法钦（国一，714—792）164n46, 165n49, 167, 198, 301, 366, 367, 385—388, 439n4

法融（594—657）21, 87, 89, 163—166, 191, 192, 194—197, 385, 386, 388, 421

法如（637—689）xu10, xu32n75, 1, 146—148, 150—157, 171, 175, 184—186, 220, 221, 240, 241, 247, 251, 270, 300, 336, 350

法玩（715—790）227, 232, 252

法显（577—653）87

法现（643—720）147

法云（？—766）227, 230, 353

福琳（704—785）302, 381

G

广德（生卒年不详）228—232, 301

广敷（695—785）294, 302, 304, 305n39

光瑶（716—807）302, 305

H

皓玉（约700—784）302, 305

恒月（702—780）227

弘忍（602—674）xu10, 14, 15, 31, 33, 57, 87, 89—92, 102, 104—106, 108, 113—117, 126, 128, 134, 138, 142, 144—154, 156—160, 163—165, 167—171, 174, 176—180, 184, 185, 192—194, 203, 204, 207, 221, 229, 240—243, 250, 251, 255, 267, 288, 300, 314, 336, 338, 381, 394, 399n113, 425, 464

宏正（生卒年不详）228—230

怀海（720—814）31, 49—52, 280, 281, 363, 372, 373, 379, 389, 434, 467, 472

怀晖（756—815）226, 234, 307, 362, 373—380, 405, 409, 415, 422, 427, 437, 465, 466, 467

怀让（677—744）150, 158, 173, 174, 185, 210, 215, 357, 360, 362—364, 369, 379, 382

寰中（780—862）437

惠能（慧能, 638—713）xu10, xu12n16, xu13, xu17, xu19, xu22n47, 8, 11, 17, 21, 31, 35, 50, 51, 52, 57, 91n67, 144, 146—151, 154, 156, 158, 160, 162, 163,

167–176, 183, 185, 188, 189, 198–207, 209–213, 215, 220–222, 230, 252, 254, 257, 259, 260, 266–268, 270, 271, 279, 287–291, 293, 294, 297n29, 300, 302, 313, 317, 320, 322, 327, 328, 330, 335, 336, 337, 339, 342, 343, 345, 359–361, 363, 378, 379, 388–393, 396, 398, 400–403, 421, 437–439, 446, 464, 474

惠秀（生卒年不详）220

慧初（457—524）72, 75

慧方（629—695）148

慧寂（807—883）372, 438, 440, 450, 469

慧坚（719—792）35n52, 224, 233, 271, 300, 302, 306—309, 361, 384

慧命（529—568）76, 78, 79, 85, 315

慧思（515—577）69n26, 76–79, 98, 104, 213n128, 315, 316

慧演（718—796）302, 305

慧忠（牛头, 683—769）167, 196, 197, 198, 220, 385, 388

慧忠（南阳, ?—775）168, 169, 173, 174, 202, 357, 361, 390, 392

J

进平（699—779）294, 302, 305

景空（669—773）227

景贤（660—723）155, 220, 231

净藏（675—746）xu21, 35, 158, 185, 221, 268

巨方（646—727）155, 220, 231

L

老安（约582—708之间）xu34, 146, 148, 150—152, 154, 156, 158, 162, 172, 175, 176, 182, 184–186, 220, 221, 240, 241, 268, 270, 301

李元圭（庞坞圭, 644—716）152, 158, 185, 221, 251

良价（洞山, 808—869）106, 281, 438, 447, 449, 451, 469, 470

灵辩（生卒年不详）228

灵祐（沩山, 771—853）372, 409, 438, 440, 442, 449

灵著（691—746）227, 232, 234

M

明瓒（生卒年不详）227

P

普寂（大照, 651—739）xu34n82, 15, 31, 32, 151–153, 155, 156, 158, 159, 165n49, 166, 176n72, 218, 219n4, 220, 221, 226–232, 234, 235, 244, 252, 254, 255, 289, 292, 294, 295, 297n29, 301, 303, 304, 308, 329, 335, 347, 381,

382, 425, 464

Q

全植（752—844）235

R

日照（755—862）235, 236, 437, 438

S

善伏（？—660）87

僧璨（？—606）32n48, 33, 57, 75, 78, 83-87, 91, 95, 141, 151n15, 156, 157, 191, 229, 255, 264

僧稠（480—560）63-70, 72, 77, 81, 95, 96n73, 267, 315

僧达（475—565）61, 62, 75, 81

僧达（638—719）149, 315

僧副（460—524）59, 60, 70, 72, 74, 75, 81, 110

僧实（476—563）61-63, 65, 66, 69, 70, 72, 77, 81, 95

僧玮（513—572）76

僧瑗（639—689）165, 166

神会（684—758）xu10, xu12n16, xu13, xu14, xu16-xu19, xu20n41, xu23, xu31, xu32, xu34, 8, 12-14, 16, 22, 31-37, 50, 150, 151, 162, 163, 168-171, 173, 174, 176, 181, 182, 183, 187, 188, 189, 191, 199-203, 209, 211n124, 217, 220-226, 229, 231, 232, 246, 247, 252, 255n83, 257, 259, 266-268, 270, 271, 279, 285-313, 316-326, 328-337, 339, 340, 342-345, 349, 351-357, 359-361, 363, 380-384, 389, 390, 392, 394, 395n104, 395, 397-403, 446, 465

神秀（约607—707）xu10, xu32, xu34, 2, 15, 21, 31, 91, 146-148, 150, 151-160, 165n49, 166, 171-173, 175, 176, 178, 184, 185-189, 193, 204, 205, 210, 213, 215, 218, 219n4, 220, 221, 229-231, 235, 236, 240-244, 246, 247, 250-252, 255, 257, 262, 268, 270, 288, 289, 291, 292, 295, 303, 315, 316, 322, 324, 325, 327, 328, 333, 335, 336, 338, 339, 347, 349, 357n139, 361, 363, 378, 383, 394, 398, 428, 464

神英（693—767）302, 305

省念（926—993）452, 453

石藏（718—800）227, 235

思公（701—784）227

T

昙璀（631—692）165, 166

昙相（？—582）62, 63

昙真（？—791）227, 229, 230, 232, 235

天然（738—832）363-366, 369-371,

387, 409, 442, 465

同光（700—770）227, 230, 232, 254, 347

W

惟宽（754—817）266, 234, 307, 362, 373, 374, 376-380, 409, 415, 416, 417n163, 422, 437, 467

惟俨（745—828）16, 275, 363, 364, 368-371, 379, 409, 417, 429, 430, 437, 466, 468

惟忠（705—782）294, 302, 304, 305n39, 381

文偃（864—949）439, 449, 451, 454, 455n54

文益（885—958）31, 51, 280, 439, 442, 459, 461n74,

无名（722—793）302, 305, 386

无相（金和尚，680—756，一说684—762）160-163, 180-183, 220, 336, 363, 383, 464

无住（714—774）161-163, 182, 183, 229

X

希运（？—855）372, 383, 417, 421, 438

香育（生卒年不详）220

降魔藏（生卒年不详）155, 219n4, 220, 292, 303, 329,

行觉（708—799）294, 302, 305

行思（？—740）150, 173, 174n68, 285, 360, 363,

宣鉴（782—865）366, 371,

玄爽（？—652）87

玄素（668—752）164n46, 165n49, 167, 196-198, 220, 385, 377, 387, 388, 421

玄赜（生卒年不详）146, 147, 150-153, 156, 172, 175, 184, 186, 221, 240, 241, 337

Y

遗则（713—770）167, 190, 198, 385, 386, 388

义存（雪峰，822—908）106, 281, 365, 366, 371, 439, 447, 461

义福（658—736）152, 153, 155, 156, 218, 219n4, 220, 226-229, 231, 234, 292, 295n27, 303n38

义玄（？—866）372, 409, 438, 441, 474, 476

圆绍（811—895）308, 438

圆震（705—790）302, 305

云坦（一作灵坦，709—816）294, 297, 302, 305

Z

真亮（701—788）227, 232

甄叔（？—820）307, 312, 384, 385n67

志满（715—805）294, 302, 304, 305n39

智封（生卒年不详）220

智旻（710—785）69, 70n27, 228

智诜（609—702）146, 147, 150, 158-162, 175, 179, 180, 181, 184, 210, 212, 215, 220, 336, 383, 425, 464

智舜（533—604）69, 70n27

智通（683—751）227

智威（653—729）151, 163, 165-167, 175, 196, 197, 220

智颛（538—597）78-79, 98, 101, 103-105, 107-108, 111, 178-179, 213, 315-316

智藏（738—817）234, 373, 374, 377-379, 387, 388, 409, 417, 437, 465, 467, 475

1995年北京大学出版社初版后记

从1986年我出版了《禅宗与中国文化》以来，时间已经过去了八年，这八年中我虽然把精力转向了道教的研究、文学的研究而没有再写禅宗的专著，但也零零星星地写了一些关于禅的书评、杂文、随感，翻译了一本铃木大拙的禅书，并编成了一本小品《门外谈禅》，选译了《祖堂集》。在这些零散断续的工作中，有一个念头始终困扰着我，甚至可以说像一个梦魇在纠缠着我，就是如何修正我那本《禅宗与中国文化》的过分情绪化、观念化的立场和视角。这并不是"悔其少作"的意思，那个时代思潮所笼罩的人都会受到那种焦虑的影响，既不必后悔也毋庸讳言。但是，随着年龄的增长，随着周围世界的变化，随着知识和阅历的丰富，心里一种不安却与日俱增，《禅宗与中国文化》的影响很大，我在不止一处看到它被人摘引、转述、抄袭，可是，那些摘引、转述和抄袭者却往往没有经过仔细思索，因而有可能只是把我情绪化、观念化的评价与阐述拿来贻误他人，这就是我在时隔八年之后再写这本《中国禅思想史》的动机之一。说实在话，写作与研究的一个目的就是孟子所谓"求其放心"，尤其是人文学科的著述，既不能转化为实用技术，又不能外化为政策法律，著述的过程在相当大的意义上是著述者的思考过程，著述者在不断思考中如果能够使自己安心和满意，他就已经完成了他的初衷,相反,如果他时时感到某种思想的缺憾使他不安,那么著述者的责任就迫使他不停地修正他自己。我想后一种心情在每一个严肃的研究者心中都会存在,这也许就是研究者的西西弗斯情结,不过,人文学者的愉悦仿佛正在这种无休无止推石上山过程的折磨之中,这也许就是命运。

在写《禅宗与中国文化》之初,我本来只打算写关于禅宗与中国文学的那一部分,这就是第三部分《禅宗与中国士大夫的艺术思维》,但是写着写着,思绪就溢出了这一领域。当时文化反思的风潮正挟裹着变革浪头冲击着每一个人,五四以来一直纠缠着中国人的中国文化优劣讨论重新成了人文学科的热点,我也不例外地卷入这一潮流之中。于是,为了说明影响中国士大夫艺术思维的文化心理,我就加写了《禅宗与中国士大夫的人生哲学与审美情趣》,为了使读者能更清楚禅宗的历史与思想,也为了使士大夫的思想来源有一个历史的线索,我又加写了《禅宗的兴起及其与中国士大夫的交往》,这样就构成了那本小书。但是从整个结构上,很多人也还是能够看出这本书的落脚处,还是我当时所关注的文学问题,而且我所关注的文学也还是士大夫文学,因此当时的书名是《禅宗与中国士大夫》。可是,1985年春天我在复旦大学讲学时,当时"中国文化史丛书"的常务编委朱维铮先生看到书稿后建议我交给上海人民出版社,为了与丛书名称配套,就提议改为《禅宗与中国文化》,于是我就在全书之后又加上了一节《结束语:从中国文化史的角度研究禅宗》作为结语。这样,我那本小书就有了一个过于庞大的名称,也有了一个过分沉重的任务,文学膨胀成了文化,研究士大夫成了研究禅宗,视角、立场、领域乃至于观念都在这一点点的转移中与自己的初衷大相径庭,仿佛小孩子戴上大帽子,连我自己都觉得有些虚张声势。

这里隐含了一个当时我自己并未意识到的盲点，即本来我是从中国文学出发，而去观照中国文化的，这是一种从外缘切入的视角，又加上了一种从现实反思的立场，但是这本书的题目与章节次第却标帜着从禅宗到中国文化的理路。于是在这本书中，"倒着讲"与"顺着讲"就出现了彼此纠缠，历史与价值就出现了互相冲突，宗教本身与历史影响就出现了二元混淆。就在我的心里，对禅宗的体验与感悟和对中国现实的理解与批评也常常难以协调，一方面禅宗思想中那种深幽清远的意趣、单刀直入的体悟、自然适意的情调以及追寻永恒自由的超越精神，使我不知不觉地有一种同情与体察的意愿，在书斋中品茗读禅宗语录那种会意在心的感受常常就在学术研究中形诸笔端；一方面中国现实中的外在环境与知识分子的内在心境，又使我难以认可传统文人士大夫那种专注于"内在超越"的自我解脱，更不能认可他们在禅宗式的审美游戏中赢得精神愉悦的立身方式，于是内心焦虑煎熬中那种"天下兴亡匹夫有责"的心情就常常不自觉地渗透到研究之中变成呼吁呐喊。我们这一代人的困境常常就在这里，它使得我们的研究总是在历史与现实、事实与价值之间徘徊不定，影响着我们对研究对象的判断。几年后，在我为铃木大拙《禅への道》一书中译本写《译者序》时，虽然依然坚持了旧思路，但这一思路却已经有了明显的淡化，因为时间已经过去了几年，"子在川上曰：逝者如斯夫"，随着时间的流逝，外在环境与内在心境毕竟已经不同了。

不过，尽管这种思路已经淡化，但那种两难的心境却一直无法摆脱，自己意识到的自己未必能克服，就像人有时也意识到在做梦却依然会为梦境出一身冷汗，前面所说的纠缠着我的梦魇就是如此。于是，在1988年为《门外谈禅》写《后记》的时候，我只好用了一个几乎相当于耍滑头的说法，来了一个模棱两可为自己的"没有想清楚的思想"打圆场：

> 除了北美和非洲那些人为的国境线外，有哪个国家由历史上形成的边界是一条绷得笔直的直线？除了人工凿成的之外，自然界又何曾有过一座正方体的山峦或"两点一线"的河流？造物主既然没有把人类造成一个长方形、圆柱形或圆锥形的几何形状，那么"思想"这个东西又何必一定要规范得那么整齐美观、有条不紊？而思想的表达又何必一定要先行清理得那么圆熟光滑、严谨精确？

其实，这只是一种逃避责难的遁词，因为在这本小书中我仍然处在一种困惑之中，用其中第一篇《仙峰寺沉思》的末尾的话来说，就是"在这历史的前进与心灵的宁静之间，竟没有一条小径可走"。

几年过去了，在思想的夹缝中岁月匆匆而过，这时我们才静下心来，用同情与理解来审视我们的研究对象，发现了我们的偏激、我们的冲动来自一种"主观的""实用的"现实情怀。这种情怀是很正常的，但它使研究者很难冷静与公正，于是不免让历史为现实承担过多的责任，让宗教对世俗包揽太重的义务，过去与现在有了更多的不必要的纠缠，其实，父债子还在思想史上并不是一个应有的公例，为现实的遗憾而到历史中去清讨债务实际上多少有一些避重就轻的嫌疑，特别是当我们把这种心思带入文献考证、思想寻绎、历史解释中去的时候，这些考证寻绎解释就有可能变了模样，因为邻人窃斧的心理使人觉得历史上的一切都是潜在的负债者。

因此，当我重新回到禅思想史的研究中来的时候，我为我的研究设立了一个目标，也为我的课题提出了一些问题，希望能在对这些问题的探讨中建立一个禅思想史研究的框架，在这个框架中重建禅思想史的研究范型，这些问题是：第一，历史文献的考据在禅思想史研究中应当如何切近事实与尽量公正，而禅思想史研究又怎样正确理解历史文献的考据结果？第二，禅思想史的内在理路究竟应当怎么清理，是否应当建立一种梳理时遵循的思想框架，而这种框架又怎么保证它不是主观臆构而是思想史的事实？第三，阐释与解读怎样与禅思想史的叙述水乳交融，这些解释的前提也就是理解的视角究竟应当是"现实"还是"历史"，是随意的还是有限制的？最后，在一部禅思想史中，历史考据、理路追寻、思想阐释三者究竟如何融汇为一，换句话说，就是怎样撰写一部资料、叙述、阐发兼容而又和谐的禅思想史并建立思想史的新范型？

我在前面所说的一切，其实都是试图对这几个问题进行回答，是否回答得圆满，我不知道，现在完成的禅思想史研究是否实践了这些要求，我也不知道，我只是在尽力而为。

1994年1月于京西寓所

2008 年版序

没有想到重新修订这部十几年前的旧作,竟然花费了我这么长时间。2006年年底从北京来到上海以后,原打算以一半精力投入新建立的复旦大学文史研究院,留一半精力在我自己原计划的论著写作和修订上,可是,这"一半"对"一半"全然是事前的想象,到了事后才知道,在现行的教育和学科体制中,一个新建立的研究院,是多么地牵扯精力,以至于修订这部《中国禅思想史》,居然断断续续拖了近一年。

这部书原本在1994年写毕,1995年在北京大学出版社出版,这也许是我少有的,至今还不那么惭愧的著作之一。现在回看起来,它的文献基础还算扎实,它的历史叙述还算准确,它的思想阐述也还算深入。自从我1986年出版《禅宗与中国文化》以后,尽管我转向其他领域的研究,但是,多年中我一直在反复看禅宗的文献和资料,也不断地关注国际学术界对于"禅学"和"禅史"的研究。到1994年前后,自己关于禅宗历史和思想的理解,已经比之刚进入这一领域的时候要成熟得多,加上20世纪80年代"文化热"已经过去,对于禅宗文献和历史的研究也日渐深入,所以,正如我在1995年北京大学出版社那一版的《后记》中说的,为了"修正我那本《禅宗与中国文化》的过分情绪化、观念化的立场和视角",我重新写了这部《中国禅思想史》，不过，由于关注重心和研究兴趣转移的缘故，从6世纪写到9世纪，我就匆匆打住了。

这次修订，我做了三件事情。一是重新修订和补充注释，旧版的注释是放在每章之末的，前后翻看起来颇不方便，这次把它移到每页之下，也许，这样把注释和正文参看，能够清晰一些。同时，我尽量补充了很多文献和论著的引证，近年来发现的碑刻史料不少，阅读的国内外禅宗研究的论著增多，我适当地补充一些，既作为我十几年读书的凭证，也给读者提供一些新资料，使这本"旧"作多少还有些像"新"著。二是对正文进行了一些修正和增删，原来表述不清的，尽量重新说清楚，原来叙述简单的，尽量把它说详细，这样，也许使读者读起来会顺畅一些。三是补充了《尾声》，这一节原来是收在我的《中国思想史》中的，但是，恰恰好它补上了9世纪到10世纪，即禅宗史上逐渐分"宗"的所谓"五宗"时代，也恰恰好说明了禅思想史上，由简单地"不立文字"到聪明地"借用文字"的转变，也正好呈现了一段信仰者由一般信众逐渐上层士大夫化，禅佛教由宗教信仰逐渐转向生活的艺术化的历史，因此，就挪用到这里来。最后的那篇《附录》，原来曾以日文发表在日本东京大学的《东洋文化》杂志上，现在也收在这里，读者可以看到我有关禅宗历史和思想研究的方法论的一些思考。

禅宗历史和思想的研究，现在已经是一个国际化的领域，在这个领域里面，从内在体验出发的禅思想探讨，立足于后现代理论的阐发，坚持文献考据学的研究，还有对禅宗历史的艺术演绎和意义发挥，真是百花齐放得让人目不暇接，正应了一句古诗，叫"曲径通幽处，禅房花木深"。我这些年接触过不少对禅有兴趣的各方面学者甚至作家，也读过很多相关的著作和论文，它们对我的重写禅思想史有很多的启迪。不过，也许是惯性难改罢，在这里我仍然用的是自己熟悉的三板斧，就如这部书的每一章都分为三节一样，第一是文献的考据，第二是历史的叙述，第三是思想的解释，所谓"禅思想史"，首先是历史，其次是思想，当然最终它是禅宗的。

该说的话很多，该感谢的朋友也很多，只是意长纸短，无法一一细说，只好就此匆匆打住。

葛兆光

2007年11月1日于上海复旦大学

《再增订本中国禅思想史：从6世纪到10世纪》后记

这算是《后记》，也算是《说明》。

《中国禅思想史——从6世纪到9世纪》（1995）在北京大学出版社出版，距今已经四分之一个世纪，而经过大幅修订的《增订本中国禅思想史——从六世纪到十世纪》（2008）在上海古籍出版社出版，距今也已经超过十年。很多朋友都觉得此书还有价值，因此趁着有机会再版的时候，进行再一次的修订和增补。

这次我主要做的工作是三项：

第一，增加了2018年新写的一篇《仍在胡适的延长线上——有关中古禅史研究之反思》，作为新版代序。这篇长文表达了我最近对禅史研究的新思考，也叙述了我所了解的禅史研究国际国内趋向，并对中国与西洋、东洋的禅史研究做了一些比较，提出了一些想法，也许对读者还有一些意义。此外，删去了原来的那篇附录，换成另一篇，即《从〈祖堂集〉看8—10世纪初南宗禅的东传》。这篇文章主要从《祖堂集》中整理了一些史料，讨论8—10世纪，也就是和中国禅宗的兴盛同时，禅宗尤其是马祖系（也包括石头系）禅宗，如何在朝鲜半岛传播和产生影响。这也许与我最近总是关注传统中国周边的历史与文化有关。

第二，我对原来的注释，尤其是史料征引，做了较大的核对和修订。让我感慨的是，在1990年代上半撰写此书时，各种文献的收集和使用真不是那么容易。像我用的《祖堂集》就是从韩国买来的台湾影印本，后来有了日本花园大学的影印本，现在有了更好的中华书局整理校注本，这次我就全部改用了新标点校注本；像我当年用的《弘明集》《广弘明集》《高僧传》《续高僧传》以及《宋高僧传》，有的是《四部备要》本，有的是影印本，甚至还有的交错地使用两三种不同版本，这是当年条件有限造成的结果，这造成页码的复杂，这次我也都尽可能做了整理，尽可能统一起来。

第三，修订过程中，我正在日本东京大学工作，由于疫情的缘故不能外出，反而使我有了一段最平静和单纯的工作时间，在这两三个月里，我从头对原来的论述文字做了修订，也做了一些补充和润色，还删去了不少段落。当年的文风不免繁芜杂沓，也许稍稍删改，能使现在的叙述和论证更加清晰和流畅一些。

人往往会"悔其少作"，我从来不如此。因为作为一个历史学者，深切理解"逝者如斯夫"，因为历史在变，人也在变。就像我这部禅思想史中反复表达的那样，任何思想都要放回历史语境中。1990年代，那时的学术界和思想界，正在从1980年代的激情中重新反思，思想也罢学术也罢，都开始有一个转向，从《禅宗与中国文化》的写作，到《通向禅学之路》的翻译、《祖堂集》的选注，再到这部《中国禅思想史》的撰述，这本书呈现的，其实就是我在1990年代有关禅宗的知识、观念和学术风格的变化。

当然，一部书，尤其是这样一部有关禅思想史研究的学术书，在二十多年之后，还能够一版再版，并且被人认为并不过时，甚至还有朋友称赞这是研究禅宗史的经典之作，这就让我足够欣然了。

2020年5月于东京大学